철학, 이해하다

교양철학입문

설민 지음

철학, 이해하다

교양철학입문

설민 지음

철학과현실사

차 례

제 2 장 절대적 진리가 존재하는가: 인식론적 상대주의의 이해와 비판 … 71

제 3 장 외부세계라는 허구 … 118

서 문

독일어로 ‘강의’는 Vorlesung이다. 접두사 ‘vor-’는 ‘앞에’를 뜻하고, ‘-lesung’은 ‘읽다’를 뜻하는 동사 ‘lesen’을 명사화한 형태이니 그 합성어 Vorlesung은 문자 그대로 ‘앞에서 읽다’ 정도를 의미한다. 실제로 여전히 독일 대학의 강의 대부분은 교수자가 강의록을 미리 작성해 와서 그것을 학생들 앞에서 그대로 읽는 식으로 진행된다. 강의록을 읽다가 학생들이 심각하게 이해하지 못한다는 표정을 하고 있을 때나 약간씩 첨언을 하고 마무리할 무렵에 질문을 한꺼번에 받는 식이다.

지금 우리나라 대학 강의실에서는 파워포인트를 이용하여 시각적 효과를 극대화한 발표 방식이나 교수자 중심이 아니라 학생 중심의 토론형 수업 방식이 주류를 차지한다. 내가 독일에서 학위를 마치고 돌아와 처음 대학교에서 강의하던 시절에도 그랬다. 그 당시 나는 독일에서 강의를 들었을 때처럼 직접 강의록을 미리 작성해서 강의를 진행하고 싶단 마음이 들었고 또 실제로 그렇게 했다. 돌이켜 생각해봐도 그 이유가 아주 분명하지는 않다. 단순히 외래의 신문물을 소개하는 사람이라도 된 양, 독일에서 내가 배웠던 방식을 그대로 한국에서 선보이고 싶었던 것일 수도 있고, 아니면 파워포인트 발표나 토론형 수업에 막연한 거부감을 느껴 별다른 근거도 없이 그런 방식보다 강의록 방식이 더 우월한 수업 방식이라고 믿었기 때문일 수도 있다. 아무튼, 그때 그런 목적으로 작성했던 원고가 바로 이 책의 초고가 되었다.

당시 강의는 '철학개론'이나 '철학이란 무엇인가' 정도의 제목을 달고 있었다. 보통 이런 제목의 수업은 철학사, 나처럼 서양철학을 전공한 사람이라면, 서양철학사에서 중요한 인물 몇몇의 사상을 시대순으로 소개하는 식으로 진행된다. 나도 그렇게 수업을 진행했던 적이 한두 번쯤 있었던 것 같다. 하지만 진짜 철학의 문외한인 학생이 그런 수업을 제대로 따라가기란 무척 어렵다는 것을, 동시에 교수자인 나 역시도 문외한을 대상으로 가령 플라톤이나 칸트의 철학을 제대로 가르치기가 너무나 어렵다는 것을 깨달았다. 더욱이 학생들이 그 당시 철학자들의 문제의식을 공유하지 않기 때문에 그들이 붙들었던 철학적 문제가 왜 그토록 중요한가를 이해하지조차 못하기 십상임을 알게 되었다. 그래서 진정한 철학적 문제의식은 변방으로 밀리고 대신 어느 시대에 어떤 철학자가 어떤 말을 했다는 식의 역사적 지식과 정보만 습득하고 마는 것 같았다.

그래서 나는 아예 철학자의 이름을 거의 빼다시피 하고서 철학의 문제란 어떤 것인지를 먼저 소개하고 그 문제가 인간의 정신적 삶과 실천적 삶에서 어째서 그토록 중요한가를 우선 이해시키고자 했다. 그러고 난 다음에 그 문제에 대해서 주요한 철학자들이 어떤 식으로 답했는지 그리고 그런 답변을 둘러싸고 철학자들이 실제로 어떠한 논쟁을 했는지 또는 어떤 논쟁이 가능한지를 보여주고자 했다.

간단히 말해서, 이 책은 철학사나 인물 중심이 아니라 문제 중심의 철학 입문서다. 물론 주요 철학자의 철학이 그 문제에 대한 답변에서 조금씩 다루어지지만, 인물별로 각자의 사상을 소개하는 방식을 따르지 않았다. 이렇게 철학을 공부하는 방식에는 나름의 장단점이 있을 것이다. 문제 중심으로 접근하면 우선, 얼핏 보기에 쓸데없는 그 문제가 왜 그렇게 중요한지 그리고 어째서 철학자들이 반복해서 그 문제를 제기하는지를 이해할 수 있고, 또한 여러 가능한 답변을 비교해가면서 어느 답변이 더 나은 답변인지를 판단하기에도 좋다. 그래서 철학의 초심자도 대략 철학이란 어떤 것인지 감을 잡을 수 있도록 해준다.

하지만 문제 중심 접근법은 한 인물의 사상을 하나의 통일적인 전체로서가 아니라 조각조각 파편화한 형태로 다루도록 만든다. 그래서 그런 접근법에 따라, 가령 칸트를 언급할 때 칸트의 전체 사상에서 해당 문제에 꼭 필요한 부분만을 뽑아서 다룰 수밖에 없다. 그러나 무릇 위대한 사상가의 특징은 그의 여러 철학적 사상이, 형이상학이든 인식론이든 윤리학이든, 서로 간에 물샐틈없이 정합적으로 결합하여 있다는 사실에 있다. 부득이 문제 중심 접근법은 그 정합성을 놓칠 수밖에 없고 그래서 한 사상의 심오함을 평면적으로 만드는 경향이 있다. 그래도 나는 이런 단점을 감수하는 편이 낫지 않을까 생각한다. 철학 입문서로 이 책을 쓰면서 그 단점에도 불구하고 문제 중심 접근법을 취한 데 대해 조금만 항변하자면, 여러 시대에 걸친 철학의 변천사를 인물별로 다루는 식의 입문서적을 읽어봐도 그 사상의 총체적 정합성과 심오함을 전달받지 못하기는 매한가지이기 때문이다. 아주 방대한 분량의 입문서가 아닌 이상 그럴 수밖에 없다. 어차피 그렇다면, 철학적 문제의 의미라도 제대로 깨닫는 것이 더 나으리라 싶다.

누구의 말이었는지 잘 기억이 나지 않지만, 철학에는 초심자만을 위한 입문서나 개론서란 것이 따로 존재하지 않는다고 한다. (어쩌면 러셀이었는지도 모르겠다.) 20세기 독일 철학의 대가들인 후설이나 하이데거가 남긴 저서에 유독 『철학 입문』, 『현상학 입문』과 같은 식의 제목이 많은데 막상 읽어보면 전혀 초심자를 위한 입문서라고 느껴지지 않는다. 오히려 그들의 난해한 사상의 핵심을 어떤 식으로든 전달하고 있다. 즉, 그들이 생각하기에 진짜 철학인 자기들의 철학에 입문하도록 한다.

어쩌면 정말로 초심자만을 위한 별도의 철학이란 존재할 수 없는 것일지도 모른다. 초심자를 위한 것이든 전문 철학자를 위한 것이든 그것이 진짜 철학이라면, 즉 가장 근본적이고 총체적이며 궁극적인 진리를 진지하게 탐구한다면, 그것은 쉽게 유통될 수 있는 정형화한 지식이나 정보의 형태로 말끔히 정리될 수 없다. 이 점에서 철학은 다른 학문과 다르다. 일반적으로 초심자용 입문서란 해당 분과 학문의 주요 문제에 대한 정답으로 일목요연하게 구성된 기초적 지식과 정보의 모음이다. 하지만 철학의 경우 논란의 여지가 없는 지식이나 정보의 모음이란 거의 존재하지 않는다. 아마 그런 것은 오히려 초심자가 아니라 전문가들이나 가끔 뒤적여볼 철학 사전이나 철학사 기록물에서나 간신히 발견할 수 있을 뿐이다. 그런 점에서 엄격히 말해서 초심자용 철학 입문서란 없다.

철학적 문제는 어느 전문 철학자라도 손쉽게 해결할 수 있는 성격의 것이 아니다. 만일 그랬다면 서양철학사가 굳이 2천 5백 년 넘게 반복해서 동일한 문제로 씨름할 이유도 없었을 것이다. 문외한만이 아니라 전문가도 철학적 문제 앞에서 똑같이 겸허할 수밖에 없고 똑같이 곤란함과 곤혹스러움을 느끼며 그 문제를 곰곰이 곱씹어가면서 다룰 수밖에 없다. 특히나 오늘날 많은 전문 철학자도 철학의 모든 문제에 대해서 똑같은 수준으로 전문적 지식을 갖추고 있지 않다. 인식론의 전문가가 형이상학에는 무지하다거나 윤리학의 전문가가 과학철학에는 무지하다거나 하는 일은 전혀 드물지 않다. 더욱이 칸트의 전문가가 오로지 칸트의 인식론에만 해박하고 인식론 일반에 무지하거나, 하이데거의 전문가가 하이데거의 형이상학에만 해박하고 형이상학 일반에 무지한 (별로 바람직하지 못한) 사례도 흔하다. 그런 점에서도 무릇 좋은 철학 입문서란 단지 철학의 문외한이 철학에 입문할 수 있도록 도와주는 책일 뿐만 아니라 전문 철학자라도 까다롭게 성찰해봐야 할 논의거리를 제공해주는 것이어야 마땅하다.

철학 입문서란 독자가 철학의 문을 열고 들어오도록 돕는 책이다. 독자가 철학의 문제에 진입해서 '철학하기'를 함께 수행하고 그래서 스스로 철학적 성찰을 해낼 힘을 갖추도록 훈련하는 책이다. 훌륭한 철학 입문서는 이미 철학에 입문했던 사람들도, 심지어 때로 철학을 본업으로 연구해왔던 사람들까지도 철학의 문제를 처음처럼 다시 새롭게 들여다보도록 해주는 힘을 지닌다. 이를테면 러셀(Bertrand Russell)의 『철학의 문제들(*The Problems of Philosophy*)』(박영태 옮김, 이학사, 2000[1912])이나 네이글(Thomas Nagel)의 『이 모든 것의 철학적 의미는(*What Does It All Mean?: A Very Short Introduction to Philosophy*)』(김형철 옮김, 서광사, 1989[1987])과 같은 고전적인 입문서는 내가 보기에 그런 역할을 다하는 뛰어난 책이다. 그런 책들은 누구든 일독할 가치가 있다. 그에 반해서 그저 잠시간의 지적 유희나 사교용 교양을 위한 철학 입문서도 있다. 오늘날 출판시장에서 그런 부류의 책들이 줄곧 쏟아지는 추세다. 물론 그런 대중 철학서가 나름의 가치를 가지고 있음을 부인할 수 없다. 그것들은 초심자에게 제법 오묘한 지적 체험을 제공하면서 기초적이고 단편적이지만 몇 가지 철학 지식을 얼기설기 습득하도록 돕는다. 하지만 내 생각에 그런 책들은 철학을 좀 공부한 사람들에게는 냉정히 말해서 거의 쓸모가 없고, 초심자에게도 겉핥기와 관심 유발 이상의 의미가 있기 어렵지 않을까 싶다.

나는 이 책을 그런 대중 철학서를 염두에 두고 쓰지 않았다. 그보다는 좀 더 진중한, 곧 내가 생각하는 의미에서 진짜 철학 입문서, 그래서 독자를 초심자로 국한하지 않는 그런 입문서가 될 수 있기를 바랐다. 실제로 이 책을 주욱 읽다 보면 종종 전혀 초심자를 위한 것이 아니라고 여겨질 만한 부분들을 만날지도 모르겠다. 나는 철학적 문제를 얄팍하게 많이 소개하는 대신, 몇 개의 문제를 선별하여 제법 깊이 있게 다루고 싶었다. 그런 접근법이 사전 지식이 별로 없더라도 탐구심이 높은 독자에게는 오히려 더 흥미롭고 또 유익할 수 있으리라 믿었다.

더욱이 아무리 입문서라고 해도 진짜 철학을 다루고 있다면 철학 전공자들이 씨름해야 할 문제와 난점에 어느 정도 개입하지 않을 수 없다. 다시 말하지만, 철학 입문서는 철학자들이 모두 동의하는 정답만 뽑아놓은 것일 수 없다. 오히려 어떤 문제에 대해서든 철학 전공자도 적잖이 난처하고 서로 다른 견해를 내놓는다. 나는 그런 서로 다른 견해 가운데 결국 내가 보기에 어느 견해가 나은가에 대한 내 견해를 내놓을 수밖에 없었다. 그리고 그러자면 단순히 초심자를 위한 것이라기에는 꽤 세부적인 논의까지도 건드릴 수밖에 없었다. 그래도 그런 부분을 쓸 때는 항상 초심자가 함께 이해할 수 있도록 전문 용어를 되도록 삼가고 문장을 명료하게 만들고자 애를 썼음을 덧붙여 밝혀두고 싶다.

본문은 총 여섯 장으로 구성된다. 우선 거칠게 말해서, 제1장부터 제4장까지는 이론 철학을, 제5장과 제6장은 실천 철학을 다룬다. 인간 정신의 본성과 자유의지라는 문제를 다루고 있는 제4장은 그 자체로는 형이상학적 논의로 분류되지만 뒤따르는 실천 철학적 논의를 위한 예비 작업으로 간주할 수도 있겠다. 제5장과 제6장은 실천 철학 중에서도 윤리학 또는 도덕 이론의 문제를 다루고 있다. 제1장부터 제3장은 존재론과 인식론의 문제를 다루고 있다.

철학을 전혀 공부하지 않은 사람도 플라톤의 '이데아'라는 말은 들어서 안다. 아마도 대충 영원하고 불변적인 이상적 실재쯤으로 알 것이다. 나는 첫 장에서 도대체 정말로 존재하는 것이 무엇인지, 우리가 사는 세계가 순전한 물질인지 아니면 그 이상의 무언가인지, 우리가 일상적으로 지각하는 대상의 정체가 무엇인지 등의 문제를 다루고자 했다. 그러면서 그 문제에 대한 감각론이나 경험론의 답변을 물리치면서 플라톤에게로 거슬러 올라가는 이른바 본질론을 옹호했다. 여기서 나는 플라톤의 '이데아'를 꽤 상세히 다뤘다. 플라톤의 본질론에 약간의 이의를 제기한 부분도 있지만 대체로 현대 철학의 거대한 흐름과는 반대로 플라톤을 지지하고자 했다. 끝으로 인문학계나 사회학계에서 곧잘 비난의 용어로 통용되는 '본질주의'에 대해서 나의 견해를 제시했다. 전반적으로 나는 본질론을 옹호하면서 직간접적으로 하이데거의 플라톤 해석에 막대한 영향을 받았다. 또한, 하이데거 자신의 철학에도 영향을 받았다. 그러나 꼭 필요한 경우를 제외하고는 일일이 각주를 통해서 이를 밝히지는 않았다.

또 하나 현대 문화와 현대인의 정신에 상식처럼 자리 잡힌 것은 '절대적 진리는 없다'라는 믿음이다. 이러한 믿음은 물론 플라톤주의에 대한 거부라는 현대 철학의 흐름과도 밀접한 연관이 있다. 제2장과 제6장에서 나는 참과 거짓 또는 옳고 그름이란 사람에 따라서나 문화에 따라서 상대적이라는 견해, 곧 상대주의를 논박하는 데 집중했다. 제2장에서는 참과 거짓의 상대성을 주장하는 이른바 인식론적 상대주의를 소개하고 물리치고자 했다. 여기에서 나는 또 한 번 현대 철학에서 또는 동시대 문화에서 인기 있는 견해에 맞서서 다소 고루해 보이는 객관주의라는 철학적 입장을 옹호했다. 비록 논적의 견해를 공부하면 할수록 조금씩 동화되어가면서 플라톤주의와 같은 완고한 객관주의보다 약한 객관주의의 판본을 옹호하긴 했으나, 상대주의에 맞서 객관주의를 지키고자 했던 것이 내 본의였음은 분명하다. 여기서 나는 현대 영미권 철학자에게 많이 의존했다. 특히 번스타인(Richard J. Bernstein)의 『객관주의와 상대주의를 넘어서(*Beyond Objectivism and Relativism: Science, Hermeneutics, and Praxis*)』(황설중, 이병철, 정창호 옮김, 철학과현실사, 2017[1983]), 퍼트넘(Hilary Putnam)의 『이성, 진리, 역사(*Reason, Truth and History*)』(김효명 옮김, 민음사, 2002[1981]), 보고

시안(Paul Boghossian)의 『지식에 대한 두려움: 상대주의와 구성주의에 반하여(*Fear of Knowledge. Against Relativism and Constructivism*)』(Oxford: Oxford University Press, 2006)에 많이 의존했다. 이들의 견해가 모두 같진 않다. 진리의 객관성이라는 문제에 관한 철학적 견해의 스펙트럼에서 왼쪽에 상대주의가, 오른쪽에 객관주의가 있다면, 번스타인은 책 제목이 암시하는 대로 가운데쯤 있다. 그리고 퍼트넘은 그보다 조금 더 오른쪽에, 그리고 보고시안은 이들 중 가장 오른쪽에 있다. 실제로 보고시안은 내가 보기에는 무리하게도 퍼트넘조차 상대주의 진영에 넣는다. 물론 철학사에서 가장 오른쪽에는 플라톤이나 헤겔이 위치한다. 내가 따른 노선은 그 가운데 아마 퍼트넘에 가장 가깝지 않을까 싶다.

데카르트 이래로 오늘날까지 굳건히 이어져온 철학적 문제 하나는 나의 의식 바깥에 그 자체로 실재하는 사물을 어떻게 인식할 수 있는가, 아니 도대체 인식할 수 있는가 하는 문제였다. 이른바 외부세계 문제에 대해서 나는 제3장에서 가능한 다양한 답변을 검토하였다. 어느 장보다도 여기서 철학사를 굵직하게 장식한 인물들의 사상을 많이 다루었다. 데카르트, 로크, 버클리, 흄, 칸트로 이어지는 근대 철학의 대표자들이 외부세계 문제에 어떻게 대응하는지를 소개하고 그런 대응법에 각각 어떤 난점이 있는지를 보여주었다. 덧붙여 현대의 신경과학이 동일한 문제에 어떻게 부딪히는가도 지나치듯이, 하지만 무척 비판적으로 다루었다. 끝으로 나는 후설과 하이데거의 현상학적 정신에 충실하게 외부세계의 문제에 대한 답변을 간략하게나마 제시하고자 했다. 다만 그들의 난해한 사상을 전문 용어로 소개하는 작업은 전혀 하지 않았다.

외부세계의 문제는 적절한 해결책을 요구하는 진짜 문제가 아니라 개념적 혼선이 빚어낸 가짜 문제로서 답변할 수 없고 따라서 그저 해소되어야 할 문제다. 무엇보다도 그 혼선의 핵심에 인간 정신 또는 마음의 본성에 대한 오해가 깔려 있다. 그래서 외부세계의 문제는 마음의 존재에 대한 재해석 작업을 통해서야 온전히 해소될 수 있다. 그런 배경에서 제4장의 논의를 읽어나갈 수 있다. 물리적 세계에서 마음의 존재를 어떻게 이해해야 하는가? 마음은 어떻게 신체를 통해서 인과적 효력을 발휘할 수 있는가? 이러한 물음을 현대 영미권의 이른바 분석철학자들이 집요하게 다루어왔다. 나는 제거론, 부수현상론, 환원론, 기능주의, 창발론 등 심리철학의 주요 이론이 그런 물음에 어떻게 답하는가, 그리고 각각의 답변이 어떤 난점을 지니는가를 살펴보았다. 그리고 끝으로 분석철학계 심리철학의 굳건한 전제인 물리주의의 존재론적이고 형이상학적인 의미를 비판적으로 검토한 다음, 존재의 의미를 다시 물어야 할 필요성, 그리고 마음의 존재를 전혀 다르게 이해해야 할 필요성을 제기했다. 그러나 제기 수준에 그쳤을 뿐, 좋은 대안적 답변을 제시하지는 못했다. 내가 마음속으로 염두에 둔 답변은 다시 현상학적인 것이었지만 그것을 간결하고 명쾌하게 제시할 언어적 도구를 솔직히 내가 제대로 구비하지 못하였음을 깨달았다.

제4장에서는 마음과 몸의 문제와 더불어 자유의지와 결정론의 문제를 함께 다루었다. 그래서 다른 어느 장보다도 많은 분량으로 구성되었다. 결정론적 세계에서 자유란 존재할 수 있는 것인지, 만일 가능하다면 그때의 자유란 어떤 의미인지, 그리고 그러한 자유 개념에서 도덕적으로나 법적으로 우리가 필요로 하는 책임 개념을 끌어낼 수 있는지 등의 문제를 다루었다. 나는 많은 곳에서 데이비슨(Donald Davidson)의 『행위와 사건(*Essays on Actions and Events*)』(배식한 옮김, 한길사, 2012[1980])에 실린 몇 편의 논문과 비에리(Peter Bieri)의 『자유의 기술(*Das Handwerk der Freiheit: Über die Entdeckung des eigenen Willens*)』(문항심 옮김, 은행나무, 2016[2001])에 힘입어 논의를 전개했다. 자유의지와 결정론의 문제에 대한 전통적인 주류 견해는 양자가 양

립 가능하다는 입장이다. 데이비슨과 비에리도 양립 가능론을 지지한다. 나 역시 그런 입장을 따라서 결정론에도 불구하고 어째서 자유가 의미 있게 성립할 수 있는가를 보이고자 했다. 그렇지만 책임의 문제, 특히 책임의 정당성 문제는 여전히 말끔히 처리되지 못한 채로 남고 말았다.

제2장에서 인식론적 상대주의와 싸웠다면, 제5장에서는 윤리적 상대주의와 싸웠다. 옳고 그름이 사람마다 또는 문화마다 다르다고 말하는 상대주의는 다름에 대한 존중의 문화에서 퍼진 것으로 보인다. 서로의 다름을 존중하는 문화는 아름답고도 훌륭하지만, 바로 그 문화에는 실은 어떤 도덕규범의 보편적 타당성이 은연중에 전제되어 있다. 즉, 각자의 생각과 견해가 아무리 다르다고 해도 서로의 인격을 존중해야 한다는 의무는 어떤 사람이나 어떤 문화에만 타당한 것이 아니라 어느 문화의 누구에게든 타당하다는 생각이 상호존중과 관용의 문화에 깔려 있다. 그러니 상호존중과 관용은 상대주의를 수반할 이유가 전혀 없다. 상호존중과 관용의 태도로부터 상대주의에 대한 믿음으로 직행하는 것은 그저 오류 추리일 뿐이다. 나는 윤리적 상대주의에 대해 제기되는 여러 가지 난점을 거의 빠짐없이 제시하고자 했다. 그런 난점은 앞선 여러 장에서 그러했듯이 나 자신이 독창적으로 제시한 것이 아니라 기존의 도덕 이론 입문서 여러 권을 참조하면서 내 나름대로 소화한 것을 정리한 것이다. 나는 분명히 윤리적 상대주의가 옳지 않다고 보지만, 제5장의 논의는 오늘날 가장 세련된 형식의 상대주의를 선보인다고 평가할 수 있을 몇몇 철학자를 빠뜨리고 있다는 점에서 상대주의 논박으로서 불완전한 것임을 밝혀둔다. 즉, 알래스데어 매킨타이어(Alasdair MacIntyre)와 버나드 윌리엄스(Bernard Williams)는 어쩌면 통상 윤리적 상대주의에 제기되는 난점을 세련되게 피해 가는지도 모른다. 이 문제에 더 관심이 많은 독자라면 이들의 저작을 직접 연구해야 할 것

이다.

마지막으로 다룬 주제는 도덕 회의주의의 문제다. 나는 인류 역사상 어느 시대보다 우리가 도덕적 의무의 정당성이 의심받는 시대에 살고 있다고 생각한다. '나는 왜 도덕적으로 행동해야 하는가?'라는 물음은 무척 거칠고 모호한 형태일지라도 아마도 누구나 한 번쯤 마음속 깊은 곳에서 던져봤음 직하다. 특히나 부모나 선생의 권위, 전통과 사회의 규범이 전혀 절대적인 것이 아님을 깨닫는 사춘기를 통과하는 시절에 그런 물음을 처음 제기했을 법하다. 많은 현대 철학자들은 그 물음이 잘못 제기된 것이라는 입장을 취하기도 하고, 너무나 자명해서 더 상세한 답변이 필요 없다는 입장을 취하기도 한다. 나는 그런 입장에 반해서 그 물음은 진짜 물음이고 답변이 필요한 물음이라는 입장을 취했다. 그 물음에 대해서 신학도, 계약론도, 공리주의도 좋은 답변을 내놓지 못한다. 그리고 진화론적 윤리학이나 신경윤리학과 같이 과학에 기댄 '윤리학'은 아예 답변을 내놓을 수 있는 위치에 있지 않다. 그 물음이 진지한 답변을 기다리는 진짜 물음이라면, 아마도 우리는 칸트의 도덕 철학적 전통에 서야만 할 것이다. 그래서 나는 칸트가 도덕적 명령의 정당성을 어떻게 입증하는지를 그의 『윤리형이상학 정초』를 통해 추적했다. 이어서 그런 칸트적 전통을 계승하는 독일의 담론 윤리학자들, 곧 아펠과 하버마스가 각각 어떻게 다시 그 물음에 대처하는가를 살펴보았다. 이들의 답변에 대해 약간의 비판적 검토도 곁들였지만, 나는 도덕 회의주의를 물리치는 것이 근본적으로 중요하다고 믿어서 그렇게까지 가열하게 비판의 칼날을 들이대고자 하지 않았다. 무엇보다도 나로서는 현재까지도 더 나은 대안을 발견하지 못했기 때문이다. 그리고 합리적 사고를 운운하면서 도덕 회의주의적 견해를 지지하는 사람이 우리 사회에서 부디 한 사람이라도 줄었으면 하는 바람 때문이기도 했다. 여러 심리학 연구의 보고에 따르면, 사람들이 결정론적 견해를 가지게 되면 비도덕적인 행위를 그만큼 더 쉽게 하게 된다고 한다. 아마도 그렇다면, 굳이 새로운 심리학 연구를 기다리지 않아도, 우리는 사람들이 도덕적으로 행동해야 할 아무런 정당한 이유가 없다는 견해를 가지게 되면 그만큼 비도덕적 행위를 더 쉽게 저지르리라고 추측해도 좋을 것이다.

책 전체에 일관되게 흐르는 몇 가지 사고 경향을 예리한 독자는 발견할 수 있을 것이다. 우선 상대주의나 회의주의를 경계하고 진리와 도덕을 신뢰하는 태도 같은 것을 쉽게 확인할 수 있을 것이다. 또 하나 여러 장에서 간헐적으로 나타나는 특징이 있는데, 곧 과학주의에 대한 거부다. 물론 세상에는 훌륭한 과학자도 많다. 하지만 간혹 훌륭한 과학자조차도 종종 오류투성이의 사이비 철학을 전파한다. 이는 아마도 우리 시대가 이미 과학적 세계상으로 뒤덮여 있기 때문일 것이다. 그러니 자연히 사람들은 과학자들에게 과학 이상의 믿음을 말해줄 것을 기대하고 그런 기대를 의식하는 과학자들은 응당 자신들이 그런 믿음에 대해 무언가를 말할 권리와 자격을 자동으로 갖춘 사람인 양 답변하게 된다. 물론 과학자들의 담론 영역을 과학적 사실관계로 한정해야만 하는 것은 아니다. 과학자이면서도 동시에 가치와 규범의 문제에 대해 뛰어난 통찰을 지니거나 철학적 혜안을 지닌 사람도 얼마든지 있을 수 있고 또 드물지만 실제로 있다. 문제는 과학을 넘어서는 주제를 다루면서도 과학자로서 그 문제를 해결하고 있다는 착각을 범하는 부류의 사람들이다. 나는 언젠가 과학주의의 문제를 다룬 좋은 책을 써보고 싶다는 소망을 종종 품곤 했는데, 과연 죽기 전에 해낼 것 같지 않다. 그 문제에 관심이 많은 독자라면 마르쿠스 가브리엘의 『나는 뇌가 아니다』(전대호 옮김, 열린책들, 2018)나 『왜 세계는 존재하지 않는가?』(김희상 옮김, 열린책들, 2017)와 같은 책이 도움이 될 것이다. 이 책들 또한 철학 입문서이되 독자를 초심자로 제한하지 않고 있다.

최초의 원고는 약 7년 전에 쓰였다. 오랜 시간 묵혀 있다가 1년 전쯤부터 다시 틈틈이 손대기 시작했다. 그때 원고에서 많은 부분이 수정되었고 또 많은 부분이 새로 추가되었다. 하지만 그때 원고의 흔적이 그대로 남아 있는 곳도 제법 된다. 글을 쓰면서 철저히 깨달은 점 한 가지는 역시 철학의 모든 문제는 하나로 연결된다는 것이었다. 저 모든 문제는 결국 하나의 통일된 관점에 서서 통찰할 수 있을 때야 비로소 온전하게 제대로 다루어질 수 있을 듯하다. 내가 그런 총체적 관점이나 포괄적 시야를 제대로 확보하지 못했기 때문에 부득이 이 책은 각 장의 주제를 내적으로 연결하는 정합성이나 완결성을 엄격히 갖추지 못하였고 각각의 문제에 개별적으로 접근하는 데 그치고 말았다. 이제 나로서는 그저 심각하게 서로 모순되는 부분만큼은 나타나지 않길 바랄 뿐이다.

제 1 장

우리가 보는 것의 정체: 사물과 본질

1. 상식적 감각론과 그 논박

당신 주위를 둘러보라. 어떤 것들이 존재하는가? 만일 당신이 방에 앉아 있다면, 아마 이런 식으로 답할 것이다. 책, 책상, 전등, 강아지, 사람, 창밖의 나무, 해 등등. 우리는 일상적으로 감각적으로 지각할 수 있는 대상들에 대하여 그것들이 '있다'라고 말한다. 열거한 대상들은 눈으로 볼 수 있고, 손으로 만질 수 있다. 또 코로 냄새 맡을 수 있고, 귀로 소리 들을 수 있고, 혀로 맛볼 수도 있다. 이렇게 신체에 달린 감각기관으로 그것들은 감각될 수 있다. 감각될 수 있는 한에서, 무엇보다도 보고 만질 수 있는 한에서 그것들은 존재한다고 말해질 수 있다. 이렇게 보면, '존재한다'라는 말은 곧 감각적으로 지각될 수 있다는 뜻인 듯하다. 그렇게 감각적으로 지각되는 것을 '질료(hyle)'라고 부르도록 하자. 감각을 통해서 질료가 우리에게 주어진다. 감각은 특별히 애쓰지 않아도 우리의 의지와 거의 무관하게 외부의 자극을 수용한다. 그런 점에서 감각은 수동적이다. 우리는 그저 눈을 뜨거나 감을 수 있을 뿐이지 일단 눈을 뜬다면 시각적 질료가 쏟아져 들어오는 것을 막을 수 없다.

그러나 당신은 정말로 눈으로 이 책이나 이 책상을 보고 있는가? 정말로 눈이 이 눈앞의 사물이 책**임**을 알려주는가? 그것이 책이라는 사실을 눈이 알 수 있는가? 아마 우리는 눈이, 또는 눈을 포함한 시각기관 전체가, 그것이 검은색이고 사각 형태이며 표면이 반짝거림을 본다고 말할 수 있을 것이다. 그러나 시각기관이 그것이 책이라는 사실을 보는 것 같지 않다. 우리가 그 책을 시각기관을 관통해서 보는 것은 분명하다. 따라서 눈이 없으면 그 책을 볼 수 없다. 하지만 이 사실로부터 곧장 눈이 책을 본다고 결론짓는 것은 성급하다. 눈은 단지 책을 보기 위한 필수적 도구에 불과한 것일 수 있기 때문이다. 연필과 같은 필기구가 단지 글을 쓰기 위한 필수적 도구일 뿐이고, 글을 쓰는 것은 어디까지나 나 혹은 나의 지성(nous)이듯이 말이다.

책을 본다는 행위의 수행자는 나의 지성이지 눈이 아니다. 나의 지성이 눈을 관통하여 그 사물을 책으로서 본다. 감각기관으로서 눈은 사물로부터 색깔, 공간적 형태, 광채 등의 시각적 질료를 수동적으로 받아들인다. 그러나 바로 그 눈이 사물로부터 책이라는 시각적 질료를 수용하는 것은 아니다. 색깔이라는 시각 자료는 있지만, 책이라는 시각 자료는 없다. 만일 그와 같은 시각 자료가 있다면, 사물의 개념적 이해를 위한 학습 과정이 전혀 불필요할 것이다. 지성의 능동적 이해가 없이도 그저 눈에 보이자마자 한 사물이 책이라는 사실이 파악된다면 개념 습득이나 학습은 무의미할 것이다. 갓난아기들이 눈으로 책을 보아도 그것이 책임을 알아볼 수 없다는 사실은, 우리가 한 사물이 책임을 알아볼 때 그렇게 알아보는 능력의 주관자가 단순히 눈과 시각기관일 수 없음을 말해준다. 또한, 인간과 똑같이 정교한 시각기관을 가진 동물일지라도 그것이 책임을 알아보지 못한다는 사실도 마찬가지의 것을 말해 준다.

우리의 일상 언어에서 책을 본다고 말할 때, 실은 그때의 봄은 눈의 시각적 봄이 아니다. 눈의 시각적 봄은 색깔이나 형태, 광채 따위를 수용할 수 있을 뿐이다. 우리가 일상적으로 책이나 나무를 본다고 말할 때, 우리는 책을 책으로, 나무를 나무로 **알아**보는 것이다. 이때의 알아봄은 눈의 시각적 봄이 아니라 나의 지성적 봄을 가리킨다. 처음에 우리가 여기 책이 보이므로 그것이 존재한다고 생각했을 때, 그때의 봄도 실은 시각적 봄이 아니라 지성적 봄이었다. 따라서 존재 여부의 기준이 감각에 달렸다고도 말할 수 없다. '존재'의 의미는 시각적 봄과 같은 감각적 수용성으로 환원되지 않는다.

일반적으로 말해서, 시각적 봄과 같은 감각은 **무엇이** 존재하는지를 **알려**주지 못한다. 주관적 측면에서도 객관적 측면에서도, 감각은 부단한 운동과 변화 속에 있으므로 고정된 무엇을 제시할 수 없기 때문이다. 우선 감각 **주관**과 관련하여 보건대, 감각적으로 주어진 것은 잡다하고 가변적이다. 우리는 눈으로 매 순간 다른 장면들을 본다. 하나의 동일한 책상을 보면서도 그 책상을 또한 매 순간 조금씩 다른 각도와 다른 조명 아래에서 보기 때문에, 우리의 감각으로 들어오는 것은 사실 그 사물의 매번 다른 빛깔의 매번 다른 측면들이다. 말하자면, 우리의 망막에는 매 순간 다른 시각상이 맺힌다. 우리 의식에 주어지는 시각적 질료는 계속해서 변동한다. 청각적, 촉각적 질료 등에 관해서도 똑같이 말할 수 있다. 또한, **객관**적으로 보더라도, 감각에 의해 지각되는 사물 자체가 항구적이지 않다. 우리의 감각에 주어지는 것은 순전한 물질이다. 물질은 시간의 흐름에 따라 매 순간 조금씩이라도 변천한다. 물질에서는 매 순간 미세한 인과적 사건이 일어난다. '모든 것은 흐른다(panta rei)'라는 헤라클레이토스의 잠언으로 고대 그리스에서부터 알려져왔던 바처럼, 감각적 사물은 그 본질상 변천한다. 물질 자체의 변천으로 인하여 우리의 감각은 동일하게 머무는 대상을 붙잡는 데 성공할 수 없다. 내가 내게 감각되는 것을 그 무엇이라고 규정하는 순간, 감각적 질료로서 그것은 이미 더는 그 무엇이 아니게 된다.

우리는 시각기관으로써 이처럼 변천하는 물질만을 볼 수 있다. 이는 매우 커다란 함의를 가진다. 그것은 곧 시각기관에만 의존해서는 눈앞의 이 사물이 책상임을 알아볼 수 없음을 뜻한다. 이러한 알아봄은 지성적 봄이다. 그것은 일반적으로 '이것은 X이다'라는 진술 형식으로 표현될 수 있다. '이것은 책상이다'라는 진술이 가능해지려면, 적어도 이 진술의 순간에 '이것'이라고 불린 대상은 그 자신과 동일해야 한다. 이는 동일률이라는 논리적 원칙의 존재론적 요구사항이다. '이것'이라고 불린 대상이 그 자신과 동일하지 않다면, '이것은 X이다'라는 진술은 그것이 발화되자마자 또는 생각되자마자 거짓이 되고 말 것이다. 그것은 이미 더는 X가 아닐 것이기 때문이다. 이처럼 '이다(is)'라는 존재(being)의 규정은 존재하는 것의 자기동일적 보존을 함유한다. '존재한다'라는 말은 곧 시간의 흐름을 견디며 **자기동일적**으로 머문다는 뜻이다. 그런데 시각기관은 변천하는 물질만을 가져다주므로 대상의 자기동일성을 보증할 수 없다.

우리가 하루하루를 살아가는 세계에서 대상은 우리에게 자기동일적인 것으로 나타난다. 대상의 자기동일성을 인정하려면, 우리가 보는 대상 그리고 나아가 우리가 사는 세계가 단순히 물질이나 물질의 총체가 아님을 또한 인정해야 한다. 이는 유물론에 익숙한 사람들에게 쉽지 않은 일이다. 마찬가지로 자기동일적인 대상을 보는 주관의 능력도 단순히 시각적 봄과 같은 감각 능력으로 환원될 수 없음을 인정해야 한다. 그것을 보는 주관의 능력은 오히려 플라톤이 '누스(nous)'라고 불렀던 것, 곧 지성이라고 해야 할 것이다.

2. 경험적 개념론과 그 논박

그런데 지성이란 어떤 능력이기에 자기동일적 대상을 알아볼 수 있는가? 그것은 곧 개념의 능력 아니겠는가? 바로 개념이 이 사물을 순전한 질료 덩어리에 불과한 것이 아니라 바로 이 책으로, 이 책상으로 존재하도록 해주지 않는가? 분명히 그렇다. 하지만 그렇다면 다시 개념이란 무엇인가?

우리의 일상적 사물 지각은 단순히 감각적이지 않고 지성의 개념 파악 활동으로 이루어진다. 자기동일적인 대상을 '보는' 능력은 지성의 개념에 놓인다. 하지만 개념의 형성 과정을 설명하려면 우리는 다시 감각에 의해 질료가 수용되는 단계에서부터 시작해야만 할 것 같다. 이렇게 우리는 인식의 모든 원천을 감각적 경험으로 돌리는 철학자들의 길을 걸을 수 있다. 이들, 곧 경험론자들은 앞서 감각론 논박에서 살펴본 바와 같이 감각적 인상이 잡다하고 가변적임을 인정하고 또한 우리의 일상적 사물 지각이 자기동일적 대상을 알아봄으로써 이루어진다는 점도 인정한다. 그러나 이들은 이러한 지성의 알아봄도 결국 감각적 경험에 그 기원을 둔다고 여긴다. 감각적 인상들이 잡다하고 가변적이며 어떠한 자기동일적인 것도 제시하지 못함은 분명하다. 하지만 감각 작용을 내면적으로 자세히 들여다보면, 감각 인상이 순전히 무작위적이고 무질서한 것이 아님을 확인할 수 있다. 시간의 흐름에 따라 연속적으로 주어지는 감각 인상들은 나름의 질서를 갖추고 서로 간에 인접성과 유사성을 형성한다. 경험론자에 따르면, 그렇게 유사한 인상들을 연합함으로써 우리는 개별 실체라는 관념을 형성한다. 가령, 연속하는 유사한 갈색 빛들, 이들과 인접한 연속하는 유사한 사각 형태들, 또 이들과 인접한 연속하는 매끄러운 질감들, 이런 모든 인상을 통일적으로 연합함으로써 하나의 특정한 상(像)이 만들어진다. 이렇게 인상들로부터 상을 만드는 의식의 작용을 문자 그대로 '상상력(想像力)'이라고 부를 수 있겠다. 또한, 이처럼 단순한 기본 요소 단위들로부터 출발하여 이들을 결합함으로써 더 복잡한 관념들이 생성된다고 여기는 경험론적 탐구 방식을 '원자론적' 방법이라고 일컬을 수 있다.

그러나 그러한 인상들의 연합에 의해 만들어진 하나의 특정한 상은 아직 책의 개념은 아니다. 지금 나는 상상력에 의해 하나의 특정한 상을 가진다. 그리고 조금 뒤 그와 유사한 또 하나의 특정한 상을 가진다. 그리고 또 조금 뒤 역시 그와 유사한 또 하나의 특정한 상을 가진다. 이러한 과정이 되풀이되다 보면, 어느덧 나는 유사한 상들을 여럿 가지게 되고 다시 그러한 유사한 상들의 공통분모로부터 이제 가령 책이라는 개념을 형성한다. 이러한 개념 형성 능력을 '지성'이라고 부를 수 있겠다.

요컨대, '이것은 책상이다'로 표현되는 지성적 봄에 대한 경험론자의 설명을 두 단계로 분석할 수 있다. 첫째로, 상상력이 인접한 유사 인상들을 질서 있게 연합함으로써 의식의 대상을 형성하고, 둘째로, 그런 유사한 대상들을 여럿 경험한 뒤에 지성은 다시 그것들을 연합하고 공통분모를 추출하여 개념을 형성함으로써 지성적 봄이 가능해진다고 말이다. 두 단계의 설명 각각은 '이것은 X이다'라는 존재론적 기초명제 형식의 주어부('이것은')와 술어부('X이다')에 상응한다.

내가 여기 앞에 놓여 있는 이 사물을 순전히 무의미하고 무질서한 질료적 인상들이 아니라 바로 특정한 이것이라고 인식할 수 있는 이유는, 나의 의식(곧, 상상력)이 그러한 인상들을 질서 있게 결합함으로써 '이것'이라는 자기동일적 개별 대상을 구성하기 때문이다. 이로써 '이것은 X이다'라는 존재론적 기초명제 형식의 전반부, 곧 주어부가 설명된다. 또한, '이것은 책이다'라는 진술에서 술어부에 놓인 '책'은 개별자를 가리키는 고유명사가 아니다. 그 진술은 '이것'으로써 지칭된 하나의 자기동일적 개별 대상을 책이라는 개념에 포섭하는 판단이다. 그 개념은 그 대상만이 아니라 그것과 유사한 책이라고 불리는 여느 다른 개별 대상들도 다 포괄하는 보편적인 것이다. 경험론적 설명에 따르면, 이 보편 개념으로서 책은 (이후에 '책'이라고 불리게 될) 수많은 개별적인 상들을 그 유사성에 따라 연합함으로써 형성된다. 지성은 색깔과 크기, 형태가 다른 많은 개별 책들의 상들을 누적적으로 경험하고 그 경험들로부터 공통되는 속성을 추출함으로써 그 추출된 공통속성을 통일적인 책상 개념으로 구성한다. '이것은 책상이다'라는 진술은 이처럼 자기동일적 개별 대상을 책상이라는 보편 개념에 포섭함으로써 성립한다.

경험론은 이로써 소박한 감각론을 넘어선다. 소박한 감각론에 따라서는 '이것은 X이다'라는 진술이 어떻게 가능한지 설명할 수 없었다. 이제 그 가능성은, 감각 인상들을 결합하여 개별 실체라는 관념을 구성하고 또다시 다기 다양한 개별 실체의 경험들로부터 공통속성을 추출하는 상상력과 지성의 능력으로 설명된다. 하나의 개별자를 보편 개념에 귀속시키는 진술 형식이 어떻게 가능한가를 설명하는 작업은 우리의 일상적 지각 경험을 설명해준다는 점에서뿐만 아니라 학문의 가능성을 설명해준다는 점에서도 중요하다. 이후에 더 상세히 논하겠지만, 학문은 기본적으로 보편적 개념들의 질서를 확립하는 것으로 이해될 수 있기 때문이다.

그러나 이상의 경험론적 설명 방식에 대해 여러 가지 문제와 난점이 제기된다. 이후에 다른 장에서 상세히 살펴보겠지만, 경험론적 설명을 일관되게 따를 경우 외부세계 인식의 문제에 빠지게 되고 그로부터 헤어 나오지 못한다. 자기동일적 개별 대상은 감각 인상들로부터 의식이 구성해낸 관념에 불과하다. 소박한 경험론자는 감각적 경험이 의식 외부의 사물이 의식에 찍어낸 인상이기 때문에 경험적 관념은 의식 외부의 사물을 있는 그대로 재현한다고 주장한다. 그러나 그 사물을 있는 그대로 직접 확인할 방도가 없는 이상 그러한 주장은 언제나 독단적일 수밖에 없다. 이에 대해서는 나중에 외부세계 문제를 다룰 때 더 자세히 논하겠다.

경험론의 또 다른 난점은 진리의 상호주관성이나 객관성을 지지하기 어렵다는 것이다. 경험론에 따르면, 개별 실체의 관념뿐만 아니라 보편 실체의 관념, 즉 개념도 모두 개개인의 의식이 각자 스스로 구성해내는 것이다. (모두가 동일한 감각기관의 능력을 보유한다고 가정하더라도) 각자는 자신이 처해 있는 환경에 따라서 서로 다른 감각 경험을 누적하며 살아간다. 그렇다면 내가 내 감각 경험으로부터 구성하는 관념이 타인이 그의 감각 경험으로부터 구성하는 관념과 일치해야만 할 까닭이 어디 있는가? 혹은 감각 경험들로부터 하나의 개별 실체 관념을 구성해내는 데 있어서 옳고 그름의 **객관적 척도**라는 것이 어떻게 있을 수 있는가? 더욱이 내가 가진 개별 실체의 관념과 타인이 가진 개별 실체의 관념이 일치하는지를 어떻게 알 수 있는가? 그의 개별 실체 관념은 단지 그의 마음속에 있을 뿐이니 말이다. 그의 의식으로 들어갈 수 없는 한, 나로서는 그의 관념에 접근할 수 없다. 개념의 경우도 마찬가지다. 가령, '나무는 다년생 식물이다'라는 생물학의 명제는 개념이 주관적 구성 산물이 아닐 때만 객관적 진리로 간주할 수 있다. 그러나 개념이 다양한 개별 실체 관념들의 한낱 **주관적** 통합 방식인 한에서, 내가 소유한 나무 개념이 타인이 소유한 나무 개념과 동일하리라는 보증을 어디에서 얻을 수 있는가? 개념에 대한 경험론적 설명은 단지 한 주관에게서 타당할 수 있는 개념의 가능성을 설명할 따름이지, 모든 주관에게 객관적으로 타당할 수 있는 개념의 가능성을 설명하지 못한다. 그래서 결국 주관적 상대주의로 빠져들 위험에 처하게 된다. 경험론적 설명은 저마다 다를 수 있는 개인의 감각 경험에서 출발하기 때문에 모든 개인에게 공통적인 개념과 객관적 진리의 가능성에 다다를 수 없다.

더욱이, 설사 이러한 문제를 극복하여 모든 인간 각자의 개념 구성이 어찌어찌하여 서로 간에 합치할 수 있음을 설명해낸다고 할지라도, 그렇게 설명된 개념에 따른 진리는 여전히 인간 종 상대주의에서 벗어나지 못할 것이다. 감각적 경험들의 통합 방식이 하나의 자연적 종으로서 인간 종에 대해 공통적일 수 있다고 치자. 그렇다고 하더라도 그러한 통합에 따라 수립된 명제는 인간 종에 대해서만 타당할 뿐이고 어느 외계의 이성적 생명체에게는 그 타당성을 주장할 수 없을 것이다. 가령, 질량과 에너지가 등가라는 아인슈타인의 물리 원칙조차도 우주의 객관적 법칙이 아니라 그저 인간 종이 갖는 관념 속에서 참이라고 말해야 한다. 즉, 어떤 개념이 인간 사이에서의 상호주관적 보편성을 획득한다고 해서 꼭 객관적이라고 말할 수 없다.

우리가 자기동일적 개별 대상을 보고 그것을 일정한 개념에 포섭한다는 일상의 지각 경험에 대하여 경험론은 나름의 설명을 제공한다. 하지만 이상의 비판적 논의에 따르면 그 설명은 적어도 두 가지 문제, 곧 외부세계 인식의 문제와 진리의 객관성 보증 문제에 부딪힌다. 이상의 비판은 경험론적 설명 방식이 정녕 적절한가를 논외로 하고서 그 설명을 일관되게 따를 때 어떤 문제적인 결과를 맞이하게 되는가를 보여준 것이었다. 그러나 이제 우리는 경험론적 설명 방식의 적절성 자체를 문제로 삼을 수 있다. 그 설명 방식을 곰곰이 따지고 들다 보면 무척 불가해한 구석을 발견하게 된다.

경험론자는 감각적 경험에서부터 출발하여 개별 실체 관념의 발생과정을 설명하려 한다. 그러나 순전한 감각적 인상들만으로 출발해서 어떻게 자기동일적 대상의 지각에 이를 수 있단 말인가? 감각적 인상들 그 자체는 순전히 무의미하고 무질서하며 비동일적이다. 감각적 인상들로부터 대상 지각으로의 이행을 설명하려면 인상들의 단순한 결합이 아니라 일정하고 질서정연한 결합이 필수적이다. 그러나 의식이 사전에 개별 실체 관념을 소유하고 있지 않다면, 혹은 대상이 그 자체로 이미 자기동일적이지 않다면, 어떻게 의식은 무작위적으로 결합하지 않고 '일정하고 질서정연하게' 결합할 수 있을까? 결합의 질서정연함을 이끌어줄 지침을 대체 어디에서 구할 수 있단 말인가? 의식이 감각 인상들을 일정하게 결합할 수 있으려면 실은 그 일정한 결합 방식을 인도해줄 개별 실체 관념을 이미 소유하고 있어야만 한다. 따라서 순전히 감각적 인상에서 출발하는 방식으로는 개별 실체 관념의 형성을 설명할 수 없다.

동일한 논리가 개념 구성에 대한 경험론의 주장에 대해서도 적용된다. 경험론에 따르면 개념은 여러 개별자들로부터 공통된 속성을 추상해냄으로써 구성된다. 그러나 의식이 사전에 개별자들 간의 공통성을 조금이라도 알고 있지 않다면 어떻게 순전히 이질적인 개별자들을 하나의 집단으로 간주하여 그것들로부터 개념을 추출할 수 있겠는가? 상이한 개별자들이 그 상이성에도 불구하고 하나의 집단에 속한다는 사실을 **미리** 알고 있을 때만, 즉 개념을 막연하게나마 미리 이해하여 그 개별자들 안에서 개념을 미리 함께 볼 때만, 그것들에 공통되는 속성이 무엇인지를 발견하려고 시도할 수 있을 것이다.

경험론자가 결합의 질서를 설명해내는 방식은 오로지 '유사성' 개념에 기초한다. 유사한 감각 인상들이 시간상에서 잇따르고 공간상에서 인접하기 때문에 그것들을 하나의 통일적인 개별 실체 관념으로 구성해낼 수 있다는 것이다. 또한, 유사한 여러 개별 실체 관념들을 하나의 통일적인 개념으로 구성해낼 수 있다는 것이다. 그러나 여러 잡다한 인상들 속에서 그리고 여러 개별자 관념들 속에서 유사성을 포착하려면, 서로 다른 것들을 **어떤 점에서** 유사하다고 말할 수 있는가의 기준이 미리 확보되어 있어야만 한다. 그러한 기준이 확보되어 있지 않다면, 어떠한 결합 방식이든 다 허용될 것이기 때문이다. 왜냐하면 어떤 것도 다른 어떤 것과 적어도 어떤 점에서는 유사할 것이기 때문이다. (말하자면, 내 책상 위의 평범한 지우개는 옆 책상 위의 대형 지우개보다 적어도 크기라는 점에서 어제 길에서 본 귀뚜라미와 더 비슷하다.) 물론, 모든 결합 방식이 허용된다면 특정한 자기동일적 대상을 구성하는 데 성공할 수 없을 것이다. 이때는 이러한 결합 방식이, 접때는 저러한 결합 방식이 진행된다면, 그러한 결합 방식들로부터 자기동일성이 확립될 수 없기 때문이다. 또한, 그로부터는 동일한 보편 개념의 확립도 성사될 수 없다. 우리는 세상에서 무수히 다양한 책들을 경험할 수 있다. 색깔, 크기, 형태, 두께, 질감, 냄새 등 감각적 질료에 있어서 막대한 차이를 발견할 수 있다. 그런데도 그 모든 차이로부터 유사한 것들을 식별할 수 있으려면 어떠한 것을 유사한 것으로 보아야 하는가에 관한 기준을 미리 세워두고 있어야만 한다. 색깔이나 크기, 형태가 아무리 다르더라도 우리는 책을 아무튼 책으로 파악한다. 이것이 가능한 이유는 그 유사성의 기준을 우리가 막연하나마 미리 이해하고 있기 때문이다. 그리고 그 기준이란 다름 아니라 책의 개념에 포함되어 있다.

우리가 경험론적 설명 방식을 그럴듯한 것으로 여길 수 있는 이유는 오로지 설명의 대상인 그 개념을 우리가 이미 지니고 있기 때문이다. 우리가 이미 책 개념을 갖고 있어서 우리는 순전히 감각 인상들로부터 출발하여 어떻게 책 개념이 발생했는가를 설명해낼 수 있다는 착각에 빠져든다. 실은 우리가 이미 지닌 책 개념이 어떠한 감각 인상들을 유사한 것으로 엮어야 하는가에 대한 기준을 암암리에 제시해주고 있기 때문이다. 문제는 책 개념의 발생을 설명하고자 한다면, 그와 같이 책 개념에 따른 유사성 기준을 미리 전제해서는 안 된다는 것이다. 하지만 은연중에 그런 전제를 지니지 않는다면, 어째서 표지 색깔이나 크기나 재질 등이 아니라, 이를테면 얇은 흰 종이 위에 줄지어져 있는 조그맣고 검은 다채로운 모양(곧, 글씨들)이 결합을 올바르게 이끌어줄 유사성의 기준이어야 하는지 알 수가 없다.

경험론의 설명 흐름과 정반대로, 우리가 책이란 무엇인지에 대한 이해를 일단 막연하게라도 가져야 어떤 것이 책인지를 판단할 수 있다. 책의 무엇임에 대한 이해로부터 우리는 개개의 책들이 책이라는 사실을 알 수 있고, 또 그렇게 다양한 책들의 경험으로부터 그 모든 것들의 공통적 속성을 추출하려고 시도할 수 있다. 이러한 공통적 속성의 추출을 통해서 우리는 책이란 무엇인지 그 개념을 언어적으로 서술하여 포착할 수 있다. 이것이 아리스토텔레스가 말한 귀납(epagoge)이다. 공통 속성 추출에 따른 개념의 언어적 명시화가 개별 경험보다 더 늦게 이루어진다는 사실로부터 경험론은 책 개념이 개개의 책 경험보다 시간상 뒤에 온다는 착각에 빠진다. 그러나 책의 개념에 대한 비명시적인 이해가 애당초 없었다면, 어떤 것들을 책이라고 간주할 수조차 없고 따라서 또한 그것들로부터 공통속성을 추출하고자 시도할 수조차 없다. 옳게 이해된다면, 경험은 개념을 발생시키는 원천과 근거가 아니라 오히려 개념에 의해서 인도되는 것, 개념에 뒤따르는 것이다.

경험의 역할은 그렇게 앞서서 인도해주는 개념을 다시 명시적으로 포착하는 데 이바지하는 것으로 한정된다. 우리는 선이해된 개념의 인도 하에서 다양한 개별자 경험을 거쳐서 그것들의 공통속성을 언어로 포착한다. 그리고 그렇게 언어로 포착한 성질이 다시 선이해된 개념에 충실히 부합하는가를 다른 더 많은 경험에 비추어 검토한다. 선이해된 책 개념의 인도 하에서 여러 다양한 책을 경험하고서 책의 공통속성을 이를테면 '작은 글씨로 이루어진 줄이 여럿 있는 흰 종이가 다시 여러 겹으로 묶여 있음'으로 파악한 다음에 이러한 파악이 적절한지를 또 다른 여러 책의 경험에 그것이 부합하는가를 토대로 따져본다. 이처럼 경험에 따른 개념의 명시적 파악은 경험론자의 설명에 들어맞지 않고 개념의 선이해에 의한 인도를 오히려 가정한다.

이제 우리는 원점으로 돌아가야 한다. 내가 이 책을 본다는 사실은 단순히 감각에 호소해서도 또한 유사성의 경험적 연합에 호소해서도 설명할 수 없다. 그것이 어떻게 가능한가를 설명하기 위한 또 다른 시도가 필요하다.

3. 본질의 역할

우리의 일상적 지각 경험에서 늘 일어나는 것은 자기동일적 개별 대상을 그 무엇임에서 이해하는 것이다. 이것은 책이다. 저것은 책상이다. 또 요것은 나무다. 또 조것은 해다. 우리는 일상의 지각 경험에서 자기동일적으로 머무는 대상을 그 무엇으로서 이해한다. 이러한 이해는 감각의 능력으로 설명할 수 없다. 또한, 유사한 감각 인상들의 연합으로도 설명할 수 없다.

개별 사물의 자기동일성과 그 무엇임을 함께 지탱하고 떠받치는 근거를 '본질(ousia)'이라고 부르도록 하자. 본질은 하나의 사물을 그 무엇으로서 각인하고 고정하는 틀을 우리에게 제시한다. 마치 눈이 시각적으로 책의 형태를 보는 것처럼, 우리는 지성적으로 책의 특정한 틀을 본다. 즉, 하나의 사물을 단순한 종이 뭉치가 아니라 바로 책이게 해주는 그런 통일적 질서와 구성 형식을 본다. 지성에 보이는 그런 형식을 눈에 보이는 책의 시각적 형태에 비유하여 고대 그리스 철학자들은 책의 '형상(eidos)'이라고 불렀다. 다만, 이때 형상이 시각적 봄의 대상이 아니라 지성적 봄의 대상이라는 점에 유의해야 하겠다.

하나의 사물이 책의 형상을 우리의 지성에 내보인다. 그래서 우리는 그것을 책으로 이해할 수 있다. 형상은 지성적으로 보이는 어떤 통일적 질서이다. 우리가 한 그루의 나무를 아무것도 아닌 것이 아니라 바로 나무로서 알아보고 나무가 아닌 것들과 구별할 수 있는 이유는 그 단단하고 높이 솟은 갈색 빛과 초록빛의 사물이 나무의 형상을 입은 채로 나타나기 때문이다. 만일 내가 나무가 무엇인지를 전연 모른다면, 나무라는 것을 여태껏 경험한 적도 없고 또 누군가가 알려준 적도 없다면, 그 사물에서 나무 형상은 내게 은폐되어 있는 셈이다. 아마 그때 내가 기둥이 무엇인지를 알고 있다면, 그 사물에서 대신 그저 기둥의 형상이 나타날 수도 있을 것이다. 똑같은 설명을 우리가 일상적으로 지각하는 모든 사물, 곧 책, 책상, 나무, 꽃, 돌, 해 등에도 그대로 적용할 수 있다.

우리가 눈으로 보고 손으로 만질 수 있는 책들은 그 각각이 서로 다른 고유한 것이다. 똑같이 인쇄된 두 권의 책도 그 각각은 다르다. 둘은 질적으로 완전히 똑같다고 해도 어떤 점에서 다르다. 철학에서는 그때의 다름을 통상 '수적으로(numerically)' 다르다고 표현한다. 특정한 공간을 점유하는 감각 가능한 사물들은 제각각 고유한 개별자로서 수적으로 다르다. 반면에 그것들이 모두 책인 한에서 그것들은 책의 본질을 공유한다. 그래서 본질은 '보편자'라고도 불린다. 아무리 크기와 모양, 두께와 내용이 다르다고 할지라도 아무튼 책이기만 하다면, 그 책인 것들에는 하나의 동일한 책의 본질이 깔려 있다. 만일 세상의 모든 책이 두 부류로 구분될 수 있다고 해도, 혹은 세 부류나 그 이상으로 구분될 수 있다고 해도, 책의 본질은 그 모두에 공통되는 하나(hen)일 뿐이다. 그렇지 않다면 그렇게 분류된 그것들이 모두 책이라고 불릴 수 없을 것이며 책일 수 없을 것이다.

'이것은 X이다'로 표현되는 우리의 일상적 지각 경험, 즉 자기동일적 개별 대상을 그 무엇임에서 이해하는 우리의 지각 경험은 감각이나, 유사성에 따른 경험 연합에 호소해서가 아니라 본질의 지성적 이해에 따라서 설명된다. 우리는 기본적으로 플라톤의 통찰을 따라서 이러한 본질의 설명적 역할을 세 가지 측면에서 더 깊이 분석할 수 있다.

(1) 본질은 **존재론적** 역할을 가진다. 개개의 책상들이 책상으로 존재할 수 있는 것은 그것들이 책상의 형상에 관여하기 때문이다. 개개의 책상들은 감각될 수 있는 물질로 이루어져 있다. 물질은 미세한 인과 작용에 의한 변화를 부단히 겪는다. 그뿐만 아니라 물질의 감각적 수용 역시도 잡다한 감각 인상의 부단한 변천으로 이루어진다. 따라서 본질을 결여한 물질은 시간의 흐름을 견디며 자기동일성을 보존하는 그 무엇으로서 존재할 수 없다. 본질은 그 자체로서는 잡다하고 변화하는 물질 덩어리에 불과한 것을 그 무엇이라는 자기동일적 개별 대상으로서 존재할 수 있도록 통일하고 고정한다. 본질은 개별 사물들이 바로 그 무엇으로서 존재할 수 있도록 하는 근거다.

또한, 본질이 개개의 대상을 그 무엇임에서 규정하는 근거라는 사실은, 그것이 어떤 미정적 대상이 무엇에 해당하는가 아닌가를 판단하기 위한 기준을 제공한다는 의미이기도 하다. 본질을 파악한 자는 본질을 내용상으로 제시함으로써 그 내용에 부합하는가에 따라서 문제가 되는 대상이 그 무엇에 해당하는지 아닌지를 판별할 수 있다. 가령, 인간의 본질을 파악한 자는 수정 후 6주 시점의 배아가 인간인지 아닌지를 판별하고 그러한 판별의 근거를 정당하게 제시할 수 있다. X의 본질은 X임과 X가 아님의 경계(peras)를 구획한다. 즉, 본질은 존재의 경계를 획정하는 역할을 맡는다.

(2) 본질은 **인식론적** 역할을 가진다. 본질은 우리가 개개 대상을 특정한 무엇으로 인식할 수 있도록 해주는 근거이기도 하다. 개개 책상을 눈으로 보면서 우리가 지성적으로 책상임을 이해할 수 있는 이유는 개개의 감각적 사물에서 그것이 무엇인지를, 즉 그것의 본질을 함께 직관하기 때문이다. 내가 이 사물을 책상으로 이해하기 위해서는 그 무엇임의 이해, 곧 본질 직관이 필요하다. 우리의 일상적 지각 경험은 이러한

본질 직관으로서 수행된다.

다만, 본질 **직관**은 아직 본질 **파악**이 아니다. 즉, 그것이 본질의 내용적 규정을 명시적으로 포착하여 분절하는 것은 아니다. 본질 직관은 대개 오히려 순전한 직관으로 머물 뿐 본질 파악에 이르지 못한다. 그러나 본질 파악에 이르면 가령 책상이 무엇인지를 완전한 진술 형식으로 설명할 수 있게 된다. 그리고 그로부터 학문의 가능성이 열린다. 그때 단순한 이해 수준을 넘어서 다른 지성적 존재자에게 전달 가능한 언어적 형식으로 직관된 내용을 서술할 수 있다. 또한, 본질 직관이 본질 파악으로 이행하면서 지성의 관심은 개별자와 관련하여 그것의 무엇임을 각인하는 형상이 아니라 **단적으로 무엇인 바의 것 자체**(kath auto)로 넘어간다. 일상적 지각 경험은 이 책상이나 저 책상을 지시하며 그것의 직접적 이용과 활용에 머물므로 본질 직관으로 충분하다. 하지만 이런 저런 책상이 아니라 단적으로 책상이라는 것 자체를 향한 관심은 본질 파악의 수준을 요구한다. 가령, 책상의 본질 파악을 통해서 책상은 일종의 도구라고 진술하는 사람은 자기 앞에 놓인 한 특정한 책상이 아니라 단적으로 책상인 바의 것, 곧 책상 자체를 가리키고 있는 것이다.

본질 파악을 체계적으로 정립하고 정돈함으로써 비로소 **학문**이 등장한다. 학문은 여러 본질이 서로 맺는 필연적 관계의 질서를 일관되게 수립한다. '나무는 다년생 식물이다'라는 식물학의 명제나 '용감한 사람은 정의롭기도 하다'라는 윤리학의 명제, 'F = ma'라는 물리학의 명제, '모든 원인은 결과를 가진다'라는 자연 형이상학의 명제 등 학문의 명제는 본질의 필연적 관계를 서술한다.

물론, 역사학과 같이 본질이 아니라 개별자, 곧 개인이나 특정한 시간이 박힌 사건을 위주로 서술되는 학문도 있다. 분명, 역사학 역시 하나의 학문이다. 그러나 역사학이 학문일 수 있는 이유는 그것이 개별적인 역사적 사건을 다루면서도 동시에 그 사건이 역사적 **의미**를 가진다고 가정되기 때문이다. 과거의 개별 사건이 단지 지나간 죽어버린 한 사건일 뿐이라면 그것은 현재나 미래에 대해서 아무런 의미가 있을 수 없고 역사적 의미가 있을 수 없다. 역사는 현재를 비추는 거울이라는 잘 알려진 명제는 과거의 개별 사건이 현재나 미래에 반복될 수 있는 어떤 본질적 유형의 한 사례로서 이해된다는 것을 전제로 하고 있다. 따라서 역사학이 표면적으로 개별 사건을 서술한다고 할지라도 그것은 반복 가능한 본질 유형을 함께 제시하기 때문에 하나의 학문일 수 있는 것이다. 역사학만이 아니라 인류학이나 사회학과 같이 개별자와 개별 사건을 중시하면서도 학문의 자격을 갖는 모든 학문에 대해서 똑같이 말할 수 있다.

학문은 서로 다른 본질들의 관계 질서를 제시함으로써 **필연적** 명제를 수립한다. 본질에 대한 진술은 이럴 수도 있고 저럴 수도 있는 우연적 관계를 나타내지 않는다. 나무와 색깔의 관계는 우연적 관계이다. 나무는 초록색일 수도 있고, 노란색일 수도, 갈색일 수도 있다. 또한, 나무와 높이의 관계도 우연적이다. 나무는 1미터도 안 될 수도 있고, 10미터가 넘을 수도 있다. 하지만 '나무는 다년생이다'라는 명제가 참이라면, 그것은 필연적으로 참이다. 나무와 다년생은 필연적 관계로 결합한다. 어떤 것이 나무라면, 그것은 다년생이어야만 한다. 나무이면서도 다년생이 아닌 일은 있을 수가 없다.

또한, 학문은 본질에 따름으로써 개별자로 한정되지 않는 진리, 곧 보편타당한 진리의 가능성을 확보한다. 본질을 받아들이지 않고 단지 감각적으로 지각되는 사물들만이 존재한다고 가정해보자. 이 경우 인식론적으로 불만족스러운 결과가 초래된다. 감각적으로 지각되는 사물들은 개별자들이다. 따라서 그것들에 관한 진술은 개별자에 관한 진술, 곧 단칭 명제에 불과하다. 개별 나무의 관찰 경험은 이 나무는 초록색이라거나 이 나무는 다년생이라는, 지시대명사가 박힌 명제만을 산출할 수 있을 뿐이다. 물론 이런저런 많은 나무를 관찰하면서 이제까지 관찰한 그 많은 나무가 모두 초록색이라거나 다년생이라는 식의 명제를 수립할 수도 있다. 그러나 그와 같은 개별자들의 집합에 관한 명제도 결코 '모든 나무'를 주어로 갖는 전칭 명제로 승격할 수 없다. 귀납의 문제로 알려진 바대로, 개별 관찰 사례들을 아무리 많이 모아 어떤 보편적 법칙을 추론하려고 시도하여도 그 추론이 귀납적인 이상 반례 가능성을 배제할 수 없다. 개별자의 인식은 아무리 확장되어도 지금까지 확인된 개별자들에 대한 인식일 따름이지 어떠한 보편타당성도 보증할 수가 없다.

반면에 본질 개념을 따른다면 보편타당한 학문의 가능성을 확보할 수 있다. '나무는 다년생 식물이다'라는 진술이 적절한 본질 파악의 결실이라면, 그 진술은 어느 나무에 대해서든 보편타당하다. 본질 파악에 성공한 사람은 모든 나무가 다년생 식물이라고 정당하게 주장할 수 있다. 어떠한 인간도 모든 나무를 결코 경험할 수 없음에도 말이다. 한국에서 소나무만 보았던 철수든, 미국에서 느릅나무만 보았던 제임스든, 이들이 나무의 본질을 파악하기만 했다면 그들은 똑같이 '모든 나무는 다년생 식물이다'라는 진술에 이르게 된다. 마찬가지로 뉴턴이나 아인슈타인의 물리 법칙도 단지 유한한 횟수의 사례에서 검증되었을 뿐이라고 하더라도 그것이 귀납적 결과가 아니라 본질 파악의 결과라고 여기는 한에서 그것을 보편타당하고 객관적인 진리라고 주장할 수 있다.

다만, 이미 우리가 경험론적 개념론을 다루면서 경험의 역할을 언급하였던 것처럼 본질 파악이 보편 진리의 가능성을 마련한다고 하더라도 경험의 역할을 무시해서는 곤란하다. 본질 파악은 적절할 수도 있고 그렇지 못할 수도 있다. 그러한 적절성은 파악된 본질 명제가 개별자의 경험에서 직관된 본질에 부합하는가에 따라 결정된다. '나무는 다년생 식물이다'라는 진술이나 아인슈타인의 물리 법칙은 그것이 참이라면 필연적으로 참이다. 하지만 언젠가 새로운 경험이나 관찰은 그것이 참이 아님을 보여줄지도 모른다. 적어도 그런 가능성을 원칙적으로 배제할 수 없다. 이는 저 진술을 이끌었던 본질 파악이 적어도 부분적으로 적절하지 않았음이 경험을 통해 뒤늦게 밝혀진 것과 같다. 어떤 본질 파악이 적절한가의 심사는 그 무엇임의 성질에 관한 진술이 단지 한정된 개별자가 아니라 그것과 같은 이름을 가진 다른 모든 개별자에 대해서도 보편적으로 타당한가를 검토함으로써 이루어진다. 그러한 검토는 경험과 관찰에 의존적이다. 물론 이러한 타당성 심사가 의존하는 경험과 관찰은 다시 본질 직관에 의존한다. 우리가 경험론적 개념론을 다루면서 경험의 역할을 언급할 때 그 경험이 개념에 의해 인도된다고 말했던 바를 본질론의 맥락에서 똑같이 되풀이할 수 있다. 즉, 본질 파악의 적절성 심사를 위한 경험과 관찰은 본질 직관에 의존한다.

이로부터 나오는 한 가지 중요한 결론은 어떤 본질 파악이 적절한가의 문제는 계속해서 열려 있을 수밖에 없다는 것이다. 우리는 어디까지나 현재까지의 직관과 경험에 의한 타당성 심사에 따라 최선인 명제를 진리로 간주할 수 있을 따름이다. 그러므로 본질을 제시하는 정의 형식의 진술은 진리를 향하여 끝없이 가다듬어져야만 한다. 본질 파악에서 추구되는 진리는 일종의 이념이다.

(3) 본질은 **의미론적** 역할을 가진다. 본질은 개념 또는 의미의 객관성과 의사소통의 현실을 설명해준다. 만일 개념 또는 의미가 각자의 머릿속에 있다면, 우리가 하나의 낱말을 사용하면서 어떻게 의사소통할 수 있는지가 문제로 제기된다. 철수가 '책상'이라고 말하면서 머릿속에 가지는 의미는 영희가 '책상'이라고 말하면서 머릿속에 가지는 의미와 수적으로(numerically) 다르다. 각자의 머릿속에 있을 테니 말이다. 더

욱이, 의미가 각자의 경험에서 생성된다면, 두 의미는 질적으로도 다를 것이다. 하지만 그 두 의미가 질적으로 일치하지 않는다면 우리는 정상적으로 의사소통할 수 없다. 달리 말해서, 철수와 영희가 각자 '책상'이라고 말하면서 서로 원활하게 대화를 할 수 있다는 사실은 '책상'의 의미가 머릿속에 있듯이 주관적이어서는 안 됨을 말해준다. 의미는 어떤 식으로든 객관적이어야 한다. 물론, 철수가 '책상'이라고 말할 때, 그리고 영희가 '책상'이라고 말할 때 서로 다른 이미지를 떠올 수 있음은 분명하다. 철수는 어제 학교에서 본 낮은 갈색 책상을, 영희는 오늘 집에서 본 높은 흰 책상을 떠올릴 수도 있다. 의미의 객관성을 주장한다고 해서 내면적 이미지가 다를 수 있음을 부인해야 하는 것은 아니다. 요점은 '책상'이라는 낱말과 함께 떠올리는 주관의 이미지가 아무리 다를지라도 의사소통이 정상적으로 진행되려면 그러한 차이를 불식하는 공통의 객관적 의미가 확보되어야만 한다는 것이다.

경험론적 개념론은 의미의 객관성을 설명하기 어렵다. 유사한 감각인상들과 유사한 개별 실체 관념들의 연합은 한 주관의 의식 **안에서** 일어난다. 경험이 연합의 객관적 기준과 규칙을 제시할 수 없다면, 그러한 연합에 의해서 생성된 개념,—그것이 곧 낱말에 의해서 밖으로 표출될 의미이기도 한데—그것은 주관적일 수밖에 없다. 문제는 그러한 객관적 기준과 규칙은, 잘못된 연합 방식을 올바른 연합 방식과 구분해주는 **객관적 규범**으로서, 경험과 관찰에 따라서 취득되는 것이 아니라 지성에 의해서 통찰될 수 있을 뿐이라는 것이다. 경험은 과거의 실례들을 취합할 따름인데, 규범은 미래에 일어나야 할 일까지 미리 지시해준다. 연합을 위한 객관적 규범은 경험에 따라서 확인할 수 없고 그러므로 경험론은 의미의 객관성을 지지할 수 없다.

이에 반해서, 본질론은 낱말 의미의 객관성이 바로 본질에 근거한다고 설명할 수 있다. 책인 것과 책이 아닌 것을 구별하도록 해주고 그래서 이런저런 책들을 취합하여 그것들의 공통적 속성을 탐색하도록 해주는 그 객관적 규범은 본질 직관에 의해서 제공된다. 본질은 개별 사물이 그 무엇인 바로 현존하는 방식으로서 그것을 직관하는 누구에게든 동일하다. 본질은 개별 사물에 의존하지 않을 뿐만 아니라 개별 인식 주관에도 의존하지 않는다. 본질은 그런 점에서 객관적이다. '책상'이라는 낱말은 책상의 본질을 가리킨다. '책상'의 의미는 존재론적으로 책상의 본질에 해당한다. '책상'이라는 낱말을 철수가 발화하든 영희가 발화하든 똑같은 의미가 있을 수 있는 이유는 그것이 철수의 머릿속에서, 영희의 머릿속에서 나오는 것이 아니라 처음부터 객관적이기 때문이다.

다만, 본질이 객관적이라고 해서 그것이 반드시 지성적 존재자의 지성적 봄에 대해 독립적이어야만 하는 것은 아닐 것이다. 플라톤은 본질이 지성적 봄의 활동으로부터 독립적이라고 주장했다. 그는 그래야만 진리의 객관성이 확보될 수 있으리라고 생각했다. 그러나 우리는 본질을 지성적 봄에 대한 형상으로 성립한다고 여길 수 있을 것이다. 그렇다면 그것은 지성적 봄으로부터 절연된 독자적 실체일 수 없다. 물론 그렇다고 해서 진리의 객관성을 포기할 필요는 없다. 왜냐하면, 이때도 본질은 인간이든 인간이 아니든 지성을 가진 어느 특정한 주관에 대해서도 동일해야만 하기 때문이다. 그 점에서 본질은 여전히 객관적이다. 즉, 주관의 봄 자체로부터의 독립이 아니라 어떤 특정한 주관의 봄에 의해서도 영향 받음 없이 그 어떠한 주관의 봄에 대해서도 동일하게 머문다는 의미에서 본질은 객관적이다. 본질과 지성적 봄의 까다로운 관계에 대해서는 뒤에서 좀 더 논의할 기회가 있을 것이다.

4. 본질과 좋음

우리는 본질의 존재론적, 인식론적, 의미론적 역할을 확인했다. 이제 여기에 가치론적 또는 윤리학적 역할을 추가하고자 한다. 플라톤은 본질을 철학적으로 개념화한 거의 최초의 인물이다. 그가 말하는 '이데아'는 우리가 지금 논하는 본질이나 형상에 무척 가깝다. 플라톤은 『국가』에서 다른 모든 이데아의 근거가 좋음의 이데아라고 말한다. 플라톤의 이러한 말에는 본질이 좋음과 내적으로 결합하여 있고 좋음에 의해서 규제되어 있다는 중요한 통찰이 담겨 있다. 그렇다면, 존재론과 윤리학도 별개일 수 없을 것이다. 본질을 논하는 존재론은 곧 가치와 좋음의 문제에 개입한다는 점에서 윤리학적 함축을 지닌다.

우리는 본질을 한 사물의 자기동일적인 그 무엇을 지탱하는 근거라고 말했다. 여기에 책상 하나가 놓여 있다. 우리는 책상의 본질을 직관한다. 그 책상의 본질을 어떻게 언어적으로 규명할 수 있을까? 아마 대략 그것을 사무를 위한 가구의 일종으로 파악할 수 있을 것이다. 이렇게 파악된 책상의 본질이 좋음과 결합하여 있고 좋음에 의해서 규제되고 이끌린다는 점은 명백하다. 본질은 어떠어떠해야 한다는 당위의 요구와 결합하여 있다. 책상은 사무라는 기능과 목적에 알맞아야 한다. 그런 기능성과 목적성을 중심으로 통일되어 있고 그런 원리에 따라 구성되어 있어야 한다. 간단히 말해서, 책상은 사무를 위해서 좋은 도구여야 한다. 이러한 기능적 또는 목적론적 요구가, 책상이라는 도구가 참으로 무엇인지를 규정한다. 책상의 본질은 하나의 책상이 어떠해야 하는가를 규정한다. 책상의 본질은 단지 책상인 것과 책상이 아닌 것을 가르는 척도일 뿐만 아니라 제대로 된 책상과 그렇지 못한 책상을 가르는 척도이다. 하나의 책상이 사무를 위해서 좋은 도구가 아니라면 그것은 제대로 된 책상이 아니다. 즉, 그것은 좋은 책상이 아니다. 또는, 책상으로서 좋지 못하다. 물론 그것이 다른 어떤 관점에서 여전히 좋을 수 있다. 가령, 대단히 빼어난 디자인을 갖추고 있어서 좋거나 아니면 단지 유명인이 사용했던 것이라서 고가이므로 좋을 수도 있다. 그러나 이런 경우 그것은 책상으로서 좋은 것은 아닐 것이다.

사무를 위한 가구의 일종이라는 책상의 정의에서 책상의 본질특성은 사실적인 것으로도, 또 규범적인 것으로도 여겨질 수 있다. 어떠한 책상도 그것이 도대체 책상이려면 사무를 위한 가구여야만 한다. 그렇지 않다면 그것은 도대체 책상이 아니다. 사실적인 것으로서 본질특성은 책상인 것과 책상이 아닌 것을 가르는 척도로 기능한다. 그런데 어떤 책상이 사무를 위한 가구이기는 하나 사무를 보기에 그다지 훌륭하지 못할 수 있다. 아마 적잖은 책상이 실제로 그렇기도 하다고 말할 수 있을 것이다. 그런 책상을 두고서 우리는 책상이기는 하나 책상답지 못하다고 표현한다. 이러한 표현에 본질특성의 규범적 성격이 묻어난다. '책상다움'이라는 표현에는 본질의 규범적 요구가 담겨 있다.

본질특성으로부터 규범적 성격만을 따로 떼어놓으면 하나의 이념이 추상적 대상으로서 떠오른다. 책상다움을 완벽히 제시하는 그러한 추상적 대상이 곧 책상의 이념이다. 플라톤의 이데아는 바로 이러한 이념으로서 순수하게 비경험적인 대상이다. 이 세상에서 경험할 수 있는 어느 사실적인 책상도 책상의 이념을 완벽히 구현할 수 없다. 이 세상의 어느 사실적인 책상도 적어도 어느 누군가에게 어느 순간에 어느 의도에서 어떤 관점에서만큼은 사무를 위한 가구이기에 부족할 것이기 때문이다. 반면에 그런 모든 부족함의 가능성을 초월한 책상다움 자체가 책상의 이념이다. 책상의 이념에 근접할수록 좋은 책상일 수 있다. 어떠한 현실의 책상도, 그것이 아무리 좋다고 하더라도, 책상의 이념에 미치지 못한다.

경험 가능한 세계에 존재하지 않는 대상으로서 이념은 본질특성의 규범적 측면이다. 이념은 본질특성으로부터 사실적 성격을 제거하고 남는 순수 규범적 요소이다. 그러니 이념 또는 플라톤의 이데아를 우리가 앞서 규정한 본질과 완전히 동일시해서는 안 될 것이다. 본질에는 사실적 성격이 규범적 성격과 내적으로 결합하여 있다. 물론 이러한 내적 결합을 우리는 분석적 사고를 통해서 끊어낼 수 있고 그렇게 분리함으로써 이념을 독립된 추상적 대상으로 사유할 수 있다. 그러나 그렇게 사유된 이념은 본래 독자적으로 존재하는 실체가 아니라 이성의 사유 요구에 따라서 추상적으로 정립된 것일 뿐이다.

우리가 책상이 아니라 사람에 대해서도 본질을 파악할 수 있다면, 인간 본질론은 곧 윤리학이 된다. 인간의 본질로서 파악된 특성은 하나의 인간을 인간으로서 존재할 수 있도록 해주는 사실적 성격만이 아니라 하나의 인간을 '인간답도록' 해주는 규범적 성격을 내포할 것이기 때문이다. 만일 가령 인간의 본질특성이 이성적임으로 파악되어도 좋다면, 그렇게 인간의 본질을 파악하는 담론은 이성의 유무에 따라서 인간인 것과 인간이 아닌 것을 사실적으로 구분할 뿐만 아니라 얼마나 이성적인가에 따라서 인간다운 인간과 인간답지 못한 인간을 규범적으로 구분할 것이다. 또한, 그러한 담론은 인간은 인간다워야 하므로 이성적이어야 한다는 당위를 내세울 것이다. 나아가 이성 중심의 인간 본질론은 인간에게 자신의 이성적 소질을 더욱 개발하라고 권고하고 이성을 충분히 발달시킨 인간을 훌륭한 인간으로 여길 것이다.

5. 플라톤과 두 세계론

내 눈앞에 놓인 이 책상의 지각 경험에서 하나의 감각적 사물은 책상이라는 자기동일적 대상으로서 나타난다. 그 사물은 책상이라는 형상을 통해서 그것이 무엇인지를 드러낸다. 사물에서 그 무엇으로서의 자기동일성을 지탱하는 근거를 우리는 본질이라고 불렀다. 그리고 이 본질은 감각 가능한 하나의 개별 사물의 근저에만 깔린 것이 아니라 그와 같은 이름을 가진 모든 개별 사물의 근저에 공통으로 깔려 있다.

일상의 지각 경험은 본질 직관을 통해서 이루어진다. 본질 직관이 본질 파악의 수준으로 발전하면 지성의 관심은 일상적 지각에 머물지 않고 학문적 인식으로 나아가게 된다. 이때 본질은 더는 개별 사물과의 결합 속에서 개별 사물의 그 무엇으로서가 아니라 단적으로 그 무엇인 바 자체로서 파악된다. 이제 본질은 개별자에 대해서 초월적이다. 즉, 개별자로부터 독립적이다. 이제 본질은 개별자라는 하나의 존재자와 구별되는 또 하나의 존재자인 양 여겨진다. 이렇게 플라톤주의의 길이 열린다. 플라톤의 이데아는 본질이되, 그 자체로, 즉 모든 개별자로부터 독립하여 존재하는 실체다. 플라톤의 이데아는 본질 파악만을 참된 인식으로 간주하는 인식론적 요구의 존재론적 산물인 셈이다.

플라톤은 감각적 대상들, 우리가 눈으로 보고 손으로 만질 수 있는 개별적 대상들이 존재하기는 하지만 **참으로** 존재하지는 않는다고 여긴다. 감각적으로 지각 가능한 개별 대상은 그것의 무엇임(곧, 무엇으로 존재함)을 시간의 흐름에 따라서 상실하기 마련이다. 이 책상은 결코 영구히 책상으로 존재하지 않는다. 이것은 언젠가 부러지거나 폐기된다. 그때 그것은 더는 책상으로 존재할 수 없다. 개별 책상은 이처럼 소멸적이다. 더욱이 어떠한 개별 책상도 책상으로서 요구되는 조건을 완전하게 구현하지 못한다. 아무리 좋은 책상도 특정한 조건에 비추어보면 책상으로서 부족할 수 있다. 감각적 대상은 존재론적으로 소멸성과 불완전성으로 특징지어진다. 그래서 플라톤은 개별 책상이란 존재하기는 하지만 참으로 존재하지는 않는다고 여긴다. 이때 그에게 존재, 특히 참된 존재란 자기동일적인 그 무엇을 불변적으로 간직하고 완벽하게 소유하는 것으로 암묵적으로 가정된다. 이러한 존재이해는 감각 가능성을 존재와 동일시하는 존재이해와 판연히 다르다.

이 책상이나 저 책상과 같이 시각적으로 보이는 물리적 대상이 아니라 지성적으로 보이는 대상, 즉 책상 자체는 참으로 존재한다. 책상 자체는 이 책상이 부러지고 저 책상이 폐기된다고 하더라도 존재한다. 모든 개별 책상이 이 지구상에서 없어지더라도 책상 자체는 남는다. 책상 자체는 영원히 존재한다. 그것은 생성하지도 소멸하지도 않는다. 더욱이 책상 자체는 책상으로서 요구되는 조건을 완전하게 충족한다. 그것은 책상이 무엇으로서 존재하는지를 완전하게 보여준다. 그것은 곧 책상의 이상이자 본질이다. 그런 점에서 지성적으로 보이는 책상 자체야말로 정말로 존재하는 것이다. 이상의 논의를 삼각형과 같은 기하학적 대상에 적용하면 플라톤의 의도가 더욱 분명하게 다가온다. 손이나 자로 그린 삼각형과 같이 감각적으로 지각 가능한 어떠한 삼각형도 결코 삼각형으로서 요구되는 조건, 곧 삼각형의 정의를 완벽하게 충족할 수 없기 때문이다. 그 정의를 완벽히 충족시키는 대상은 오로지 지성적으로 보이는 삼각형 자체뿐이다.

감각적 대상, 즉 개별자는 존재하는 듯 마는 듯 존재하는 반면에, 이데아는 참으로 존재한다. 이것이 플라톤의 첫 번째 주장이다. 그런데 그는 이보다 더 강한 주장을 내세운다. 그에 따르면 감각적 대상의 존재는 이데아의 존재에 의존적이다. 개별자는 그것이 감각되는 한에서는 순전한 물질 덩어리에 불과하다. 그런데도 내 앞의 이 대상은 분명히 순전히 무의미한 물질이 아니라 책상이라는 자기동일성을 가지는 대상으로 존재한다. 플라톤에 따르면, 내가 보는 저 사물이 물질 덩어리에 불과한 감각물이 아니라 그 무엇인 자기동일자로서 존재할 수 있는 이유는 그것이 한시적으로나마 이데아에 관여(metechei)하기 때문이다. 언젠가 부러지거나 폐기될 수 있다고 하여도 지금 이 순간만큼은 이데아에 관여하는 이 개별자는 고정된 책상의 형상을 내보인다. 그 개별자

곁에서 책상의 이데아가 현시(parousia)한다. 바로 그래서 내 앞의 이 개별 사물은 책상으로 존재할 수 있다.

이데아는 개별자의 변화나 소멸 여부와 무관히 진리의 영원성을 보증할 수 있는 객체다. 감각 가능한 모든 사물이 사라지더라도 이데아가 존재하는 한에서 진리는 위협받지 않는다. '이것은 책상이다'라는 진술은 그 대상이 어떤 이유에서든 책상이기를 그치는 순간 더는 참일 수 없다. 그러나 책상 자체에 관한 진술은 모든 개별 책상이 파괴되더라도 여전히 참이다. 플라톤은 진리의 상관자를 개별 사물이 아니라 이데아에 둠으로써 영원한 진리로 구성되는 학문의 가능성을 마련하고자 했다.

문제는 이데아를 개별자로부터 독립된 그 자체로 존재하는 것으로 간주하는 플라톤의 논의가 일찍이 아리스토텔레스가 지적했던 바와 같이 이른바 '두 세계론(Zweiweltentheorie)'에 봉착한다는 것이다. 그에 따르면, 감각적 사물들의 세계와 독립하여 하나의 초월적 세계가 성립하고 그것이 이데아들의 결합으로 구성된다. 하지만 영원하고 불변적이며 초월적이라는 이데아는 대체 어디에 어떻게 존재하는가? 그것은 생성 소멸하고 가변적인 세계, 우리의 육신이 속해 있는 세계에 속하지 않는다. 이데아는 이 감각적 세계 너머에 위치한다. 이데아는 초월적 세계에 속한다. 그러나 감각적 세계와 별개로 성립하는 초월적 세계라는 것을 우리는 도대체 어떻게 이해해야 하는가? 초월자로서의 이데아 주장은 세계가 둘로 구분되어 있다는 주장을 수반하고 이러한 주장은 너무도 (흔히 말하는 부정적 의미에서) '형이상학적'이지 않은가?

물론 플라톤의 이데아론을 단순히 두 세계론으로 단정하고서 내버리려는 태도는 어리석을 뿐만 아니라 지나쳐 보인다. 그것은 플라톤의 이데아론에서 배울 수 있는 모든 것을 내버리게 되기 때문에 어리석다. 또한, 플라톤 자신이 존재의 두 세계가 따로 존재한다고 명시적으로 선언한 바 없다는 점에서 지나치다. 무엇보다도 본질의 발견 자체가 플라톤의 공적이다. 두 세계론을 운운함으로써 플라톤의 위대한 공적을 놓치기가 너무나 쉽다. 그럼에도 불구하고, 플라톤이 단적인 그 무엇인 바 자체를, 즉 개별자의 존재에 독립적으로 불변성과 완벽성을 담지한 이념을 참된 실재(곧, 이데아)와 동일시함으로써 이데아의 분리와 초월성을 주장했고 이러한 주장으로부터 이데아 세계라는 발상을 끌어내는 것은 무척 자연스러운 사고의 흐름이기도 하다는 점을 부인하기란 어렵다. 플라톤에게서 본질은 '자체'로 특징지어지는 것으로서 개별적 사물들과 분리된 존재자다. 그리고 이 분리로 인하여 플라톤은 '두 세계론'을 제안했다는 의심을 받게 된다.

두 세계론에 함축된 또 다른 난점은 개별자와 이데아의 결합 관계를 이해하기 어려워진다는 점이다. 감각적인 것과 지성적인 것이라는 서로 다른 두 유형의 존재자가 — 비록 감각적 사물은 절반쯤만 존재자로 간주된다고 할지라도 — 어떻게 이질성을 극복하고 하나로 통합될 수 있는지가 문제다. 개별자는 눈으로 보고 손으로 만질 수 있는 사물인 반면에, 보편자는 감각적 성질을 가지지 않는 순전한 지성의 대상일 뿐이다. 우리가 일단 두 세계론이 암시하는 바와 같이 이데아와 감각적 사물을 서로 나란히 놓인 독립적 존재자쯤으로 간주한다면, 어떻게 모종의 정신적 대상이 물질과 하나로 합쳐져서 지각 경험을 가능하게 할 수 있다는 것인지 납득하기 힘들다. 이를 해명하기 위해 플라톤이 동원하는 '관여'나 '현시'는 언젠가 아리스토텔레스가 비판했던 바와 같이 비유적인 설명에 불과하다는 지적을 피하기 어려워 보인다.

플라톤의 상기설은 그의 이데아론을 두 세계론에 따라 해석하도록 종용한다. 이데아는 신적인 불변적 존재자인데, 육신을 지닌 인간이 어떻게 이데아를 인식할 수 있는가? 더욱이 이데아 인식이 감각적 경험에 의존하지 않는다면 그 인식은 선천적이기라도 하단 말인가? 그렇다면 선천적 인식이 어떻게 가능한가? 이런 물음에 답하기 위해서 플라톤은 상기설이라는 신화적 설명을 동원한다. 그에 따르면, 인간의 영혼은 본래 육신과 별개로 천상계에 있었다. 거기에서 영혼은 이데아를 인식하고 있었으나 지상계로 내려와 탄생하기 위해서 망각(Lethe)의 강을 건너 육신과 결합하면서 이데아를 망각하였다. 지상에서 우리가 이데아를 인식하는 것은 태생 이전의 기억을 되살리는 상기다. 따라서 영혼의 이데아 인식은 선천적이다. 다만 그것을 망각하였으므로 다시 일깨우기 위해서 감각적 경험이 필요하다. 가령, 나는 하나의 책상을 감각적으로 경험함으로써 동시에 책상 자체의 인식을 일깨울 수 있다. 이렇게 망각된 것을 다시 일깨움이 플라톤이 말하는 상기다. 이상이 상기설의 요지다. 인식의 선천성을 설명하기 위해 끌어들이는 상기설은 지상계와 구별되는 이데아 왕국으로서의 천상계를 가정한다. 그 점에서 플라톤의 상기설은 형이상학적으로 두 세계론을 끌어들인다.

6. 하이데거와 존재론적 차이

"여기 내 앞에 책이 한 권 놓여 있다." 이 진술의 가능성은 감각에 의거해서뿐만 아니라 감각적 경험의 유사성 연합에 따라서도 설명할 수 없었다. 그 대신에 우리는 감각적 경험에 독립적인 본질에 근거하는 설명 방식을 취하였다. 감각적 사물이 자기동일적인 그 무엇이라는 대상으로서 존재하도록 해주는 근거는 본질이다. 그것이 앞서 주장했던 바다.

본질은 감각적으로도 실험적으로도 증명할 수 없다. 오늘날 사람들은 그런 식으로 증명할 수 없는 대상을 운운하는 것을 비합리적 태도의 소산으로 치부하는 경향이 있다. 그러나 이러한 경향성도 과학의 세례를 받은 우리 시대에 특유한 하나의 역사적 산물에 불과하며 절대적으로 정당한 것이 아니다. 본질은 증명 불가능한 대상이나, 그것에 의거하지 않고서는 저 진술로 표현되는 우리의 일상적 지각 경험을 적절히 설명하기 어렵다. 우리는 본질을 끌어들이지 않은 채로 자기동일적 대상의 무엇임을 매 순간 경험하는 것이 어떻게 가능한가를 설명할 수 없었다. 그렇다면 본질을 증명할 수 없다고 하더라도 그것을 받아들이는 것이 오히려 더 합리적인 태도가 아닐까? 합리적이기를 자처하는 사람이 매일 매 순간 하는 경험을 불가해한 신비로 남겨둘 수 없는 노릇일 것이기 때문이다.

하지만 우리의 지각 경험을 설명하기 위해 본질을 끌어들인다고 해서 플라톤의 두 세계론까지 받아들일 필요는 없을 것 같다. 플라톤이 이데아를 개별자로부터 분리한 주된 이론적 동기는 영원하고도 절대적인 진리를 확립하기 위함이었다. 영원성은 가변성과 소멸성으로 특징지어지는 감각적 세계를 초월하는 세계의 특징이다. 이데아는 영원하고 불변적이라고 여겨지므로 그것은 영원한 진리의 상관자로도 여겨진다. 만일 영원한 진리만이 학문의 가능성을 보증한다면, 우리는 플라톤의 이데아를 수용하는 것이 아마 합리적인 태도일 것이다. 합리성을 추구하면서 학문의 가능성을 포기할 수 없으니 그렇다. 하지만 영원한 진리만이 학문의 가능성을 보증한다는 플라톤의 암묵적 가정은 의심스럽다. 아마 우리는 학문을 위해 객관적 진리만으로 충분할 것이다. 본질은 인식 주관의 경험 속에서 구성되는 대상이 아니지만, 그렇다고 해서 별도의 초월적 세계에 영원히 안치되어 있는 것도 아니다.

두 세계론을 둘러싼 온갖 문제는 그것이 본질을 감각적 사물과 별개의 또 다른 존재자로 만들어버리는 데서 비롯한다. 실로 본질은 개별적 사물과 분리하여 독립적으로 존재하는 어떤 것이 아니다. 두 세계론의 혐의에서 벗어나려면 본질 개념을 그렇게 잡아서는 안 된다.

엄격하게 근원적으로 말해서, 본질이란 하나의 자기동일적 대상이 그 무엇인 바에서 자신을 드러내는 사건이다. 우리는 하이데거를 따라서 그와 같이 존재자가 우리에게 자신을 드러내는 사건을 두고서 '존재자가 존재하다'라고 표현할 수 있다. 그러니까 하이데거가 말하듯이 본질(Wesen)은 동사적으로— 'wesen', 'west' — 이해되어야 하고 그렇게 이해된 본질은 곧 존재, 또는 그 동사적 성격에 알맞게 말해서, 모종의 존재**함**이다. 본질을 명사적 용법에 따라 실체화하면 플라톤주의적 '분리'로의 길이 열린다. 본질은 동사적 용법에, 개별 사물은 명사적 용법에 어울린다. 본질이란 그 무엇인 바에서 존재함이고, 개별 사물은 그렇게 존재하는 어떤 것이다. 하이데거가 말하는 **존재론적 차이**에 따라서 존재는 존재자가 아님에 유의하자. 본질은 존재자가 아니라 존재에 해당한다. 존재자는 존재하나, 존재는 존재하지 않는다. 존재를 두고서 다시 그것이 '존재한다'라고 말한다면 그것은 다시 하나의 존재하는 것, 존재자가 되어버린다. 이때 존재론적 차이가 무너진다. 본질이란 어떤 것이 그 무엇인 바로서 있음, 곧 존재함이므로 그것을 두고서 다시 존재한다고 말해서는 안 된다. 본질을 감성적 존재자와 다른 특수한 유형의 존재자, 즉 초감성적 존재자로 취급해서는 안 된다. 본질은 감성적 존재자와 별개로 존재하는 어떤 것이 아니다. 따라서 감성적 존재자의 세계와 초감성적 존재자의 세계가 따로 있다는 두 세계론의 발상은 근본적으로 잘못된 것이다.

근원적 의미에서 본질은 존재자가 그 무엇으로서 자신을 우리에게 내보임이다. 이때 존재자는 그 무엇이라는 어떤 고정된 형식과 질서 속에서 나타난다. 존재자의 무엇임을 규정하는 고정된 보임새가 곧 형상(eidos)이다. 형상은 한 사물을 잡다한 질료 덩어리가 아니라 그 무엇으로서 존재하도록 해주는 원리이자 질서이다. 형상은 본래 저 동사적 성격의 본질에 포함된다. 하지만 그 본질로부터 나타남과 존재함이라는 동사적 성격을 추상하고 저 고정된 형식과 질서에만 초점을 두어 그것을 본질과 동일시해버릴 때, 본질과 존재의 실체화가 시작되고 플라톤주의로의 길이 열린다.[1] 그때 이데아는 근원적 의미에서의 본질을 추상화한 산물로서의 형상이다. 그 형상에는 그 무엇임의 불변성과 완벽성이 부여되는 대신 우리에 대해 나타남이라는 주관 상관적 계기가 소거된다. 또한, 본질 또는 형상은 존재자의 존재가 아니라 이제 무엇임을 완벽히 담지하는 항구적 존재자가 된다. 그것은 이제 존재자, 즉 개별자로부터도 주관으로부터도 독립적인 대상으로 가정된다. 이데아는 이처럼 본디 본질을 추상화하는 사고의 산물이지만, 근원적 본질이 망각되면서 참된 존재자의 지위를 부여받는다. 그것은 감성적 존재자 옆에 나란히, 하지만 그보다 더 참된 존재자로서, 존재한다고 여겨진다. 이렇게 결국 두 세계론이 뿌리내린다.

7. 형상과 보편자

형상은 한 사물에서 그 무엇인 바의 고정된 형식과 질서이다. 형상은 본래 본질을 각인하는 보임새로 본질의 일부이다. 우리가 앞서 본질의 존재론적, 인식론적, 의미론적, 규범론적 역할을 논했을 때, 그 모든 역할은 실은 본질에 속하는 형상의 역할이었다고 봐야 한다. 그래서 플라톤은 바로 이 형상에, 특히 형상의 고정성에 관심을 기울였다. 왜냐하면 형상이 고정될수록 그 모든 역할이 더욱 확고해지기 때문이다. 이를테면, 같은 이름을 가진 더 많은 개별자에서 형상이 동일한 것으로 고정될수록 지식에서 형상의 중요성이 더 공고해진다. 즉, 형상을 지시하

1) 어쩌면 플라톤도 근원적 의미에서의 본질을 이해하고 있었고 때로 '이데아'라는 말로 그것을 가리켰을 수도 있다. 이러한 플라톤 해석에 대해서는 하이데거의 1931-32년 강의록을 참조하라. Martin Heidegger, *Vom Wesen der Wahrheit. Zu Platons Höhlengleichnis und Theätet. Gesamtausgabe*, Bd. 34. Frankfurt am Main: Vittorio Klostermann, 1988.

는 명제가 더 보편성을 얻는다. 또한 형상이 더 많은 사람에게서 동일한 것으로 고정될수록 의미와 개념에서 형상의 중요성이 더 공고해진다. 즉, 낱말의 의사소통 가능성이 더 넓은 인간 집단에서 확보된다. 하지만 이처럼 형상을 고정하면 할수록 본질의 동사적 성격은 퇴색하고 형상이 독립적 실체인 양 다루어지게 된다.

형상이 같은 이름을 가진 많은 개별자에서 고정적으로 나타날 때, 그때의 형상을 '보편자'라고 부른다. 달리 말해서, 같은 이름을 가진 여러 사물에서 공통으로 나타나는 형상이 보편자다. 철수도, 영희도, 제임스도, 뮐러도 모두 인간이라는 점에서 같다. 그리고 연구실의 선인장도, 창밖의 느티나무도, 저 멀리 보이는 산의 소나무도 모두 나무라는 점에서 같다. 이렇게 여러 사물에서 보편적으로 나타나는 형상이 보편자다. 보편자는 그렇게 경험되는 여러 개별자로부터 공통의 속성을 추출함으로써 언어를 통해 기술될 수 있다. 그렇게 기술된 보편자는 'A는 X이다'라는 정의를 제시하는 명제 형식에서 술어부('X이다')를 차지한다. 가령, '나무는 다년생 식물이다'라는 식으로 말이다. 이 정의는 보편자 나무를 제시한다.

이데아가 본질을 추상한 대상으로서 본래 존재자가 아니었듯이 보편자도 마치 하나의 존재하는 대상처럼 여겨지곤 하지만 본래 존재자가 아니다. 보편자는 본질의 일부인 형상으로부터 파생한다. 개별자 나무 외에 보편자 나무가 따로 또 존재하는 것이 결코 아니라는 말이다. 두 세계론을 거부하였던 앞선 논지에 상응하여 보편자를 별개의 존재자로 취급하지 않는 것이 중요하다. 보편자는 보편명제를 추구하는 학문 영역에서 마치 존재하는 대상인 것처럼 사고되고 진술될 수 있을 뿐이다. 보편자는 그 자체로 존재하는 어떤 것이 아니라 같은 이름을 지닌 많은 존재자에 공통되는 속성이다.

그런데 같은 이름으로 불리는 개별자의 집합에 원소가 기껏 둘이나 셋만 있을 수 있다. 아니 심지어 오직 하나만 있을 수도 있다. 즉, 어떤 형상이 단 하나의 개별자에서만 나타날 수도 있다. '나무'라고 불리는 개별자는 이 세상에서 셀 수 없을 만큼 많지만, '해'나 '달'이라고 불리는 개별자는 그렇지 않다. 하지만 해나 달과 같이 유일한 대상도 그것을 그 무엇인 바로 나타내는 보임새, 곧 형상을 가진다. 해나 달도 자기동일적인 그 무엇으로서 현존하는 고정된 형식에서 현시된다. 해나 달도 우리가 아무것도 아닌 것이 아니라 바로 그 무엇으로서 이해하는 대상이다. 따라서 해나 달에도 형상이 결여될 수 없다. 그러나 바로 그 무엇은 오로지 그 하나의 대상에만 관련된다. 유일한 존재자에 관계하는 형상은 당연하게도 보편자일 수 없다.

형상과 보편자의 관계는 본질 직관과 본질 파악의 관계에 비추어 이해될 수도 있다. 일상적 지각 경험에 수반되는 본질 직관은 아직 그 형상을 명시적으로 파악한 것이 아니다. 한 개별자에서 그것의 무엇인 바를 규정하는 성질을 포착하여 하나의 명제로 일반적으로 진술해냄으로써 본질 직관은 본질 파악으로 이행한다. 이 책상이나 저 책상, 또는 이 사람이나 저 사람에 관한 명제는 그 구체적 존재자를 지시한다. 본질 파악에 따라 수립한 명제, 즉 책상 자체나 사람 자체에 관한 명제는 (그 본질이 해나 달처럼 유일한 대상에만 관련되는 것이 아닌 이상) 형식상 보편자를 지시한다.

하지만 보편자가 순수한 사유 대상으로서 추상적이라는 점에서 그 지시 관계는 실은 그저 형식적이다. 책상 자체가 이러저러하다는 명제는 단지 '만일 어떤 것이 책상이라면, 그 책상은 이러저러하다', 또는 '만일 어떤 것이 좋은 책상이려면, 그 책상은 이러저러해야 한다'라는 명제의 축약형으로 이해되어야 한다. 책상 자체가 개개 책상과 따로, 이를테면 초월적 세계에 존재한다는 뜻으로 이해되어서는 안 된다. 그 명제는 임의의 가능한 책상들에 관한 필연적이거나 규범적인 성질을 서술하는 것이므로 실제로 추상적 대상을 지시한다고 말할 수 없다. 그 명제가 참이라면 세상의 모든 책상이 파괴되어도 참인 명제로 남겠지만, 이는 그 명제가 임의의 책상들의 가능한 현존 형식을 규정하기 때문이다.

이렇게 본질 명제는 영원한 진리 대신에 객관적 진리를 보증한다. 무엇 자체를 주어로 갖는 본질 명제는 객관적 진리를 보증함으로써 학문을 마련한다. 학문은 이데아라는 초감성적 세계 내의 존재자를 가리키는 영원한 진리가 아니라 우리가 사는 세계 속 존재자의 고정된 현존 형식을 지시하는 객관적 진리로 구성된다.

8. 우리가 사는 세계

감각되는 것은 순전한 물질이다. 앞서 우리의 일상적 지각 경험이 감각으로 설명될 수 없음을 여러 차례 지적하였다. 이러한 사실은 우리가 사는 세계가 단순히 물질로 구성되어 있지 않음을 알려준다. 우리의 세계는 존재자가 무엇인 바로서 현존하는 질서의 전체로 이루어져 있다. 우리가 사는 세계는 존재자의 본질로 점철되어 있다.

우리가 실제로 이 세계와 만나는 방식을 직접 찬찬히 들여다보면, 경험론적 설명 방식이 허구적 이야기임을 깨달을 수 있다. 경험론적 설명의 환원론적 접근법이 아무리 매력적으로 보일지라도 그것은 역설적으로 우리의 경험에 전혀 들어맞지 않는다. 우리는 먼저 감각적 인상들을 만났다가 그것들을 결합함으로써 비로소 대상을 구성하지 않는다. 우리의 경험은 그런 식으로 진행하지 않는다. 대체 내가 언제 감각적 인상들을 결합했던가? 저 책상은 처음부터 바로 저기에 있는 저 갈색의 책상으로 존재할 뿐이다. 이것이 책상의 실제적인 경험 방식이다. 우리가 감각적 인상을 만나는 것은 오히려 이와 같은 대상의 직접적 경험을 추상하고 나서부터다. 저 사물을 책상으로 사용하고 경험하기를 중단하고서 순전한 물체 덩어리로 간주하고 주시하기 시작하면서부터야 비로소 그에 대한 빛깔, 질감, 모양 등에 대한 감각 인상들이 나타난다.

우리가 본질의 진리에 들어서 있지 않다면, 사물은 우리에게 닫혀 있을 것이다. 그것은 아무런 의미를 열어 보이지 못하고 무질서한 감각적 질료만을 쏟아낼 것이다. 감각 능력만을 지닌 동물에게 사물이 나타나는 방식이 아마 그와 유사할 것이다. 하지만 본질을 직관적으로 이해하는 우리에게 사물은 그렇게 나타나지 않는다. 본질은 사물을 우리에게 무엇인 바로서 개방해준다. 무의미한 질료를 쏟아내지 않고 일정한 의미 질서에서 그 사물은 가령 책상으로서 존재함을 고지한다. 마치 빛이 어둠 속의 사물을 밝혀주듯이, 본질은 우리에게 닫혀 있던 사물을 존재자로서 열어 밝혀 보여준다. 본질 직관을 일반적으로 결여한 유기체에게 가령 책상은 아무것도 아니다. 책상의 본질을 결여한 자에게 책상은 책상으로 존재하는 것으로 경험될 수 없다. 본질 직관의 근거 위에서 사물은 하나의 일정한 존재자로서 경험된다.

경험론적 설명 방식을 거부하고 본질론을 취한다고 해서 우리가 이데아를 초감성적 존재자로 간주하는 두 세계론의 길로 들어설 필요가 없다. 존재자와 존재는 다르다. '존재자'는 '존재'한다. 하지만 존재자의 존재를 두고 다시 그것이 존재한다고 말할 수 없다. 본질은 개별자의 무엇임(what-being, 무엇-존재)을 개방한다. 개별자는 존재자인 반면, 본질은 그 존재자의 존재다. 개별자가 존재한다는 사실에는 그것이 무엇으로서 존재한다는 사실이 포함된다. 존재론적 차이에 따라서 개별자와 본질은 다르지만, 양자는 존재론적으로 서로를 필요로 한다. 개별자는 그 무엇으로서 존재하기 위해서 본질을 필요로 하고, 본질은 플라톤의 주장과 달리 어떤 개별자의 본질일 때에만 공허한 추상적 대상으로 전락하지 않는다. 물론 본질을 추상적 분석에 따라서 개별자와 무관하게 사고하고 그 특성을 개념적으로 파악하는 작업은 학문에서 불가피하다. 하지만 그렇게 추상된 대상은 우리 세계에 속하는 존재자의 존재 질서를 형식적으로 지시하는 한에서만 유의미하고 그 자체로는 공허하다.

본질은 눈으로 보이는 것이 아니지만 그렇다고 신비한 것도 아니다. 만일 그것이 신비하게 느껴진다면, 그 이유는 그것을 개별자와 다른 또 하나의 존재자로 착각하기 때문일 것이다. 여기 내 앞에 있는 존재자를 존재하도록 일으키는 원인인 또 다른 존재자가 그 개별자 너머 초월적 세계에 위치한다는 식으로 말이다. 그러나 본질은 개별자가 그 무엇으로서 현존하는 일정한 방식이다. 본질을 통해서 하나의 존재자는 바로 그 존재자로 규정된다. 그러니 본질이나 본질 직관에 대한 언급에 별다른 신비적 요소는 없다.

플라톤은 우리가 사는 세계가 단순히 감각적 사물들의 총체나 개별자들의 총합이 아님을 가르쳐주었다. 개별 책상은 그 무엇인 바의 형상을 관통하여 우리에게 자신을 내보이며 그런 식으로 현존한다. 하나의 책상이 존재한다는 말은 곧 그것이 책상의 형상 속에서 현시한다는 말과 같다. 본질은 플라톤주의의 이데아와 달리 초월적 세계에 속하지 않는다. 본질은 단지 개별자가 형상에 따라 존재함일 따름이니 개별자를 떠난 별개의 실체일 수 없다. 우리가 사는 세계는 개별자들이 형상 속에서 현존하는 방식들 전체이다. 이렇게 우리는 플라톤주의의 두 세계론을 거부하면서 플라톤이 가르친 본질과 형상을 받아들일 수 있다.

개별자와 본질의 결합에 대한 의문은 존재론적 차이를 수용하고 두 세계론을 논파하면서 저절로 해소된다. 개별자와 본질은, 하나는 감각적 세계에, 다른 하나는 초월적 세계에 속하는 서로 이질적인 존재 유형의 존재자가 아니다. 개별자는 존재자이고, 그것이 무엇으로서 존재하는 고정된 방식이 곧 본질이다. 그러니 양자는 존재론적으로 늘 서로

협력할 수밖에 없고 하나의 세계에 함께 존립할 수밖에 없다. "존재자는 존재한다." 이 명제의 의미를 우리는 이렇게 해설할 수 있다. "개별자가 그 무엇인 바의 형상 속에서 자신을 내보이면서 현존한다."

나아가 두 세계론을 거부하면서도 본질론을 따르는 우리의 길은 상기설과 선천설을 필요로 하지 않는다. 필요한 것은 올바로 파악된 선험주의일 뿐이다. 당신은 지금 이 책을 읽고 있다. 이러한 일상적 행위는 선험적인 본질 직관에 의해서 인도된다. 이 책을 읽기 이전에, 저 의자에 앉기 이전에, 이 자동차에 타기 이전에, 저 방에 들어가기 이전에, 당신은 책, 의자, 자동차, 방과 같은 존재자가 도대체 무엇인가에 관한 막연한 수준의 이해를 동반하고 있다. 책, 의자, 자동차, 방의 비감각적 형상을 지성을 통해 보고 있다. 그러한 지성적 봄의 기반 위에서 당신은 그러한 존재자들을 각각 바로 그러한 것으로서, 그 무엇인 바에서 적절히 사용하고 경험할 수 있다. 그러한 지성적 이해는 그 각각의 존재자들을 사용하고 경험하기 이전에 동반된다. 여기서 '이전'은 우선 대체로 **시간적** 우선성을 의미한다. 일상의 반복적 삶에서 지성적 봄, 곧 본질 직관이 개개의 사물 경험에 시간상 앞선다. 우리는 하나의 책상을 경험하기에 앞서서 책상이 무엇인가를 직관적으로 이해하고 있다.

그러나 본질 직관이 반드시 개별자 경험에 시간상 앞서야만 하는 것은 아니다. 최초의 본질 직관은 대체로 최초의 개별자 경험과 동시적이기 때문이다. 어린아이가 책이란 무엇인지를 전혀 모르는 상태에서 한 권의 동화책을 본다고 하자. 그리고 그 아이에게 누군가가 그것이 바로 책이라고 알려줌으로써 그 아이가 그 책을 한 권의 책으로서 경험할 수 있게 되었다고 하자. 이러한 책의 경험에서 그 아이는 동시에 책이란 무엇인가를 이해한다.[2] 이때 무엇임의 이해와 개별자의 경험은 시간상 어느 것이 앞선다고 말할 수 없다. 또한 이 사례는 선험주의가 경험의 불필요성을 주장하는 것이 아니라는 사실도 분명하게 알려준다. 반대로 본질 직관이 일깨워지려면 (기실 플라톤의 상기설이 말해주었듯이) 개별자의 경험이 필요하다. 그러한 경험과 더불어 본질 직관이 일어난다.

올바로 파악된 선험주의는 본질의 이해가 반드시 개별자 경험에 시간상 앞선다고 주장하지 않는다. '선험', 곧 '경험에 앞선다'라는 말은 개별자 경험에 대하여 본질 직관이 정초론적으로, 즉 **근거 질서상** 우선적임을 뜻한다. 본질의 존재론적 역할에서 확인한 바와 같이 하나의 감각적 사물이 다른 것이 아니라 책으로서 현존할 수 있는 이유는 그것이 아무것도 아닌 것이 아니라 책이라는 일정한 질서를 갖춘 형상 속에서 지속해서 나타나기 때문이다. 본질은 이렇게 감각적 사물이 자기동일적 대상으로서 존재할 수 있기 위한 근거이다. 이에 상응하여 본질 직관은 어떤 가시적 사물을 자기동일적 대상으로서 경험할 수 있기 위한 근거이다. 본질 직관의 근거 위에서 우리는 하나의 사물을 책이라는 특정한 자기동일적 대상으로서 경험할 수 있다. 이러한 정초 연관의 질서에서 본질의 지성적 봄이 사물의 경험에 우선한다. 이것이 선험주의에서 말하는 선험의 본래적 의미이다.

---

2) 나는 여기서 본질 인식에 대한 하이데거의 설명을 따르고 있다. 그는 다음과 같이 진술한다. "논리학은 말한다. 개념은 가령 나무들의 많은 개별 사례들의 비교를 통해서 획득된다고. 그렇지만 이러한 논리학은 개별 나무들의 탐색이 이미 나무의 본질 인식을 전제한다는 사실을 간과하고 있다. 그렇지 않다면 내가 탐색했던 것이 도대체 하나의 개별 나무라는 것에 대한 아무런 준거도 가지지 못할 것이다. 개별 나무들의 지각과 탐구로부터 논리적으로 나무 '본질'이 추론된다는 주장은 순전한 허구이다. 내가 한 아이에게 "이것은 책상이야"라고 말한다면, [그리고 그 아이가 그 말을 이해한다면] 그 아이는 '책상'의 본질 통찰에 대하여 깨어나게 되고 다음번에는 책상을 곧장 책상'으로' 인식하게 된다." Martin Heidegger, *Zollikoner Seminare. Gesamtausgabe*. Bd. 89, Frankfurt am Main: Vittorio Klostermann, 221쪽.

9. 본질주의 비난은 정당한가?

우리가 보는 것의 정체는 본질이다. 우리가 일상적으로 '본다'라고 말하며 의미하는 것은 감각적 봄이 아니라 지성적 봄이고, 이러한 봄에 의해 보이는 것은 본질이다. 이것이 이제까지 논했던 바다. 고대 그리스에서 철학과 형이상학은 본질과 함께 시작했지만, 오늘날 학계에는 역사상 그 어느 시대보다도 본질을 거부하는 분위기가 강하다. 그래서 철학에, 특히 현대 철학의 풍토에 친숙한 독자는 이토록 본질을 옹호하는 이제까지의 논의가 괴이쩍게 보였을지도 모른다. '본질주의'라는 딱지가 비난의 의도로 쉽게 통용되는 실정이다. '본질주의' 비난에는 분명히 귀담아 들을 만한 내용이 있다. 그것을 부인하지는 않겠다. 하지만 그 비난은 다분히 과장되어 보인다.

1) 본질주의 공격의 두 조류

본질주의를 향한 공격은 크게 두 가지 조류로 나뉜다. 나는 그 둘 다 부당하다고 생각한다. 하나는 영미 분석철학의 선구자 가운데 한 사람인 비트겐슈타인의 가족유사성 관념에 근거한다. 그에 따르면, 마치 한 가족의 구성원들이 서로 닮았지만, 그들에게 모두 공통되는 단일한 어떤 속성을 발견할 수 없는 것과 마찬가지로 개개의 책상들 모두에 공통되는 책상의 본질과 같은 것은 없고 단지 책상들이 서로 닮았을 뿐이라는 것이다. 얼핏 그럴듯하다. 정말 모든 책상에 공통되는 단일한 성질이라는 것이 존재할까? 모두가 동의할 본질 파악에 성공적으로 도달하기가 어렵다는 것은 명백한 사실이다. 이러한 실정은 모든 개별자에 공통되는 단일 성질의 가능성에 대한 회의감을 정당화하는 듯하다.

그러나 가족유사성 관념에 근거한 본질주의에 대한 반대는 여러 가지 의심스러운 구석이 있다.[3] 첫째, 비트겐슈타인은 '놀이(Spiel)'라는 낱말을 예시로 삼아서 그것이 너무도 폭넓은 용례를 가진다는 점을 설득력 있게 보여주면서 가족유사성 관념을 주장하지만 '책상'을 비롯하여 명시적 정의가 제법 공고하게 수립된 개념들은 가족유사성 관념을 지지하는 것 같지 않다. 둘째, 유사성 관념 자체가 불분명하다. 두 대상이 유사하기 위해서 적어도 그 둘은 정확히 공통의 속성을 가져야 하는지, 아니면 다시 유사한 속성을 가지는 것만으로 충분한지부터 불분명하다. 셋째, 개념 적용 시 퇴행을 수반한다. 가족유사성 관념에 따르면, 하나의 대상을 '책상'이라고 불러도 좋은가는 그것이 다른 책상들과 닮았는가에 달려 있다. 그러나 그 다른 책상들 각각이 어째서 '책상'이라고 불릴 수 있는가는 다시 또 다른 책상들과 닮았는가에 달려 있게 된다. 결국, 무한퇴행을 피할 수가 없거나 순환을 헤맬 뿐이다. 가장 결정적인 근거로서, 넷째, 유사성은 개념 적용의 **기준**을 제시할 수 없다. 어떠한 대상도 어떠한 방식에서는 다른 어떠한 대상과도 유사하다고 여겨질 수 있기 때문이다. 심지어 모든 대상에 대하여 적어도 어떤 한 관점에서는 서로가 유사하다고 말할 수 있다. 어떤 강아지조차 어떤 책상과 어떤 점에서는 유사할 수 있다. 가령, 둘 다 나를 즐겁게 해준다는 점에서. 또는 둘 다 개미보다 크다는 점에서. 강아지가 그 점에서 책상과 유사하다고 해서 그 강아지를 책상이라고 간주해도 좋다는 결론은 물론 터무니없다. 즉, 단순히 유사성만으로는 개념 적용의 기준을 제공할 수 없다. 우리는 그 기준을 위해서 유사성이 아닌 다른 것이 필요하다. 종합하건대, 가족유사성은 본질을 대체할 수 없고, 우리의 일상적 지각 경험을 설명할 수도 없다.

---

3) 이하의 네 가지 반대 논점은 모두 다음 논문에서 가져왔다. Bernd Prien, "Family Resemblances: A Thesis about the Change of Meaning over Time", *Kriterion* 18(2004), 15-24쪽에서 15, 16쪽 참조.

본질주의를 향한 다른 비난은 서양 철학 전통의 이성중심주의를 비판하는 니체의 후예들, 이른바 '포스트모던' 사상가들에 의해 제기된다. 나는 '포스트모던'이라는 말로 1960년대 이후 프랑스 지성계에 유행한 철학 사조를 느슨하게 가리키며 푸코, 데리다, 들뢰즈, 리오타르 등을 포함시킨다. 이들이나 이들의 시대적 분위기에 크게 영향 받은 레비나스, 그리고 이들 이전에 이미 사르트르나 아도르노 같은 인물들이 본질주의를 악의 축으로 내몬다. 이들의 문제 제기는 비트겐슈타인의 가족유사성과 달리 철학계뿐만 아니라 인문학과 사회과학 사상계 전반에 커다란 영향을 미쳤으므로 더욱 깊이 논의할 필요가 있다. 그들에 따르면, 본질은 개별자를 고정된 틀로 옥죈다. 본질은 개별자에 대하여 제국주의적 폭력을 가한다. 개별자는 그 자체로 고유하고 독자적인데도 본질주의는 그 다양한 개별자들을 하나의 본질에 구속한다. 본질의 동일성과 보편성을 위해서 개별자의 차이와 유일무이성을 희생시킨다. 그러니 본질주의는 전체 집단의 보편적 동일성을 위해서 개별자의 자유를 침해하는 전체주의와 같다. 이러한 식의 문제 제기는 단지 비판이 아니라 비난이다. 단순히 이론적으로 잘잘못을 따지고 지적함을 넘어서서 실천적으로 잘잘못을 따지고 그 잘못을 책망한다는 뜻이다.

그러나 이러한 비난은 무엇보다도 이론적 논의와 실천적 논의를 마구잡이로 뒤섞는 것으로 보인다. '폭력', '전체주의', '개별자의 희생', '자유의 상실'과 같은 실천적 용어들을 거리낌 없이 본질에 관한 존재론적이고 인식론적인 논의에 욱여넣는다. 진리를 탐구하는 이론적 논의와 좋음과 옳음을 탐구하는 실천적 논의 간의 경계를 가볍게 무시한다. 뉴턴이나 아인슈타인의 물리 법칙은 전 우주의 모든 물리적 대상을 획일적으로 지배한다. 그러나 누가 대체 '그러므로 그 보편적 법칙은 개별자의 자유를 빼앗는 전체주의적 폭력이다'라는 식으로 비난하겠는가. 우리가 진리의 객관성을 조금이라도 진지하게 고려할 마음이 있다면,

— 어쩌면 바로 그런 마음이 포스트모던 사상가들에게 없어서 문제인지도 모른다 — 참과 거짓을 인식하는 이론적 논의를 옳고 그름이나 가치를 따지는 실천적 논의와 구분해야 마땅하다. 물론 앞서 우리가 존재론과 윤리학의 밀접한 관련성을 언급했던 것처럼 이론적 논의와 실천적 논의는 긴밀히 연관될 수 있다. 그러나 이러한 사실이 두 논의 영역간의 개념적 구별을 무시해도 좋다는 것을 의미하는 것은 아니다.

달리 말해서, 본질론의 운명을 본질을 인정한 결과로 실천적인 위험이 발생하는가 그렇지 않은가에 따라 결정하면 안 된다. 그것은 우리의 희망사항에 따라 좌지우지될 사안이 아니다. 여전히 그것은 이론적 관점에서 결정되어야 한다. 우리는 앞에서 자기동일적 대상을 그 무엇임에서 경험하는 일상적 지각 현실을 설명하기 위해서 본질을 받아들일 수밖에 없음을 확인하였다. 이것은 이론적 관점에서 본질의 필연성을 논증한 것이다. 만일 이론적 관점에서 결정 불가능한 어떤 문제가 있다면, 그것은 실천적 고려에 따라서 결정해야 할지도 모른다. 실제로 칸트가 신의 현존, 영혼의 불사성, 자유를 이론적으로 증명할 수 없는 이념임에도 불구하고 최고선이라는 실천적 고려에 따라서 그 객관적 실재성을 '요청'하였던 것처럼 말이다. 그러나 이론적 관점에서 결정할 수 있는 사안을 실천적 고려에 따라서 재단한다는 것은 과도한 소망적 사유(wishful thinking)의 발로라는 비난을 면할 수 없고 진리와 이성의 포기에 다름 아니다.

2) 본질주의는 개별자에 대한 폭력적 주장인가?

물론 이상의 지적은 포스트모던 사상가들이나 그들의 열정적 지지자들을 논박하기에 불충분할 것이다. 그들은 진리와 이성에 관한 관심이 불가피하다는 완고한 가정 자체를 문제로 삼을지도 모른다. 그러나 희망컨대 다른 일반 독자들에게는 현재의 논의가 본질주의를 비난하는 저들의 과장된 수사에 현혹되지 않도록 도움을 줄 수 있을 것이다. 나는 본질론이 설령 실천적으로 문제 있는 결과를 초래한다고 할지라도 그것이 이론적으로 타당하게 확립되었다면 실천적 목표에 따라 거부하거나 부정해선 안 된다고 본다. 그런데 사실 본질론이 실천적으로 문제 있는 결과를 초래하는지부터도 꼼꼼히 따져볼 여지가 많다.

본질주의를 공격하는 사람들은 본질주의를, 하나의 같은 이름으로 불리는 모든 대상이 하나의 공통된 성질을 가지고 그 성질에 의해서 그 모든 대상들의 무엇인 바가 규정된다고 주장하는 입론으로 간주한다. 즉, '본질주의'라는 말로 사실상 보편자주의를 가리킨다. 그에 반해서, 우리는 앞서 살펴본 바와 같이 본질과 보편자를 구별한다. 근원적으로 이해할 때, 본질이란 한 개별자가 그 무엇인 바에서 자신을 우리에게 나타냄이다. 그것이 곧 보편자는 아니다. 따라서 본질주의 비난이 앞서 우리가 전개한 본질론을 정확히 겨냥하는 것은 아니다.

물론 이렇게 간단히 본질주의 비난에서 벗어날 수 있는 것은 아니다. 어쨌든 본질이 대개 보편자를 결과적으로 수반하는 것도 사실이기 때문이다. 해와 달과 같이 유일한 대상과 관계하는 본질만을 논하는 것이 아닌 이상, 본질론은 분명 보편자주의에 대한 공격에 대해 스스로를 방어해야만 한다.

보편자주의는 이를테면 모든 개별 책상에 대하여 그것을 책상일 수 있도록 해주는 공통의 단일한 성질이 파악될 수 있으리라고 가정한다. 그 단일하고 공통된 성질이 이 책상도 저 책상도 똑같이 책상이라고 불릴 수 있는 이유이고 책상일 수 있는 근거이다. 그러나 이러한 주장은 개별자의 고유성을 부정하는가? 전혀 그렇지 않아 보인다. 보편자주의는 개별자의 고유성과 유일성을 (일정한 한계 내에서) 얼마든지 허용할 수 있다. 가령, 철수가 십 년째 애지중지 사용해온 책상은 여느 다른 책상과 다른 고유한 것이다. 다만 그 고유성은 책상이라는 **한계를 벗어나지 않는다**. 아무리 그것이 고유하다고 하더라도 그것의 무엇임은 여전히 책상으로 고정되어 있다. 만일 어떤 것이 그 한계를 벗어나게 되면, 그것은 단순히 그때부터 책상이 아닌 것이 될 뿐이다. 어쨌든 보편자주의는 보편적 성질에 의해 개별자를 제한하고 제약하는 것 아니냐고 반문할지도 모르겠다. 그것은 분명히 사실이다. 그러나 그렇다고 해서 그것이 어째서 나쁜가?

본질론에 근거해서 보면, 물리 법칙이란 자연에 대한 특수한 본질 파악, 즉 정량적이고 인과론적인 파악을 정식화한 것이다. 그것은 개별자에 대한 전체주의적 폭력과 아무런 관련이 없다. 마찬가지로 모든 책상을 지배하는 책상의 본질이 어떻게 개별 책상에 대한 폭력일 수 있는지도 이해할 수 없다. 오히려 앞서 우리가 본질의 존재론적 역할에서 살펴보았듯이 본질은 하나의 개별 사물이 아무것도 아닌 것이 아니라 바로 그 무엇으로 존재하도록 해준다. 일단, 인간이 아닌 경우의 본질에 대한 논의는 '폭력', '자유', '전체주의' 등과 아무런 관련이 있을 수 없음이 분명해 보인다. 모든 돌멩이를 지배하는 돌멩이의 보편적 성질을 긍정한다고 해서 돌멩이에 무슨 폭력이 가해진단 말인가.

어떤 존재자가 책상이려면 책상이라는 제한과 제약을 부과받아야 함은 동어반복적일 정도로 당연한 말이다. 어떤 것이 책상이려면 책상이라는 본질에 구속되어야만 하고, 그 제한에서 벗어나게 되면 그것은 더는 책상이 아니라 다른 그 무엇이 되는 것이다. 그러나 물론 다른 그 무엇이 된다는 것은 또한 또 다른 본질의 제한과 제약에 구속된다는 뜻이다. 다른 무엇이 된 그것도 어떤 다른 본질에 의해서 규정될 수밖에 없다. 놀라운 정도로 새롭고 참신한 책상도 그것이 아무튼 책상이려면 책상의 본질을 공유해야만 한다.

혁신적이라고 칭송받는 어떤 회화 작품도 그것이 회화이려면 회화의 본질을 공유해야만 한다. 너무나 새로워서 그것을 더는 회화라고 혹은 기존의 그 어떠한 범주로도 분류할 수 없다면, 그것은 물론 회화의 본질을 공유할 수 없을 것이고 회화라고도 불러서도 안 될 것이다. 그러나 이는 본질주의에 대한 반론이 아니다. 그것은 새로운 예술 형식이 가능함을 알려주는 것이고 기존에 알려지지 않았던 새로운 그 **무엇**을 발견하도록 해주는 것이다. 즉, 그것은 새로운 본질을 발굴해내는 것이다. 바로 그 본질 덕분에 우리는 그 새로운 것을 아무것도 아닌 것이 아니라 그 무엇으로 이해할 수 있다. 기존의 본질 규정을 무너뜨리는 개별자의 창의성은 본질주의에 대한 반론이 아니라 기존의 본질 파악의 오류나 불충분함을 폭로하는 것이자 새로운 본질 파악의 필요성을 환기하는 것일 따름이다.

3) 인간 본질의 까다로운 문제

따라서 본질주의가 실천적으로 나쁜 결과를 초래한다는 주장은 단적으로 모든 존재자와 관련하여, 곧 형이상학적으로가 아니라 실은 단지 인간의 본질에 한정해서 논의되어야 한다. 그렇다면 인간의 본질 규정에 한하여 그 주장은 참인가? 모든 개인이 인간이라는 본질에 의해서 규정되어 있다고 보는 관점은 개인의 자유 여지를 축소하거나 말살하고 각자의 고유성을 훼손하는 전체주의적 폭력인가?

역시 그렇지 않은 것 같다. 어느 개별 인간도 인간이라는 점에서 인간으로서의 그 무엇을 다른 인간과 공유해야만 한다는 것은 자명하다. 우리는 어떤 존재자에 대해서 그 개별자는 왜, 어떤 근거로, 인간인가를 물을 수 있다. 이러한 물음을 물을 수 있는 한에서 우리는 인간의 본질을 수용하지 않을 수 없다. 그 물음의 답에 해당하는 것이 바로 인간의 본질특성일 것이기 때문이다. 즉, 그 개별자가 인간을 인간이게 해주는 그 무엇을 공유하기 때문에 그 존재자는 인간이라고 불릴 수 있다. 그렇지 않다면 그 개별자는 인간이라고 불릴 수조차 없을 것이다. 이는 하나의 책상이 책상인 이상 책상의 본질특성을 다른 책상들과 공유할 수밖에 없다는 사정과 마찬가지다.

물론 인간의 보편자와 관련하여 더 논란이 될 수 있는 문제가 있다. 우리가 앞서 논했던 본질의 규범적 성격을 상기해보자. 만일 누군가가 인간의 보편적 성질을 이성적 동물이라고 규정하고 모든 개인을 그러한 잣대로 판단하고 평가한다고 하자. 그렇다면 덜 이성적인 인간(그리고 어쩌면 심지어 이성이 없는 인간)은 그러한 규정을 폭력적이라고 받아들일지도 모른다. 그런 개인도 스스로 인간임이 틀림없다고 생각할 것이지만 그 규정은 그가 인간이 아예 아니거나 최소한 제대로 된 또는 좋은 인간이 아니라고 말하기 때문이다. 이러한 지적에는 틀림없이 새겨들어야 할 부분이 있다. 하지만 그것은 본질주의를 논파하는 것이 아니라 **기껏해야** 인간의 본질특성을 이성적 동물로 파악하는 것이 잘못임을 알려주는 것이다. 즉, 인간임이 분명한 한 개별자가 인간의 본질특성에 대한 어떤 파악, 즉 이성적 동물이라는 파악에 의해서 배제되어 버린다면, 이는 본질주의가 틀렸다는 뜻이 아니라 이성적 동물로서 인간의 본질특성을 파악하는 것이 틀렸고 인간의 본질특성을 달리 파악해야 함을 뜻하는 것이다.

나는 '기껏해야'라는 단서를 붙였다. 인간의 본질특성을 이성적 동물이라고 파악하는 견해를 고수하는 자는, 본질은 본래 사실적 요소만이 아니라 규범적 요소를 가지고 저 본질 파악은 덜 이성적인 개인을 질책하고 그가 더욱 이성적으로 되도록 노력해야 한다는 윤리적 요구를 수반한다고 주장할 것이고, 그런 주장에도 일리가 있어 보이기 때문이다. 만일 인간의 본질특성이 이성적 동물이라는 파악이 정말로 합당하다면, 덜 이성적인 인간은 그러한 파악을 폭력적이라고 받아들이며 거부하려는 태도를 취하고 또 자신의 현 상태를 옹호하려 할 것이 아니라 오히려 더욱 이성적인 인간이 될 수 있도록 노력해야 한다는 뜻이다.

이에 대해서 어떤 사람들은 인간을 이성적 동물과 동일시하는 본질 파악은 그저 백인 남성 부르주아의 자기 해석에 불과하고 유색인, 여성, 노동자, 아이와 같은 비주류 인간을 배제하는 나쁜 논리라고 주장하기도 한다. 하지만 우선 이러한 주장이 과연 유색인, 여성, 노동자, 아이를 위하는 것인지를 꼼꼼히 따져볼 필요가 있다. 왜냐하면 그 주장은 (아마도 본래의 의도와 달리) 유색인, 여성, 노동자가 동등하게 이성적이라는 사실을 부인해버리기 때문이다. 개인의 다양성과 다원성을 존중하기 위해서라면, 그런 주장 대신 차라리 모든 인간이 동등하게 이성적이지만 이성의 유형 또는 이성을 발현하는 방식이 인종마다 또는 성별마다 다를 수 있다고 주장하는 편이 훨씬 낫지 않을까? 물론 이런 주장은 '본질주의'를 부정하는 것일 수 없다.

물론, 앞서의 논점으로 돌아가건대, 설령 이성적 동물로서의 인간 본질 규정이 백인 남성 부르주아의 산물에 불과하고 그래서 차별적인 나쁜 논리라고 가정하더라도, — 또한, 이성이 아무리 인간 본질에서 중요하다고 하더라도 그것만으로 인간의 본질을 온전히 파악할 수 없음은 분명해 보인다 — 그것은 본질주의가 틀렸음을 말해주지 않는다. 그것은 단지 인간 본질을 이성적 동물로 파악하는 것이 틀렸음을 말해줄 따름이다. 따라서 여전히 우리는 하나의 형이상학적 이론으로서 본질론을 수용할 수 있다.

제 2 장

절대적 진리가 존재하는가: 인식론적 상대주의의 이해와 비판

1. 상대주의 유행

교양 강의를 하다 보면, 다양한 학생들을 만나고 그들의 다양한 생각을 접할 수 있다. 그 가운데 특히 인문학이나 사회과학을 배우는 학생들에게서 종종 엿보이는 신념이 하나 있다. 절대적 진리란 절대로 존재할 수 없다는 신념 말이다. "맞고 틀림이나 옳고 그름은 시대에 따라 변천하기 마련이고 문화에 따라 다르기 마련이야. 견해와 입장의 차이에서 어느 한쪽만이 객관적으로 옳고 다른 한쪽은 객관적으로 그르다고 말할 수 없어." 이처럼 절대적 진리나 객관적 사실이란 있을 수 없다는 생각을 절대적 확신의 수준으로 지닌 학생들이 종종 있다. 이러한 현상은 우리 문화에 깊게 스며든 상대주의적 풍조를 단적으로 보여준다고 생각된다. 물론 학생들 사이에서만이 아니라 전문 학계에서도 상대주의적 풍조를 어렵지 않게 감지할 수 있다. 몇몇 인문학자와 사회과학자들의 말과 글에서 역사나 문화마다 진리가 다르고 각각의 진리는 대등하게 타당하다는 식의 사고방식이 알게 모르게 흘러나온다. 그와 같은 다원성과 평등성을 추구하는 자세야말로 학자로서 마땅히 취해야 할 올바른 자세라는 듯이. (그런데 그 올바름은 다시 상대적인가, 아닌가?)

어째서 우리 문화(곧, 서구 근대 문화)에 상대주의적 풍조가 유행하는가를 설명하기 위해서 몇 가지 사상사적 배경이나 정치 문화적 배경에 호소할 수 있을 것이다. 우선 사상사적 배경과 관련하여 19세기 이후 서구 유럽에서 등장한 부분적으로 서로 관련된 세 가지 지적 흐름을 거론할 수 있겠다.

첫째, 절대정신에 관한 헤겔의 위대한 형이상학을 마지막으로 19세기 중반 이후 이른바 거대 담론, 진리의 궁극적 토대를 제공하는 절대적 체계를 수립하려는 시도는 사라졌다. "신은 죽었다"라는 니체의 유명한 말은 영원불변적인 진리의 형이상학적 근거가 소실되었음을 뜻한다. 플라톤의 이데아든 신이든 눈에 보이지 않는 대상을 사람들은 더는 믿지 않는다. 절대적 대상이 존재하지 않는다는 형이상학적 신념으로부터 절대적 진리란 존재하지 않는다는 인식론적 신념으로 나아가는 일이란 어렵지 않다.

둘째, 19세기 후반부터 20세기 초엽까지 드로이젠(Johann Gustav Droysen), 딜타이(Wilhelm Dilthey), 슈펭글러(Oswald Spengler)와 같은 인물들은 역사주의라고 불리는 사조를 형성했다. 이들에 따르면, 초역사적인 객관성이란 허상이며 인간은 역사적으로 형성되고 변천하는 세계관에 따라서 세계를 재단할 수 있을 뿐이다. 우리는 특정한 역사적 맥락과 조건에서만 진리를 접할 수 있다. 역시 이로부터 역사적 상대주의로의 이행은 단지 한 걸음의 거리만 있을 뿐이다.

셋째, 비슷한 시기에 마르크스, 니체, 프로이트와 같은 사상가는 합리성에 대한 고전적 신념을 무너뜨리는 데 크게 일조했다. 마르크스주의는 '상부구조'가 '하부구조'를 결정한다는 역사적 유물론을 제시함으로써 문화와 제도 속의 한 개인이 어떤 생각과 신념, 가치관, 도덕관 등을 가지는지가 합리적 추론에 의해서가 아니라 계급적 이해관계와 같은 사회적, 경제적 요인에 의해서 결정된다고 주장했다. 프로이트는 우리의 의식은 단지 그 수면 아래 거대한 무의식이라는 빙산의 일각에 불과하므로 의식만으로 설명할 수 없는 많은 심리적 현상을 무의식을 해석함으로써 설명할 수 있게 된다고 보았다. 우리의 많은 행위와 사고, 의식적 결정, 도덕적 태도와 규범의식 등은 합리성이 아니라 오히려 무의식적 욕망과 성적 본능에 의해서 설명된다는 것이다. 마찬가지로 니체 역시 우리의 지식이나 도덕적 신념이 합리적 사고의 순수한 산물이 아니라 인간을 포함한 모든 존재자를 그 근저에서부터 규정하는 원천인 '힘에의 의지'에 의해서 형성된다고 보았다. 공통적으로 이들의 이론은 전통 형이상학에서 지고의 위치를 점하고서 고고한 체하던 이성이 실은 얼마나 비합리적인 요소에 의해서 결정되는가를 폭로하고자 한다. 이러한 폭로와 전복은 통렬한 지적 희열과 쾌감마저 가져다준다. 그러나 어떤 것이 합리적이라고 간주되어야 하는가가 합리성 바깥의 요인에 의해서 결정된다는 이들의 이론은 동시에 (비록 이들을 단순히 상대주의자라고 치부할 수 없다고 할지라도) 역시 상대주의적 풍조 확산에 크게 이바지했다. 합리성이 진리의 객관성을 열어주는 관문이라는 점을 고려하면 어째서 그런 영향을 미쳤는지를 쉽게 이해할 수 있을 것이다.

덧붙여, 절대적 진리 부정이 유행처럼 번지는 데 일조한 정치 문화적 배경을 언급해야 할 것이다. 18세기 이후 서구 유럽에서 정치적으로 봉건적 신분 체제가 무너지고 자유주의가 발달하였다. 공동체의 규율과 규범, 전통과 관습, 신분질서와 위계조직보다 개인의 자유와 권리가 우선적이고 심지어 신성시된다. 정치적 자유주의는 사회문화적으로 개인주의를 촉진한다. 내가 누구인지, 나의 삶은 어떠해야 하는지, 나의 존재란 무엇인지를 이제 스스로 결정할 수 있다, 아니 스스로 결정해야만 한다는 신념, 그러한 결정에서 내가 속한 공동체나 타인은 아무런 역할도 맡지 않거나 기껏해야 보조적 역할을 차지한다는 신념이 우리 사회와 문화 전체에 깊숙이 뻗어 나간다. 그러한 결과로 또한 다원주의가 자연스럽게 통용된다. 누구도 다른 사람보다 자신의 견해를 참이라고 내세울 권한의 우위를 갖지 못한다. 누구나 스스로 진리라고 믿는 견해를 내세울 권리를 동등하게 갖는다. 이와 더불어 무엇이 맞고 틀리는지, 무엇이 옳은지 그른지는 각자가 스스로 결정할 권한을 가진다는 믿음마저 뿌리내렸다.

2. 상대주의의 유형별 분류

오늘날 인식론, 사회과학 이론, 과학철학 등의 분야에서 상대주의의 출몰을 목격하기란 어려운 일이 아니다. 앞 장에서 '포스트모던' 사상가라고 불렀던 무리는 꼭 상대주의자는 아니라고 해도 상대주의에 대단히 근접한 인물들임은 분명하다. 그 밖에도 파이어아벤트(Paul Feyerabend), 굿맨(Nelson Goodman), 로티(Richard Rorty) 등을 상대주의자로 분류해도 무리가 아닐 것이다. 또한, 윈치(Peter Winch), 라투르(Bruno Latour)와 같은 사회 구성주의 이론가나 쿤(Thomas Kuhn)과 같은 과학사학자도 상대주의자들의 신념에 막대한 이론적 자양분을 제공했다. 물론 이들 가운데 스스로 상대주의자라고 공언하는 사상가는 별로 없다. 하지만 이들의 저작을 읽어보면 그들로부터 상대주의적 경향을 알아차리기란 전혀 어려운 일이 아니다. 반대로 그들을 상대주의자로 독해하지 않기 위해서는 — 그것이 가능하다고 해도 — 각별한 노력과 주의가 필요할 것이다. 우리의 관심사는 특정한 사상가에 놓여 있지 않으니, 저 사상가들이 상대주의자이거나 그에 근접한다는 문헌상의 증거를 제시하는 절차를 밟지는 않을 것이다. 다만 오늘날 상대주의를 지지하거나 그에 근접한 사상가가 제법 많다는 사실 정도만 환기해두면서 논의를 시작하고 싶다.

상대주의에도 여러 유형이 있다. 어떤 유형의 상대주의이든 맞고 틀림은 상대적이라고 본다. 그러나 첫째, 누구 또는 무엇에 대해서 상대적인가에 따라서 상대주의의 유형을 분류할 수 있다. 주관마다 진리가 달라진다고 말하는 사람은 **주관적** 상대주의자이다. 반면에 역사적 시기마다 또는 문화마다 진리가 달라진다고 말하는 사람도 있다. 그런 사람은 **역사적** 상대주의자 또는 **문화적** 상대주의자라고 불린다. 이들은 흔히 여하한 역사적 맥락이나 사회문화적 조건에 따라서 진리가 다를 뿐만 아니라 그 각각의 진리가 모두 대등하다고 말한다. 하나의 판단이나 견해는 그 진리치가 역사적 맥락이나 사회문화적 조건에 의해 결정되는데 이러한 맥락이나 조건은 가변적이다. 이들은 진리의 다원성과 상대성을 뒷받침하는 근거로 그 진리치를 결정하는 역사적 배경과 전통, 문화적 관행 · 습속 · 제도, 사고틀, 개념 도식, 세계관, 이론적 체계, '패러다임'(쿤), '담론'(푸코), '언어 놀이'(비트겐슈타인) 등이 근본적으로 다르다는 점을 들곤 한다.

둘째로, 어떤 주제에 관하여 상대적인가에 따라서 상대주의 유형을 분류할 수도 있다. 사실관계 또는 인식 대상과 관련하여 진리의 상대성을 말하는 사람은 **인식론적** 상대주의자이다. 포퍼(Karl Popper)와 같은 인물이 쿤이나 파이어아벤트에 대하여 벌이는 과학철학 공방에서 문제시되는 것은 이런 의미의 상대주의이다. 반면에 인간의 도덕적 당위와 관련하여 옳고 그름의 상대성을 말하는 사람은 **윤리적** 상대주의자이다. 또한, 예술작품의 미 또는 예술적 가치에 관한 평가의 상대성을 주장하는 사람은 **미학적** 상대주의자라고 부를 수 있다. 이 가운데 특히 논란의 대상이 되는 것은 인식론적 상대주의와 윤리적 상대주의이다.

상대주의 논쟁에서 어떤 철학자는 인식론적 상대주의를 거부하되 윤리적 상대주의를 지지하기도 한다. 그와 반대로 윤리적 상대주의를 거부하되 인식론적 상대주의를 지지할 수도 있으나, 실제로 그런 노선을 채택하는 철학자는 거의 없는 듯하다. 이는 사실보다 가치의 객관성이 더 쉽게 흔들리고 도전받는다는 현실을 나타내는 것으로 보인다. 또 어떤 철학자는 주제에 따른 상대주의 유형 구별이 별 의미가 없다고 본다. 이렇게 보는 철학자는 인식론적이든 윤리적이든 상대주의를 거부한다면 모두 거부하고 지지한다면 모두 지지해야 옳다고 생각한다. 나 역시 인식론적 상대주의와 윤리적 상대주의를 모두 거부할 것이다. 하지만 양자의 구별은 그래도 논의 편의상 도움이 되는 것 같다. 그래서 여기에서 인식론적 상대주의만을 먼저 다루고, 제5장에서 윤리적 상대주의를 논할 것이다.

셋째로, 상대주의는 상대주의적 주장의 범위에 따라서 총체적 상대주의와 제한적 상대주의로 구별할 수 있다. **총체적** 상대주의자는 모든 진리는 예외 없이 상대적이라고 주장한다. 반면에 **제한적** 상대주의자는 상대주의적 주장에 최소한 하나의 예외를 둔다. 그는 "모든 진리는 상대적이다. 단, 바로 이 주장만 빼고"라고 말하는 셈이다.

총체적 상대주의가 자기 논박적(self-refuting)이라는 지적은 예부터 지금까지 줄기차게 제기되어왔다. 모든 진리가 상대적이라면 '모든 진리가 상대적이다'라는 주장 자체도 상대적으로 참이어야만 한다. 즉, 그 주장을 틀렸다고 보는 견해에도 잘못이 있을 수 없다. 총체적 상대주의자는 자신이 틀렸다고 말하는 상대방의 견해를 스스로 인정함으로써 자기 자신을 논박하는 결론에 이르는 셈이다. 또한, 그는 상대주의를 주장하면서도 그것이 틀렸다는 견해도 인정하는 셈이니 논리적으로 일관적이지도 못하다.

또 어떤 철학자들은 총체적 상대주의가 수행 모순을 범한다고 지적하기도 한다. 가령, 한 상대주의자가 비상대주의자에게 모든 진리는 상대적이라고 **주장**한다고 하자. 주장은 하나의 언어 행위로서 자신이 주장하는 명제가 진리이고, 그것이 진리라고 스스로 믿으며, 자신의 주장을 듣는 타인도 그렇게 믿게 하려고 설득한다는 의미가 있다. 따라서 주장 행위는 나와 다른 견해를 가진 타인도 내 주장이 참임을 받아들여야 마땅하다는 믿음을 함축한다. 즉, 저 상대주의자는 자신의 반대자도 자신의 주장을 참이라고 인정해야 한다고 믿어야만 한다. 그러나 동시에 그는 모든 진리가 예외 없이 상대적이라고 주장하므로 자신의 주장도 상대적이라고 인정해야만 한다. 자신의 주장 또한 상대적이라고 함은 자신의 주장이 자신에 대하여 참일 뿐이지 누구에게나 참은 아니라는 뜻이다. 따라서 그는 자신의 주장이 자신과 다른 견해를 가진 타인에 대하여 참이라고 주장할 수 없는 처지이다. 이는 주장 행위에 함축된 믿음, 즉 자신의 반대자도 내 주장을 참이라고 인정해야 한다는 믿음과 모순된다. 이상과 같이 총체적 상대주의는 수행 모순을 저지르는 것 같다. 즉, 총체적 상대주의자는 주장된 명제의 의미를 자신의 주장 행위로써 부정한다. 주장 행위에 함축된 믿음, 곧 **타인도 내 주장을 참이라고 인정해야 한다**는 믿음, 그리고 주장된 명제에 포함된 의미, 곧 **타인에 대하여 내 주장이 참인 것은 아니**라는 의미, 이 양자 사이에 모순이 발생한다. 따라서 총체적 상대주의는 필연적으로 틀렸다는 것이다.

총체적 상대주의가 수행 모순적 또는 자기 논박적이라는 문제의식에서 상대주의자는 자연히 제한적 상대주의를 자처하곤 한다. 제한적 상대주의는 자기 자신의 발언만큼은 객관적이고 절대적이라고 간주한다. 우리는 이에 대해서 우선 어째서 다른 모든 발언이 상대적임에도 자기 자신의 발언만큼은 절대적이라고 주장할 수 있는지, 대체 그 노골적으로 비일관적이고도 자기 과신적인 입장의 근거는 무엇이냐고 묻지 않을 수 없다. 상대주의자가 상대주의를 펼치는 동기가 대체로 인간의 주관적, 문화적, 역사적 제약에 대한 겸허한 인정에 있음을 고려하건대, 어째서 자기 자신만큼은 그런 제약을 초월할 수 있다고 주장하는 것인지 쉽게 납득할 수 없다.

이런 지적으로 제한적 상대주의가 논박되는 것은 물론 아니다. 그에 대한 본격적인 논박은 잠시 뒤로 미루어두도록 하자. 지금은 우선 총체적 상대주의가 자기 논박적이라는 앞선 논박 논증을 좀 더 꼼꼼히 따져보기로 하자. 그 논증에는 사실 간과할 수 없는 중요한 허점이 있기 때문이다. 이를 살펴보기 위해서 먼저 상대주의의 자기 논박 문제를 최초로 지적한 플라톤으로 돌아가보는 것이 좋을 것 같다.

3. 총체적 상대주의의 자멸

『테아이테토스』에서 플라톤은 프로타고라스의 인간척도설을 여러 논증을 통해 논박한다. 저명한 소피스트였던 프로타고라스에 따르면, 인간이 존재의 척도이다. 여기서 '인간'은 인간 각자를 말한다. 또한, '존재의 척도'란 한 사물이 이러한지 저러한지를 결정하는 기준을 뜻한다. 이 사물이 이러한가 저러한가는 각자의 인간에게 달려 있다. 이 사물은 나에게 이러하지만, 저 사람에게는 저러하다. 사물이 각자에게 나타나는 바대로가 곧 참이다. 포도주는 영희에게 달게 느껴지지만, 철수에게 쓰게 느껴진다. 포도주의 달고 씀은 각자의 미각에 달려 있다. 이러한 프로타고라스의 인간척도설은 주관적 상대주의의 일종이다. 포도주가 달다는 판단은 영희에게 참이지만 철수에게 거짓이다. 반대로 포도주가 쓰다는 판단은 철수에게 참이지만 영희에게 거짓이다. 한 판단의 참과 거짓은 사람마다 달라진다. 각자가 참과 거짓의 척도이기 때문이다.

플라톤은 프로타고라스의 인간척도설이 자기 논박적임을 보여주려고 한다.[1] 그의 논증은 대략 다음과 같이 진행된다. '프로타고라스에 의하면, 사물이 각자에게 나타나는 또는 생각되는 바대로가 곧 참이다. 프로타고라스는 자신의 인간척도설이 참이라고 생각한다. 그러나 모든 이가 인간척도설에 동의하는 것은 아니다. 플라톤 자신을 비롯하여 인간척도설에 동의하지 않는 사람들이 많다. 그들은 인간척도설이 틀렸다고 생각한다. 그들에게 인간척도설은 틀린 것으로 나타난다. 그런데 프로타고라스는 자신의 인간척도설을 일관되게 견지하려면, 인간척도설이 틀렸다는 이들의 생각까지도 참이라고 인정해야만 한다. 영희가 포도주가 쓰다는 철수의 판단 또한 참이라고 인정해야 하듯이 말이다. 그러한 인정이 주관적 상대주의로서 인간척도설이 요구하는 바다. 그렇다면 결국 인간척도설의 반대자들은 물론이거니와 프로타고라스 자신까지도 인간척도설이 틀렸다는 판단이 참이라고 인정하게 된다. 그러니까 모두가 인간척도설이 틀렸다는 데 동의하는 셈이다. 더욱이 프로타고라스는 처음에 인간척도설이 참이라고 주장했지만 결국 그 주장을 견지하려다 보니 자신의 주장이 틀렸다고 인정하지 않을 수 없게 된다. 따라서 그의 주장은 단순히 틀린 정도가 아니라 자기모순적이다.'

그러나 플라톤의 논증에는 오류가 있다고 지적되어왔다. 위 논증에서 플라톤은 프로타고라스가 말하는 참이란 상대적인 참으로 이해되어야 함을 철저히 준수하지 않고 있다. 프로타고라스에게 '참'은 언제나 **누군가에 대하여 참**임을 뜻한다. 플라톤이 제시한 바와 같이 프로타고라스를 예외 없이 상대주의를 주장하는 총체적 상대주의자로 여기는

---

1) 플라톤, 『테아이테토스』, 정준영 옮김, 이제이북스, 2013, 131쪽(170d) 이하 참조.

한, 그렇다. 따라서 인간척도설이 참이라는 프로타고라스 자신의 생각은 프로타고라스 자신에게 참이다. 또한, 인간척도설이 거짓이라는 반대자의 생각은 반대자에게 참이다. 인간척도설이 거짓이라는 생각은 프로타고라스에게 참이 아니다. 따라서 프로타고라스의 총체적 상대주의는 자기모순적이지 않다. 프로타고라스는 인간척도설이 **자신에게** 참이라고 주장하면서 동시에 인간척도설이 틀렸다는 생각이 **반대자에게** 참이라고 인정한다. 이 두 가지는 서로 모순적이지 않다. 영희가 포도주가 쓰다는 철수의 생각을 철수에 한하여 참이라고 인정하면 되듯이, 프로타고라스는 인간척도설이 틀렸다는 반대자의 생각을 반대자에 한하여 참이라고 인정하면 그만이다. 이러한 입장은 자기 논박적이지 않다. 하지만 물론 이러한 인간척도설은 '너는 너대로 생각해라, 나는 나대로 생각할 테니까'라는 식의 태도를 보이는 셈이다.

총체적 상대주의가 자기 논박적이라는 비판에 대해서 상대주의자는 이처럼 그 논증의 허점을 지적하며 자신의 상대주의를 고수할 수 있다. 또한, 총체적 상대주의가 수행 모순을 겪는다는 비판에 대해서도 마찬가지 방식으로 허점을 지적할 수 있다. 총체적 상대주의자는 자신의 진술을 포함한 모든 진리가 상대적이라고 주장한다. 이러한 주장 행위로써 그는 그 주장을 듣는 상대방을 설득하려고 한다. 즉, 그는 그 상대방이 그 주장을 참으로 받아들여야 한다고 믿는다. 그러나 그 믿음은 주장된 명제의 의미, 즉 모든 진리는 상대적이라는 내용과 모순된다. 왜냐하면, 모든 진리가 정녕 상대적이라면 그러한 상대주의적 주장 자체도 상대적일 것이므로 타인이 꼭 참이라고 인정할 필요가 없을 것이기 때문이다. 앞서 살펴본 총체적 상대주의의 수행 모순 비판을 대략 이렇게 정리할 수 있다. 이 논증에서 총체적 상대주의자가 이의를 제기할 만한 부분은 총체적 상대주의자가 상대주의를 **주장한다는 가정**과 그 결과로 타인이 그 주장을 참이라고 인정해야 마땅하다고도 믿는다는 가정이다. 즉, 총체적 상대주의자는 아예 자신이 어떠한 주장을 제기한다는 가정이 틀렸다고 지적할 수 있다. 그 역시 주장 행위의 의미에 타인에게 자신의 주장을 참으로 인정하도록 설득하려는 의도가 포함되어 있음을 부인하기는 어려울 것이다. 따라서 총체적 상대주의자는 수행 모순을 피하기 위해서 자신이 어떤 주장도 내세우지 않는다고 선언하고 침묵해야 한다. 요컨대 그는 자신이 반대자에게 아무런 주장도 내세우지 않는다고 말함으로써 간단히 수행 모순을 피할 수 있다.

하지만 이러한 결론이 상대주의에 승리를 가져다준다고 말할 수 있을까? 수행 모순을 피하기 위한 총체적 상대주의자의 '주장 부인 전략'은 플라톤 논증의 허점을 고려한 인간척도설의 귀결 — '너는 너대로 생각해라, 나는 나대로 생각하겠다' — 과 대체로 일치한다. 총체적 상대주의자는 플라톤의 논증에 대해서든 수행 모순을 지적하는 논증에 대해서든 자기모순적이라는 지적을 피해갈 수 있다. 그러나 그 회피가 정확히 무엇을 의미하는가를 따져야 한다. 총체적 상대주의자는 남을 향한 어떠한 주장도 포기해야 한다. "나는 아무도 설득하고자 하지 않는다. 그저 내가 하고 싶은 말을 내뱉을 뿐이다." 그는 이렇게 말해야 할 것이다. 결국, 총체적 상대주의자는 자기모순을 피함으로써 모든 대화와 논의를 포기하고 유아론으로 빠져드는 길을 걸어야 하는 것으로 보인다. 그리고 이는 상대주의의 자멸과 실천적으로 결국 같지 않을까? 공적 논의의 장에서 총체적 상대주의자는 아무런 주장도 내세울 수 없을 것이니 말이다.

4. 상대주의 일반에 대한 논박의 필요성

총체적 상대주의자는 남들을 설득하기 위해 자신의 주장을 내세울 수 없다는 점에서 실천적으로 자기 궤멸과 침묵의 길을 걸어야 한다.

어쩌면 그래도 그는 속으로 자기 생각을 고집할 수도 있지 않을까? 속으로 '그래도 내가 이겼다!'라고 외칠지도 모르지 않을까?

이런 '정신승리'조차도 허용하지 않으려는 철학자들이 많다. 이들은 상대주의 **일반**에 대한 논박 논증을 제시한다. 이 논증은 총체적 상대주의에 대해서든 제한적 상대주의에 대해서든 적용된다. 우선 다시 한 번 상대주의의 두 유형이 어떻게 구별되는지 확실히 해두도록 하자.

	발화 내용부	발화 형식부(자기 적용 여부)
총체적 상대주의	진리는 상대적이다.	물론 이 진술도 포함해서.
제한적 상대주의	진리는 상대적이다.	단, 이 진술만은 빼고.

자기 자신에의 적용 여부를 논외로 하면 '진리는 상대적이다'라는 내용을 두 유형의 상대주의가 공유한다. 두 유형의 상대주의는 기본적으로 내세우는 내용이 같다. 다만 그 내용이 자기 자신에게도 적용된다고 인정하는지에 따라서만 다르다. 발화 형식과 발화 내용이라는 구분을 도입하자면, 발화 형식상 차이가 있을 뿐 내용은 같다. 위에서 우리가 발화 형식에 초점을 맞추어 상대주의의 자기 정당화 문제를 제기했다면, 이제부터의 논의는 발화 내용에 초점을 맞춘다. 따라서 이하의 상대주의 논박은 논박 대상이 총체적인가 제한적인가를 가리지 않는다.

(총체적이든 제한적이든) 상대주의에 따르면, 진리는 상대적이다. 오늘날 유행하는 버전의 상대주의는 프로타고라스에서처럼 진리가 주관에 따라서가 아니라 '패러다임'에 또는 '담론'에, 개념 도식에, 이론에 또는 문화 제도에 따라서 달라진다고 말한다. 한 패러다임에서 진리인 것이 다른 패러다임에서는 진리가 아니다. 내가 속한 패러다임에서 진리라고 해도 그것이 다른 패러다임에서 진리가 아니라면, 나는 그것을

다른 패러다임에 속한 사람에게 진리임을 인정하라고 정당하게 주장할 수 없다. 패러다임마다 고유한 진리가 성립하고 어떠한 진리도 보편타당하거나 객관적이지 않기 때문이다.

'패러다임'은 과학사학자 쿤이 고안한 용어로 그의 대표적 저서 『과학혁명의 구조』(1962)에서 등장한다. 그는 그에 관한 일의적인 정의를 제공하지 않지만, 그것은 대략 한 공동체가 암묵적으로 수용하는 이론적 기본 가정, 실험적 관행, 탐구 방법과 절차, 유의미한 문제의 기준, 문제풀이 절차, 문제해결의 판단 기준, 정당화 원리, 연구기관의 제도, 학문적 권위 인정 방식, 종교적, 형이상학적 믿음 등의 총괄로 이해될 수 있다. 이렇게 역사적 조건이나 사회적 조건에 따라 달라지는 우연적 요인들의 총괄적 배경 위에서만 어떤 진술은 참이거나 거짓일 수 있다. 그러한 배경을 도외시하고 단적으로 참이나 거짓을 말하는 것은 순진한 일이다. 공동체마다 이론적 가정, 형이상학적 믿음, 실험적 관행 등등이 다르다. 따라서 이 공동체와 저 공동체에서 진리로 수용되는 것이 달라지는 것도 당연하다. 과학의 역사를 깊이 살펴보건대, 실제로 그랬다. 프톨레마이오스의 천동설과 코페르니쿠스의 지동설, 아리스토텔레스의 운동설과 뉴턴의 역학, 뉴턴의 역학과 아인슈타인의 상대성이론, 프리스틀리의 플로지스톤설과 라부아지에의 산소 이론 사이의 충돌 등은 실제로 패러다임 간의 충돌이었다. 상식적 역사관은 이러한 충돌에서 살아남은 쪽을 진리와 합리성을 대변하는 이론으로, 패배한 쪽을 거짓과 비합리성으로 밝혀진 이론으로 간주한다. 그러나 쿤의 역사관은 그렇게 단순하게 재단할 수 없다고 가르친다. 한 진술의 참이나 거짓 또는 합리성이나 비합리성은 그 진술이 속하는 이론 체계 및 패러다임에 의존적이기 때문이다.

쿤이나 쿤에 감화된 이들의 견해를 사례를 들어 상술해보자.[2] 흔히 사람들은 코페르니쿠스의 지동설을 참으로 여기고 프톨레마이오스의 천동설을 거짓이라고 단정하지만, 이러한 시각은 옳지 않다. 지동설은 **단지** 우리가 속한 패러다임에 따라서 참이고 천동설은 **단지** 우리가 속한 패러다임에 따라서 거짓이라고 말해야 한다. 망원경을 통한 관찰 증거로 지동설을 지지했던 갈릴레이는 17세기 초 교황이 주관하는 종교재판에서 자신의 주장을 철회해야만 했다. 당시 사회에 지배적인 패러다임에서 지동설은 거짓이었기 때문이다. 지구가 태양 주위를 움직인다는 주장은 르네상스 시대 교황을 위시한 수많은 기독교인이 속한 패러다임에 따라서 터무니없는 이설이었고, 반대로 지구가 운동하지 않는다는 생각은 그 패러다임에 따라서 더할 나위 없이 참된 이론이었다. 이렇게 진리는 패러다임에 따라서 달라진다는 것이다.

이러한 상대성이 함축하는 한 가지 중대한 결론은 과학사의 변천 과정을 점차로 진리에 근접해나간다는 진보의 역사로 묘사할 수 없다는 점이다. 이로부터 또한 그 유명한 '과학혁명'이 무슨 뜻인지 이해된다. 한 이론이 물러나고 다른 이론이 등장하는 과학사의 변천 과정은 단순히 새로운 이론이 진리임을 옛 이론의 지지자들이 시인함으로써 이루어지지 않는다. 그 과정은 단순히 한 이론이 옳음을 점진적으로 증명해내는 합리적 과정이 아니라 복합적인 사회적 요인들이 결합한 단절적인 혁명이요, 종교에 비견될 만한 '개종'이다. 그 요인들에는 과학자 개개인의 성장 배경, 성격, 개혁자의 명성과 평판, 종교적이거나 형이상학적인 신념 따위가 포함된다. 여기서 종교적이거나 형이상학적인 신념에는, 쿤이 예를 들 듯이, 케플러를 코페르니쿠스주의자로 만드는 데 영향을 미쳤다고 하는 태양 숭배라든가, 천동설을 지탱했던 기독교 신앙,

---

2) 나는 여기서 쿤의 견해보다는 쿤에 감화된 상대주의자를 논박하는 데 목적이 있다고 말하고 싶다. 쿤의 견해를 단순히 상대주의라고 해석하기에 어려운 부분이 있음을 번스타인(Richard J. Bernstein)은 섬세하게 논증하기 때문이다. 리처드 번스타인, 『객관주의와 상대주의를 넘어서. 과학과 해석학 그리고 실천』, 황설중, 이병철, 정창호 옮김, 철학과현실사, 2017(1983) 참조.

데카르트의 기계론, 양자 세계의 불확정성을 거부했던 아인슈타인의 확신('신은 주사위 놀이를 하지 않는다') 그리고 일부 현대 과학자들의 의식 깊숙이 자리 잡은 물리주의(physicalism)와 과학지상주의(scientism)도 속한다.

쿤의 패러다임론은 그토록 객관적이고 합리적이라고 추앙받던 과학 이론마저도 역사적, 사회적 요인에 의해서 결정된다는 식으로 받아들여졌고 상대주의적 사고방식이 인문학과 사회과학계에 퍼지는 데 상당한 영향을 미쳤다. 쿤의 논의는 과학자들이 실제로 어떤 이론을 수용하는지가 단순히 합리적 절차에 의해서만 일어나는 것이 아니며 과학자 사회가 대단히 복잡다단한 요인에 의해서 움직인다는 사실을 역사적 실례를 통해서 생생하게 보여주었다. 또한, 그는 서로 다른 과학자 공동체가 서로 다른 이론을 지지한다고 할지라도 그들 모두가 어떤 제한된 의미에서 동등하게 합리적일 수 있음을 보여주었다. 오늘날 구닥다리 가짜 가설로 취급되는 견해를 그들이 지지했다고 해서 그들을 비합리적으로 사고한 사람들로 폄하하는 태도는 크게 잘못이라는 점까지도 그는 가르쳐주었다. 그러나 이러한 모든 사실을 쿤의 공헌으로 인정한다고 하더라도 그로부터 상대주의를 도출하는 것은 곤란하다. 이것이 이제부터 주장하려는 바다.

무엇보다도 우선 과학혁명과 패러다임 상대성에 관한 쿤의 논의는 역사학적이다. 그리고 역사학적 논의는 통상 경험적(empirical) 탐구로 여겨진다.[3] 여러 역사적 실례를 분석하는 경험적 탐구로부터 대체 어떻게 진리의 본성 문제에 개입하는 하나의 철학적 명제를 도출할 수 있는가? 상대주의는 진리가 본질적으로, 즉 필연적으로 상대적이라고 말

3) 이 부분의 논의는 다소 문맥을 달리하고 있으나 보고시안에 크게 빚지고 있다. Paul Boghossian, *Fear of Knowledge. Against Relativism and Constructivism*, Oxford: Oxford University Press, 2006, 123쪽 참조.

하는 견해이다. 진리가 상대적일 수도 있고 상대적이지 않을 수도 있다는 것이 아니라, 어떤 것이 진리라면 상대적일 **수밖에 없다**는 것이 하나의 철학적 입장으로서 상대주의가 본래 주장하는 바다. 하지만 경험적 탐구는 그 탐구 방식의 근본적 성격상 그와 같은 필연성을 제공할 수 없다. 따라서 경험적 탐구가 상대주의를 보증할 수도 물론 없다. 과학사에 관한 경험적 연구를 통해서 나올 수 있는 결론의 최대치는 단지 이제까지 과학사의 주요 국면에서 번번이 진리 여부의 결정이 패러다임에 상대적으로 내려졌다는 사실뿐이다. 그로부터 과거의 모든 실례는 물론 앞으로 펼쳐질 과학 이론의 진리 여부가 통째로 패러다임에 상대적일 수밖에 없다는 결론을 경험에 앞서서 내릴 수 없다. 그것은 단순히 성급한 일반화의 오류가 될 것이다. 적어도 쿤의 역사학적 논의가 우리가 제1장에서 논한 본질 파악을 자처하는 것이 아니라 경험적 탐구로 머무는 이상 이러한 제약을 결코 피할 수 없다.

하지만 쿤의 과학사적 탐구를 단순히 경험적인 것이 아니라 과학의 변천에 관한 본질 그리고 과학과 진리의 본질을 파악하려는 시도라고 이해하도록 해보자. 그렇다면 쿤에게 감화된 많은 이들이 그랬던 것처럼 쿤의 저작에서 진리의 본질을 특정하게 파악하는 하나의 입장으로서 상대주의를 발견하려는 시도가 적법하게 이루어질 수 있다.[4] 그렇다면 경험적 탐구에 의존한다는 이유만으로 간단히 쿤식 상대주의를 물리칠 수 없다.

---

4) 내가 보기에 쿤의 역사학적 논의를 통해서 인식론적 상대주의로 빠져든 사람들은 부지불식간에 그의 논의를 과학과 진리의 본질 탐구로 받아들이는 셈이다. 즉, 그들은 어떤 식으로든 본질 개념을 수용해야 하는 처지이다. 상대주의자를 자처하는 사람들이 본질 개념을 수용한다는 이 기묘한 역설을 어떻게 보아야 좋을까? 아니 쿤의 수용과 별개로 기실 상대주의라는 것 자체가 진리의 본질에 관한 하나의 입장이라는 사실에 이미 역설이 놓인 것 아닐까?

이제 본격적으로 쿤의 논의에서 발전될 수 있는 상대주의 지지 논증을 비판적으로 검토할 것이다. 하지만 일단 그 전에 우리 논의가 쿤에게 한정되는 것도 과학으로 한정되는 것도 아님을 분명히 해두고 싶다. 첫째, 쿤의 논의는 과학 이론을 배경으로 전개되나, 그로부터 이끌려 나오는 상대주의 논증은 꼭 자연과학으로 한정될 필요 없이 일상적 지식이나 다른 학문에도 적용될 수 있다. 실제로 파이어아벤트나 로티는 부분적으로 쿤의 여러 개념을 동원하면서도 과학적 지식에 한정되지 않는 상대주의를 전개한다. 둘째, 우리가 쿤을 소개하면서 논의를 출발했지만, 이제부터 전개할 상대주의 논박은 쿤만을 겨냥한 것이 아니라 상대주의 성향의 모든 철학자들에 대해서 똑같이 적용될 수 있다. 왜냐하면 이들에게서 발견되는 상대주의 지지 논증도 기본적으로 쿤에게서 발견되는 논증과 구조적 유사성을 보이기 때문이다. 거칠게 말해서 그 논증에서 '패러다임' 대신 '담론', '에피스테메', '전통', '개념 도식' 등을 넣기만 하면 된다. 요컨대, 우리의 목적은 쿤에게도 과학철학에도 있지 않고 누구의 버전이든 상대주의가 잘못임을 보이는 데 있다.

5. 상대주의 일반에 대한 논박 1: 개념 상대성과 그 논박

쿤의 논의에서 발전될 수 있는 상대주의 지지 논증을 둘로 나누어 검토할 수 있다. 하나는 개념 상대성을, 다른 하나는 정당화 상대성을 보여준다. 진리는 개념으로 구성되고 합리성에 의해 조건 지어진다. 그러므로 개념이나 합리성이 둘 중 하나라도 상대적이라면 진리도 상대적일 것이다. 즉, 개념 상대성 논증과 정당화 상대성 논증 가운데 하나라도 타당하다면 상대주의가 살아남는다.

두 논증은 모두 패러다임 간 '통약불가능성(incommensurability)'이라는 쿤의 핵심 논제에 크게 의존한다. 혁명 이전과 이후 패러다임 사이에서 통약불가능성이 발생하는 이유는 패러다임에 상관적으로 개념이나 정당화 방식이 달라지기 때문이라는 것이다.

앞서 우리는 프로타고라스의 인간척도설을 확인하였다. 그에 따르면, 인간 각자가 사물이 어떠한가를 측정하는 척도이다. 프로타고라스는 주관마다의 '통약불가능성'을 제시한 셈이다. 반면에 쿤은 패러다임 사이의 '통약불가능성'을 말한다. '통약불가능성'이란 하나의 같은 잣대, 기준, 표준, 척도, 공통분모로 양자를 비교할 수 없다는 뜻이다. 서로 다른 패러다임은 자연이나 실재를 측정하는 저마다의 척도를 가진다. 그러한 척도는 보편적이지 않다. 우리가 당구공과 축구공의 크기를 비교하려면 두 공을 공통 단위로 잴 수 있는 척도가 있어야 한다. 우리는 줄자로 간단히 서로 다른 물건의 크기를 잴 수 있다. 줄자라는 척도는 보편적이어서 서로 다른 사물의 크기를 공정하게 재어줄 수 있다.[5] '통약불가능성'은 그와 같은 보편적인 척도를 부정한다. 패러다임마다 그 패러다임에 제한적인 척도가 통용될 뿐이다.

패러다임 간 통약불가능성의 한 가지 근거는 개념 상대성이다. 그에 따르면, 양자에서 사용되는 개념이 철저하게 달라서 적절하게 비교될 수 없다고 한다. 가령, 프톨레마이오스 체계를 따르던 사람들에게 '지구'라는 낱말은 고정된 위치라는 개념을 포함한다. 지구는 그 개념상 움직일 수 없다. 따라서 지구가 회전한다는 코페르니쿠스의 주장은 증거자료와 무관히 터무니없는 것일 수밖에 없다. 마찬가지로 뉴턴 역학을 따르던 사람들에게 공간이 물질의 영향을 받아 '휘어 있다'고 보는 아인슈타인의 상대성이론은 어처구니없는 것이다. 그들에게 공간은 그 개념상 동질성과 균등성을 함축하고 있기 때문이다.[6] 서로 경합하는

5) 아마 비유를 더 세밀하게 끌고 갈 수 있을 것이다. 센티미터 단위 줄자와 인치 단위 줄자는 통약 가능하다. 센티미터 단위를 인치 단위로 혹은 그 역으로 환산할 수 있기 때문이다.

패러다임 사이에서 같은 용어가 다른 의미와 개념으로 사용된다. 과학 혁명을 이끌었던 개혁적 과학자들은 용어의 의미를 근본적으로 바꾸어 버림으로써 패러다임 변동을 촉발했다. 이것이 쿤이 과학의 변천사를 진보가 아니라 혁명으로 묘사할 수 있는 근거이기도 하다. 지구, 달, 태양, 화성, 행성, 항성과 같은 대상에 관하여 천동설과 지동설은 근본적으로 다른 개념을 갖고 있다. 양자 사이에서 개념은 공통의 의미를 기준으로 비교할 수 없다. 즉, 통약불가능하다. 개념이 이처럼 문화나 역사마다 통약불가능하다면, 개념으로 구성되는 진리도 문화나 역사마다 달라지지 않을 수 없다. 이로써 문화적, 역사적 상대주의의 주장이 설득력을 얻는 것처럼 보인다.

그러나 정말로 두 패러다임 사이에서 개념은 공통분모를 갖지 않는가? 하지만 만일 공통분모가 정말로 없다면 애당초 양자를 비교하려는 시도 자체가 어떻게 이루어질 수 있을까? 미국의 철학자 퍼트넘(Hilary Putnam)은 "도대체 비교한다는 것은 불가 공약성이 아니라 공약 가능성이 있다는 점을 전제로 해야만 가능하다"라고 지적한다.[7] 즉, 두 대상을 비교하기 위한 조건이 양자에 공통된 기준이나 척도 아닌가? 그런 것을 막연하게라도 전제하지 않으면 비교라는 것을 전혀 할 수 없게 되지 않는가? 경합하는 두 이론의 지지자 사이에, 그들의 개념 사이에, 공통분모가 전혀 아무것도 없다면, 그들은 서로를 이해할 수조차 없을 것이다. 그렇다면 '지구'라는 말로 천동설 지지자가 무엇을 의미하는지 갈릴레이는 조금도 이해할 수 없을 것이다. 하지만 어느 상대주의자도 이와 같은 정도로 양자 사이에 대화가 불가능하다고 주장하지 않는다. 두 사람은 각자 자신의 이론을 토대로 내놓는 천체 예측에서 일치하는

---

6) 두 사례 모두 쿤이 제시하는 것이다. 토머스 쿤, 『과학 혁명의 구조』, 김명자 옮김, 동아출판사, 1992(1962), 213, 214쪽 참조.

7) 힐러리 퍼트넘, 『이성, 진리, 역사』, 김효명 옮김, 민음사, 2002(1981), 199쪽.

부분도 있고 충돌하는 부분도 있음을 잘 안다. 실제로 쿤은 그와 같은 예측의 일치나 불일치를 여러 차례 언급한다. 서로가 예측의 일치나 불일치를 식별한다는 사실은 두 사람이 서로의 발언을 상당한 정도까지 잘 이해한다는 것을 함축한다. 그리고 경합하는 두 패러다임에 속한 두 사람이 서로의 말을 (완전히 납득하고 수긍하지 못한다고 해도) 제법 잘 이해한다는 사실은 그들의 개념에 공통분모가 있다는 뜻이다. 천동설 지지자와 지동설 지지자 사이에서 '지구'라는 말은 적어도 기본적으로 그들이 함께 딛고 있는 땅을 가리킨다. 이처럼 그들의 지구 개념은 느슨하게라도 지시 대상을 공통분모로 가진다. 그들이 서로의 주장을 납득하지 못하는 이유는 (퍼트넘의 유용한 구별에 따르건대) 그들의 개념(concept)이 통약불가능할 정도로 다르기 때문이 아니라 그 개념에 관해 그들이 생각하는 바(conception)가 다르기 때문이다.[8] 지구가 회전하는가, 고정되어 있는가에 관한 그들의 생각은 다를 수 있고 그러한 불일치를 서로가 이해할 수 있다. 하지만 바로 이러한 불일치의 상호 이해 가능성은 역으로 그들이 지구 개념의 공통분모를 가짐을 의미한다. 따라서 개념의 통약불가능성은 허구적이고 이에 따른 상대주의도 거짓으로 보인다.

6. 상대주의 일반에 대한 논박 2: 정당화 상대성과 그 논박

1) 벨라르미노-갈릴레이 논쟁

패러다임 간 통약불가능성을 지탱하는 또 다른 근거는 정당화 상대성이다. 이러한 발상에 따르면, 서로 다른 패러다임이나 서로 다른 문

8) 퍼트넘, 같은 책, 198쪽 참조.

화권에서 어떤 사안에 대해 어떤 근거를 제시할 때 정당하다고 여기는가의 기준이 다르다. A 문화권에 속하는 철수가 충분히 합리적이라고 보는 근거에 대해서 B 문화권에 속하는 윌러는 비합리적이라고 간주할 수 있다. 개념 상대성이 그러했듯이 정당화 상대성도 문화적, 역사적 상대주의로 귀착한다. 합리성 기준이 문화나 역사마다 통약불가능하다면, 합리성이 통솔하는 진리도 문화나 역사마다 달라지지 않을 수 없다. 나는 이하에서 미국 철학자 보고시안(Paul Boghossian)의 『지식에 대한 두려움: 상대주의와 구성주의에 반대하여』(2006)에 크게 기대어 정당화 상대성이란 어떤 것이고 그에 대해 어떻게 논박할 수 있는가를 살펴볼 것이다.[9]

17세기 갈릴레이는 지동설 주장에 따라 재판을 받았다. 추기경 벨라르미노(Roberto Bellarmino)는 그를 이단이라고 기소하였다. 갈릴레이는 자신의 주장이 망원경에 의한 관찰을 근거로 정당성을 얻는다고 항변하면서 벨라르미노에게 직접 망원경으로 증거를 보라고 제안하였다.[10] 그러나 벨라르미노는 그러한 제안을 거절하면서 천체 원리에 대한 더욱 강력한 증거가 이미 성경에 확고부동하게 담겨 있다고 훈계했다. 이 사례에서 갈릴레이와 벨라르미노는 서로 다른 합리성의 기준을 갖고 있는 듯하다. 갈릴레이는 관찰에 의한 증거 제시를 통해 천체 원리가 설명된다고 보기 때문에 망원경에 의한 관찰을 근거로 지동설을 정당화했다. 반면에 벨라르미노는 성경을 신의 계시라고 보고 우주 창조자이신 신의 계시가 그 어떠한 증거자료도 압도한다고 본다. 그에 따

---

9) Boghossian, 같은 책, 제5장 참조. 다만 용어, 문맥, 논증 방식 등에서 여러 세세한 차이가 있음을 밝혀둔다.

10) 이 사례는 본래 로티가 『철학 그리고 자연의 거울』(박지수 옮김, 까치, 1988 [1979])에서 언급했던 것이다. 보고시안은 로티를 비판하면서 다시 이 사례를 가져온다.

르면, 굳이 관찰에 호소해서 이러쿵저러쿵 따질 필요가 없다. 우주의 창조자가 말씀하신 기록이 성경에 담겨 있으므로 성경을 참조하면 된다. 성경 말씀에 따라 지동설은 진리일 수 없다. 벨라르미노는 성경 말씀의 확인이 천동설 주장을 정당화하기에 충분하다고 본다. 성경은 신이 인간을 으뜸가는 피조물로 창조하셨다고 전하므로 인간이 살아가는 지구는 우주의 중심이고 태양을 비롯한 다른 별들은 지구를 중심으로 움직일 수밖에 없다.

벨라르미노는 자연의 사실과 관련하여 관찰 증거보다 성경이 더욱 강력한 근거라고 본다. 우리의 눈에 이런 벨라르미노의 태도가 참으로 비합리적으로 비칠지도 모른다. 그러나 그 역시 우리의 것과 다르더라도 합리성에 관한 나름의 기준을, 심지어 동등한 기준을 가지고 있다는 것이 정당화 상대성의 요지다. 신의 계시가 관찰 증거를 압도한다는 판단은 벨라르미노가 속한 문화권에서 지극히 합리적이다. 그 문화권에서 권위를 인정받는 지성인들은 한결같이 그와 같이 판단하고 그러한 판단이야말로 합리적이라고 여긴다. 르네상스 말기 지성인들은 그러한 판단의 관행 속에서 살아왔다. 그들만이 아니라 우리 역시 어떤 점에서 마찬가지다. 어느 문화권에 속하든 인간은 어떤 근거의 제시가 합리적인지를 평가하는 **암묵적** 관행과 제도 아래에서 합리성의 기준을 수용한다. 우리 역시 우리 문화권에서 단단하게 굳어진 관행과 제도 아래에서 우연히 받아들여진 합리성의 기준에 따라서 판단할 따름이다.[11)] 그러한 합리성 기준은 역사적으로 또다시 바뀔 것이 거의 틀림없다. 따라서 현재 우리 문화권의 합리성 기준을 절대적이고 객관적이라고 주장한다면 이는 오만한 착각일 뿐이다. 따라서 갈릴레이는 합리적으로 진리를 정당하게 제시했던 반면에, 벨라르미노는 비합리적으로 종교에 의

11) 우연성에 대한 강조는 특히 로티에게서 두드러진다.

존함으로써 진리를 왜곡하고 정당성을 상실했다는 평가는 옳지 않다. 갈릴레이가 속했던 문화권과 벨라르미노가 속했던 문화권은 서로 다른 합리성 기준을 가지고 있었으므로 각각의 문화권 내에서 동등하게 합리적이고 동등하게 정당성을 가진다고 평가해야 옳다.

이상의 사례를 일반화해보자. 각각의 패러다임 또는 문화권은 제각기 정당화 체계를 가진다. 정당화 체계란 어떤 견해를 어느 조건에서 합리적으로 간주해야 하는가에 관한 원리들의 질서정연한 집합이다. 각각의 패러다임에 속한 탐구자는 그 패러다임의 정당화 체계에 따라서 자신의 주장을 정당화한다. 따라서 어떤 주장이 정당하다는 말은 그것이 단적으로, 객관적으로 정당하다는 뜻이 아니라 단지 그것을 주장하는 사람이 수용하는 정당화 체계에 따라서 정당하다는 뜻이다. 또한, 다른 정당화 원리들로 구성된 다른 체계 또는 다른 패러다임에 따라서는 정당하지 않을 수 있다는 뜻이다. 그리고 서로 다른 패러다임의 정당화 체계 사이를 '통약불가능성'이 지배하고 있다. 이렇게 정당화 체계 또는 합리성 기준의 상대성에 호소함으로써 상대주의가 성립한다.

이러한 상대주의를 논파하기 위해서 우리의 정당화 체계가 저들의 정당화 체계보다 객관적으로 우월하므로 훨씬 더 합리적이라고 주장한다면 어떨까? 상대주의자는 그런 주장은 자문화중심주의적 독단일 뿐이라고 대꾸할 것이다. 우리 정당화 체계가 더 객관적임을 어떤 근거로 증명할 수 있겠는가? 우리 정당화 체계가 더 객관적이라는 주장 자체를 정당화하기 위해서 호소할 수 있는 것은 오로지 다시 우리의 정당화 체계일 뿐이라고 그는 꼬집을 것이다. 그 주장은 저들의 정당화 체계에 의해서나 모종의 **중립적인** 정당화 체계에 의해 정당화되는 것이 아니다. 따라서 우리의 정당화 체계가 더 정당하다는 주장은 다시 그 주장 자체가 우리의 정당화 체계에 따라서 정당하다는 뜻일 수밖에 없다. 철저한 상대주의자는 저 자문화중심주의자의 객관성 주장이란 정당화의 자기 우물에 갇힌, '인식적 순환성(epistemic circularity)'에 빠진 독단에 불과하다고 일갈할 것이다.

상대주의를 논파하려던 우리의 기획은 그럼 이제 궁지에 몰린 것인가? 물론 그렇지 않다. 우선 다시 벨라르미노와 갈릴레이의 충돌 사례로 돌아가보자. 서로 다른 패러다임에서 정당화 원리가 '통약불가능'하다는 상대주의에 따르면, 벨라르미노와 갈릴레이는 서로 수용할 수 없는 자신만의 정당화 원리에 따라서 어떠한 명제를 합리적이라고 또는 비합리적이라고 여긴다. 갈릴레이는 망원경에 의해 정밀하게 관측된, 천동설로는 설명될 수 없는 어떤 현상 — 가령, 목성의 위성 — 을 천동설이 틀린 이론이라는 명백한 증거로 제시한다. 관찰되거나 관측된 현상이 자신의 믿음을 지지하거나 물리치는 증거로서 정당하다는 원리가 갈릴레이에게 결정적이다. 그런데 벨라르미노라고 해서 관찰이 증거로서 정당하다는 원리를 과연 거부할까?[12] 당대의 프톨레마이오스주의자들도 코페르니쿠스주의자 못지않게 관찰에 의한 증거 제시를 자기주장의 정당성 확보를 위해 긴요하다고 여겼음은 사실 그 누구보다도 쿤이 잘 보여주었다. 또한, 벨라르미노가 나무나 책상과 같이 주변의 가시적 사물에 대한 믿음과 관련하여 자신의 두 눈에 의한 면밀한 관찰이 그런 믿음을 갖기에 충분히 정당한 증거라고 간주했을 것임은 의심하기 어렵다. 그는 또한 저 멀리 해가 비친다거나 달이 구름에 가려졌다고 믿을 때도 마찬가지로 성경이 아니라 단순히 관찰에 의존했을 것이다. 벨라르미노가 그런데도 갈릴레이가 제시하는 관찰 증거를 무시했던 이유 가운데 하나는 추정컨대 망원경에 의한 관측은 두 눈에 의한 직접 관찰보다 증거로서의 정당성이 확고하지 못하다고 판단했기 때문일 것이다. 당대 망원경은 우리에게처럼 친숙한 도구가 아니었다. 갈릴레이는 천체

---

12) 벨라르미노도 관찰을 정당화 원리로 인정하리라는 견해 역시 보고시안에 의존하고 있다. Boghossian, 같은 책, 104쪽 참조.

관측용 망원경을 제작한 최초의 인물이다. 낯선 사물을 신뢰하지 않는 태도는 벨라르미노가 속한 패러다임에서만 정당화되는 것이 아니라 갈릴레이나 우리가 속한 패러다임에서도 마찬가지로 정당화되는 듯하다. 즉, 패러다임에 따라 상대적인 것이 아니다.

벨라르미노가 갈릴레이의 관찰 증거를 무시했던 더욱 중대한 이유는 물론 그가 성경 말씀을 진리의 최고 권위로 수용했기 때문이다. 아무리 관찰 증거가 대체로 정당하다고 할지라도 만일 그것이 성경 말씀과 충돌한다면 성경에 적힌 바를 믿는 것이 관찰 증거를 따르는 것보다 훨씬 더 합리적이라고 그는 믿는다. 벨라르미노는 성경이 전지하고 전능한 최고 존재자의 계시라고 믿기 때문이다. 이런 믿음을 일단 받아들인다고 전제한다면, 성경을 관찰 증거보다 일반적으로 더 중대하고 강력한 증거로 받아들이는 태도를 과연 비합리적이라고 폄훼할 수 있을까? 신의 계시는 오류 불가능하지만, 인간의 자연 관찰에는 늘 오류가 개입될 수 있다는 판단도 벨라르미노가 지동설을 지지하는 망원경 관측 결과를 거부하는 데 중요하게 작용했을 것이다. 요컨대, 벨라르미노와 갈릴레이의 사례를 두고서 패러다임 간 합리성 기준의 통약불가능성을 말할 수 없다. 벨라르미노를 비롯한 천동설 지지자들이 갈릴레이나 우리와 전혀 다른 합리성 기준을 가지고 있었다고 보기 어렵다. 벨라르미노의 판단 또한 합리적으로 내려졌음을 우리의 합리성 기준에 따라서도 얼마든지 인정할 수 있다는 뜻이다.

둘 사이 충돌에서 관건은 합리성의 기준이 아니다. 보고시안이 지적하는 바와 같이, 벨라르미노와 갈릴레이/우리 사이에는 단지 "성경의 기원과 본성"에 관해 이견이 있을 따름이다.[13] 성경은 신성한 말씀의 직접적 계시인가, 아니면 성인들이 신의 계시를 당대의 역사적 조건 속

13) Boghossian, 같은 책, 105쪽.

에서 인간적으로 해석한 것인가? 또, 성경의 문자를 우리는 어떻게 해석할 것인가? 가령 그것을 문자 그대로 해석할 것인가, 은유적으로 해석할 것인가? 그들은 합리성 기준이 아니라 단지 이런 종류의 물음에 관해 의견이 달랐던 것뿐이다. 현대의 많은 건전한 기독교인들은 성경 말씀을 신의 계시라고 신실하게 믿으면서도 천동설이 아니라 지동설을 믿는 데 아무론 모순이 없다고 여긴다. 신의 계시가 오류 불가능하더라도 그것을 인간이 해석하는 데는 오류가 있을 수 있다. 갈릴레이도 독실한 가톨릭 신자였다고 알려져 있다. 그런데도 그는 벨라르미노와 달리 성경이 천동설을 지지한다고 해석하지 않았다. 만일 누군가가 백조가 흰색인지 검정색인지를 확인하기 위해서 성경을 찾아 읽는다면 어리석은 일일 것이다. 거기에는 관찰이 결정적인 증거다. 물론 이에 대해서 벨라르미노도 동의할 것이다. 하지만 갈릴레이는 마찬가지로 지구가 회전하는지 고정되어 있는지를 확인하기 위해서도 성경을 참조할 필요가 없다고 믿었다. 벨라르미노와 갈릴레이 사이에서 합리성 기준이나 정당화 원리가 근본적으로 불일치했던 것이 아니라 단지 서로 간에 믿는 바에, 즉 성경의 본성이나 성경의 해석 그리고 성경이 말해줄 수 있는 것의 범위와 한계에 관해 이견이 있었던 것이다.

2) 합리성 다원주의와 합리성 상대주의

우리는 합리성 기준이 충돌하는 것처럼 보였던 벨라르미노와 갈릴레이의 사례에 대하여 꼭 그런 충돌로 해석해야만 하는 것은 아님을 확인하였다. 마찬가지로 합리성 상대주의를 지지할 것처럼 보이는 다른 여러 사례에 대해서도 이처럼 다른 (즉, 비상대주의적인) 해석의 가능성을 하나하나 제시함으로써 상대주의 주장을 조금씩 약화하는 전략을 취할 수 있다. 하지만 상대주의자가 제시하는 모든 견해 충돌 사례에 대해서 그런 식의 해명을 제시하는 데 언제나 성공할 수 있다고 예단할 수 없음도 사실이다. 그러니 역사적 실례에 관한 논증은 이쯤에서 접어두고 이제 패러다임이나 담론마다 합리성 기준이 다르다는 상대주의적 주장의 일반적 형식을 재구성하고 이를 비판적으로 검토해보자.

상대주의자는 우선 많은 역사적 실례를 취합한 뒤 이를 토대로 합리성 기준이란 문화권이나 패러다임마다 다르다는 주장을 내세운다. 이 주장은 그 자체만 놓고 보건대 합리성 **다원주의**이다. 그것은 꼭 상대주의를 함축해야 하는 것이 아니다. 왜냐하면 합리성 기준이 문화권마다 실제로 다르더라도 여러 합리성 기준 가운데 객관적 우열의 구분이 가능하다면, 결국 가장 객관적인 합리성 기준을 문화권과 무관히 가장 합리적인 기준으로 누구나 인정할 수 있을 것이기 때문이다. 하지만 상대주의자는 우리의 합리성 기준이야말로 진짜 — 즉, 객관적으로 — 합리적이라고 내세우는 어떠한 주장도 '인식적 순환성'에 빠져 있는 독단을 벗어날 수 없다고 공격한다. 한 패러다임에 속하는 사람은 그 패러다임에 속하지 않은 사람들에 대해서 그 패러다임이 수용하는 합리성 기준만이 정당하다고 주장할 권리가 없다는 것이다. 그 합리성 기준은 단지 특정한 정당화 체계 안에서, 그리고 그것을 수용하는 그 패러다임 안에서 정당할 뿐이기 때문이다. 따라서 한 견해가 합리적인가는 각각의 패러다임마다 달라진다. 이것이 합리성 상대주의 주장의 일반적 요점이다.

합리성 다원주의의 타당성을 엄격한 의미에서 증명한 철학자는 없었던 듯하다. 또 그 반대로 그 부당성의 증명에 완벽히 성공한 철학자도 없었던 듯하다. 하지만 어쨌든 역사학자와 인류학자의 폭넓은 연구 성과를 고려한다면 패러다임마다 문화권마다 지배적으로 작동하는 일련의 정당화 원리가 다를 수도 있다는 다원주의 논제는 제법 그럴듯해 보인다. 삶의 형식과 제도에 깊숙이 침투해 관행적으로 작동하는 정당화

원리가 패러다임이나 문화권마다 다른 경우를 충분히 떠올려볼 수 있다. 육안 관찰 경험에 따른 판단, 도구를 매개로 한 관측 경험에 따른 판단, 삼단논법을 비롯한 연역 추리, 귀납 추리, 정합성, (같은 현상을 두고서, 많은 개념과 복잡한 원리를 동원하는 설명보다 적은 개념과 간단한 원리를 동원하는 설명을 합리적이라고 여기는 원리로서) 단순성, (하나의 현상에 대해 여러 대안적 설명이 가능할 때 최선의 설명을 진리로 간주한다는 원리로서) 최선의 설명으로의 추리 등은 오늘날 우리 문화에서 폭넓게 작동하는 정당화 원리 가운데 잘 알려진 대표적인 것들이다. 어쩌면 공인된 권위에의 호소와 같은 것도 그런 정당화 원리의 하나로 인정되어야 할지도 모른다. 이런 식으로 한 문화권에서 지배적인 정당화 원리의 목록을 빠짐없이 열거하기란 무척 힘든 작업일 것이다. 또한, 각각의 원리에 따른 판단이나 추리가 서로 충돌할 때 어떤 원리가 더 우선적인가를 결정하는 것은 더더욱 어려운 작업일 것이다. 하지만 그런 작업을 성공적으로 해냈다고 가정하자. 그렇다면 한 문화권에서 지배적으로 작동하는 정당화 체계를 재구성해내는 셈이다. 그렇게 재구성한 정당화 체계가 패러다임이나 문화권마다 다르지 말란 법은 없는 듯하다. 그러나 이러한 다원주의적 사실로부터 상대주의를 지지해주는 무언가가 도출되는가?

그렇지 않다. 물론 특정 문화권에 속한 어느 누구도 자신의 문화권에 지배적인 정당화 체계가 합리성의 기준을 객관적으로 제시한다고 주장할 권리를 갖기란 무척 어려워 보인다. 그러나 바로 이는 상대주의를 지지하는 것이 아니라 어떠한 문화권으로부터 재구성한 정당화 체계도 **합리성의 객관적 이념**에 미칠 수가 없고 단지 그에 근접할 수 있을 뿐임을 말해주는 것이다. 만일 정말로 문화권마다 지배적인 정당화 체계가 다르다고 밝혀진다면, 만일 우리가 우리 문화권에서 지배적으로 통용되는 정당화 체계와 다른, 그와 경합하는 정당화 체계를 수용하는 문화권을 마주치게 된다면, 우리가 합리적으로(!) 해야 할 일은 합리적 기준이 문화권마다 상대적이라고 선불리 시인하는 것이 아니라, 서로 다른 정당화 체계 중에 어느 것이 더 합리적인가를 평가하면서 합리성의 궁극적 이념을 그들과 함께 탐색하고 그 이념을 향해 나아가는 것 아닐까?

다른 문화권이 수용하는 이질적인 정당화 체계와의 만남은 우리 자신이 수용하는 정당화 체계가 객관적이고 절대적인 것이 아닐 수 있음을 깨닫게 해준다. 또한, 우리는 쿤이나 푸코의 연구로부터 우리 역사에서 정당화 체계라고 불릴 만한 것이 변천해왔음을 배우므로 현재 우리의 정당화 체계도 언젠가 수정될 수 있음을 인정해야 마땅하다. 그러나 이러한 모든 사정으로부터 상대주의를 결론짓는 것은 성급하다. 우리는 다른 문화권이 수용하는 정당화 체계를 나름의 합리성을 갖춘 것으로 인정할 수 있다. 그러나 상대주의자도 인정하는 바와 같이 그 나름의 합리성이란 합리성 자체가 아니다. (물론 마찬가지로 우리 문화권이 수용하는 정당화 체계도 합리성 자체라고 선불리 단정할 수 없다.) 제각각의 정당화 체계가 나름의 합리성을 보여주면서도 어떠한 정당화 체계도 합리성 자체일 수 없다. 이 사실로부터 어떤 이들은 상대주의를 도출한다. 그들에게 합리성 자체란 모든 역사적 맥락과 사회문화적 조건에서 벗어난 영원하고 불변적이며 절대적으로 고정된 어떤 관념을 가리키는데, 그들은 이 관념이 (마치 유니콘의 관념처럼) 실재하지 않는 허구를 가리킬 따름이라고 본다. 따라서 어떤 패러다임에도 독립적이고 초월적인 합리성 자체는 존재하지 않으며 단지 서로 다른 패러다임에 상대적인 합리성'들'만이 존재한다는 것이다. 그런 그들에게 정당화 체계가 문화권마다 다르다는 사실은 다원주의를 넘어 곧장 상대주의를 가리킨다.

3) 합리성의 객관적 이념

하지만 나는 상대주의자들이 은연중 상정하는 저러한 '합리성 자체' 관념이 잘못되었다고 본다. 내가 보기에, 역설적이게도 상대주의들은 완고한 객관주의자가 내세우는 '합리성 자체'의 관념을 기초로 합리성 상대주의를 제시한다. 플라톤주의자를 비롯한 완고한 객관주의자에게 '합리성 자체'란 우리가 살아가는 세계를 초월하여 그로부터 독립적인, 그래서 초역사적이고 영원불변한 합리성 이념을 의미한다. 상대주의자에게서도 '합리성 자체'라는 용어는 같은 것을 의미한다. 다만 플라톤주의자가 그것이 실재한다고 주장하는 반면에, 상대주의자는 그 실재성을 부인할 따름이다.

그런데 상대주의를 거부한다고 해서 플라톤주의와 같은 완고한 객관주의를 지지해야만 하는 것은 아니다. 완고한 객관주의에 따르면, 진리나 합리성은 우리가 거주하는 세계에 독립된 초험적 세계에 우리의 사유나 역사와 무관히 영원히 실재하며 따라서 진리를 인식하려면 우리의 정신은 그런 초험적 세계와 통하는 직관의 능력을 (플라톤이 상기설 신화를 통해 말하는 바처럼) 선천적으로 타고나야만 한다. 상대주의를 거부한다고 해서 이런 견해로 빠져야만 하는 것은 아니다.

우리는 '합리성 자체'를 완고한 객관주의자나 상대주의자와 다르게 파악할 수 있다. 합리성 자체는 어떠한 패러다임에 속한 사고 주체이든 그가 합리적 사고능력을 지닌 한 그의 사고 근저에 항상 관류하며 그의 사고를 이끈다. 또한, 합리성 자체란 각각의 역사적 패러다임에서 그것의 합리성 기준을 통해서 역사의 제 국면에서 그때마다 자신을 부분적으로 표현한다. 그것은 분명히 합리성 이념이지만 완고한 객관주의자나 상대주의자가 이해하는 그런 초험적 관념이 아니다. 그러한 탈초험적 합리성 이념은 합리성이란 무엇인지를 묻는 합리적 사고 주체의 자기

반성을 통해서 표현되지만 그 주체가 속한 패러다임마다 다르게 나타날 수 있다. 그 반성적 결과물이 곧 각 패러다임마다 다른 정당화 체계이다. 이렇게 역사의 각 국면을 통해서 그때마다 달리 현시하며 또 일정 부분 은폐되기도 하는 합리성 자체는 물론 특정한 정당화 체계로 환원될 수 없다.

우리는 이렇게 달리 파악된 합리성 자체를 단순히 허구로 치부하면서 부정할 수 없다. 나는 적어도 세 가지 이유에서 그러하다고 본다.

첫째로, 그러한 합리성 자체는 우리가 자신을 일관되게 합리적 사고 주체로 간주하려면 필수적이다. 대안적이고 경쟁적인 정당화 체계를 맞닥뜨렸을 때 우리가 합리적으로 보여야 할 반응은 이러한 충돌로부터 우리가 우리의 발전과 진보를 위해서 무엇을 배울 수 있는가를 사유하는 것이다. 그리고 이러한 사유는 서로 다른 정당화 체계를 견주어 보면서 어느 정당화 체계가 합리성 자체에 더 가까운가를, 즉 어느 것이 더 합리적이고 더 객관적으로 우월한가를 가려내려는 시도 또는 — 어쩌면 이것이 더 적절할 수도 있겠는데 — 양쪽 정당화 체계에서 각각 어느 부분이 미흡하고 또 어느 부분이 합리성 자체에 근접한가를 분별하려는 시도로 이루어진다.

둘째로, 역사를 관류하는 합리성 이념은 역사의 진보를 부정하는 염세주의나 회의주의로 빠져들지 않기 위해서도 필수적이다. 인류 역사의 진행에는 물론 다양한 우연적 요인이 복합적으로 개입하기도 한다. 쿤, 푸코, 로티 등이 잘 보여주듯이 우연성이나 권력과 같은 합리성 외적 요인이 역사의 진행에 항상 개입하기 마련이다. 하지만 그런 것들이 역사를 움직이는 전부라면 우리는 역사의 진보를 아예 인정할 수 없거나 잘해봐야 우연에 기대어 역사의 진보를 얻을 수 있다. 그렇다면 역사와 사회의 진보를 위한 온갖 노력이 무슨 의미가 있단 말인가? 도대체 역사가 더 나은 방향으로 움직이려면, 그리고 역사의 진보를 위한 노력이 의미와 가치가 있다고 말할 수 있으려면, 적어도 부분적으로 역사적 운동이 우연성이 아니라 합리성을 통해서, 그리고 동시에 합리성을 향해서 이루어질 수 있다고 여겨야만 한다.

이질적 문화와의 접촉이나 새로운 사유 양식과 방법의 등장은 역사의 진보를 위한 중요한 계기일 수 있다. 대안적인 정당화 체계와의 경쟁을 통해서 학습과 진보가 이루어질 수 있다. 물론 역사의 진보를 긍정한다고 해서 헤겔과 같이 합리성 자체라는 궁극의 목표 지점(telos)과 합치하게 되는 역사적 순간이 필연적으로 도래하리라는 역사 발전의 법칙을 내세운다면 지나칠 것이다. 하지만 특정한 정당화 체계에서 소진될 수 없는 합리성 자체라는 텔로스를 가정하지 않는다면, 우리는 잘해봐야 역사 진보에 대한 희망을 우연적이고 우발적인 사건에 기댈 수밖에 없을 것이다. 이는 역사 진보를 우리가 의도적으로 성취하는 것이 불가능하다는 뜻이니 결국 진보를 향한 진취적 신념과 태도를 포기하고 대신 회의주의적 신념과 태도를 수용하는 것과 같다. 과학이나 사회 그리고 정치에 진지한 관심이 있는 사람이라면 지독한 비일관성에 빠지지 않고서야 이러한 태도를 용인할 수 없을 것이다.

셋째로, 그리고 가장 결정적으로, 이질적인 문화를 진정으로 존중하기 위해서도 합리성 이념이 필수적이다. 우리가 대안적인 정당화 체계를 수용하는 문화권을 만날 때 그것을 하나의 정당화 체계로, 즉 모종의 합리성을 가진 것으로 이해하고 인정할 수 있으려면, 우리는 우리의 합리적 사고능력을 우리의 것과 다른 정당화 체계를 수용하는 그들의 문화권에 적용할 수 있다고 가정해야만 한다. 마찬가지로 저들의 합리적 사고능력도 저들의 문화권으로 국한될 수 없음을 인정해야 한다. 이렇게 서로 다른 문화권의 만남에서 합리적 사고능력은 간문화적이고 비국지적이라고 가정되어야만 한다. 즉, 합리적 사고능력의 보편성이 우리와 저들의 합리적 대화 가능성의 조건에 속한다. 만일 그렇지 않고 우리의 합리적 사고능력으로 도저히 저들의 정당화 체계를 이해할 수 없다면, 대체 어떤 근거로 그것을, 상대주의자가 즐겨 말하듯이, '동등하게 합리적인' 것으로 인정할 수 있겠는가? 그럴 때 우리는 그저 그것을 불가해한 것이라고 말해야 지적으로 정직한 태도가 아니겠는가? 합리적 사고능력의 보편성은 다른 문화를 합리적으로 이해할 수 있기 위한 조건이다. 아무리 문화권마다 지배적으로 통용되는 정당화 체계가 다를지라도 서로 다른 문화권에 공통으로 근저에 놓인 합리성의 이념에 의해서 우리와 저들의 합리적 사고능력이 발휘될 수 있다. 이렇게 가정해야만, 우리는 낯선 문화권이 수용하는 정당화 체계를 불가해하고 단적으로 터무니없는 것이 아니라 어쩌면 배울 점이 있는 소통 가능한 것이라고 기대하면서 대면할 수 있다.

우리가 개념의 통약불가능성을 물리치면서 서로 다른 용어 사용법의 비교란 공통분모를 전제한다고 지적했던 것처럼, 우리는 다시 합리성의 통약불가능성을 물리치면서 서로 다른 정당화 체계의 비교란 합리성 이념이라는 공동의 준거가 필요하다고 말할 수 있다. 우리와 '그들'이 합리성 이념을 공유한다는 전제 위에서 우리는 그들의 문화권이 모종의 합리성을 보여준다고 해석할 수 있다.

한 문화권에서 정상적으로 자라난 성인은 그가 속한 문화권에서 통용되는 정당화 체계에 동화하여 자신의 사유 관습을 체득한다. 그는 같은 문화권에 속한 다른 정상적인 성인과의 대면에서 이해와 소통에 장벽을 느끼지 않는다. 달리 말해서, 우리 문화권 안에서 우리의 사유는 우리의 정당화 체계를 통해서 대체로 성공적으로 작동한다. 그러나 '타자'와의 만남은 우리 정당화 체계의 한계를 알려준다. 그것은 우리의 타성적 사유 방식의 실패를 알려준다. 그런데도 우리가 그 타자를 순전히 불가해한 타자, 조금도 우리와 같은 구석이 없는 타자가 아니라, 어떻게든 소통이 가능한 대화 상대방으로 여긴다면, 더욱이 우리와 동등하게 합리적일지도 모른다고 가정한다면, 우리는 우리의 정당화 체계와 그들의 정당화 체계 사이의 합리적 만남이 가능하다고 가정해야만 한다. 그리고 이러한 만남과 대화를 가능하게 하는 합리성은 어느 쪽의 정당화 체계로도 환원될 수 없음까지도 인정해야만 한다. 그러한 합리성이 곧 두 정당화 체계의 근저이자 기초이되 그것으로 완전히 표현되지 않은 합리성 이념이다. 결국 다른 문화권과의 만남은 합리성 이념에 더 가까이 다가가기 위한 좋은 기회인 셈이다.

그렇다면, 어느 정당화 체계가 더 합리적인가에 관한 탐구를 이끄는 것도 국지적인 정당화 체계를 넘어서는 합리성 자체라고 보아야 할 것이다. 국지적인 정당화 체계란 합리성 자체가 해당 문화권에서 역사적으로 표현되는 특정한 양식일 뿐이다. 그 탐구에서 우리는 우리의 정당화 체계에서 출발하지만 자문화중심주의적 자세를 포기함과 더불어 그것에 갇히지 않고 합리성 자체에 의해 추동되어 합리성 자체를 향해 나갈 수 있다. 합리성이라는 이념은 그런 식으로 다른 문화권과의 충돌 속에서 그리고 바로 그 다른 문화권과의 대화를 통해서 그들과 함께 탐구되어야 할 대상이자 또한 그런 탐구를 위한 공동의 원리이다. 이러한 대화의 가능성은 특정한 문화권이 수용하는 특정한 정당화 체계로 환원될 수 없는 합리성 이념의 본성을 가정한다. 합리성의 개방적 본성이 이질적인 문화권 사이의 합리적 대화를 가능하게 한다. 합리성의 객관적 이념을 부인한다는 것은 실은 이질적 문화권과의 소통과 상호 이해의 노력을 포기하겠다는 것과 같아 보인다.

단일하고 보편적인 합리성을 가정하지 않고서 합리성이 문화권마다 그저 상대적이라는 주장을 받아들인다면, 퍼트넘이 지적하듯이, 서로 다른 문화권에 속하는 사람들은 서로 간에 대화할 수조차 없을 것이다.[14] 서로 다른 문화권에 속하는 사람들이 서로의 발언을 모두 동의하지 못한다고 해도 이해할 수 있다는 사실은, 이것은 분명히 어떤 상대주의자일지라도 부인하지 않는 사실인데, 실로 그들 모두가 저마다의 정당화 체계를 넘어서서 동일한 합리성의 토대 위에 서 있음을 말해준다. 우리가 다른 사람의 발언과 행위를 이해한다는 것은 그들에게 우리와 마찬가지의 합리적 사고능력을 귀속함으로써 가능하다. 우리가 낯선 문화권의 사람을 소리를 내는 동물이 아니라 이해 가능한 언어를 발화하는 주체로 받아들이려면, 그와 우리 사이를 가로지르는 공동의 합리성을 인정해야만 한다.

4) 합리성의 두 수준

우리는 합리성이란 본질적으로 특정한 정당화 원리나 특정한 정당화 체계로 환원될 수 없다는 사실을 수긍해야 한다. 우리가 앞 장에서 논했던 개별적 실례와 본질 간의 구별에 비추어보자면, 한 문화권에서 지배적인 특정한 정당화 체계는 합리성을 역사적으로 구체화한 실례일 따름이지 합리성 자체는 아니다. 그러한 국지적인 정당화 체계로 축소될 수 없는 합리성 자체란 합리성의 이념이자 본질이다. 본래 본질 파악의 시도는 원칙적으로 끝없이 열려 있을 수밖에 없다. 따라서 합리성을 합리적으로 파악하려는 시도, 곧 합리성의 자기반성 시도도 항상 미달일 수밖에 없다. 그러나 이러한 사실이 그러한 자기반성이 쓸데없음을 말해주는 것은 아니다. 본질 파악과 진리 탐구가 끝없는 갱신을 요구하는 개방성을 지니듯이 합리성의 자기반성도 변천하는 정당화 체계를 관통하며 끝없는 갱신에 열려 있을 수밖에 없다.

합리성 자체는, 완고한 객관주의자와 상대주의자가 공히 수용하는 합리성 관념이 그리는 바와 달리, 역사적 맥락과 사회문화적 조건을 초

14) 퍼트넘, 같은 책, 제5장 참조. 특히 208쪽 참조.

월한 영역에 외따로 있지 않다. 오히려 그것은 모든 합리적 사고 활동 밑바닥에 깔려 있다. 따라서 그것은 역사성과 문화적 조건 너머가 아니라 역사성과 문화적 조건을 구성하며 이것들을 관류하고 우리의 사고 활동을 매개로 하여 계속해서 재생산되고 갱신된다. 그것은 이념으로서 텔로스이나 현실에 아무런 영향을 미치지 않은 채로 역사의 최종점에서 가만히 기다리고 있는 것이 아니라, 모든 역사적 순간에서 개개의 사고 활동을 합리적으로 작동시키는 근원이다.

따라서 우리는 합리성을 두 수준에서 분석할 수 있다. 쿤이나 푸코가 비범한 시각으로 폭로하였던 바처럼 시대마다, 문화마다, '담론'마다, 패러다임마다 서로 다른 합리성 기준과 같은 것이 있을 수 있다. 그렇다면, 그리고 만일 패러다임마다 합리성 이론가가 있어서 그 자신이 속한 패러다임의 정당화 체계를 연구하여 합리성 관념을 제시한다면, 패러다임의 수만큼 많은 합리성 관념이 나올 것이다. 이때 합리성 관념이란 국지적인 정당화 체계의 반성적 산물에 해당한다. 그 각각의 합리성 관념은 그러나 다시 모두 저 합리성 이념으로부터 그리고 그에 의해서 이끌려 나온 것이다. 이 합리성 이념은 퍼트넘의 표현을 따르자면 "한계 개념으로서의 합리성"으로서 그 각각의 합리성 관념을 이끌어주면서도 늘 암묵적인 것으로 남을 뿐이지 그 자신이 하나의 특정한 합리성 이론에 의해서 완전히 포착될 수 없다.[15] 합리성 자체로서 이러한 이념은 특정한 패러다임에 갇힐 수 없다. 합리성 이념은 모든 사고와 발언과 행위를 이끌어주는 것일 뿐만 아니라 합리적 사고 주체가 스스로 합리성이란 무엇인가를 파악하려는 시도를 이끌어주는 것이기도 하다.

---

15) 퍼트넘, 같은 책, 263쪽.

5) 인식적 순환성의 극복과 제한적 상대주의의 역설

이렇게 합리성의 두 수준에 대한 구별에 힘입어 우리는 인식적 순환성이라는 난점에서 벗어날 수 있다. 만일 자신이 속한 패러다임의 정당화 체계를 정당화하려는 시도가 다시 그 특정한 정당화 체계에 의존한다면, 그 시도는 '자기합리화'라는 혐의에서 벗어날 수 없다. 하지만 그 시도가 합리성 이념에 의해 이끌어진다면, 인식적 순환성을 겪지 않는다. 그 경우 특정 패러다임의 국지적인 정당화 체계가 다시 그 정당화 체계에 의해서가 아니라 여하한 국지적인 정당화 체계의 기초인 합리성 이념에 의해서 정당화되기 때문이다. 혹시 그래도 어느 회의주의자가 어쨌든 합리성이 스스로 정당한가를 검토하기 위해서 합리성에 호소한다는 점에서 여전히 순환적이라고 지적한다면, 그는 어떤 것이 옳은가 그른가를 검토하기 위한 심급으로서 합리성 이외의 것이 있을 수 없다는 단순한 진실을 망각하는 것이다. 달리 말해서 합리성의 자기 참조는 부당한 것이 아니라 자명한 것이다.[16)]

실로 역설적이라고 생각되는 점은 총체적 상대주의자와 달리 제한적 상대주의자는 여러 상대적인 합리성 관념과 별도로 이를 넘어서는 합리성 이념을 전제하지 않을 수 없다는 것이다. 왜냐하면, 모든 진리는 상대적일지라도 '모든 진리는 상대적이다'라는 발언만큼은 비상대적이려면 — 이러한 예외성이 바로 총체적 상대주의와 다른 제한적 상대주의의 특징인데 — 그 발언을 정당화하는 합리성 기준은 특정 패러다임에 내재적일 수 없고 보편적이어야만 하기 때문이다. 특정 패러다임으로 한정되지 않는 이 합리성 이념에 의해서만 그는 그 자신의 발언 내용부를 정당화할 수 있다. 그러나 이러한 상황은 물론 역설적이다. 제

16) Boghossian, 같은 책, 81, 82쪽 참조.

한적 상대주의자는 상대주의자로서 마땅히 보편적인 합리성을 부정해야 하지만, 다른 한편으로 그는 자기주장의 예외성을 주장하기 위해서(곧, **제한적** 상대주의자로서) 그 부정되어야 할 보편적 합리성에 호소해야 하기 때문이다.

더욱이 제한적 상대주의자는 오만하다는 비난을 피할 수 없다. 그는 자신의 주장을 제외한 다른 모든 견해가 그저 상대적인 합리성에 의해서만 정당화될 수 있을 따름이라고 말하면서도 자신의 주장만큼은 절대적 합리성에 의해서 정당화된다고 말하는 셈이기 때문이다. 겸허의 덕을 조금이라도 아는 사람이라면, 오로지 자신만이 절대적 합리성을 발휘할 수 있는 처지에 있고 남들은 모두 각자의 상대적인 패러다임에 갇혀 있다고 말할 수 없을 것이다. 물론 다시 이 또한 기묘한 역설로 보인다. 상대주의적 사고방식의 유행을 이끄는 지적 동기 가운데 하나가 바로 자문화중심주의나 문화제국주의적인 오만에 대한 경계심이기 때문이다.

내가 보기에 바로 이런 모든 사정으로 인하여 푸코, 로티, 파이어아벤트같이 예리한 인물들은 자신의 논의를 합리적인 정당화가 가능한 논증이라고 내세우지 않는다. 그들에 의하면 그들의 논의는 수사적 담론이나 심지어 "농담"(파이어아벤트)일 뿐이다. 그러나 논증이 아니라 그럴듯한 수사와 농담일 뿐이라면 우리가 그것을 진지하게 경청하는 태도야말로 우스울 것이고 왈가왈부할 필요 없이 그저 재미 삼아 읽고 넘어가면 그만일 것이다.

7. 문화 제국주의의 옹호인가?

정말로 전통, 패러다임, 담론, 세계상 등에 따라서 지배적인 합리성 관념이 다를지도 모른다. 이것이 푸코나 쿤 등의 놀라운 통찰로부터 배워야 할 진실일 수 있다. 그러나 그것이 진실이라고 하여도 그로부터 곧장 진리나 합리성이 상대적이라고 단정할 수 없다. 역사적 시기마다 혹은 문화권마다 혹은 패러다임마다 서로 다른 정당화 원리가 지배적일 수 있다. 그러나 지배적인 정당화 체계가 다르다고 해서 합리성이 상대적임이 곧바로 도출되지 않는다. 특정한 패러다임을 특정한 정당화 체계가 지배한다고 해서 그것이 다른 패러다임을 지배하는 다른 정당화 체계와 꼭 '통약불가능'해야 하는 것은 아니다. 패러다임 간 지배적인 합리성 관념의 차이가 가르치는 바는 한 패러다임의 지배적 기준으로 다른 패러다임을 합리적이라거나 비합리적이라고 함부로 재단해서는 안 된다는 것이다. 이 점에서 상대주의자는 옳다. 하지만 합리성 관념이 패러다임마다 다르다고 말함으로써 합리성이 전부 설명되는 것은 아니다. 이 점에서 상대주의자는 틀리다. 우리가 '합리성의 두 수준'에서 분석한 바처럼 서로 다른 패러다임을 가로질러 서로 다른 합리성 관념의 근저에 작동하는 단일한 합리성 이념을 상정하지 않을 수 없기 때문이다. 결론적으로 합리성이 상대적이라는 주장은 옳지 않다.

우리가 우리와 지배적인 합리성 관념이 다른 문화권을 만난다면, 그들과 우리는 각자의 합리성 관념에 따라서가 아니라 합리성 이념에 기초해 과연 어느 합리성 관념이 더 합리적인가를 논의할 수 있다. 그런데 어떤 사람들은 이러한 결론이 결국 문화제국주의로 흘러가리라고 우려할지도 모르겠다. 그 결론은 사실상 바로 그 더 합리적인 합리성 관념을 서구 근대의 문화권이 소유하고 있고 다른 문화권은 그보다 합리적이지 못한 합리성 관념을 소유하고 있다는 견해로 귀착하리라는 것이다. 더욱이, 그 결론은 서구 근대에서 발달한 과학에서 가장 합리적인 합리성 관념이 발견된다는 과학지상주의적 견해로까지 이어지지 않을까? 실제로 합리성의 보편성과 객관적 진리의 옹호자에게 문화제국주의나 과학지상주의라는 혐의가 곧잘 가해지곤 했다.

상대주의 논박에 열을 올리는 철학자 가운데 정말로 문화제국주의자가 있을지도 모른다. 그런 사람은 서구 근대 문화권이 다른 어느 문화권보다도 합리적인 사고 체계를 확보하고 있다고 자랑스럽게 말하며 다른 모든 문화권이 이러한 합리적인 문화권을 뒤따라와야 한다고 주장할지도 모른다. 그러나 그런 사람은 내가 보기에 합리성의 개방적 본성에 관해 무언가 대단히 착각하고 있는 것일 테다. 딜타이, 하이데거, 가다머, 비트겐슈타인, 푸코, 쿤, 로티의 철학, 그리고 인류학자들의 방대한 경험적 탐구로부터 우리가 진정 배워야 할 것은 상대주의가 아니라 '우리가 진리나 합리성으로 간주하는 것'을 '진리 자체나 합리성 자체'와 분명하게 구별할 줄 알아야 한다는 것이다. 그들 가운데 일부는 간혹 과장된 언사를 통해서 상대주의적 풍조를 촉발했지만, 대체로 그들은 역사적, 문화적 차이가 얼마나 뿌리 깊을 수 있는가, 그리고 자신의 합리성 기준으로 남의 사고방식과 행태를 재단하는 것이 얼마나 경솔할 수 있는가에 대해 의미심장한 통찰을 남겼다.

서로 다른 문화권에서 어느 견해가 더 합리적인가를 두고 다툰다고 하자. 이러한 다툼은, 당신은 어떤 이유로 그 견해를 정당하다고 말하는가를 묻는 식으로 진행할 것이다. 그 질문을 받은 사람은 자신이 속한 문화권에 지배적인 합리성 기준에 호소하는 식으로 답변할 것이다. 왜 이 견해를 지지하는가에 대한 답변은 항상 답변자의 특수한 합리성 관념을 노출한다. 따라서 합리성 관념이 다른 두 사람 사이에서 누구 견해가 합리적인가의 다툼은 결국 합리성 관념에 대한 다툼으로 소급된다. 이러한 다툼은, 다툼이라는 것이 서로의 말을 동의하지 못해도 이해할 수 있음을 전제하므로, 앞서 말한 바와 같이 공동의 이성을 토대로 벌어진다. 나의 견해가 왜 합리적인가에 대한 답변은 일단 내가 수용하는 합리성 기준에 호소함으로써 제시되지만, 그 견해가 상대방에게 정당성을 인정받지 못한다는 사실은 나의 합리성 기준을 교정할 필요성을 의식하도록 만들 수 있다. 이러한 필요성의 의식은 물론 내가 처음부터 문화 내재적 합리성 기준을 넘어서는 합리성 이념의 지반을 밟고 있어서 가능하다. 만일 논쟁 상대방의 합리성 기준이 나의 것과 대등한 것이었다면, 나와 그는 서로의 합리성 기준을 조금씩 수정하여 하나의 합리성 기준으로 수렴할 수 있다. 적어도 원칙적으로 그러하다. 그리고 그때 공동으로 수용하게 된 합리성 기준은 이전에 각각 수용하던 합리성 기준보다 합리성 이념에 객관적으로 더 다가간 것이기 십상이다. 반면에 논쟁 상대방의 합리성 기준이 나의 것보다 열등하거나 우월하다면, 불편부당하게 진행된 논쟁은 그가 나의 합리성 기준을 수용하거나 내가 그의 합리성 기준을 수용하도록 유도할 것이다. 물론 이러한 유도도 다시 논쟁을 가능하게 하는 공동의 지반인 이성에 따른다. 그러한 논쟁을 통해서 결국 서구 근대의 합리성이 다른 어떠한 합리성 관념보다 우월한 것으로 밝혀질지, 아니면 다른 합리성 관념과 대등하다고 밝혀질지, 또 아니면 오히려 열등하다고 밝혀질지 누구도 예단할 수 없다. 그런 점에서 문화제국주의라는 비난은 아무리 보아도 부당하다.

8. 진리의 객관성

우리는 합리성에 대해서만이 아니라 물론 진리에 대해서도 그 객관성을 말할 수 있다. 진리는 주관에 따라서든 패러다임이나 문화권에 따라서든 상대적이지 않다. 진리는 객관적이다. 중요한 것은 어떤 의미에서 진리가 객관적인가를 밝히는 것이다.

우리는 앞에서 서구 전통 형이상학의 완고한 객관주의가 초험적인 합리성 이념에 기초하고 상대주의는 바로 이러한 합리성 이념을 부정했던 것임을 보였다. 또한, 그런 초험적인 합리성 이념 대신에 모든 사유 주체와 역사를 관통하는 탈초험적인 합리성 이념을 제안하였다. 진리와 관련해서도 유사하게 논의가 진행된다. 즉, 상대주의는 진리의 객관성에 대한 전통 형이상학적 관념을 부정하고 비판한다. 하지만 그러한 비판을 받아들인다고 하여도 여전히 부정할 수 없는 어떤 의미에서 진리의 객관성이 성립한다.

나는 진리가 토대주의적인 의미에서도, 플라톤주의적인 의미에서도, 주객 이분법적인 의미에서도 객관적이지 않으나, 어떤 의미에서 여전히 객관적이라고 본다. 진리의 객관성에 대한 전통 철학적 관념에는 이러한 세 의미가 뒤엉켜 있다. 나는 세 의미를 하나씩 차례대로 비판적으로 검토할 것이다. 또한, 이렇게 진리 객관성의 전통적 관념을 거부하면서도 어떻게 그 결과로 상대주의로 돌아가는 것이 아니라 여전히 진리의 객관성을 내세울 수 있는가를 보이고자 한다.

1) 토대주의적 진리관 부정

상대주의를 논박하고 진리의 객관성을 주장한다고 해서 우리가 지금 진리로 간주하는 어떤 견해가 영원하고 불변적으로 진리의 지위를 누릴 수 있다는 뜻은 전혀 아니다. 과학의 역사는 현재 참이라고 인정받는 어떤 견해도 언젠가 틀린 것으로 규명될 수 있다고 가르친다. 토대주의(fundamentalism)는 (데카르트부터 헤겔에 이르는 합리론적 전통이 추구한 바와 같이) 결코 틀릴 수 없는 확고부동의 영원한 진리를 토대로 삼아 지식을 건축한다는 철학적 기획이다. 토대주의는 상대주의를 거부한다. 그러나 상대주의를 거부한다고 해서 반드시 토대주의를 수용해야 하는 것은 아니다. 우리가 지금 확보한 진리가, 혹은 서구 근대 문화권에서 확보한 진리가 절대적이라고 말할 수 없다. 그것은 단지 진리를 향하는 도정에 있는 이전 시대에 '진리라고 여겨졌던 것'과 마찬가지로 또 하나의 '진리라고 여겨지는 것'일 수 있다. '진리로 여겨지는 것' 가운데 일부는 정말로 진리와 합치하거나 근사할 것이고 또 일부는 아마도 언젠가 거짓이나 순전한 거짓까지는 아닐지라도 진리의 부분적 왜곡으로 판명 날 것이다. 우리는 단지 우리가 합리적으로 진리라고 간주하는 견해를 현시점에서 진리라고 주장할 수 있을 뿐이다. 그것이 정말로 진리인가는 끝없이 열린 평가에 놓여 있을 수밖에 없다. 그러나 이러한 토대주의의 부정은 상대주의와 아무런 관련이 없다. 토대주의는 의심스럽지만, 진리는 객관적이다.

진리의 본질적 개방성은 '진리라고 여겨지는 것'과 진리 자체를 구별함으로써 진리가 이념으로서 우리에게 계속해서 탐구를 요구하며 자신에게 근접해 올 것을 기다리고 있음을 말한다. 진리는 우리를 기다린다. 진리는 우리의 패러다임이나 이론적 체계에 대해 독립적이고 그 내부에 갇혀 있을 수 없다. 우리의 패러다임 속에서 진리가 포착될 때에도 진리는 우리 패러다임에 배타적으로 갇혀버리는 것이 아니다. 그것은 다른 패러다임 속에서도 마찬가지로 포착될 수 있다. 패러다임 간 '통약불가능성'을 우리가 거부한 이상 그렇다. 진리는 본질적으로 개방적이고 패러다임 내부적일 수 없다.

2) 플라톤주의적 진리관 부정

진리가 이념으로서 객관적이라는 말은 다분히 플라톤주의적인 냄새를 풍길지도 모르겠다. 아마도 이것이 진리의 객관성에 대한 현대의 알레르기적 거부반응을 부분적으로 설명할 것이다. 그러나 진리의 객관성에는 아무런 초험적 요소도 없다. 진리가 어떠한 패러다임에도 내부적이지 않고 개방적이라고 해서 그것이 우리가 사는 세계와 별개로 어떤 초험적 영역에서 대기하고 있다는 말이 아니다. 반대로 진리는 우리가

— 이때 '우리'는 이해력과 합리성을 가진 모든 주체를 가리킨다 — 사는 세계를 구성하고 있다. 우리는 이 세계에서 진리를 발견한다. 경험을 통해서든 순수한 사유를 통해서든, 이 세계의 내용과 형식에 관한 진리를 발견한다.

다만 세계를 구성하는 진리가 모두 우리에게 왜곡 없이 포착된 상태인 것은 아니다. 우리가 이 세계에서 항상 뜻밖의 사건과 불가해한 현상, 고통을 안기는 사태를 수시로 마주친다는 사실은 세계가 우리의 패러다임 속으로 포착된 진리로 국한되지 않고 이를 넘어서서 아직 우리에게 은폐된 진리로도 구성되어 있음을 단적으로 말해준다. 은폐된 진리는 우리의 패러다임에 매개되어 인식되지 않는다고 할지라도 우리의 삶에 깊숙이 침투한다. 그것은 말하자면 우리 삶에 예기치 않게 돌출하는 식으로 우리를 덮쳐온다. 하지만 우리에게 은폐되어 있든, 우리의 패러다임 속에서 포착되어 있든, 진리는 우리가 사는 세계를 구성한다. 그런 의미에서 진리는 초험적이지 않으면서도 객관적이다.

3) 주객 이분법적 진리관 부정

또한, 진리의 객관성을 (데카르트 이후의 근대 의식 철학 모델에서 발달한) 주객 이분법적 도식에 따라 이해해서도 안 된다. 그 도식에 따르면, 주체와 객체 또는 의식과 사물 또는 마음과 실재는 상호 독립적 실체이다. 마음은 마음 저편의 물리적 실재로 넘어가 그것을 있는 그대로 파악해냄으로써 진리를 획득하여 자신에게로 돌아온다. 주객 이분법적 도식에 따라서 이해된 진리의 객관성이란 진리가 주체에게 주체 바깥의 객체를 있는 그대로 현시한다는 의미이다. 그러나 '외부세계' 문제를 다루는 다음 장에서 더욱 자세히 살펴볼 테지만, 그런 식의 완고한 객관주의적 진리 관념은 환상에 불과하다. 우리는 우리 의식과 절연된 순수한 실재를 파악할 수 있다고도 파악할 수 없다고도 말해서는 안 된다. 왜냐하면 그런 순수한 실재라고 하는 관념부터가 처음부터 잘못된 단초에 입각한 환상에 불과하기 때문이다. 실재가 저 멀리 우리 의식으로부터 절연된 채로 머물다가 돌연 우리 의식이 그 실재를 붙잡는다는 그림, 이것이 주객 이분법적 도식에 따른 진리의 객관성을 보여준다. 그러나 그와 같이 실재가 애당초 절연되어 있다면 우리는 뒤늦게 그것을 붙잡을 수도 없다.

4) 진리와 실재의 단일성

상대주의자의 실재관에 따르면, 실재는 특정한 역사적 배경이나 이론 체계에 의해서 구성되어 있으며 이것에 독립적일 수 없다. 그러니 그에 따르면 실재는 복수적일 수밖에 없고 그 각각의 실재는 동등하다. 그러나 그렇게 동등하다고 하는 실재'들'에서는 '우리'와 '그들'이 함께 소통하며 살아갈 수가 없다. 철저한 상대주의자라면 존재론적으로 이러한 다원주의적 실재관을 수용해야만 한다. 하지만 이제까지 우리가 제안한 바와 같이 실재가 합리적 사고 주체 모두가 함께 살아가는 세계라면, 실재는 그렇게 복수적일 수 없다. 실재는 단일하고 공통적이어야만 한다.

나아가 우리는 진리나 실재에 관한 어떠한 구성주의적 그림도 거부해야 할 것이다. 실재가 먼저 저 멀리 가닿을 수 없는 곳에 홀로 존재하고 나중에 개념 도식이나 세계관 따위가 마치 그 위에 어떤 형식을 덧입힘으로써 진리가 **구성**된다는 그림, 이것 또한 여전히 주객 이분법적 도식에 사로잡혀 있는 것이다. 상대주의적 망령에 붙잡힌 사람들이 다원주의적 실재관을 수용할 정도로 철저히 일관되지 못할 때 부지불식간에 이처럼 구성주의적 진리 관념을 수용하기 마련이다. 그러나 이 그림은 주객 이분법적 도식 위에서 등장하는 완고한 객관주의의 반대짝에 불과하다. 우리가 이런 진리 관념에서 가정되는 (형식이 덧입혀지기 이전의) 순수한 객체를 완고한 객관주의를 거부함과 더불어 철저히 폐기한다면, 마찬가지로 구성주의적 진리관이 들어설 자리도 있을 수 없다.

실재는, 곧 단일한 세계 자체는 처음부터 우리(다른 문화권에 속하는 저들과 구분되는 '우리'가 아니라 모든 합리적 사고 주체를 가리키는 말로서 '우리')의 지성과 개념에 이질적이지 않다. 세계는 우리의 의식, 사고, 언어로부터 분리되어 홀로 먼저 존재하지 않는다. 물론 세계는 특정한 우리의 특정한 의식, 사고, 언어로부터 완전히 독립적이다. 하지만 불특정한 우리의 불특정한 의식, 사고, 언어로부터 독립적일 수 없다. 달리 말해서, 세계는 우리에 의한 사고 가능성에 처음부터 열린 채로만 존재한다. 그런 의미에서 우리의 사고 영역 바깥에 놓인다고 하는 순수한 객체와 같은 것은 없다. 그런 것은 실재가 아니라 환상일 뿐이다.

어떤 사람들은 달팽이나 원숭이, 개 등은 세계를 우리 인간 종과 달리 지각할 것이므로 인간 종의 지각 세계를 실재로 여기는 것을 착각이라고 말한다. 하지만 이렇게 말하는 사람들은 바로 저 구성주의적 실재관에 빠져 있는 것이다. 물론 실재는 단지 인간 종의 지각 세계가 아니라 합리적 사고 주체의 세계이지만 말이다.

실재와 진리는 처음부터 합리성과 상관적인 개념이다. 합리성과 무관하게 실재를 운운할 수 없다. 달리 말해서, 합리성이 결여된 존재자에게서 실재에의 접근을 기대할 수 없다. 최소한 합리성을 지닌 존재자에게만 실재에의 접근을 허용할 수 있다. 실재가 진리로 구성되고 또한 진리가 합리성 개념과 상관적이기 때문이다.

진리의 객관성을 인정하는 것과 진리와 합리성 개념의 상관성을 인정하는 것은 함께 이루어진다. 진리란 모든 합리적 사고 주체가 수용해야 마땅한 것이다. 진리는 우리의 주관적 취향이나 선호에 따라서 좌지우지될 수 없다. 또한, 우리의 역사적 배경이나 패러다임에 따라서 변경될 수 없다. 진리는 우리가 합리적 사고를 통해서 도달해야 할 이념이지 주관적이거나 역사적으로 우연적인 조건에 따라서 결정되는 사안이 아니다. 그런 의미에서 진리는 객관적이다.

제1장의 논제에 따르면, 우리가 사는 세계는 본질로 점철되어 있다. 세계, 곧 실재가 우리의 개념에 열려 있다는 지금의 논제는 사실상 그와 같은 것을 말한다. 그러니까 개념은 본래 경험론적 개념론자가 말하듯이 주관의 의식에 내재하는 것이 아니라 (마치 헤겔이 말하는 개념처럼) 객관적인 것이다. 본질직관이란 곧 개념의 이해로서 실재를 구성하는 진리를 접하는 기초적인 방식이다. 본질직관을 받아들인다는 것은 곧 또한 상대주의와 구성주의를 거부하면서 진리의 객관성을 인정하는 것이기도 하다.

제 3 장

외부세계라는 허구

1. 현상 너머 실재

여기 내 앞에 책상 하나가 놓여 있다. 그것은 갈색이고 직사각형이다. 나는 그렇게 생각한다. 내가 그렇게 생각하는 이유는 단순히 내게 그렇게 보이기 때문이다. 우리는 일상적으로 관찰 경험을 신뢰한다. 물론 간혹 착각을 일으키는 때도 있지만 대부분의 경우 관찰 경험은 물리적 대상의 실재를 알려주는 신뢰할 만한 원천이다. 만일 누군가가 자신의 모든 혹은 대부분의 관찰 경험을 무시하거나 의심한다면, 우리는 그를 정상인으로 받아들이기 어려울 것이다.

그러나 많은 철학자가 관찰 경험이 실재를 알려준다는 견해에 대해 의구심을 표출하였다. 그들은 '내게 그러그러하게 보이는 바' 또는 '내게 나타나는 바'와 '사물이 단적으로 존재하는 바'가 다를 수 있음을 경고하였다. 곧, '나에 대한 현상'과 '사물 그 자체'는 다를 수 있다. 현상이 실재를 재현한다는 보증이 없다. 현상은 현상 너머 실재와 다를지도 모른다. 이렇게 현상(appearance)과 실재(reality) 간의 괴리라는 오랜 철학적 문제가 생긴다. 지금 내가 보고 있는 눈앞의 이 책상은 나의 의식에 현전하고 있다. 나의 의식에 하나의 책상이 나타나고 있다. 하지만 이렇게 나타나는 바대로의 그것은 현상일 뿐이다. 현상으로서 그것은, 그것이 나의 의식과 관계를 맺으면서 나에 대해서 나타나기 **이전에** 그 자체로서 존재하던 바와 다르다. 의식적 현상으로서의 책상과 그것의 의식 독립적 실재는 두 별개의 대상이다.

현상과 실재의 괴리를 초래하는 몇 가지 주요 배경이 있다. 이들을 하나씩 살펴보면 현상 너머 실재라는 문제가 어떤 것인지 조금 더 분명하게 감이 잡힐 것이다.

(1) 감각 체험의 관점적 다양성

러셀이 『철학의 문제들(*The Problems of Philosophy*)』(1912) 제1장에서 세세히 보여주었던 대로 감각 체험의 관점적 다양성이 현상과 실재의 괴리를 낳는 첫 번째 배경이다. 나는 여기서 러셀의 논의를 부분적으로 따르며 문제의 윤곽을 그리고자 한다.[1]

내 앞에 책상이 하나 있다. 그것은 갈색이다. 하지만 정말로 갈색인가? 그것은 내가 조금씩 움직일 때마다 빛깔을 달리한다. 특히 내가 창가에서 볼 때, 조명 아래서 볼 때, 저 방구석에서 볼 때마다 매번 다른 빛깔을 내보인다. 대체로 갈색으로, 하지만 때로는 노랗게, 때로는 희게도 보인다. 커튼을 치고 불을 끄면 심지어 검게 보인다. 조명과 관찰자의 위치뿐만 아니라 관찰자의 시각 능력에 따라서도 달리 보인다. 소위 '정상' 시력을 가진 사람에게 갈색으로 보이던 것도 색맹이나 색약 시

1) Bertrand Russel, *The Problems of Philosophy*, New York: Dover, 1999, 1-8쪽 참조.

력을 가진 사람에게 다른 색깔로 보인다. 자, 이제 책상이 정말로 갈색이라고 말해도 좋은가? 책상 **자체**는 무슨 색깔이라고 말해야 하는가? 아마 우린 색깔이란 책상 자체의 내적 속성이 아니라 책상, 조명, 관찰자의 시각 상태에 의해서 결정되는 변수라고 말해야 할 것이다. 그렇다면 책상이 정말로 무슨 색인지는 별로 의미 없는 물음이 되겠다. 우리는 실용적 편의상 평균적 표준에 따라 이 책상을 갈색이라고 부를 뿐이다.

그렇지만 형태에 대해서도 그렇게 쉽게 말할 수 있을까? 책상 자체의 형태를 언급하는 것이 무의미하다고 말할 수 있을까? 이 책상은 직사각형이다. 그런데 책상의 형태도 내가 관점을 달리할 때마다 달라 보인다는 것은 분명하다. 책상 위에 올라가서 내려다볼 때, 시선을 책상 높이에 꼭 맞추어 옆에서 볼 때, 책상 앞 의자에 앉아서 볼 때, 또 저 멀리 방구석에서 볼 때, 그때마다 책상 네 모서리가 얼마나 각이 지는지가 달라 보이고 직사각형이 아니라 마름모나 평행사변형으로도 보인다. 그렇다면 책상 그 자체의 색깔에 대한 언급이 의미 없듯이, 책상 그 자체의 형태도 의미 없다고 간단하게 말할 수 있을까? 아마 우리의 상식은 그렇지 않다고 답변할 것이다. 우리의 감각과 독립된 책상 자체라는 것은 분명히 존재하고 그 형태도 우리의 감각적 관점과 무관하다고 덧붙이면서 말이다.

우리의 관점에 따라서 책상의 색깔이나 형태가 다르게 보인다. 그렇다면 우리는 그런 관점적 다양성과 무관한 독립적 실재로서의 책상, 곧 '진짜' 책상을 어떻게 알 수 있을까? 여기서 요점은 감각 체험에서 우리가 직접 체험하는 것은 '진짜' 책상이 아니라 관점에 따라 매번 변천하는 색깔과 형태 등 이른바 '감각 자료(sense-data)'라는 것이다. 우리는 감각 자료와 물리적 대상을 혼동하면 안 된다. 어쩌면 우리는 감각 자료를 질서정연하게 종합하고 통일하여 단일한 책상 표상(表象)을 수

렵할 수도 있을 것이다. 그러나 이러한 표상도 심리적인 것이지 물리적 대상이 아니다. 그것은 감각 자료들을 일정하게 집적하여 실체화한 **관념**일 뿐이다. 요컨대, 감각 자료나 그것의 통일적 표상은 우리의 주관적 의식에 직접 현전하는 반면에, 물리적 대상은 그러한 현상 너머에 객관적으로 실재한다고 믿어지는 것이다.

(2) 표상주의적 지각이론

내가 저 책상을 볼 때마다 그것은 조금씩 다르게 보인다. 그것을 보는 관점을 달리할 때마다 그것은 다른 형태와 다른 색깔로 나의 의식에 주어진다. 그런데 이것은 실은 적어도 내가 일차적으로 지각하는 것이 책상 자체가 아니라 조금씩 다른 형태와 다른 색깔의 이미지 혹은 감각 자료라는 뜻인 듯하다. 이런 생각은 표상주의적 지각이론으로 발전한다. 이에 따르면 지각에 관한 상식적 관념과 달리 우리가 일차적으로 지각하는 대상은 우리 의식 속의 감각 자료나 표상(Vorstellung, representation)이지 물리적 대상 자체가 아니다.

다시 간단한 예시를 들어보자. 미술관에서 당신은 거대한 조각상을 정면으로 바라본다. 그리고 잠시 뒤에 반대편에서 다시 그것을 본다. 이때 당신은 이전과 완전히 다른 이미지를 본다. 하지만 조각상은 물론 그대로이다. 그렇다면 당신이 직접 지각한 것은 이렇게 관점에 따라 다른 이미지이지 조각상 자체일 수 없다. 표상주의적 지각이론은 이렇게 감각적 현상이 관점에 따라 달라진다는 인식에서 출발한다. 지각 경험의 직접적 대상은 그 사물에 대한 의식의 이미지(또는 표상 또는 관념 또는 감각 자료)일 수밖에 없다.

어떤 철학자들은 착각이나 환각이 표상주의적 지각이론을 지지하는 중요한 증거 사례라고 주장한다. 우리는 간혹 사물을 본래대로 지각하지 못하고 다른 사물로 착각하거나 심지어 있지도 않은 사물을 보는 환각을 경험한다. 착각이나 환각의 사례는 실재하지 않는 대상을 내가 나의 의식 내부에 이미지로 만들어냄으로써 발생함이 틀림없다. 그런데 내가 착각이나 환각을 경험할 때 이를 지각과 구분하지 못한다는 사실은 무엇을 뜻하는가? 그 사실은 착각이나 환각 경험에서와 마찬가지로 참된 지각 경험에서도 직접 지각하는 것이 물리적 대상이 아니라 의식 내면의 이미지나 표상임을 말해주는 듯하다.

표상주의적 지각이론은 모사이론, 인과이론, 재현이론 등 여러 이름으로 불려왔다. 표상의 역할이나 지위와 관련하여 어디에 강조점을 두느냐에 따라 이름이 달라질 뿐이지 내가 보기에 그것들은 본질적으로 대동소이하다. 가령, 외부 사물을 지각하기 위해서 그것과 유사한 그림이나 이미지를 의식 내면에 띄운다는 것을 강조하면 모사이론(Abbildungstheorie)이 된다. 그러나 외부 사물과 이미지의 관계를 인과적으로 설명하면, 즉 외부 사물의 작용이 의식 내면에 이미지를 일으킨다고 설명하면 인과이론(causal theory of perception)이 된다. 그리고 언어적 기호나 감각 자료상의 '정보'가 의식 외부의 물리적 대상을 대리하여 재현한다는 기능에 초점을 맞추게 되면 대리이론(representative theory of perception)이 되는 식이다. 철학사적으로 보자면 이 세 유형은 각기 상호 배타적이라기보다는 오히려 곧잘 하나의 지각이론 속에서 뒤섞인 채로 등장하였다.

(3) 지각 경험의 감각기관 매개

모든 지각은 시각, 청각, 촉각, 미각, 후각 등 감각기관의 매개를 통해서만 이루어진다. 우리 의식의 사물 지각 현상은 감각기관의 매개를 겪은 결과물이다. 감각기관에 의해 매개되어 우리 의식 속에 나타나는 사물과 감각되기 이전의 실재, 즉 감각기관의 매개로부터 독립적인 실재를 혼동하면 안 되지 않을까? 마치 색안경을 끼고 세상을 바라볼 때 내게 보인 이미지가 세상 자체가 아니라 색안경의 매개로 특정한 색깔로 채색된 세상이듯이, 감각기관을 통해서 의식에 나타나는 사물은 사물 자체가 아니라 실은 인간에 특유한 감각기관에 의해 '채색된' 현상이다. 내가 보는 갈색의 직사각형 책상은 순수한 실재가 그렇게 '채색된' 결과물이다. 우리는 감각기관에 매개되지 않은 사물 자체, 감각기관 외부의 순수하게 객관적인 세계를 직접 인식할 수 없다. 그런 것은 우리에게 순전한 미지다. 원숭이나 돌고래, 박쥐, 개가 감각하는 세상은 비록 직접 확인할 수야 없지만, 우리와 다를 것임이 틀림없다. 원숭이가 감각하는 세상과 박쥐가 감각하는 세상이 다른 것만큼 또는 그 이상으로 우리가 감각하는 세상은 그들이 감각하는 세상과 다를 것이다. 이러한 사실은 감각적 현상 바깥의 실재는 이 모든 감각 현상과 다를 것임을 강력하게 시사한다.

우리는 오늘날 신경과학자나 뇌과학자의 연구에 힘입어 지각 작용의 감각기관 매개 논제를 더욱 세련된, 하지만 아마도 그저 더욱 문제적일 뿐인, 형태로 제시할 수 있다. 신경과학적 지각 설명의 "정통적 견해"에 따르면 우리는 우리가 본다고 생각하는 것들과 전혀 직접 접촉하지 않는다. 우리에게 직접 주어진 것은 단지 "망막 상의 빛의 패턴"이고 이는 우리가 의식적으로 경험하는 것에 비하자면 불충분한 정보만을 제공하며 그 간극을 뇌가 메우게 된다.[2] 다양한 감각 수용 세포는 외부의 물질로부터 신경생리학적 자극을 수용하여 이를 중추신경계로 전달하고 전달된 자극으로부터 뇌는 지각적 '현실'을 구성한다. 그렇다면 우리는 이렇게 뇌가 만들어낸 '현실'을 진짜 현실이라고 말해도 될까? 그 '현실'은 실재일 수 없다. 노골적으로 말하자면, 우리가 의식 속에서

---

2) Alva Noë and Evan Thompson, "Introduction", in *Vision and Mind: Selected Readings in the Philosophy of Perception*, eds. Alva Noë and Evan Thompson. Cambridge, MA: MIT Press, 2002, 2쪽.

마주하는 '현실'은 실은 신경생리학적 정보와 신경망, 그리고 무엇보다도 뇌가 구성해낸 '거대한 환상'이라고 고백해야 할 것이다. 그와 같은 표현은 실제로 종종 신경생물학이나 뇌과학 저서에서 발견된다.[3)]

이상의 세 논점은 결국 이른바 외부세계라는 문제적 관념을 낳는다. 우선 첫째 논점, 곧 감각 체험의 관점적 다양성은 자연스럽게 감각 자료와 물리적 대상의 구분으로 이어지고 이러한 구분은 둘째 논점, 곧 표상주의적 지각이론의 기초가 된다. 우리의 감각적 체험에 주어지는 것은 매번 변천하는 감각 자료이다. 우리의 의식은 그러한 감각 자료를 일정하게 정돈하고 통일하여 대상에 대한 표상을 가진다. 우리가 의식 속에서 경험하는 것은 바로 이러한 표상이다. 우리는 잡다한 감각 자료를 통일적으로 종합한 표상을 보면서 '물리적 대상'을 보고 있다고 믿는다. 그렇게 나는 지금 보고 있는 이 책상이 물리적 대상이라고 믿으면서 그것이 실제로 직사각형이라고 말한다. 하지만 내가 실제로 보는 것은 의식 속의 표상이지 그 바깥의 물리적 대상이 아니다. 내가 볼 수 있는 것의 한계는 내 의식으로 제한된다. 그런데 바로 그 바깥에 놓인 외부세계야말로 현상이 아닌 실재이지 않은가!

---

3) Noë and Thomson, 같은 논문 참조. 또한, 생물학자나 신경과학자가 쓴 교양과학 저서에서도 지각적 대상이 환상이라는 견해가 종종 엿보인다. 인도 출신의 저명한 신경과학자 라마찬드란(Vilayanur S. Ramachandran)은 "우리가 지각이라고 부르는 것이, 실제로는 감각적 신호와 과거의 시각적 이미지에서 저장된 정보 사이에 일어나는 역동적 상호작용의 최종적 결과물임을 알려준다. … 과장되게 말하면, 우리는 언제나 환각을 겪고 있다. 우리가 지각이라고 부르는 것은, 현재의 감각적 입력에 그중 어떤 환각이 가장 잘 부합하는지 결정함으로써 이루어진다." 빌라야누르 라마찬드란, 샌드라 블레이크스리, 『라마찬드란 박사의 두뇌실험실』, 신상규 옮김, 바다출판사, 2007, 217쪽. 또한, 자크 모노, 『우연과 필연』, 조현수 옮김, 궁리, 2010, 210쪽 이하에서도 유사한 견해를 확인할 수 있다.

더욱이 우리는 그 실재를 인식할 방법이 없어 보인다. 우리가 '물리적 대상'이라는 말로써 우리의 주관적 의식으로부터 독립된, 의식 외부에 그 자체로 객관적으로 실재하는 것을 의미하는 이상, 우리는 지각 경험을 통해서 물리적 대상이 어떠한가를 서술할 위치에 있지 않다. 그것은 정의상 의식 바깥에 위치하는 반면에, 우리가 지각하고 인식할 수 있는 한계 범위는 의식에 주어지는 것, 곧 감각 자료나 표상으로 한정되기 때문이다. 어떤 사람은 의식 속의 감각 자료나 표상이 의식 밖에 실재하는 사물에 대응하고 정확히 일치한다고 주장할지도 모른다. 그렇다면 우리가 직접 보는 대상이 책상의 표상일 뿐일지라도 그것을 봄으로써 우리는 또한 책상 자체를 간접적으로 본다고도 말할 수 있을 것이다. 하지만 표상이 실재하는 사물을 모사하고 재현하리라는 생각은 그저 우리의 희망사항일 뿐이다.

재현에 대한 믿음이 순진한 희망에 불과함을 지각 경험의 감각기관 매개라는 세 번째 논점은 더할 나위 없이 여실히 보여준다. 지각적 경험이 감각기관에 의해 인과적으로 매개된 결과라는 지적은 의식 내면의 현상과 의식 바깥의 사물 자체 사이의 괴리를 첨예하게 보여준다. 우리는 감각기관에 의해 인과적으로 변형을 겪은 최종 결과물만을 볼 수 있다. 그 최초의 인과적 자극 물질이 어떠한가를 인식할 수 있는 별도의 경로가 우리에게 없다. 우리가 그런 경로를 가진다는 주장은 터무니없는 주장일 뿐이다. 우리는 감각기관에 의한 인과 작용의 산물로서 의식에 나타난 현상만을 인식할 수 있을 뿐이고, 그 너머 '외부세계'가 어떠한가를 인식할 수 없다.

이상의 모든 논의에 따르면 우리는 우리 의식 속의 관념들만을 지각하며 살아가는 것인지도 모른다. 우리가 보고 만지고 먹고 마시는 모든 것들은 단지 의식 속의 관념일지도 모른다. 물론 이런 모든 이야기는 아무래도 지나쳐 보일 것이다. 설령 보는 것은 그렇다고 쳐도 어떻게 만지고 먹는 것이 관념에 불과할 수 있단 말인가. 하지만 우리는 매일 꿈속에서 관념과 이미지에 불과한 것들을 실감 나게 만지고 맛나게 먹지 않는가! 만지고 먹는 행위 또한 관념이라면, 만지고 먹는 대상이 관념이라고 해서 이상할 것은 하나도 없다.

'외부세계'의 문제는 철학사적으로 근대 철학의 아버지라 불리는 데카르트로 돌아간다. 그는 우리가 의식 속의 관념만을 지각하고 있는 것인지도 모른다고, 그 관념을 넘어서서 외부세계를 인식한다는 확실한 증거가 없다는 의심을 강력하게 제기했다. 그는 절대적으로 확실하게 믿을 수 있는 사실이 아니라면 모두 다 의심해나감으로써 확고부동한 진리를 발견하고 이를 지식의 토대로 삼고자 했다. 이러한 방법론적 회의 절차에 따라서 그는 그 유명한 "나는 생각한다, 고로 존재한다(cogito, ergo sum)"라는 명제를 그러한 확고한 진리로 내세웠다. 아무리 모든 것을 다 의심한다고 해도 도대체 의심이라는 것이 성립하려면 그와 같이 의심하는 나의 존재만큼은 인정해야 한다는 것이었다.

데카르트는 생각하는 자아의 존재 외 모든 것은 적어도 일단은 의심의 대상으로 삼을 수 있다고 생각했다. 우리가 보고 만지는 모든 것은 우리가 간혹 착각을 일으킬 때처럼 그저 내 의식 속의 관념에 불과할지도 모른다. 우리가 간혹 착각에 빠진다면 지금 이 순간도 그리고 어쩌면 일평생 동안 그런 착각을 해온 것인지도 모른다. 또한, 꿈속에서 꿈꾸는 자가 자신이 경험하는 세계가 꿈인지 현실인지를 분별할 수 없는 것처럼 우리도 기나긴 꿈을 꾸고 있는지도 모른다. 심지어 데카르트는 이른바 악신 가설까지 동원한다. 내가 외부세계를 실재라고 판단할 때마다 전능한 악신이 나를 속이고 있는지도 모른다. 악신이 나의 의식 내면에 완벽히 실재처럼 보이는 환각의 관념을 심어서 내가 실은 허구 세계에서 살아가면서도 진짜 세계에서 살아가는 것처럼 믿게끔 계속해서 속이고 있는지도 모른다.

악신 가설은 과학적 세계상이 지배하는 오늘날 통 속의 뇌 가설로 재탄생한다. 악신이라는 고전 형이상학적 설정 대신에 사악한 천재 과학자가 등장한다. 이는 미국의 현대 철학자 퍼트넘(Hilary Putnam)에 의해 널리 알려지게 되었다.

어떤 인간이 (당신 자신이라고 생각해도 좋다) 사악한 과학자에게 수술을 받았다고 하자. 그 사람의 두뇌가 육체에서 분리되어 두뇌를 계속 살아 움직이게끔 해줄 영양분이 가득 담긴 통 속에 옮겨졌다고 하자. 신경 조직은 그대로 초과학적 컴퓨터에 연결되어 이 컴퓨터가 그 사람으로 하여금 모든 것이 완벽히 정상적인 듯이 보이는 환각을 일으키도록 한다고 하자. 사람들, 사물들, 하늘 등등이 모두 있어 보이지만 그 사람이 경험하는 모든 것은 컴퓨터에서 신경세포로 이어지는 전자 자극의 결과이다.4)

데카르트의 착각 가설, 꿈 가설, 악신 가설 그리고 '통 속의 뇌' 가설 모두 현상 너머 실재라는 생각을 뒷받침하고 '외부세계'의 문제를 키운다. 위에서 살펴본 세 논점처럼 이들은 우리가 그저 우리 의식 내면에 나타나는 관념, 즉 현상만을 접할지도 모른다고 말한다. 그 너머의 실재, 곧 '외부세계'를 우리는 접할 길이 없고 그것이 어떠한가를 인식할 수 없다. 심지어 어쩌면 우리는 거대한 주관적 환상에서 살아가는 처지인지도 모른다.

물론 우리는 일상적 삶에서 이 세계가 허구일지도 모른다고 의심하지 않는다. 적어도 제정신이라고 분류되는 인간들은 그러하다. 그러한 의심을 가진 채로는 일상을 열심히 살아갈 동기를 가지기 힘들 것이다. 내가 하려는 일이 결국 모두 진짜가 아닌 허상 속에서 이루어진다면,

---

4) 힐러리 퍼트넘, 『이성, 진리, 역사』, 김효명 옮김, 민음사, 2002(1981), 26쪽.

무엇하려 애써 그 일을 하겠는가? 진실성의 가치를 조금이라도 인정하는 사람이라면 아마 그러기 힘들 것이다.

일상적 삶을 살아가면서 사람들이 보고 듣고 만지는 모든 것이 실재라고 뿌리 깊이 믿고 있음은 분명하다. 그러나 이제까지의 모든 논증은 그런 신념을 확신할 수 없게 만든다. 물론 우리는 의심을 접고 일상으로 돌아가 열심히 살 수 있다. 또 일상의 관성과 무게감으로 인해 그럴 수밖에 없다. 하지만 우리가 살아가는 세상이 순전한 현상이나 심지어 환상일지도 모른다는 생각을 정당하게 물리칠 수 없다면, 이는 적어도 인식론적으로 무척이나 불만족스러울 일일 테다. 그렇다면 '외부세계'의 문제를 어떻게 처리할 수 있을까?

2. 고전적 접근 방식(데카르트부터 칸트까지)

1) 재현적 실재론

데카르트는 외부세계 문제를 일으키는 철저한 회의를 보여주었다. 하지만 그가 끝까지 회의론자로 머물렀던 것은 아니었다. 그는 우리의 지각 경험이 단지 의식 속 관념의 지각에 불과할 수도 있음을 보여주었다. 우리는 관념 너머에 실재하는 세계를 직접 지각할 수 없다. 하지만 결론적으로 그는 우리가 우리 관념에 독립적인 물리적 세계를 인식할 수 있다고 주장한다.

우리가 아무리 외부세계의 지각 경험을 의심한다고 할지라도 그러한 의심을 수행하는 사고하는 자아의 존재만큼은 의심할 수 없다. 그런데 데카르트에 따르면, 사유하는 자아의 관념 가운데 신이라는 관념이 있다. 이로부터 데카르트는 신존재증명을 제시한다. 신 관념은 완전성을 내포하는 반면에, 나는 불완전한 존재이다. 데카르트가 형이상학적으로 받아들이는 원리에 따르면, 불완전한 것으로부터 완전한 것이 나올 수 없다. 따라서 내가 신 관념을 가진다고 해도 그것이 내게서 유래한 것일 수 없다. 그러니 신 관념은 완전한 신 자신으로부터 유래할 수밖에 없다. 이렇게 그는 완전한 신의 존재를 증명해냈다고 믿는다. 이를 토대로 데카르트는 그 신이 창조한 세계를 경험하는 하나의 피조물인 내가 항상 거짓된 경험을 하는 일은 있을 수 없고 오히려 대부분의 내 지각 경험은 참일 수밖에 없다고 결론짓는다. 왜냐하면 기만은 불완전성의 표징이므로 완전한 신은 나를 악신 가설에서 묘사한 바와 같이 감각기관에 의해 외부세계에 관하여 항상 거짓된 관념만을 갖도록 만들었을 리가 없기 때문이다. 완전한 신은 오히려 비정상적인 지각 조건을 제외하고 내가 항상 참된 지각 경험을 갖도록 해줄 것이 틀림없다. 즉, 내가 책상을 본다고 생각할 때, 나는 내 의식 속 책상 관념을 지각하고 있으나 이 관념은 정확히 외부세계의 책상을 있는 그대로 재현하도록 만들었음이 틀림없다. 여기서 참 혹은 진리란 의식 내면의 관념과 의식 바깥의 실재 사이의 일치를 뜻한다.

외부세계 문제에 대한 데카르트의 해법에 동의하기란 쉽지 않을 것이다. 그는 무엇보다도 신존재증명에 결정적으로 의존하고 있으나, 오늘날 그 증명을 곧이곧대로 수용할 철학자는 많지 않을 것이다. 외부세계의 지각 문제에 관한 데카르트의 견해는 재현적 실재론(representative realism)이라 불릴 수 있다. 이에 따르면, 지각 경험의 대상은 물리적 실재가 아닌 정신적 관념이지만, 그 관념은 객관적이고 물리적인 실재를 있는 그대로 재현하여 보여준다. 따라서 우리는 어떠한 주관적 관념이나 정신에도 독립적인 실재를 있는 그대로 인식할 수 있다.

재현적 실재론을 신존재증명에 호소하지 않고 제시하는 철학자는 영국의 경험론자 로크다. 그는 외부세계 지각과 관련하여 상식적으로 매우 그럴듯한 답을 내놓는다. 물론 로크도 상식에 반하여 우리가 직접 경험하는 것은 감각 자료(그의 용어로 "단순 관념")나 다양한 감각 자료의 일정한 조합으로서 복합 관념(그의 용어로 "실체" 관념)일 뿐이라고 말한다. 즉, 데카르트처럼 표상주의적 지각이론을 따른다. 하지만 그러한 복합 관념이 어떻게 생기겠는가? 로크에 따르면, 그러한 관념을 일으키는 자체적으로 존재하는 대상이 반드시 있어야만 한다. 다시, 나는 내 앞의 책상을 보고 있다. 그것은 갈색이다. 좋다. 갈색과 같은 색깔은 주관적인 것이다. 재질? 그것도 주관적이다. 냄새? 그것도 주관적이다. 그런 모든 것들은 객관적인 사물, 곧 물체가 신체의 감각기관을 자극한 결과로서 생기는 주관적인 관념일 뿐이다. 맛, 향, 색깔, 뜨거움과 차가움 등은 물체 자체의 성질이 아니다. 그런 것들은 단지 주관에 의해 매개된 성질, 곧 2차 성질일 뿐이다. 하지만 저 책상이 일정한 공간을 차지하며, 일정한 형태를 갖추고, 단단하게 속이 채워져 있어 밀치면 반발하며, 움직이지 않고 정지해 있고, 둘이나 셋이 아니라 하나라는 나의 관념만큼은 저 책상의 객관적 성질을 있는 그대로 보여주는 것 아니겠는가? 어떻게 그것마저 부인할 수 있겠는가! 연장, 형태, 충전성, 운동과 정지, 수 등에 관한 관념은, 내가 정상적 지각 조건에 있지 않아 착각과 기만에 빠질 때를 제외하고, 물체의 성질을 그대로 재현한다. 비록 우리가 관념 외부의 물체를 직접 지각할 수 없지만 우리는 관념이 물체와 그것의 성질을 재현한다고 가정해야 마땅하다. 로크는 연장이나 형태 등 그가 1차 성질이라고 부르는 것에 대하여 그것이 우리의 관념이나 경험과 무관히 독립적으로 실재한다고 보는 실재론을 지지한다.

표상주의적 지각이론을 수용하는 로크는 상식의 소박 실재론자와 달리 우리가 일차적으로 지각하는 것은 물체가 아니라 감각 자료나 관념이라고 여긴다. 하지만 그는 우리가 상식적으로 이해하고 있는 의미에 가까운 물체가 존재할 수밖에 없다고 생각했다. 만일 물체가 없다면 도대체 감각 자료나 관념이란 **무엇의** 관념이란 말인가? 관념은 무언가를 지시하는 것이다. 책상의 관념은 외부세계에 존재하는 책상을 지시한다. 더욱이 갈색, 직사각형, 단단함, 무취 등 감각 자료의 조합이 꾸준하게 나의 의식에 주어진다는 사실을 설명하는 최선의 간단한 방식은 그것이 하나의 외부 실체로부터 유래한다는 것이다. 감각 자료의 복합 관념은 그 감각을 일으키는 어떤 것을 전제한다. 외부의 실체가 감각기관을 촉발한 결과로 관념이 생길 것이므로 관념의 존재에 대하여 인과작용을 일으킬 수 있는 외부 실체, 즉 물체의 존재는 필수적이다.

그렇지만 물체의 연장이나 형태 등에 대한 관념이 물체의 성질을 그대로 재현하는지 여부를 우리가 어떻게 알 수 있는가? 설령 관념을 야기하는 물체의 실재가 필수적이라고 할지라도 그 관념이 물체를 있는 그대로 반영해야 할 어떠한 확실한 이유가 있는가? 주관적 관념에서 벗어날 수 없는 우리에게 관념 바깥의 물체가 어떠한가를 말할 수 있는 자격이 조금이라도 있는가? 데카르트처럼 전선하고 전능한 신에 호소하지 않는 이상 그렇지 않아 보인다. 실제로 로크는 재현적 실재론을 자신에 차서 주장한다기보다 그것을 가정하는 것이 합리적이라는 좀 더 조심스러운 입장 정도를 취하는 것으로 보인다. 결론적으로, 재현적 실재론은 1차 성질의 인식만이라도 회의주의의 위협으로부터 구원하고자 상식과 타협한 결과물이라는 비난을 면하기 어려워 보인다.

로크는 관념을 일으키는 물체의 존재가 필수적일 뿐만 아니라 심지어 관념과 물체 사이에 모종의 유사성이 성립하리라고 추측했다. 하지만 이미 데카르트는 철저한 회의를 진행하면서 로크식 재현주의의 가능성을 적절히 논파했다. 우리는 물론 우리의 관념에 대응하는 외부의 사물이 실재하고 양자가 유사하다고 흔히 믿는다. 데카르트는 어째서 그렇게 믿게 되는가에 대한 이유를 두 가지 제시하고 그 각각이 불충분함을 보여준다.5) 첫 번째 이유는 그렇게 믿는 것이 지극히 자연스럽다는 것이다. 이에 대해서 데카르트는 자연스러운 믿음이 곧 인식을 보장하는 것이 아님을 정당하게 지적한다. 그런 믿음은 자연 발생적 충동이나 본능이 자연스러운 것과 같은 의미에서 자연스럽다. 하지만 자연 발생적 충동이나 본능이 명료한 진리를 가져다주지 않는 것처럼 어떤 믿음이 자연스럽다는 이유로 진리를 가져다주리라고 확신해선 안 된다.

또한, 우리가 관념과 외부 사물의 유사성을 믿는 두 번째 이유는 외부 사물에 관한 관념이 내 의지에 의존하지 않는다는 것이다. 이는 첫 번째 이유보다 훨씬 중요해 보인다. 내 앞에 책상이 있다는 나의 관념을 나는 내 마음대로 좌지우지할 수 없다. 감각 자료는 나의 의지와 무관히 나의 의식에 주어진다. 내가 완강히 감각 자료를 거부하려고 하더라도 내가 눈을 뜨는 이상 저 앞에 갈색의 직사각형 책상이 있다는 관념을 나는 없앨 수 없다. 이러한 사실은 책상 관념이 책상 자체로부터 유래한다는 강력한 증거가 아닐까? 하지만 데카르트는 우리가 꿈을 꿀 때도 꿈속 이미지들을 좌지우지할 수 없음을 환기한다. 꿈속에서 마주치는 관념들을 우리는 마음대로 조종하거나 제어할 수 없다. 하지만 그 관념들이 외부의 사물이 아니라 내 의식의 소산임은 분명하다. 그렇다면 마찬가지로 깨어 있을 때 나타나는 관념들도 그것들이 비록 내 의지의 처분에 달려 있지 않다고 하더라도 꼭 외부의 사물에서 유래한다고 단정할 수 없다. 그것들이 내 안의 어떤 미지의 능력에 의해 산출되는지도 모른다. 더욱이 데카르트는 설령 관념이 물체로부터 유래한다고 할지라도 그것이 물체를 닮아야만 할 필연적 이유가 없다고 덧붙인다.

---

5) 르네 데카르트, 『성찰』, 이현복 옮김, 문예, 1997, 61쪽.

2) 주관적 관념론과 회의론

로크를 뒤이은 대표적인 경험론자였던 주교 버클리에게 형태나 연장에 관한 관념이 물리적 대상의 실재를 재현한다고 여기는 로크의 경험론은 비일관적일 뿐이었다. 그것은 경험에 충실히 일관적이지 못하다. 버클리는 “존재한다는 것은 곧 지각된다는 것(esse est percipi)”이라는 유명한 논제를 수립한다. 이에 따르면 형태나 연장이든 색깔이나 냄새든 물체가 어떠하게 존재한다는 것은 다름 아니라 우리의 관념 속에서 그러그러하게 지각된다는 것과 동일하다. 정말로 경험에 충실해보자. 그렇다면 나는 오로지 감각 자료와 관념만을 경험할 수 있을 뿐이다. 물리적 대상의 실재에 대한 믿음은 뿌리 깊은 착각일 뿐이다. 데카르트의 철저한 회의가 보여준 바와 같이 관념을 일으키는 관념 독립적 실재를 가정해야 할 필연적 이유는 없다. ‘물질적 실체’라고 하는 것은 지극히 의심스럽다. 우리가 경험하는 책상, 건물, 나무 등 모두 관념일 따름이며 그 이상이 아니다. 버클리는 자신의 입장을 비유물론(immaterialism)이라고 불렀고, 이후 이것은 주로 유심론(mentalism)이라고 불렸다. 유심론은 심신이원론이나 유물론에 대비되는 형이상학적 입장이다. 심신이원론은 존재하는 것은 의식과 물체, 즉 심리적인 것과 물리적인 것, 이렇게 두 종류라고 말하고, 유물론은 오로지 물질이라고 말하지만, 유심론은 존재하는 것은 오로지 관념 그리고 그 관념을 보고 인식하는 심리적 실체, 즉 마음뿐이라고 말한다. 이러한 버클리의 입장은 자주 주관적 관념론(subjective idealism)으로도 불렸다.

하지만 버클리처럼 물리적 실재를 거부한다면, 또 존재가 곧 지각이라면, 가령 내가 나 혼자 있는 이 방에서 나갈 때 저 책상도 사라지는 것인가? 왜냐하면 그때 어떤 사람도 그것을 지각하지 않을 것이기 때문이다. 또한, 강의실에서 학생들에게 강의하고 있을 때 내가 가리키는 칠판을 그들이 나와 똑같이 보고 있음을 부인하기란 어렵다. 적어도 그들이 내가 보는 것과 비슷한 것을 보고 있으므로 나는 그들에게 정상적으로 강의를 진행할 수 있다. 나와 남들 사이의 정상적인 대화와 상호작용은 우리가 모두 동일한 것이나 최소한 유사한 것을 똑같이 보고 생각하고 있음을 함축한다. 하지만 존재가 나의 관념을 넘어서지 않는다면, 우리의 정상적인 대화와 상호작용을 어떻게 설명할 수 있을까? 아니, 정말로 존재가 나의 관념을 넘어서지 않는다면, 저 학생들의 존재란 도대체 무엇인가? 나의 관념을 넘어서는 독립적 실재를 전혀 인정하지 않는다면, 다른 사람들조차도 단지 나의 관념 속에 있다는 말인가?

하지만 버클리가 주관적 관념론자라고 해서 그가 모든 것을 각자의 주관으로 용해해버렸다는 식으로 이해하면 곤란하다. 그렇다면 위에 제기된 질문에 대해서 그는 어떠한 대답도 내놓지 못할 것이다. 결국, 그는 세계가 거대한 환상이자 허구라는 꿈 가설이나 악신 가설의 결론을 그대로 수용해야 하는 처지가 되고 말 것이다. 주교이자 성실한 철학자였던 그는 물론 그런 식의 결론으로 빠져들 수 없었다. 위의 두 난점에 대해 버클리는 결국 신에 호소함으로써 객관적 실재를 위한 자리를 이론적으로 마련한다. 첫째, 내가 방에서 나가도 저 책상은 존재한다. 왜냐하면 그것이 신적 정신 속에서 지각되는 관념이기 때문이다. 어떤 인간도 지각하지 않는다고 해도 그 책상은 신적 정신 속에서 늘 지각된다. 존재하는 모든 것은 신적 정신 속에서 늘 지각된다. 둘째, 우리는 얼마든지 하나의 대상에 대해서 무리 없이 의사소통할 수 있다. 왜냐하면 우리가 그것에 대해서 제각각 조금씩 서로 다른 관념을 가진다고 할지라도 그 주관적 관념들은 모두 신적 정신 안에 있는 하나의 객관적 관념으로부터 유래하므로 비슷하기 때문이다. 물론 다른 사람들의 존재도 단순히 나의 관념 속에 있는 것이 아니라 그 각각이 독립적인 심리적 실체이다. 우리가 관념을 우리의 의지대로 좌지우지할 수 없는 이유는 그것이 신적 정신 속의 관념으로부터 유래하기 때문이다.

버클리가 부인하는 것은 관념과 정신으로부터 독립적인 사물, 즉 물질적 실체이다. 그에 따르면, 우리가 물체라고 믿었던 것은 바로 신적 정신 안의 객관적 관념이다. 주관적 관념을 넘어서는 객관적 실재가 물론 있다. 하지만 그것은 관념이나 정신과 무관한 대상이 아니라 신적 정신에 의해 항상 지각되는 관념일 뿐이다.

버클리는 로크처럼 우리가 직접 지각하는 대상은 우리 각자 정신 속의 관념이라고 말한다. 하지만 로크와 달리 관념이 정신으로부터 독립적인 실체, 즉 물체에 의해 야기된다고 생각하지 않는다. 그런 물체를 우리는 인식할 수 없으며 가정할 권리가 없다. 하지만 그렇다고 해서 어떠한 객관적인 실재도 거부하는 것은 아니다. 만일 그렇다면 여러 난점에 빠지고 만다. 그래서 그는 그런 객관적 실재를 지탱하는 기초로서 신적 정신을 도입한다. 그리고 덧붙이자면, 그런 객관적 실재가 있어야만 한다는 요청으로부터 버클리는 신의 존재를 '증명'하는 셈이다.

버클리를 뒤이어 등장한 역사상 가장 철저한 경험론자 흄은 버클리에게서 로크보다 더 일관된 경험론을 발견한다. 정신 독립적 실체는 경험할 수 없으며 경험할 수 없는 대상을 인식할 수 있다고 주장해서는 안 된다. 하지만 버클리는 경험을 초월하는 신을 끌어들임으로써 주관적 관념론의 난제를 해결한다. 이러한 시도 역시 경험론자로서 결코 두어서는 안 될 수다. 흄은 우리의 지적 정당성의 수준에 알맞게 머물러야 한다는 인식론적 원리를 철저히 따른 결과 회의론자로 머문다. 버클리의 주관적 관념론도 로크의 재현적 실재론처럼 결국 독단이 아닐 수 없다. 우리는 우리의 관념 바깥에 물리적 실체가 존재한다고 주장할 수 없지만 그렇다고 해서 그것이 존재하지 않는다고도 주장할 수 없다. 또한, 경험할 수 없는 비물리적 실체가 존재한다고는 더더욱 주장할 수 없다. 그러니 남는 선택지는 회의론뿐이다. 우리는 엄격히 말해서 관념만이 존재하는지 그 관념에 대응하는 물리적 실체가 존재하는지 알 도리가 없다. 나아가 물리적이든 심리적이든 우리가 '실체'라고 부르는 것들은 모두 그저 상상력과 관습에 따라 실체라고 믿었던 것에 불과할 뿐이고 실은 그저 관념들의 다발에 불과할지도 모른다. 물체도 의식도 상상의 산물일지 모른다. 따라서 우리는 실재나 외부세계에 대해서 어떤 식의 독단적 주장도 피해야 한다. 지적으로 정직한 자세는 솔직하게 잘 모른다고 말하는 것이다.

3) 초월론적 관념론

모든 감각적 사물은 시간상에서 그리고 삼차원적 공간상에서 존재한다. 뉴턴 우주관에서 시간과 공간은 우주의 모든 감각 가능한 사물이 존재하기 위한 절대적으로 고정된 좌표계이다. 이렇게 시간과 공간에서 감각 가능한 대상이 곧 물체이다. 그런데 칸트는 저 좌표계가 의식에 독립하여 실재하는 우주의 성질이 아니라 의식의 '직관' 형식, 곧 의식이 사물을 받아들이는 기본 형식이라고 본다. 시간과 공간은 우주 자체에 속하는 순전한 객관적 형식이 아니다. 외부 사물을 받아들이는 우리 직관의 형식이다. 우리가 사물을 직관할 때, 우리는 시간과 공간의 질서상에서 직관할 수밖에 없다. 시간과 공간은 감각적 대상을 경험할 수 있게 하는 조건들이며, 사물 자체가 아니라 의식에 내속한다. 시간과 공간은 의식의 내적 형식들이지만 동시에 사물이 직관되고 경험될 수 있기 위한 형식들이기도 하다.

칸트의 분석에 따르면, 시간과 공간은 우주 자체의 특성이 아니라 의식이 사물을 경험하는 형식적 구조에 속한다. 이는 '외부세계'의 문제에서 막대한 의미가 있다. '외부세계'란 의식 바깥의, 의식에 독립적인 사물들의 총체를 가리켰다. 그러한 사물들을 우리는 물체라고도 불렀다. 물체란 시공간상에 존재하는 실체이다. 그런데 시간과 공간이 칸트가 주장하듯이 정말로 의식의 형식적 구조에 속한다면, 의식에 독립적이라고 여겨졌던 물체도, 그것이 삼차원적으로 공간상에 위치하고 시간의 흐름에 따라 변천하는 것인 한, 실은 의식의 형식에 의존적이어야만 한다. 우리가 보고 만지며 생각하는 물체는 시간과 공간상에서 나타나는 한에서 의식의 형식에 의존적일 수밖에 없다. 우리가 경험하는 바의 물체는 이미 시공간이라는 의식의 형식에 의해서 질서 지어져 있다.

칸트가 실재론자가 아니라 관념론자라고 불리는 이유는 그가 경험적 대상, 즉 물체의 본성이 의식의 형식적 구조에 의존적이라고 보기 때문이다. 그러나 그는 버클리식의 관념론자가 아니다. 그는 우리가 경험하는 바대로의 물체가 의식의 직관 형식과 무관한 사물, 즉 이른바 물자체(Ding an sich)에 근거한다고 보기 때문이다. 이 점에서 칸트는 오히려 로크와 유사하다. 그는 로크처럼 의식의 관념으로부터 독립적인 사물의 존재를 인정한다. 다만 그는 로크와 달리 의식의 표상으로서의 물체, 즉 경험적 대상으로서의 물체가 표상으로부터 독립적인 사물 그 자체를 닮았다거나 재현한다고 말하지 않는다. 이러한 이중적 입장은 초월론적 관념론이라고 불린다.

그렇다면, 칸트의 관념론에 대해 두 가지 중요한 질문을 던질 수 있다. 첫째로, 칸트는 어떤 근거로 경험적 대상으로서의 물체를 넘어서는 무언가, 곧 물자체를 말하는가? 이미 칸트에 앞서 흄의 회의론은 경험 독립적 실재를 주장할 근거가 없음을 설득력 있게 보여주었다. 칸트는 흄으로부터 아무것도 배우지 못했던 건가? 아니면 회의론을 물리치는 새로운 돌파구를 마련했던 건가? 또한, 둘째로, 어째서 물자체의 존재를 인정하면서도 로크와 달리 그것과 경험적 대상 간의 유사성을 거부하는가? 양자의 유사성은 거부하면서도 물자체의 존재를 주장하는 입장이 과연 일관적일 수 있는 건가?

첫째 질문에 답하려면, (1) 무한한 직관과 유한한 직관의 구분 및 (2) 물자체와 현상의 구분 및 촉발(Affektion)에 대한 설명이 필요하다. (1) 칸트는 의식이나 정신이 사물을 직관하는 방식에 꼭 우리와 같이 유한한 방식만 있어야 할 이유가 없다고 본다. 우리가 사물을 직관하는 방식은 시간과 공간이라는 조건에 따른 직관이고, 특히 의식 외부 사물의 경우 감각기관을 매개하는 직관이다. 칸트는 우리의 직관 방식을 감성적 직관이라고 부른다. 그러나 사물을 직관하는 무한한 능력이 만일 존재한다면, 그것은 때와 장소에 아무런 구애 없이 그리고 감각기관의 매개조차도 필요 없이 사물을 곧장 인식할 수 있을 것이다. 그러한 능력의 소유자는 물론 신일 것이다. 그러한 신적 직관 방식을 칸트는 감성적 직관과 대비하여 지적 직관이라고 부른다. 지적 직관 속의 사물은 우리가 경험하는 바대로의 사물과 같지 않을 것이다. 그것은 우리 의식의 사물 직관 형식으로부터 독립적이기 때문이다. 신적 직관 속에서 사물은 문자 그대로 '물자체'이다. 즉, 사물 그 자체대로 존재한다.

(2) 하지만 우리의 직관 속에서 사물은 그렇지 않다. 우리는 시공간의 직관 형식을 피할 수 없기 때문이다. 우리의 직관 속에서 사물은 시공간이라는 제한된 조건에 따라 나타난다. 사물 그 자체가 우리에게는 시공간이라는 직관 형식에 조건 지어져 나타난다. 그런 점에서 그렇게 나타나는 사물, 곧 현상(現象)이 물자체에 기초한다고도 말할 수 있다. 그래서 칸트는 물자체가 현상의 근거라고도 말한다. 물자체가 감각기관을 지닌 우리에 대하여 현상한다. 그리하여 우리는 물체를 경험한다. 달리 말해서, 물자체는 우리의 감각기관을 촉발함으로써 우리 의식에서 물체로서 나타난다.

요컨대, 칸트가 경험적 대상으로서의 물체 외에 물자체를 끌어들여야 마땅하다고 생각했던 이유는, (1) 물체란 우리의 감성을 매개로 하는 유한한 직관에 대한 사물에 불과하지만 이러한 직관 방식과 달리 무한한 지적 직관이 있을 가능성을 적어도 우리가 부정할 근거가 없기 때문이다. 또한, (2) 물체가 감각기관을 통해서 우리 의식에 나타나려면 이러한 나타남이 출발하는 원천, 즉 현상의 근거가 필요하겠기 때문이기도 하다.

어째서 물자체가 물체와 닮았다고 말할 수 없느냐는 둘째 질문은 이제까지의 논의에 따라 부분적으로 답변이 이루어질 수 있다. 물자체는 우리가 아닌 무한한 존재자의 직관 능력, 즉 관점의 특수성에 따라 제약받지 않는 지적 직관의 대상이지만, 우리가 경험하는 현상은 특정한 시점과 특정한 위치에서의 관점에 조건 지어진 대상이기 때문이다.

더욱이, 칸트는 물자체는 단순히 우리가 직관할 수 없는 것일 뿐만 아니라 생각조차 할 수 없는 것이라고 말한다. 우리 의식의 직관 작용이 시간과 공간이라는 필수 형식에 따라 일어나듯이, 칸트에 따르면, 우리 의식의 사고 작용 또한 범주라는 필수 형식에 따라 일어난다. 칸트는 우리가 도대체 생각하고 판단하려면 일정한 논리적 기초 요소를 포함해야 한다고 본다. 그는 사고의 논리적 틀로서 그런 기초를 범주라고 부른다. 하지만 범주는 사고 형식일 뿐만 아니라 경험세계 내 사물의 존재 형식이기도 하다. 우리가 경험하는 이 세계는 우리 의식의 직관 형식만이 아니라 범주라는 사고 형식에 의해서 이미 질서 지어져 있기 때문이다. 반면에 물자체는 감성적이든 논리적이든 그러한 의식의 형식으로부터 독립적이다. 따라서 물자체에 대해서 우리는 그런 것이 아무튼 있다고 하는 사실 외에 정당하게 말할 수는 있는 것이 아무것도 없다. 그러니 그것이 물체와 닮았느니 그렇지 않으니 등 어떤 주장도 제기할 수 없다.

물체는 직관상에서 감성적으로, 즉 감각기관을 통해서 주어진다. 그렇게 의식에 주어지는 것은 잡다한 감각 자료들이다. 그러나 우리의 의식이 사물을 잡다한 감각 자료들로 흐트러뜨리지 않고 자기동일적 대상으로, 즉 하나의 실체로 파악할 수 있는 이유는 잡다한 감각 자료들을 일정한 규칙에 따라 종합하기 때문이다. 그와 같은 규칙적 종합이 사고의 개념 파악 능력이다. 사고는 잡다한 감각 자료들을 실체성과 단일성뿐만 아니라 인과성, 상호성, 현실성, 필연성, 그리고 무엇보다도 존재와 비존재 등 여러 기초 개념에 따라 종합한다. 그러한 기초 개념들, 즉 범주들은 잡다한 감각 자료들을 일정하게 종합하여 대상을 통일적으로 경험할 수 있게 하는 규칙들로서 기능한다. 우리가 경험적으로 마주치는 모든 대상은 바로 이 범주라는 의식의 사고 형식을 따를 수밖에 없다. 하지만 물자체는 이러한 사고 형식에 독립적인 대상이다.

칸트의 초월론적 관념론은 버클리의 주관적 관념론보다 훨씬 더 분명하게 물체의 자립적 존재를 인정한다. 물체는 이 세상에 존재하는 모든 의식 주체의 경험에 대해서 자립적이다. 모든 인간이 사라진다고 해도 저 나무는 저대로 푸르게 우뚝 서 있을 것이다. 다만 그렇게 자립적이라고 말해지는 그 물체는 다시 시간과 공간, 그리고 범주라는 의식의 형식적 조건 하에서만 그렇게 푸르고 우뚝 선 나무로 존재할 수 있다. 즉, 물체는 모든 개별 의식 주체의 경험으로부터 독립적이지만 도대체 물체의 직관과 사고가 가능하기 위한 전제조건인 의식 일반의 형식적 구조(곧, 초월론적 의식)로부터 독립적일 수 없다. 그로부터 독립된 물체, 즉 물자체(Ding an sich)는 직관될 수 없을 뿐만 아니라 사고될 수도 없다. 왜냐하면 그것은 직관의 조건인 시간과 공간을, 그리고 사고의 조건인 범주를 초월하기 때문이다.

하지만 만일 인간과 같이 늘 특정한 시점과 특정한 위치에서 사물을 직관하는 유한한 능력의 의식 주체가 아니라 무한한 시간과 무한한 공간 속에서 사물을 직관하는 무한자를 상정한다면, 그러한 무한자에게는 물자체가 직관된다고 말해야만 할 것이다. 이렇게 칸트는 한편으로 물자체에 대해서 그것이 직관도 사고도 불가능하다고 단정하면서도, 다른 한편으로 무한자의 가능성을 인정하면서 그것이 직관될 가능성을 남겨둔다.

그러나 '물자체'에 대한 칸트의 이러한 견해는 과연 일관적인가? 18세기 후반 『순수이성비판』이 출간된 이래로 그에 대한 의문이 계속해서 제기되어왔다. 물자체에 대한 칸트의 사고와 진술도 역시 범주에 의거하는 것으로 보인다. 칸트에 따르면, 우리의 사고는 도대체 범주를 따를 수밖에 없으니 말이다. 그런데 그렇다면 칸트는 경험세계에서만 유효한 범주를 부당하게 초경험적 세계로 확장하는 것 아닌가? 칸트는 어떤 근거로 현상에만 적용 권한을 갖는 범주를 현상 너머에까지 적용하는가? 이미 거기에 부당한 월권이 있지 않은가? 존재와 비존재가 범주에 속하는 이상 '물자체가 존재한다'라는 사고나 진술은 물자체에 존재라는 술어를 적용한다는 점에서 이미 월권적이지 않은가?

나아가 칸트는 물자체가 우리의 감각기관을 '촉발'함으로써 우리의 직관에서 물리적 대상으로서 나타난다고 말한다. 촉발 개념에 따르면 감각기관을 통해서 직관되기 이전의 사물, 그것이 물자체이다. 따라서 촉발은 물자체와 우리의 감각기관 사이의 관계 방식이다. 물론 촉발은 물리적 대상과 감각기관 사이의 관계 방식이 아니다. 이는 두 물리적 대상 간의 인과적 관계이다. 반면 칸트에 따르면 촉발은 이러한 인과적 관계일 수 없다. 잘해봐야 인과 관계의 유비로서만 이해될 수 있다. 왜냐하면 인과성이 사고의 한 범주로서 현상세계에만 유효하므로 그것을 물자체에 적용하는 것은 정당할 수 없기 때문이다. 그렇지만 물자체의 촉발을, 거기에 사고의 범주를 적용하지 않는다고 하더라도, 인과성의 유비로서 이해한다는 말이 대체 무슨 뜻인가? 어쨌든 그러한 유비적 이해도 사고의 한 방식일 수밖에 없지 않은가? 그렇다면, 결국 사고될 수 없는 것을 사고한다는 모순에 또 한 번 봉착하지 않는가?

더욱이, 이상의 모든 문제를 차치하더라도, 초월론적 관념론에서도 현상적 객체가 아니라 그 바깥에 또다시 '물자체'라는 것이 상정된다면 현상과 실재 간 괴리는 여전히 남게 되는 것처럼 보인다. 경험 가능한 세계에 존재하는 물리적 대상은 현상일 뿐이지 실재는 아니라는 반문이 얼마든지 가능해 보인다. 물론 칸트는 존재와 비존재라는 술어가 적용 가능한 범위가 현상계로 국한되므로 물자체를 실재의 영역으로 간주하는 것은 근본적 범주 오류라고 대꾸할지도 모른다. 하지만 어쨌든 칸트에게서 물자체가 인식 불가능한 것으로 남으므로 외부세계의 인식 문제가 해결되지 않은 것 같다.

3. 현상과 실재의 괴리를 초래하는 전제

처음에 우리는 '외부세계' 문제가 '현상과 실재 간 괴리'로부터 발생하며, 이러한 괴리를 낳는 세 가지 주요 배경이 있다고 지적하였다. 감각 자료와 물리적 대상의 구분, 표상주의적 지각이론, 지각 경험의 감각기관 매개는 서로 엮이어 '현상과 실재의 괴리'라는 거대한 문제적 발상을 낳고 키운다. 데카르트부터 칸트에 이르는 근대 의식철학의 대표 주자들 모두 이 세 전제에서 벗어나지 못했다. 그들 모두 지각과 인식의 직접적 대상은 사물 자체가 아니라 감각 자료나 표상, 관념이라고 보았다. 그들은 그것을 '단순 관념', '인상', '표상' 등 서로 다른 이름으로 불렀지만 말이다. 또한, 그들 모두 의식 독립적 사물 자체가 우리 신체의 감각기관을 촉발하거나 인과적 영향을 미친 결과로 의식 내부에 그것에 대한 감각 자료나 표상이 산출된다고 가정했다. 그런데 그러한 가정으로부터 도무지 해결이 요원한 '외부세계' 문제가 발생한다는 사실을 어떻게 받아들여야 할까? 그렇다면 이제 그 가정이 정녕 불가피한 것인지를 따져봐야 하는 것 아닌가? 그 가정 자체를 이제 의심해보아야 하는 것 아닌가?

'외부세계'를 둘러싼 고전적 접근 방식의 대응책이 모두 불만족스러운 이유는 결국 근대의 핵심 철학자들이 근본적으로 이러한 전제를 물리치지 못했기 때문일 것이다. 이 세 전제를 물리칠 수 있다면 우리는 '외부세계'라는 문제가 해답을 요구하는 문제가 아니라 어떠한 적절한 해답의 제시도 애초부터 불가능한 잘못 제기된 문제임을 보일 수 있을 것이다. 그때 그것은 해결이 아니라 그저 해소되어야 할 거짓 문제로 폭로될 것이다. 이제 이러한 사고 노선에 따라서 처음에 그럴듯해 보였던 세 전제가 필수적이지 않음을 확인하도록 하자.

우선 표상주의적 지각이론, 특히 우리의 직접적 지각 대상은 이른바 '감각 자료'라는 주장을 검토해보자. 내가 지금 타자를 하는 이 순간에도 창밖 너머에서 여러 소리가 들린다. 그때 나는 먼저 모종의 무의미한 청각 자료와 같은 것을 수용하는가? 그렇지 않다. 나는 놀이터에서 아이들이 떠드는 소리를 들을 뿐이다. 나는 처음에 청각 자료와 같은 것을 수용하고 또 그런 연속하는 유사한 청각 자료의 다발을 묶어낸 후에야 비로소 아이들 떠드는 소리라는 대상적 의미를 구성하는 것이 아니다. 나는 아이들이 떠드는 소리를 직접 경험할 뿐이다. 나는 감각 자료나 현상이 아니라 시끄럽게 떠드는 아이들이라는 실재를 직접 경험한다. 감각 자료에 의한 매개에 따르는 표상주의적 지각이론은 이처럼 우리의 현실적 지각 경험과 상반된다.

표상주의적 지각이론의 지지자는 의식적 경험을 주관적으로 하나하나 반성하며 따져볼 때 청각 자료와 같은 것을 먼저 듣지 않음을 순순히 인정할 것이다. 하지만 그러면서도 지각 경험의 객관적이고 이론적인 설명에서 감각 자료의 수용이 시간상 그리고 인과관계상 먼저라고 주장할지도 모른다. 즉, 감각 자료가 내 귀의 청각세포를 통해서 내 뇌에 전달되었기 때문에 내 의식은 어떤 소리를 들을 수 있다는 식으로.

이러한 주장은 과학적 견지에서 보건대 제법 분명해 보인다. 그렇지만 이때에도 여전히 주의가 필요하다. 오히려 이미 제1장 본질론에서 다루었던 바대로 순전한 감각 자료의 주입만으로 아이들 떠드는 소리의 지각 경험을 만들어낼 수 없음은 거의 분명하다. 내가 아이들 떠드는 소리가 어떤 것인가를 먼저 이해하고 있지 않았다면, 그리고 내가 처해 있는 상황과 환경의 총체적 의미를 이해하고 있지 못했다면, 나는 일정한 볼륨과 일정한 톤의 청각 자료가 내 귀로 들어온다고 할지라도 그것이 놀이터에서 아이들 떠드는 소리라는 사실을 인식할 수 없었을 것이다. 반대로 나는 그러한 선이해 속에서만 그 소리를 아이들 떠드는 소리로 이해할 수 있다. 또한, 같은 청각 자료를 듣고도 누군가는 그 소리를 제대로 이해하고 누군가는 잘못 이해하는 일이 허다하다. 이러한 사실은 청각 자료의 수용은 지각 경험을 만들어내는 원인이 아니라 지각 경험이 일어나기 위해 충족되어야 할 단지 하나의 조건일 뿐임을 말해준다. 즉, 그것은 지각 경험의 물리적 구성요소일 뿐이다.

표상주의적 지각이론이 말하는 바와 달리 일상적으로 우리는 떠드는 소리와 그런 소리를 내는 아이들을 직접 경험한다. 오히려 지각 경험 이후에야 우리는 반성을 통해서 뒤늦게 그 소리가 일정한 볼륨과 일정한 톤의 청각적 원천으로 분석될 수 있음을 확인한다. 그러니 표상주의적 지각이론에 호소해서 우리가 물리적 대상이 아니라 단지 감각 자료를 직접 체험한다고 주장하는 것은 무척 부당해 보인다.

또한, 그러한 주장을 감각적 현상의 다양성 논제로부터도 도출할 수 없다. 조명을 달리할 때마다, 관점을 바꿀 때마다, 책상이 매번 감각적으로 다른 양상을 내보이는 것은 사실이다. 하지만 이러한 사실로부터 우리가 '진짜' 색깔, '진짜' 형태, '진짜' 크기를 가진 '진짜' 물리적 대상, 자기동일적으로 머무는 물체 자체를 인식할 수 없다거나 심지어 그런 실재가 존재하는지마저도 의심스럽다는 결론을 도출하는 것은 부당하다. 내가 책상을 여기서 볼 때와 저기서 볼 때 그것이 직사각형으로 보였다가 사다리꼴로 보이는 것은 사실이다. 이 사실을 두고서 감각 자료 이론은 내 의식에 직접 주어지는 것은 물리적 실체로서 책상이 아니라 책상의 직사각 형태라는 감각 자료나 사다리꼴 형태라는 감각 자료라고 말한다. 왜냐하면, 만일 물리적 실체로서 책상이 감각 경험에서 매번 내 의식에 그 자체로 온전하게 주어진다면 그것이 매번 달리 보이는 일이란 발생할 수 없을 것이기 때문이다. 그러나 감각 자료 이론의 이러한 설명은 책상이 매번 다르게 보인다는 명백한 사실에 대한 잘못된 해석에 기초한다. 저 책상은 물론 내가 그것을 볼 때마다 매번 조금씩 다르게 보인다. 하지만 이 사실은 내가 직접 보는 그것이 매번 변천하는 감각 자료임을 증명하는 것이 아니다. 그 사실은 단순히 책상이라는 하나의 자기동일적 대상, 곧 물리적 실체가 우리에게 지각되고 현상하는 방식이 본래 관점적임을 말해줄 따름이다. 이 말이 무슨 뜻인지 좀 더 해명하자.

누구나 잘 알고 있듯이 물체는 그 본질상 관점의 조건에 따라 다르게 나타난다. 하지만 이를 두고서 현상과 실재의 잘못된 이분법에 빠지면 곤란하다. 감각 자료 이론은 이러한 현상의 관점적 다양성을 근거로 현상과 실재를 거의 존재론적으로 구분한다. 즉, 관점마다 다른 현상은 의식의 창에 비치는 감각 자료이며 그것의 근원인 실재는 그 현상 너머에 있다. 하지만 이런 그림은 근본적으로 잘못된 것이다. 실재는 현상 너머에 따로 있지 않다. 물체라는 실재는 관점적 조건에 따라서 매번 다르게 감각적으로 현상한다. 관점적 제약에 따른 감각적 현상의 다양성이 물체의 본질에 속한다. 나는 이때는 직사각형이라는 감각 자료를, 접때는 사다리꼴이라는 감각 자료를 직접 보는 것이 아니라, 이때나 접때나 책상이라는 하나의 자기동일적 대상을 직접 본다. 다만 이때는 직사각형으로, 접때는 사다리꼴로 그것을 볼 뿐이다. 즉, 자기동일적인 한 대상이 관점에 따라서 다르게 나타날 뿐이다. 이 모든 것은 온갖 철학적 오류 추리를 걷어내고 자신의 지각 경험 현실을 제대로 돌아보기만 한다면 실은 누구나 알 수 있는 명백한 사실이다. 감각 자료 이론은 이런 구체적 경험 현실을 왜곡하는 추상적인 이론일 뿐이다.

물체의 감각적 현상 다양성은 그것의 '진짜' 색깔, '진짜' 형태, '진짜' 크기를 결정하는 문제가 얼핏 생각하기보다 까다로울 수 있으며 그것이 단순히 관찰을 통해 결정되지 않음을 잘 알려준다. 그것이 바로, 우리가 제1장에서 확인했던 대로, 플라톤이 감각적 사물의 진리를 인정하지 않았던 이유이기도 하다. 그러나 그렇다고 해서 책상이라는 물체의 실재성을 부인할 필요도 없고, 또 그것을 감각적 현상 너머 영역으로 넘길 필요도 없다. 감각적 현상의 다양성에도 불구하고 자기동일성을 꾸준히 유지한다는 사실이 물리적 실체의 본질적 특징이기 때문이다.

'현상 너머 실재'와 '외부세계' 문제를 초래하는 세 번째 전제는 감각기관의 인과적 매개 논제였다. 로크나 칸트는 외부의 실재가 우리의 감각기관을 '촉발'함으로써 우리의 의식에 물체의 관념이 나타난다고 본다. 뇌-구성주의는 더욱 노골적으로 외부 물질의 인과적 자극이 감각기관에 수용된 신경생리학적 정보를 대뇌피질이 가공 처리함으로써 의식적 현상이라는 거대한 환상이 펼쳐진다고 주장한다. 이에 따르면, 의식적 현상은 모두 가상이고 '외부세계'만이 실재이나 그 실재를 우리는 결코 인식할 수 없다. 그러나 이러한 뇌-구성주의의 주장이 정말로 사실이라면, 그것은 심각한 역설을 피할 수 없다. 그 노골적 주장에 따르면, 결국 우리가 경험할 수 있는 모든 대상은 실재가 아니라 의식적 현상으로서 환상이자 허구에 불과하다. 그렇다면 최초의 신경생리학적 정보(즉, 일정한 진동수의 전자기파나 압력 파동 따위)는 물론이거니와 감각기관과 뇌, 신경세포와 신경망도 모두 환상이자 허구일 뿐이다. 의식적 현상이 모두 환상이라면, 신경과학자가 자신의 의식 속에서 탐구하는 현상도 모두 허구여야만 하기 때문이다. 그렇다면 신경과학자의 이론도 주관적 환상의 그럴싸한 표현일 따름이다. 문제를 달리 표현하자면 이렇다. 그 모든 것이 구성물에 불과하다면, 그 구성물(즉, 뇌 등)이 지각적 '현실'을 구성한다는 주장은 대체 어떤 의미가 있을 수 있는가? 무언가가 구성되기 위해서 적어도 구성되지 않은 무언가가 하나라도 있어야 하지 않겠는가?[6)]

지각은 의식의 바깥에 실재하는 대상의 물리적 속성이 감각기관에 일으키는 자극의 결과 뇌로 일정한 전기적 신호를 보냄으로써 사물의 상을 현시하는 과정과 동일시될 수 없다. 내가 이 책상을 지각할 때, 이 지각은 감각기관에 있는 것도 아니고 뇌에 있는 것도 아니며 책상과 '나' 사이의 물리적 인과 작용에 있는 것도 아니다. 지각은 인과 작용의 최종 산물이 아니다. 사물은 지각됨으로써 아무런 물리적 변화를 겪지 않는다. 지각에 대한 뇌-구성주의적 설명과 달리 사물은 지각되기 이전에 그 자체로 존재하던 바 그대로 나에게 지각된다. 너무나 당연하게도 내가, 혹은 인류 전체가, 이 책상을 지각하기 이전에도 그것은 내가 지금 지각하는 바 그대로였다.

그렇다고 해서 지각에 관한 신경과학적 연구를 단순히 거부해야 한

6) 신경과학적 과학주의 또는 신경과학적 구성주의에 대한 비판에 관심이 있는 독자라면 국내 서적 가운데 우선 마르쿠스 가브리엘의 『나는 뇌가 아니다』(전대호 옮김, 열린책들, 2018. 원제는 *Ich ist nicht Gehirn: Philosophie des Geistes für das 21. Jahrhundert*(나는 뇌가 아니다. 21세기를 위한 정신철학), 2015)를 일독할 것을 권한다. 덧붙여, 좀 더 해박한 신경과학적 지식을 동반한 비판을 위해서라면, 알바 노에의 『뇌 과학의 함정: 인간에 관한 가장 위험한 착각에 대하여』(김미선 옮김, 갤리온, 2009. 원제는 *Out of Our Heads. Why You Are Not Your Brain, and Other Lessons from the Biology of Consciousness*(우리 머리 바깥. 왜 당신은 당신의 뇌가 아닌가, 그리고 의식의 생물학에서 얻은 다른 교훈들), 2015)를 참조하라. 알바 노에(Alva Noë)는 신경과학자이자 현상학에도 조예가 깊은 철학자이다.

다는 것은 물론 아니다. 정확히 말하여 거부되는 것은 그것의 잘못된 형이상학적 가정이다. 지각은 신경과학적 용어로 설명될 수 있는 인과 작용을 하나의 조건으로 필요로 한다. 나의 지각은 일정한 신경과학적 인과 작용이라는 조건에서 실현된다. 나의 망막에 맺히는 시각상이 전기신호의 형태로 부호화되어 대뇌피질로 보내지고 거기에서 다시 이를 처리하는 과정은 지각이 이루어지는 데 필요한 물리적 조건이다. 다만 하이데거의 말마따나, 감각기관과 뇌에서 일어나는 인과 작용은 지각적 경험의 필요조건이지만 이를 "산출하는 원인"은 아니다.[7]

지각이 인과 작용의 산물이 아니라는 사실은 곧 내가 책상을 볼 때 지각적 대상은 실제로 책상이라는 단순하고도 (왜곡된 추상적 이론에 휘둘리지 않는 이상) 자명한 사실을 의미한다. 그 사실은 또한 지각에 대한 실재론적 관점을 표현한다. 책상의 미시물리적 속성과 감각기관과 뇌의 신경생리적 속성이 일정한 인과적 연쇄를 일으키는 것이 지각의 조건이지만, 그것이 지각적 경험을 산출하는 원인은 아니다. 만일 우리가 그렇게 믿는다면, 우리는 저 자명한 사실을 부인하고 지각에 대한 실재론적 관점을 포기하는 것이며 결국 앞서 말한 저 역설에서 헤어 나올 수 없게 된다.

4. 문제에서 빠져나오기: 데카르트적 의식 관념과 주객이원론의 해체

우리가 직접 지각하는 대상은 감각 자료나 그것의 조합물인 관념 또는 표상이라고 말하는 표상주의, 그리고 지각이 외부 물질이 신체 감각기관을 촉발하는 인과 작용의 산물이라는 지각에 대한 비실재론적 논

7) Martin Heidegger, *Zollikoner Seminare. Gesamtausgabe*. Bd. 89, Frankfurt am Main: Vittorio Klostermann, 200쪽.

제에는 의식에 관한 특정한 관념이 깊이 스며들어 있다. '외부세계' 문제에 대한 근대 의식철학의 고전적 접근 방식에서도 마찬가지의 의식 관념이 엿보인다. 그에 따르면, 의식은 지각, 상상, 감각, 판단, 추리와 같은 작용과 그러한 작용의 대상으로서 감각 자료 및 관념으로 구성된다. 의식은 비연장적이고 비물리적이다. 반면에 외부세계는 연장적이고 물리적이다. 둘은 근본적으로 다른 종류의 존재자이며, 별개의 존재 영역을 형성한다. 의식이란 본질적으로 외부세계로부터 독립적이다. 의식이라는 개념은 외부세계와 무관하게 그 자체로 이해될 수 있다. 의식은 그 개념상 자신만으로 완결된 존재자이다. 물론 의식이 어떤 특수한 방식으로 외부세계와 이따금 접할 수 있을지도 모른다. 하지만 그렇다고 할지라도 그것은 하나의 가능성이지 의식의 본질에 속하지 않는다. 의식이 필연적으로 외부세계에 열려 있어야 하는 것이 아니다. 잘해봐야 외부세계를 접할 때도 있고 그렇지 않을 때도 있다.

이상의 의식 관념은 심물이원론을 주창한 데카르트의 유산이다. 존재하는 모든 것은 두 종류의 실체, 즉 심리적인 실체와 물리적인 실체로 나뉜다. 하나는 사유하는 속성을 가진 의식이고, 다른 하나는 연장이라는 속성을 가진 물체이다. 양자는 각각 실체라는 점에서 하나의 존재는 다른 하나의 존재에 의존하지 않는다. 물론 서로 인과적인 작용을 일으키기도 한다. 그런 인과적 상호작용 관계가 특히 신체라는 특수한 종류의 물체와 의식 사이에서 일어난다.

데카르트에 따르면, 사유가 작용하는 양태에는 이해, 의심, 긍정, 부정, 의욕, 상상, 지각 등이 있다. 이러한 사유작용은 자신의 대상을 관념 속에 가진다. 가령, 책상 지각에서 지각이라는 사유작용은 책상이라는 대상을 관념적으로 표상한다. 지각의 직접적 대상은 실재하는 책상 자체가 아니라 이렇게 관념적으로 존립하는 책상 표상이다. 여기서 의식은 사유작용과 관념들로 이루어진 실체로 이해된다. 그것은 다른 실체, 곧 연장적 실체를 자신의 경계 바깥에 두고 있지만 지각의 순간에 흡사 문이 열리며 서로 만나게 된다. 의식은 본래 내적으로 완결된 존재 영역이다. 그것은 흡사 외부에 격벽을 치고 내부에 안주한다. 바로 그래서 세계는 '외부'세계가 된다. 의식은 자신의 내부에 머무른 채로 표상을 통해서만 '외부'세계를 인식한다. 이렇게 세계를 '외부'세계라고 부르는 데서, 의식을 외부와 단절된 내면 영역으로 이해(곧, 아래 밝힐 바와 같이 실은 오해)하고 있음이 여실히 드러난다.

고전적 접근 방식이나 현대의 표상주의적 지각이론 모두가 데카르트의 심물이원론이라는 형이상학을 명시적으로 수용하는 것은 아니다. 오히려 현대의 지각이론은 유물론을 지지하고, 경험론적 전통이나 칸트에게서도 의식을 영혼이라는 불멸적 실체로 간주하는 데카르트주의에 대한 강력한 비판이 발견된다. 그런데도 '현상 너머 실재'를 이끄는 세 전제를 공유하는 일단의 철학적 전통과 사조에는 여전히 앞서 묘사한 바와 같은 데카르트적인 의식 관념이 뿌리 깊이 남아 있다. 여전히 의식은 물체와 대비되는 것, 그것과 다른 방식으로 존재하는 어떤 것으로 여겨진다. 그것은 어떤 의미에서든지 간에 하나의 존재자라고 간주된다. 설령 유물론에서 말해지는 바와 같이 허구적 존재자일지라도 말이다.

특히 지각이 감각기관의 인과적 매개에 따라 산출된다는 논제에서 두드러지게 나타나는 바와 같이 근대 의식철학이나 표상주의적 지각이론에서 의식은 마치 신체 내부나 두뇌 내부에 존재하는 것처럼 이해된다. 그런 의식 외부와의 경계는 신체 표면에 그어진다. 말하자면 의식은 외부세계와 격리된 채로 자신의 존재 영역에만 머문다. 현대 유물론이든 근대 의식철학이든 똑같이 그런 의식 관념을 부지불식간에 수용한다. 단지 차이는 유물론이 그런 의식이 존재하지 않는다고 말하지만, 근대 의식철학은 그 실재성을 쉽게 부인하려 들지 않는다는 점이다. 이와 같은 출발점에서 '외부세계' 문제는 결코 해결될 수 없다. 데카르트처럼 전능하고 전선한 신의 존재를 도입하지 않는 이상 그렇다. 하이데거가 가르치듯이, 외부세계로부터 격리된 의식이라는 관념과 결별하지 않는 이상 '외부세계' 문제에서 탈출하기란 요원해 보인다.

이제 의식 혹은 우리의 마음을 전혀 새롭게 보려고 시도해보자. 의식은 감각 자료나 관념, 표상의 매개를 통해서 비로소 외부세계와 접할 수 있게 되는 어떤 것이 아니다. 의식 바깥에 세계가 따로 있지 않다. 의식은 아무리 비유적일지라도 그런 용기와 같은 내부 공간을 갖는 것으로 떠올려져서는 안 된다. 의식은 사유작용과 관념이라는 의식 내적 두 요소로 완성되어 있지 않다. 무엇보다도 의식되는 대상은 의식 내부에 관념적으로 존립하는 감각 자료나 표상이 아니다. 책상 지각에서 나는 나의 의식 안에 쌓인 감각 자료나 심적 표상을 통해서 책상을 지각하지 않고 곧장 실재하는 책상을 지각한다. 책상을 지각하기 위해서 나는 의식 내부에 위치하는 사적인 관념에 머물 수 없다. 의식 작용은 자신 안에서 완결될 수 없고 실재하는 책상과의 직접적 관계가 있어야 한다.

의식은 자체 내에 자기 영역을 소유할 수 있는 그런 것이 아니다. 우리가 아무리 나의 능력이나 소질을 나의 재산이자 소유물로 간주한다고 할지라도, 존재론적으로 '나' 또는 의식은 '외부세계'에 닫혀 있는 고립된 관념 영역을 소유하지 않는다. 우리는 일단 의식을 하나의 자기완결적 실체나 존재자가 아니라 일종의 관계로 이해하는 편이 낫다. 의식이란 대상과의 관계 맺기 방식 혹은 그런 모든 관계 맺기 방식들의 총괄에 다름 아니다. 의식은 매 순간 무수한 관계 맺기 방식들로 산재해 있다. 데카르트가 말하는 사유작용은 단지 그 가운데 일부에 불과하다. 나는 데카르트적 의미의 사유 이전에, 가령 특정한 대상을 지각하거나 인식하기 이전에 이미 항상 여러 대상과 관계 맺고 있다. 이를테면 이 순간 나는 책상을 지각한다. 하지만 그것을 지각하기 이전에 이미 내가 있는 공간인 강의실, 나를 지탱하는 의자, 옆자리의 학우 그리고 그 밖의 많은 대상과 관계 맺고 있다. 아니 사실 그렇게 다양하게 관계 맺고 있는 그 많은 것들은 아직 나에 대하여 엄격한 의미에서, 즉 마주 세워져 있다는 의미의 대상(對象, Gegenstand)일 수 없다. 지각되고 인식되는 객체들이야말로 엄격한 의미에서 대상이다. 아직 인식의 수준으로 떠오르기 이전의 무수한 존재자들은 나에 대하여 마주 세워져 있다기보다는 차라리 그저 내 '곁에' 있다. 의식이란 이처럼 아직 마주 세워지지도 않은 무수히 많은 존재자 곁에서 혹은 그 사이에서 그것들과 관계 맺는 총괄적 방식이다.

우리가 물리적 사물과의 관계에 열려 있다는 사실은 우리의 존재론적 본질에 속한다. 우리의 존재방식에 여하한 물리적 사물과의 관계가 필수적으로 포함된다. 물론 어느 특정한 물리적 대상과의 관계는 우리의 존재방식에 필수적이지 않다. 나는 저 책상을 지각할 수도 있고 그렇지 않을 수도 있다. 하지만 어떤 물리적 대상이든지 간에 나는 그것과의 관계 맺기를 결여한 채로 존재할 수 없다. 우리는 우리 자신의 존재를 자체적으로 완결된 실체가 아니라 사물들의 곁에서, 또 그 사이에서, 그것들과 관계 맺으며 그것들의 존재에 열려 있음으로 이해해야 한다. 우리의 존재는 사물들의 존재, 즉 그것들이 무엇인 바로서 현존함과 결속되어 있다. 우리가 우리의 의식 혹은 마음을 이렇게 이해할 때 '외부세계' 문제란 애당초 제기될 수 없다.

이상의 모든 논의에 대하여 단순히 의식 개념을 재정의함으로써 외부세계 문제를 피하고 있다는 비판이 제기될지도 모른다. 물리적 대상의 존재 여부나 그것의 인식 여부가 문제인 상황에서 의식을 그것과의 관계로 정의해버림으로써 문제 상황을 회피하고 있다고 말이다. 하지만 우리가 두 가지 의식 개념에서 하나를 선택해야만 한다면, 곤란한 형이상학적 문제에 연루되지 않는 의식 개념을 수용하는 것이 훨씬 더 나은 이론적 선택일 것이다. 오히려 정당한 비판은 앞서 제시한 의식 개념이 그다지 명료하지 못하고 모호한 구석이 많다는 지적일 것이다. 새로운 의식 개념을 기존의 데카르트적 의식 개념을 대체할 수 있을 정도로 선명하게 가다듬는 작업을 위해서는 할 일이 무척 많을 것이 분명하다.

외부세계와 맞서 있다는 데카르트적 의식 개념과 결별하고 세계에 열려 있는 의식이라는 개념을 수용한다고 해도 우리는 물론 특별한 경우에 어떤 사물이 정녕 실재인가를 의심할 수 있다. 하지만 세계 전체의 실재성을 의심하는 것은 불가능하다. 오히려 세계 전체의 의심 불가능성이 내가 지각한다고 믿는 대상의 의심 가능성을 위한 기초를 제공한다. 우리는 실제로 종종 가상을 실재라고 믿는 착각에 빠진다. 하지만 이러한 착각도 세계 전체의 실재성에 대한 신념을 토대로 이루어진다.

의식 바깥에 세계가 있고 표상을 통해서 간접적으로만 세계를 인식할 수 있다고 믿는 표상주의에 따르면 정말로 그 세계가 존재하는지를 확인할 방법이 없다. 그래서 외부세계 회의의 문제가 발생한다. 그러나 새로운 의식 개념에 따르면 의식은 세계와의 관계 맺음 자체이다. 세계는 애당초 의식 '외부'에 있지 않다. 그렇다고 다시 세계를 의식 '내부'에 있다고 상상해서도 안 된다. 의식은 안이나 밖을 나누는 경계선을 가지지 않기 때문이다. 의식을 실체화하는 이런 식의 그림이 모든 것을 오도하고 혼란스럽게 만든다. 그래서 어쩌면 (하이데거처럼) 의식이라는 오랜 관념을 단순히 버리는 편이 나을지도 모른다. 우리는 필연적으로 세계와 결부된 채로 세계에 열려 있다. 데카르트적 심신이원론에 입각한 의식 내부와 의식 외부의 구분이 이처럼 거짓으로 밝혀지면 자연히 외부세계 회의의 문제도 사라진다.

5. '통 속의 뇌'에 대한 퍼트넘의 논박

지각의 대상은 머릿속의 관념이 아니다. 의식 외부에 세계가 따로 있지 않다. 지각 대상은 우리에게 열려 있는 세계의 한 부분이다. 데카르트적 의식 개념을 해체하는 이상의 접근 방식은 존재론적이었다. 이러한 존재론적 통찰에 상응하는 언어철학을 내가 보기에 퍼트넘(Hilary Putnam)의 의미외재론에서 찾을 수 있다. 그에 따르면, 의미는 머릿속에 있지 않다. 이를 통해서 퍼트넘은 우리가 제1절에서 악신 가설의 현대적 판본으로 언급한 '통 속의 뇌' 가설을 물리친다.

퍼트넘의 결론을 먼저 확인한 다음에 어떤 논증에 따라서 그가 그런 결론에 이르는가를 검토하도록 하자. 그에 따르면, 통 속의 뇌는 실제 세계의 사물들을 지칭할 수 없다. 통 속의 뇌는 '통'이라는 말로 실제 세계의 통을 지칭할 수 없고 또한 '나무'라는 말로 실제의 나무를 지칭할 수 없다. 통 속의 뇌가 사용하는 언어로는 그 뇌가 담겨 있는 통을 비롯하여 모든 실재하는 사물들을 지칭할 수가 없다. 어떤 것을 지칭할 수 없다는 것은 그에 대해 유의미하게 말할 수도 생각할 수도 없다는 뜻이다. 따라서 이러한 퍼트넘의 주장이 참이라면, 통 속의 뇌는 자신이 통 속의 뇌일지도 모른다고 의심할 수조차 없다. '내가 통 속의 뇌일지도 모른다'라고 의심할 수 있으려면 통 속의 뇌는 실제의 통과 실제의 뇌를 지칭할 수 있어야만 할 것이기 때문이다. 그 의심은 자신이 실제의 통 안에 들어 있는 실제의 뇌일지도 모른다는 뜻이니까 말이다. 다시 말해서, 통 속의 뇌가 자신이 통 속의 뇌일지도 모른다고 생각할 수 있으려면, '통'이라는 낱말로 단지 시뮬레이션에 불과한 통 이미지가 아니라 실제의 통을 가리킬 수 있어야만 한다. 그러나 퍼트넘의 의미론적 결론에 따르면 통 속의 뇌는 자신의 언어로 그러한 지칭 능력을 갖출 수가 없다. 따라서 통 속의 뇌는 스스로 가설상의 의심을 해낼 수가 없다.

그렇다면 퍼트넘은 어떠한 근거로 그러한 결론에 이르는가? 퍼트넘은 통 속의 뇌 가설이 '마술적 지칭 이론'을 은밀히 전제한다고 지적한다. 그는 의미란 머릿속의 이미지이고 낱말은 이를 통해 대상을 지칭한다고 여기는 이론을 마술적 지칭 이론이라고 부른다. 그 이론에 따르면, 가령, '책상'이라는 낱말은 책상 모양의 심적 표상을 통해서 하나의 물리적 대상인 책상을 지칭한다. 이 이론을 '마술적'이라고 깎아내리는 이유는 그것이 심적 표상과 개별 책상 간의 지칭 관계가 어떻게 가능한가를 합리적으로 설명할 수 없기 때문이다. 로크는 심적 표상이 개별 책상과 닮았기 때문에 전자가 후자를 지칭할 수 있다고 보았다. 하지만 이와 같은 닮은꼴 지칭 이론은 여러 난점을 가진다. 개별 책상과 닮았다고 주장되는 심적 표상이 실제로 어떠한지를 결코 공적으로 확인할 수 없다는 난점을 논외로 하더라도, 심적 표상과 물리적 대상의 외견상의 유사성만으로는 결코 지칭이 설명되지 않기 때문이다. 즉, 설령 양자가 닮았음이 사실이라고 해도 그것이 지칭을 보장할 수 없다.

퍼트넘의 예시를 따라서 가령 개미가 모랫바닥에 그려낸 궤적의 형상이 실제의 나무 모습과 우연히도 완벽하게 똑같다고 가정하자. 그런 궤적 형상을 발견한다면 우리는 무척이나 놀랄 것이다. 그렇다고 해도 우리가 유별난 신비주의자가 아닌 이상 그 개미가 그 궤적으로 나무를 떠올리며 가리켰다고 말하지 않을 것이다. 개미의 궤적과 실제의 나무는 아무런 필연적 연관성이 없기 때문이다. 우리는 분명히 궤적의 형상과 실제 나무 간의 유사성은 순전히 우연적인 결과라고 치부할 것이다.

개미가 나무 그림 또는 아예 '나무'라는 문자를 자신의 궤적으로 완벽하게 그려낸다고 하더라도 그것이 나무를 가리킨다고 말할 수 없다. 마찬가지로 퍼트넘은 통 속의 뇌가 '나무'라고 말하면서 떠올리는 나무 이미지는 실제의 나무와 똑같다고 하여도 후자와 아무런 필연적 연관성이 없으므로 그것을 가리킬 수 없다고 지적한다. 개미의 궤적이 '나무'를 가리키는 듯한 착각이 얼핏 들기는 한다. 그러나 이 착각은 사실 개미가 아닌 우리가 '나무'라는 낱말이나 나무 그림으로 나무를 가리킬 수 있어서 생겨난다. 마찬가지로 통 속의 뇌가 나무 이미지나 '나무'라는 낱말로 실제의 나무를 가리키는 듯한 착각은 통 속의 뇌가 아닌 우리가 그 말로 실제의 나무를 가리킬 수 있어서 생긴다.

물론 통 속의 뇌가 보는 나무 이미지가 실제의 나무와 똑같은 이유는 개미의 궤적이 그린 나무 형상이 실제의 나무와 똑같은 이유와 다르다. 후자는 순전한 우연의 산물이다. 이를테면 바닥에 놓인 돌멩이를 피하다가 우연히 나무 형상을 그렸을 뿐이다. 반면, 통 속의 뇌가 보는 이미지가 실제의 나무와 똑같은 이유는 사악한 신경 과학자가 의도적으로 실제의 나무와 똑같은 이미지를 전기 자극으로 발생시켰기 때문이다. 그러나 이 경우에도 나무 이미지는 과학자의 주관적 의도 외에 실제의 나무와 아무런 연관성을 가지지 못한다. 과학자의 주관적 의도에 따라 통 속의 뇌가 나무 이미지를 가진다는 것은 장난기 많은 아이가 '나무'라는 글자 모양에 따라 움직이도록 개미의 움직임을 조종하는 것과 비슷하다. 이때 개미가 나무를 가리킬 수 없는 것처럼 통 속의 뇌도 실제의 나무를 가리킬 수 없다.

실제 세계의 거주자가 사용하는 '나무'라는 낱말은 그 화자가 실제의 나무와 관계 맺는 실천적 맥락에 따라 의미가 있으므로 실제의 나무를 가리킬 수 있다. 즉, 내가 직접 실제의 나무를 지각하면서 '나무'라는 말로써 그것을 가리키거나, 아니면 설령 내가 실제의 나무를 지각한 적이 단 한 번도 없을지라도 그런 경험을 가졌던 사람에게 나무가 무엇인지를 배움으로써, 또 그것도 아니라면, 우리가 '공룡'이라는 말로 어떤 인간도 본 적 없는 멸종한 공룡을 가리키는 경우처럼, '나무'의 의미를 결정하는 자연적 환경이나 조건을 부분적으로라도 경험함으로써 '나무'라는 말로써 실제의 나무를 가리킬 수 있다. 반면, 전기 자극으로 만들어진 시뮬레이션 세계의 거주자가 사용하는 '나무'라는 낱말은 실제 세계의 거주자가 사용하는 '나무'라는 문자나 발음이 과학자의 주관적 의도에 의해서 똑같이 만들어졌을 뿐이지 실제의 나무와 아무런 유의미한 연관성을 맺지 못한다. 그는 '나무'의 의미를 결정하는 어떠한 조건도 실제로 경험할 수 없다. 통 속의 뇌가 사용하는 '나무'라는 문자는 개미가 그려낸 '나무' 궤적과 마찬가지로 실제의 나무와 실질적 연관성을 가질 만한 실천적 맥락을 완전히 결여하고 있다.

통 속의 뇌가 '나무'라는 낱말을 내뱉으며 떠올리는 나무 이미지가 실제의 나무와 완벽하게 똑같다고 해도, 그 똑같음은 통 속의 뇌가 실제의 나무를 가리킬 수 있도록 해줄 수 없다. 통 속의 뇌가 갖는 나무 이미지는 통 속의 뇌를 설계한 과학자의 주관적 의도에 따라서 실제의 나무와 똑같은 외양을 가지도록 전기 자극으로 생성된 것이지 실제의 나무와 아무 관련이 없기 때문이다. 우리가 마술적 지칭 이론을 받아들일 수 없다면, 통 속의 뇌가 실제의 통을 가리킬 수 없다는 것도 받아들여야 한다.

이상의 논점을 퍼트넘이 드는 또 다른 비유로 설명해보자. 어떤 사람에게 문자 입출력 방식으로 컴퓨터와 대화를 나누도록 하자. 이때 그가 대화 상대방이 컴퓨터인지 사람인지를 분간할 수 없다면 그는 이른바 '튜링 검사'를 통과한 것이다. 수학자이자 논리학자로서 오늘날 컴퓨터 과학의 선구자로 불리는 앨런 튜링(Alan Turing)은 이 검사를 통과하는 컴퓨터는 의식 또는 지능을 가진 것이라고 주장한 바 있다. 퍼트넘은 튜링의 발상을 살짝 수정하여 의식이나 지능 여부가 아니라 지칭 여부에 관한 튜링 검사가 가능할지 묻는다. 그리고 그 물음에 부정적으로 답한다. 어떤 사람에게 마찬가지 방식으로 컴퓨터와 대화를 나누도록 한다. 그 컴퓨터는 한국어로 거침없이 답변한다. 돌발적인 질문에도 매번 그럴듯한 답변을 받으니 결국 그는 대화 상대방이 사람이라고 믿기에 이른다. 하지만 그 컴퓨터를 두고서 그것이 실제의 세계를 지칭한다고 간주할 것인가? 그렇지 않을 것이다. 그것은 한국어에 대한 어떤 물음에도 그럴듯하게 답변할 수 있도록 기계적으로 프로그래밍 되어 있을 뿐이다. 그러니 그 컴퓨터는 우리가 쓰는 한국어 낱말들과 문장들을 똑같이 쓸 줄 알지라도 실제 세계의 대상들을 전혀 가리키지 않는다고 말해야 할 것이다. 적어도 그 컴퓨터가 전기 눈, 전기 귀, 전기 손과 같이 물리적 세계를 감각적으로 수용하여 지각하는 기관을 가지고 있지 않다면 말이다. 그 컴퓨터는 세계를 지각하고 인식하는 능력이 없으므로 세계를 지칭하는 능력도 가질 수 없다. 개미의 궤적이 나무를 가리키지 않듯이 이 컴퓨터가 쓰는 '나무'라는 말도 나무를 가리키지 않는다. 통 속의 뇌 역시 '나무'라고 말하면서 실제 나무와 똑같은 이미지를 가진다고 해도 실제의 나무를 가리킬 수 없다. 저 컴퓨터가 우리가 사는 세계에 대하여 완전히 단절되어 있듯이, 통 속의 뇌도 실제의 세계에 대하여 완전히 닫혀 있고 단절되어 있다. 물리적 대상들을 감각기관을 통해 지각하고 실천적 맥락 속에서 이용하는 능력이 없는 통 속의 뇌는 어떠한 실제의 물리적 대상도 지칭할 수 없다.

통 속의 뇌 가설은 가상세계에서 살아가는 통 속의 뇌들이나 실제의 인간들이나 각자 자신의 심적 표상을 통해서 대상들을 지칭한다고 전제한다. 통 속의 뇌들도 실제의 인간들과 똑같은 심적 표상을 가지므로 자신의 심적 표상을 통해서 시뮬레이션 세계가 아닌 실제 세계를 지칭할 수 있다는 것이다. 그러나 그와 같은 지칭 이론은 지칭을 합리적으로 설명하지 못한다. 마술적 지칭 이론이 부당하다면, 통 속의 뇌 가설도 폐기되어야 한다. 통 속의 뇌가 보고 만질 수 있는 것, 실천적으로 관계 맺을 수 있는 것의 한계가 시뮬레이션 세계로 제한된다면, 그것이 말할 수 있는 것의 한계도 시뮬레이션 세계로 제한된다. 따라서 그것은 자신이 마치 실제 세계에 사는 화자인 듯이 통 속에 있는 뇌일지도 모른다고 실제로 의심할 수 없다.

6. 순수 객관주의적 환상과 '외부세계'라는 환상

퍼트넘은 마술적 지칭 이론의 허구성을 폭로함으로써 '통 속의 뇌' 가설이 필연적으로 거짓임을 드러낸다. 통 속의 뇌가 자신이 통 속의 뇌일지도 모른다는 의심을 수행할 수 있다는 가정은 시뮬레이션 세계 거주자가 시뮬레이션만을 직접 지각할 수 있으면서도 그것을 매개로 외부세계를 지각할 수 있다고 믿는 것과 같다. 그것은 재현적 실재론이 의식의 내면세계에서 관념만을 직접 지각할 수 있으면서도 그것이 외부세계의 실재와 닮았기 때문에 그 실재를 재현한다는 주장과 같다. 형이상학과 인식론에서 재현적 실재론의 대표자 로크가 언어철학에서 마술적 지칭 이론을 내세우는 것은 결코 우연이 아니다.

나는 지금 책상을 지각한다. 나는 책상이 주는 잡다한 감각 자료를 일정하게 조합한 결과로 책상을 지각하지 않는다. 나는 책상의 본질을 이해함으로써 책상을 지각한다. 나는 책상을 둘러싼 실천적 조건과 맥락을 전체적으로 이해함으로써 책상이 무엇인지를 이해하고 이러한 선이해의 배경 위에서 하나의 특정한 책상을 지각한다. 우리가 제1장에서 고찰했던 본질론은 우리가 사물의 본질에 열려 있음을 말해준다. 사물의 본질에 열려 있으므로 우리는 하나의 물리적 대상을 가령 책상이라고 지각할 수 있다. 우리가 사는 세계는 그러니까 단순히 물질 덩어리가 아니다. 그리고 실재는 감각기관을 촉발하는 물자체 같은 것이 아니라 바로 우리가 사는 세계이다. 그 세계는 본질로 충만하며, 우리는 본질의 선이해를 통해 세계의 존재자적 계기인 사물을 지각한다. 물질은 감각기관을 매개로 잡다한 감각 자료를 제공한다. 그러나 우리가 이해하고 지각하는 바의 물리적 대상, 가령 책상은 그런 물질에 불과한 것이 아니다. 그 물리적 대상은 책상이라는 본질에 거처하며 그 본질을 관통하여 자신을 책상이라는 하나의 존재자로 드러낸다. 이것이 우리가 책상을 지각함의 의미이다.

우리가 고찰한 본질론은 본질이 우리에게 열려 있어 그것이 사물 지각을 가능하게 한다고 말한다. 이에 따르면, 세계는 우리의 신체에 대해 격벽을 치고 우리에게 감각 자료나 관념만을 제공하는 그런 '외부세계'가 아니다. 본질로 충만한 세계는 처음부터 우리에게 열려 있다. 본질론이 우세했던 고대 그리스 철학에는 '외부세계' 문제가 없었다. 이는 그 당시 철학이 뒤처져서가 아니라 오히려 그 반대로 의식이나 우리 자신 그리고 세계에 대하여 왜곡된 상을 그리지 않았기 때문이다.

우리의 지각과 인식에서 원리적으로 독립된 세계를 가정하는 것은 제2장에서 논했던 바처럼 순수 객관주의적 환상의 열망으로 빠져드는 것과 같다. 본래 과도하게 높이 설정된 이상을 척도로 삼은 사람들이 회의주의의 길로 접어들기 마련이다. 그러니까 회의주의자란 환상적 열망에 따라서 이상을 잘못 설정한 사람이다. 우리의 지각과 인식에서 원리적으로 독립된 세계를 가정하면서 우리의 세계 인식을 불완전한 것으로 치부하려는 시도는 객관성의 신화에 넘어가는 것과 같다. 개념 상대주의는 역설적이게도 바로 이런 객관성의 신화에 뿌리를 두고 있다. 개념 상대주의는 우리의 개념틀과 언어, 패러다임으로부터 완전히 독립적인 '외부세계'를 순수한 객관 세계로 은연중에 상정한다. 그러고서는 우리가 인식하는 것은 흡사 그 객관 세계에다가 우리의 개념틀이나 언어라는 망을 투사한 결과물일 뿐이라고 폭로한다. 그러니 진리는 개념틀이나 언어에 상대적이라고 여겨진다. 진리에 대한 이러한 상대주의적 관념은 '외부세계'에 대한 잘못된 가정과 궤를 나란히 한다. '외부세계'

가 환상이라면, 재현적 실재론과 같은 완고한 객관주의만이 아니라 그것과 실은 동일한 가정에서 출발하는 상대주의도 똑같이 무너져야만 한다.

제 4 장

마음의 본성과 자유의지의 문제

1. 심리철학의 근본 문제

'존재한다'는 것은 무슨 뜻인가? 이것은 형이상학의 가장 근본적인 문제다. 이에 대해 어떠한 철학자도 간단히 답할 수 없을 것이다. 존재의 의미를 정의하는 것이 너무나 어렵다면, 대신 그저 어떠한 것들이 존재한다고 생각하는지 그 사례들을 한 번 나열해보자. 창밖의 나무들, 흙과 모래알, 해와 달 등등, 의자, 책상, 분필, 칠판 등등, 영희, 영수, 철수 등등, 물 분자, 수소 원자, 전자, 광자, 쿼크 등등. 우리는 흔히 이러한 유형의 대상들을 모두 존재한다고 부른다. 이때 우리는 '감각적으로 지각할 수 있음' 또는 '인과적 효력을 지님'을 막연히 존재의 의미로 전제하고 있는 셈이다. 거시적 세계를 구성하는 자연적 대상들, 도구적 대상들, 인간들은 모두 감각적으로 지각된다. 미시적 세계의 입자들 가운데에는 현미경을 동원하더라도 감각적으로 지각될 수 없는 것들도 포함된다. 그런데도 실험과 관찰을 통해 인과적으로 일정한 결과를 일으킬 수 있다고 검증된 대상들은 역시 존재한다고 여겨진다.

자, 그런데 우리가 영희나 철수가 존재한다고 말할 때, 단순히 감각적으로 지각될 수 있음을 뜻하는가? 혹은 인과적 효력을 지님을 뜻하는가? 영희나 철수는 저 나무들이나 이 의자들처럼 감각적으로 지각될 수 있다. 또한 이런저런 물체를 움직이는 결과를 일으킬 수 있다. 하지만 그들이 존재한다는 사실은 분명 눈으로 볼 수 있고 만질 수 있음이나 인과적 효과 이상을 뜻하는 것 같다. 우리가 그렇게 생각하는 이유는 아마도 그들이 감각적으로 지각되고 인과적 효과를 낳는 대상, 즉 신체 외에도 다른 무언가를, 곧 마음을 가지고 있다고 믿기 때문일 것이다.

우리는 사물과 달리 마음을 가진다. 그렇지만 '마음을 가진다는 것'이 무슨 뜻인가? 인간에게는 신체와 독립적으로 마음이 따로 존재한다는 뜻인가? 데카르트는 분명 그렇게 생각했다. 그에 따르면, 그 자체로 존재하는 것, 즉 실체에는 물체 외에 영혼이라는 유형이 있다. 물체는 연장적인, 즉 공간을 차지한다는 속성을 가지고, 영혼은 사유한다는 속성을 가진다. 데카르트적 심신이원론에 따르면 영혼은 물체의 일종인 신체로부터 독립적으로 존재한다.

하지만 순전히 비물리적인 실체가 정말 존재할 수 있을까? 영혼이란 불멸을 향한 종교적 갈망이 만들어낸 허구적 개념에 불과하지 않을까? 오늘날 신경과학은 인간의 감정이 호르몬의 작용에 불과하고, 또 인간의 사고 활동이 두뇌 신경세포 간의 전기적 자극에 불과함을 이미 입증한 것 아닌가?

마음이 뇌에 독립적으로 존재하는 실체라는 데카르트적 주장은 과학적 세계상에 익숙한 사람이라면 받아들이기 꺼림칙할 것이다. 마음은 뇌에 독립적일 수 없을 것이다. 다시 말해서, 마음은 뇌에 존재론적으로 의존적이다. 하지만 이는 다시 무슨 뜻일까? 마음이 뇌일 뿐이라는 뜻인가? 아니면 마음은 실은 존재하지 않고 뇌만이 존재한다는 뜻인가? 아니면 뇌에 의존하되 뇌와는 다른 무언가가 아무튼 존재하긴 한다는 뜻인가? 대체 마음의 존재를 어떻게 이해해야 할까?

마음을 둘러싼 철학적 문제는 그것만이 아니다. 영희가 허기를 느껴서 냉장고에서 우유를 꺼냈다고 치자. 영희가 허기를 느낌은 분명 마음에서 일어났다. 그런데 이 심리적 사건이 몸을 냉장고 앞으로 이동시켜서, 팔로 냉장고 문을 열어, 우유를 꺼낸다는 일련의 물리적인 사건을 일으켰다. 요컨대 심리적 사건이 물리적 사건을 일으킨 것이다. (데카르트적 실체이원론을 거부한다고 해도) 심리적인 것과 물리적인 것이 각기 의식과 연장(공간 차지)이라는 이질적 속성을 가진다면, 비공간적인 심리적 사건이 어떻게 공간상의 물리적 사건을 일으킬 수 있단 말인가? 더욱이 어떤 물리적인 사건이 비물리적인 원인에 의해 야기된다는 생각은 물리학의 근본 전제에 어긋나지 않는가? 심리적 사건이 원인이 되어 물리적 사건을 일으키거나 혹은 그 역의 인과 과정은 일상에서 늘 일어나는 것 같다. 공부하려고 마음먹고 책상에 앉는 과정, 신호등이 바뀌었다고 믿고 건널목에 발을 내딛는 과정, 발을 문에 찧어 고통을 느끼는 과정, 등에서 간지러움을 느끼고 손을 등 뒤로 돌리는 과정 등은 모두 심-물 인과의 과정이다. 이러한 인과 과정을 어떻게 설명할 수 있을까?

심-물 인과를 설명하는 한 가지 방식은 심리적 사건은 항상 물리적 사건을 원인으로 갖고 이 물리적 사건이 다른 물리적 사건을 일으킨다고 간주하는 것이다. 즉, 영희가 허기를 느끼는 심리적 사건은 두뇌의 특정 부위에서 전기적 자극이 발생한 결과 일어나고 그 전기적 자극이 또한 팔을 움직여 냉장고 문을 열도록 명령한다는 것이다. 이 설명에 따르면, 영희의 자유의지가 팔을 움직인다는 일상적 믿음은 틀린 것 같다. 영희가 배고픔을 느끼고 무언가를 먹어야겠다는 결심을 하게 되는 과정이 자유로운 의지의 발로라는 믿음은 실은 단지 환상인가? 물리계에서 일어나는 사건은 오로지 물리적인 것을 원인으로밖에 가질 수 없다면, 자유의지는 어떻게 성립할 수 있는가? 더욱이 인과 법칙의 필연성을 고려한다면, 물리계의 사건들은 모두 결정되어 있을 수밖에 없다. 이 결정론적 세계에서 자유의지가 어떻게 성립할 수 있단 말인가?

우리는 앞으로 심리철학에서 가장 핵심적인 문제 셋을 다음의 순서대로 논의할 것이다.

(1) 마음의 존재를 어떻게 설명할 것인가?
(2) 심신 인과는 어떻게 가능한가?
(3) 결정론적 세계에서 자유의지는 어떻게 성립할 수 있는가?

2. 마음을 설명하는 여러 이론

1) 분석적 심리철학의 기본 개념과 주요 입장

(1) 마음

물리적인 것과의 관계에서 마음의 존재를 설명하려는 여러 이론을 살펴보기에 앞서서 우선 마음이라는 개념을 이해해야 한다. 오늘날 심리철학을 주도하는 철학 사조는 분석철학이다. 따라서 우선 분석철학 진영의 심리철학적 논의를 따라가기 위한 몇 가지 기본 개념과 주요 입장을 훑어보고자 한다. 우리는 여기서 한국계 미국 철학자 김재권의 뛰어난 입문서 『심리철학(*Philosophy of Mind*)』(1996)을 길잡이로 삼을 것이다.

분석철학계의 대다수 철학자는 마음이 감각질(qualia)과 명제 태도(propositional attitude)라는 두 속성으로 이루어진다고 여긴다. 대략 이러한 두 속성은 우리가 앞에서 잠시 논했던 칸트의 철학에서 각각 감성과 지성에 상응하는 것이다.

감각질이란 가령 잘 익은 분홍빛 복숭아를 보면서 갖게 되는 특유의 질적인 느낌을 뜻한다. 복숭아의 분홍빛, 갓 지은 밥의 구수한 냄새, 초코케이크의 달콤함, 비단의 부드러운 촉감, 졸졸 흐르는 시냇물 소리와 같이 외부로부터 전달되는 감각 외에도 고통, 메스꺼움, 갈증, 허기와 같은 내적 감각, 그리고 공포, 분노, 전율, 경악, 좌절, 환희와 같은 감정도 형용하기 어렵고 사적으로 소유되는 어떤 특유한 질적 느낌을 형성한다. 그 모든 것들이 감각질이라고 불린다.

명제 태도란 문법상 목적절로 표현될 수 있는 명제에 대하여 취하는 다양한 태도를 뜻한다. 믿음, 의심, 긍정, 부정, 이해, 인식, 주장, 논박, 욕구, 희망, 후회, 한탄, 의도 등 언어적 구조상 목적절을 가지는 모든 지성적 활동들이 명제 태도이다. 가령, 영희는 러시아가 세계에서 가장 면적이 넓은 국가임을 믿고, 원주율이 유리수일지도 모름을 의심하며, 오늘 운전면허 시험에 합격하기를 욕구하고, 최근의 선거에서 자신이 지지하던 인물이 낙선한 것을 한탄한다. 언어로 이루어진 명제가 흔히 세계에 대한 일정한 사실이나 사태를 가리킨다, 즉 지향한다는 점에서 명제 태도는 지향적(intentional) 태도라고도 불린다.

(2) 물리주의와 제거주의

데카르트적 심신이원론을 포기한 오늘날 대다수 분석철학자는 독립적으로 존재하는 것, 즉 실체는 오로지 물리적인 개체들뿐이라고 공언한다. 거시적이든 미시적이든 물리적인 개체들은 그 자체로 존재한다. 그 외의 다른 실체란 없다. 즉, 마음은 만일 존재한다면, 물리적 실체에 의존적으로 존재할 수밖에 없다. 이러한 입장은 물리주의(physicalism)라고 불린다.

물리주의자는 마음을 실체로 간주하지 않는다. 그렇지만 모든 물리주의자가 감각질이나 명제 태도와 같은 속성의 존재까지 부정하지는 않는다. 반면에 심리적 실체만이 아니라 그 속성의 존재마저도 부정하는 완고한 물리주의의 입장을 지지하는 무리도 있다. 이들은 제거주의(eliminativism)라고 불린다. 콰인(Willard Van Orman Quine), 처칠랜드 부부(Paul & Patricia Churchland), 스티븐 스티치(Stephen Stich)와 같은 제거주의자에 따르면, 심리적 속성을 가리키는 표현들은 순전히 잘못된 통속 심리학의 용어들이다. '열소', '플로지스톤', '에테르' 등과 같이 과거의 이론적 필요로 가정되었으나 오늘날 그 지시 대상이 존재하지 않는다고 판명된 용어처럼, '고통'이나 '믿음', '욕구' 등 심리 작용을 가리킨다고 믿어져온 용어들은 실은 과학이 발전하면 결국에는 폐기되어야 할 용어들일 뿐이다. 존재하는 것은 오로지 두뇌의 무수한 신경세포들과 시냅스 그리고 거기에서 일어나는 전기적 신호의 전달들 뿐이다. 제거주의자는 감각질이나 명제 태도란 가상에 불과하다고 천명한다.

하지만 명제 태도가 존재하지 않는다면, 퍼트넘(Hilary Putnam)이 『표상과 실재(*Representation and Reality*)』(1988)에서 지적하였듯이, 인간의 욕구와 의도가 전제된 모든 사물, 즉 의자와 책상을 비롯한 모든 도구도 존재할 수 없다. 어쩌면 제거주의자는 이러한 결과를 얼마든지 받아들일 용의가 있을지도 모른다. 그러나 퍼트넘은 더 강한 반대 논증을 제시한다. 진리 개념은 믿음 개념에 의존적이다. 여러 진리론에 따라서 진리 개념이 달라지지만, 그 어떠한 개념도 진리 내용에 대한 믿음이나 이해를 전제할 수밖에 없다. 따라서 '믿음'을 비롯한 심리적 용어를 제거하려는 제거주의자는 진리 개념 또한 제거해야만 한다. 하지만 그들도 제거주의가 참임을 주장하려면, 진리 개념을 사용할 수밖에 없으므로 수행적 모순을 범하게 된다. 더욱 단순한 논증 형식으로 다음과 같이 반문할 수 있겠다. 제거주의자는 과연 스스로 제거주의가 참임을 믿을 수 있는가? 그러한 믿음이 이미 제거주의를 부정하므로 자기 논박적이지 않은가? 나아가 제거주의자는 인식론적 회의주의뿐만 아니라 도덕적 회의주의와 실존적 회의주의에서 벗어날 수 없을 것이다. '지식', '도덕', '삶의 의미' 등이 모두 다 허구를 가리키는 말에 불과할 것이기 때문이다.

(3) 심신 수반(supervenience), 의존, 환원

제거주의자는 심리적 속성의 존재를 부정하지만, 그렇지 않은 물리주의자는 심리적 속성이 물리적 세계에서 대체 어떻게 존재할 수 있는가를 설명해야만 한다. 그들은 흔히 심리적인 상태나 사건은 물리적인 상태나 사건에 '수반한다'라고 말한다. A가 B에 수반한다는 것은 B에서 아무런 차이가 없다면 A에서도 아무런 차이가 있을 수 없음을 뜻한다. 가령 (소박한 미학 이론의 가정 하에서) 미적 속성은 물리적 속성에 수반한다. 만일 두 조각 작품이 물리적으로 완벽하게 똑같다면, 그것들은 미적으로도 완벽하게 똑같을 수밖에 없다. 또한, 한 조각가가 원재료에다가 일정한 물리적 속성을 부여했다면, 그것만으로 이미 미적 속성도 모조리 결정되었을 수밖에 없다. 마찬가지로 심리적인 속성이 물리적 속성에 수반한다는 것은 두 대상의 물리적 속성이 모두 똑같다면 심리적인 속성에서도 모조리 똑같을 수밖에 없음을 뜻한다. 가령, 만일 두뇌 상태가 완벽하게 일치하는 두 사람이 있다면, 그들의 생각과 감정도 완벽하게 똑같을 수밖에 없다. 또한, 만일 어떤 사람의 물리적 상태가 2016년 7월 21일과 2026년 7월 21일에 완벽히 똑같다면, 그 사람은 두 시점에서 완벽히 똑같은 심리적 상태에 있을 수밖에 없다.

엄격히 말하여 심신 수반 논제는 물리주의를 함축하지 않는다. 심리적인 것과 물리적인 것이 완벽하게 공변(共變)하면서도 둘 사이에 아무

런 직접적 관계가 없는 경우가 논리적으로 가능하기 때문이다. 믿기는 극히 힘들겠지만, 순전히 우연히 양자가 언제나 일치할 수도 있다. 아니면 라이프니츠의 예정조화설에서처럼 어떤 초월적 존재자가 심리적인 것과 물리적인 것이 매 순간 일치하도록 우주의 탄생 시점에 미리 조정해둔 것일지도 모른다. 우연적이든 초월적 존재자의 의도이든, 심리적인 것이 물리적인 것에 수반하면서도 물리적인 것에 전혀 의존하지 않는 가능성이 배제되어야만 할 필연적 이유는 없다.

그래서 물리주의자는 심신 수반보다 강한 심신 의존 논제를 제시한다. 이에 따르면 모든 심리적인 상태와 사건은 물리적인 상태나 사건에 의존한다. 즉, 심신 수반은 단지 우연적 일치나 초월적 존재자에 의한 사전 배열의 결과가 아니다. 심리적 사건은 모두 물리적 사건에 달렸다. 앞서 예시된 미적 속성의 물리적 속성에 대한 관계는 단지 수반이기만 한 것이 아니라 의존으로 보아야 할 것이다. 미적 속성이 단순히 물리적 속성과 일치하는 것이 아니라 바로 그것에 의해서 결정되는 것으로 보이기 때문이다. 심리적인 상태가 두뇌의 상태에 의존한다는 심신 의존 논제는 물리주의와 잘 어울린다. 심신 의존 논제와 결합한 물리주의는 독립적으로 존재하는 것은 물리적 실체뿐이고, 그 밖에 존재하는 것들은 모두 이 물리적 실체의 상태들이거나 아니면 이 물리적 상태들에 의존적이라고 주장한다.

비제거주의적 물리주의자는 심신 의존을 주장한다. 그런데 그들 중 일부는 다시 심신 의존을 넘어서 심신 환원을 주장한다. 심신 환원에 따르면, 심리적 속성은 **다름 아니라** 물리적 속성이다. 물리적 속성 그 이상은 조금도 아니다. 심리적 속성을 물리적 용어와 이론으로 정의하는 데 성공하면 심신 환원이 이루어진다고들 한다. 그때 심리적인 용어로 가리키고자 하는 바는 모두 물리적인 용어로도 가리킬 수 있다. 심리적인 용어로 설명할 수 있는 현상은 모두 물리적인 용어로도 설명할 수 있다. 심리적인 속성을 지배하는 법칙은 모두 원칙적으로 물리적인 법칙으로부터 도출할 수 있다. 심신 환원이 이루어진다면, 적어도 이론적으로는 심리학과 심리학적 용어는 더는 필요하지 않게 된다. 심리학이 표현할 수 있는 모든 것들이 (신경생리학을 포함하여 물리적인 것을 다룬다는 광의의) 물리학에 따라 표현될 수 있지만, 그 역은 성립하지 않기 때문이다. 물론 그것들이 물리학에 따라 표현되려면 너무나 복잡하고 긴 수식이 필요하므로 편의상 심리학이 선호될 것이다. 하지만 순수 이론적 관점에서는 심리학이 물리학과 별개로 성립해야 할 이유는 없어지게 된다.

(4) 창발론 및 주요 이론 개괄

환원주의자들은 마음이 우주에서 특별한 지위를 가진다는 발상에 반대한다. 반면 로저 스페리(Roger Sperry)나 그를 계승한 마이클 가자니가(Michael Gazzaniga)와 같이 저명한 신경과학자 몇몇은 환원주의를 거부하고 창발론(emergentism)을 주창한다. 이들은 존재하는 것은 모두 물리적이라는 물리주의의 입장을 기본적으로 견지하면서도 물리적 소립자들의 집합이 일정 수준 이상의 복잡한 시스템을 가지게 되면 그로부터 전혀 새로운 질적 속성이 출현한다고 주장한다. 가령, 벽돌로부터 도시가 창발하고, 자동차로부터 교통체증이 창발한다는 식이다. 가자니가는 “배기 밸브 같은 부속만 따로 떼어놓고 본다면 평일 오후 5시 15분에 고속도로가 꽉 막힌다는 사실은 전혀 예측할 수 없을 것”이고 “자동차 부속의 차원에서는 교통이라는 현상을 분석할 수 없[다]”라고 단언한다.[1] 마찬가지로 두뇌의 복잡한 신경 체계로부터 정신이 창발한다는 것이다. 창발한 심리적 속성은 신경적 기반에 발생적으로 의존적일

1) 마이클 가자니가, 『뇌로부터의 자유』, 박인균 옮김, 추수밭, 2012, 207쪽.

지라도 그것으로 환원될 수 없고 또 그에 따라 설명될 수 없다. 심리적 속성들은 전혀 새롭게 나타난 질적 속성으로서 그 신경적 기반에 따라서 설명할 수 없다.

주류 분석철학자 가운데에는 존 설(John Searle)이 창발론에 가까운 견해를 보인다. 하지만 심리철학을 주도하는 대다수 분석철학자는 창발론이 마음과 의식을 신비한 것으로 만든다면서 받아들이려 하지 않는다. 그들은 대체로 심신 환원 논제를 받아들이는 물리주의, 즉 환원적 물리주의를 지지한다. 환원적 물리주의는 20세기 초 행동주의(behaviorism)로, 중반 이래로 마음-두뇌 동일론(mind-brain identity theory)이라는 새로운 형태로 등장하였고 오늘날까지도 많은 지지 세력을 갖고 있다. 한편, 1960년대 후반 퍼트넘은 동일론의 심신 환원을 반대하면서도 창발론과 달리 마음의 설명을 거부하지 않는 기능주의(functionalism)라는 새로운 사조를 일으켰다. 이 밖에도 비슷한 시기에 데이비슨(Donald Davidson) 역시 비환원적 물리주의로 간주되는 무법칙적 일원론(anomalous monism)을 주창하였다. 무법칙적 일원론에 대해서는 자유의 문제와 함께 이후에 상세히 논할 예정이다. 지금은 분석적 심리철학의 대표적 사조인 행동주의, 동일론, 기능주의가 각각 마음을 어떻게 설명하는지 살펴보도록 하자.

	라이프니츠	창발론	환원론 (행동주의, 동일론)	기능주의	무법칙적 일원론	제거론
심신 수반	○	○	○	○	○	○
속성 이원론	○	○	△	△	○	×
심신 의존	×	○	○	○	○	○
심신 환원	×	×	○	×	×	×

[표 1. 마음이론과 심신 관계]

2) 행동주의

19세기 말 심리학계에는 내성주의라는 방법론이 지배하고 있었다. 당시 심리학은 근대를 지배했던 의식 철학의 배경에 따라 연구자가 자기의 의식 내면을 반성하고 분석하는 방법으로 진행되었다. 특히 미국의 실용주의 철학자였던 윌리엄 제임스(William James)는 이 내성주의 방법론을 토대로 심리학을 독립적인 학문의 지위로 끌어올렸다. 그러나 20세기 초 왓슨(John B. Watson)이나 스키너(B. F. Skinner) 같은 과학자들에게 내성주의는 과학의 객관성이라는 기준을 충족하지 못하는 것으로 보였다. 이들은 내성주의를 포기해야만 심리학이 객관적이자 경험적인 자연과학으로 거듭날 수 있으리라 믿었다. 내성주의 대신에 이들이 제시한 방법은 공적으로 식별 가능한 행동의 관찰이었다. 심리학이 내면적 의식에 관한 연구에서 공적으로 관찰할 수 있는 행동에 관한 연구로 전환된 것이다.

행동주의자는 생명체가 어떤 심리 상태 M을 갖는다는 것을 특정한 자극이 주어졌을 때 특정 행동 B를 행한다는 것으로 정의한다. 즉, 심리 상태를 자극-반응 행동의 패턴으로 환원한다. 가령, '허기를 채우기를 원함'(M) = '먹을 것을 주면 집어 먹음'(B)이라는 등식이 성립한다고 주장한다. 여기서 행동이란 순전한 생리적 반응이나 신체 운동과 같이 심리적 요소가 없는 움직임을 뜻한다. 내성주의자가 중요하게 여겼던 순수하게 내면적인 의식 활동들, 가령 이해, 추리, 계산, 판단 등이 배제될 뿐만 아니라 신체 운동이 동반되더라도 정신적 작용으로 간주되는 움직임들, 가령 길거리에서 시위함, 신문을 읽음, 시험 문제에 답을 작성함 따위도 모두 행동 개념에서 배제된다. 행동주의자에 따르면, 심리 상태에 대한 과학적인 정의란 모름지기 (피정의항, 곧 심리 상태를 설명해주어야 할) 정의항에 의식 내면적인 용어를 가져서는 안 되기 때문이다.

하지만 심리 상태에 대한 행동주의적 정의는 적어도 두 가지 난점을 가진다. 행동주의적 심신 환원은 고통과 같은 감각들이나 단순한 수준의 명제 태도에 대해서는 일견 성립할 수 있을 듯도 하다. 하지만 고차적인 수준의 명제 태도를 행동주의가 어떻게 설명할 수 있을지는 거의 상상하기조차 어렵다. 일례로 21세기에 서구 자본주의 사회가 독일에서부터 몰락하기 시작할 거라는 믿음은 어떻게 일련의 행동으로 정의할 수 있는가? 혹은 2020년 미국 대선에서 트럼프 전 대통령이 재선에 실패한 원인은 위스콘신 주에서의 우편 투표 개표 조작 탓이라는 믿음은 어떠한가? 그러한 믿음을 심리적 요소가 완전히 배제된 관찰 가능한 일련의 행동들로 엄격하게 정의한다는 것은 사실상 불가능해 보인다.

행동주의에 대한 더욱 결정적인 반대 논증은 믿음과 욕구의 전체론적 성격에 기인한다. 가령, 행동주의자가 무수히 많은 관찰을 종합하여 결국 M1이라는 심리 상태를 B1으로 정의하였다고 하자. 그렇다면 누군가가 M1을 가질 경우, 그는 일정한 자극조건이 형성될 때 반드시 B1을 행해야만 한다. 그러나 믿음과 욕구는 다른 믿음 및 욕구와 무한한 결합 가능성을 가지기 때문에 M1을 가지고서도 B1을 향한 욕구를 차단하는 다른 심리 상태 M2를 가질 가능성이 항상 남게 된다. 가령, 상기 사례에서 허기를 채우기를 원할지라도 다이어트를 꼭 성공시키겠다는 다른 욕구를 함께 가지고 있다면 초콜릿이 주어진다는 자극조건의 형성에도 불구하고 그것을 먹지 않을 수 있다. 이런 반론에 대해서 행동주의자는 이제 '허기를 채우기를 원함'(M1) + '다이어트에 대한 욕구가 없음'(M2)을 B1으로 환원하는 식으로 대응할 수도 있을 것이다. 그러나 문제는 다시 돌아올 것이다. M1과 M2를 가지면서 또한 가령 '금욕 훈련을 하길 원함'(M3)이라는 심리적 상태를 가진다면 여전히 초콜릿에 손을 대지 않을 것이다. 요점은 아무리 행동주의자가 정교하게 심리적 상태를 자극-반응 행동 패턴으로 정의하려고 시도하더라도 믿음과 욕구의 전체성으로 인해 항상 새로운 심리적 상태를 변수로 개입시켜 그 정의에 대한 반례를 제시할 수 있다는 것이다.

3) 두뇌-마음 동일론

두뇌의 신경적 상태와 마음이 매우 밀접한 상관관계를 갖는다는 사실은 오늘날 자명하게 여겨진다. 수많은 신경과학 실험 사례는 두뇌의 특정 부위에서 일어나는 전기적 신호 자극이 의식의 다양한 사건들과 체계적으로 결합하여 있음을 너무나 분명하게 보여준다. 사실 두뇌와 마음의 뚜렷한 상관관계는, 스위스 철학자 페터 비에리(Peter Bieri)가 지적하듯이, 아스피린을 먹고 효험을 봤던 사람이라면 누구나 신경과학의 보고를 듣기 이전에도 이미 잘 아는 바다.[2] 두뇌 상태와 마음 상태의 상관관계는 심신 수반과 심신 의존을 넘어 심신 환원 논제로 표현될 수 있다. 1950년대 말 신경과학의 발달을 배경으로 심리적인 것과 신경적인 것이 같다는 이론이 플레이스(U. T. Place), 파이글(Herbert Feigl), 스마트(J. J. C. Smart) 등에 의해 제기되었고 이후 암스트롱(D. M. Armstrong), 김재권 등에 의해서 계승, 발전되었다.

이들의 심신 환원 논제에 따르면 심리적인 것은 신경적인 것에 다름 아니다. 이를테면 신경과학자들이 피험자가 고통을 느낀다고 보고할 때 매번 C-신경 섬유가 작동함을 확인하였다고 치자. 그렇다면 고통이란 C-신경 섬유의 작동에 다름 아니다. 곧 고통과 C-신경 섬유의 작동은 똑같다. '고통'이라는 낱말이 지시하는 바와 'C-신경 섬유의 작동'이라

---

2) Peter Bieri, "Unser Wille ist frei", *Spiegel* Online, 2005년 10월 1일. https://www.spiegel.de/spiegel/a-336006.html.

는 용어가 지시하는 바가 같다. 두 낱말이 동의어라는 것은 아니다. 누구나 '고통'의 의미는 이해하지만, 'C-신경 섬유의 작동'이 무슨 의미인지는 모를 수 있다. '샛별(morning star)'과 '개밥바라기(evening star, 저녁별)'는 모두 금성을 지시하지만, 두 낱말은 의미가 다르다. 마찬가지로 '고통'과 'C-신경 섬유의 작동'은 의미가 다르지만 지시하는 대상이 같다.

과학 이론은 선과학적이고 거시적인 개념을 과학적이고 미시적인 용어로 대치함으로써 그 개념을 설명해왔다. 과학은 가령 물은 H_2O임을, 빛은 전자기 방사임을, 유전자는 DNA 분자임을, 온도는 분자의 평균 운동에너지임을, 번개는 공기 중 전기의 방전 현상임을 밝혀냈다. 마찬가지로 신경과학은 고통이 C-신경 섬유의 작동임을 밝혀낸다는 것이다. 동일론자는 이러한 과학 이론의 개념 설명 방식을 따라서 고통 개념을 설명한다. 온도의 변화 체제를 분자의 운동에너지 변화로부터 설명할 수 있고, 유전적 특성의 세대 간 전달을 DNA 분자의 구조적 특성으로부터 설명할 수 있듯이, 고통이 가지는 인과적인 역할을 C-신경 섬유의 작동으로부터 설명할 수 있다. 고통은 전형적으로 생체 조직의 손상으로 일어나고 움츠림과 신음을 일으킨다. 즉, 고통은 생체 조직 손상과 움츠림 및 신음을 매개하는 인과적 역할을 가진다. 그런데 이 인과적 역할이 신경과학적 연구로 C-신경 섬유의 작동에 따라 수행됨이 밝혀졌다. 따라서 고통은 C-신경 섬유의 작동에 다름 아니다.

동일론은 행동주의의 세련화한 과학적 형태로서 오늘날에도 여전히 상당한 인기를 끌고 있다. 하지만 다음과 같은 세 가지 반대 논증에 부딪치는 것으로 보인다.

(1) 심신 환원은 제거주의와 달리 심리적인 용어가 잘 정립되어 있음을 전제로 한다. 즉, '고통'을 'C-신경 섬유의 작동'으로 환원하려면 우

선 환원 대상인 고통 개념이 확립되어 있어야 한다. 신경과학자들은 고통 개념을 생체 조직의 손상으로 인해 움츠림과 신음을 유발하는 심리적 상태로 파악한다. 그러나 이렇게 정의된 고통 개념은 다시 행동주의적 환원을 전제로 한다. 즉, 고통을 생체 조직 손상이라는 자극에 대한 움츠림 및 신음 반응이라는 행동으로 환원한 것이다. 그러나 우리는 이미 행동주의적 환원의 문제점을 앞서 확인하였다. 이러한 문제점을 먼저 해소하지 못한다면 동일론적 심신 환원도 마찬가지로 문제적일 수밖에 없는 듯하다.

(2) 심신 환원이 성립하려면 고통을 비롯한 감각질만이 아니라 명제 태도도 두뇌 작용으로 환원할 수 있어야 한다. 감각질이 환원될 수 있는가의 문제는 차후 다시 논의 예정이니 일단 접어두고, 여기에서는 명제 태도에 대한 환원이 가능할지만 따져보자.

어떠한 명제 태도를 일정한 두뇌 상태로 환원하기 위해서는, 위의 첫 번째 반대 논증에서 고통 개념이 그래야 했던 것과 마찬가지로, 우선 그 명제 태도의 의미를 엄밀하게 정의할 수 있어야 한다. 가령, 철수가 러시아는 세계에서 가장 면적이 넓은 나라라고 믿는다고 하자. 이러한 철수의 믿음을 두뇌 상태로 환원하기 위해서는 '러시아는 세계에서 가장 면적이 넓은 나라라는 믿음'이 무슨 뜻인지를 확정할 수 있어야 한다. 그렇지 않으면 실험자는 피험자 철수가 과연 그런 믿음을 갖는지를 확인할 수 없을 것이다. 그 믿음이 무슨 뜻인지를 그런 식으로 결정해두지 못한다면, 그 믿음을 두뇌 상태에 관한 신경과학적 용어로 포착하려는 시도를 시작할 수조차 없다.

그런데 콰인, 데이비슨, 퍼트넘 등 현대의 주요 언어철학자들에 따르면, 한 명제의 언어적 의미는 믿음 체계의 전체론적인 이해를 배경으로 합리성에 의해 해석될 수 있을 따름이다. 한 명제의 의미는 수많은 다른 명제의 의미에 의존적이다. 한 명제의 의미는 암묵적으로 전체적 배경을 이해함으로써 결정된다. 언어적 합리성은 이 전체론적 배경지식에 늘 의존하므로 그때그때의 상황에서 언표된 명제의 의미를 해석하는 데 부족함이 없다. 하지만 전체론적 배경지식이라든가 합리성 자체를 도외시한 채로 한 명제의 의미를 결정하는 것은 불가능하다. 우리는 한 명제의 의미를 우리의 전체론적 배경지식에 따라 아주 분명하게 파악하지만 그러한 배경지식을 조금도 공유하지 않은 누군가에게 제한된 수의 문장으로 전달할 수 없다. 즉, 한 명제의 의미에 대한 올바른 해석이라고 하는 것은 유관한 **수많은** 다른 명제를 전체적으로 합리적으로 이해함으로써 가능해지고, 한 명제의 올바른 뜻풀이가 어떤 것인지를 전체론적 배경지식 도입 없이 유한한 수의 명제만으로 확정해낼 수 없다.

이처럼 명제의 의미가 전체론적 성격에 따라 확정 불가능하다면, 명제 태도의 신경적 상태로의 환원이든 다른 어떤 상태로의 환원이든, 환원도 불가능할 수밖에 없다. 심적인 것의 물적인 것으로의 동일론적 환원이 엄격하게 성공하려면, 물적인 것을 기술하는 신경과학적 언어만으로 심적인 것을 완벽하게 전달할 수 있어야만 한다. 그러나 앞서 논한 의미 전체론적 결정 불가능성 논제는 하나의 심적인 것, 곧 어떠한 믿음은 다른 수많은 믿음의 체계를 배경으로 해서만 전달될 수 있을 뿐이지 그러한 믿음 체계의 배경 없이 순수하게 신경과학적 언어만으로 콕 집어내어 전달될 수 없음을 말해준다.

하나의 심리적 상태가 다른 무수한 심리적 상태에 의존적일 경우, 그 심리적 상태를 비심리적 상태로 환원하는 것이 불가능하다는 사실은 행동주의에 대한 비판에서 이미 확인되었다. 두뇌-마음 동일론에 대해서도 본질적으로 같은 비판이 성립한다. 하나의 명제 태도의 의미가 의미 전체론에 따라서 다른 무수한 언어적 의미에 의존적이라면, 그 명제 태도를 물리적 상태로 환원하는 것은 불가능하다.

이쯤에 이르면, 물리주의자는 결국 동일론을 포기하고 제거론으로 넘어가기에 십상이다. 제거론자는 바로 그런 이른바 의미의 확정 불가능성이 통속 심리학의 허구성을 보여주는 증거라고 말할지도 모른다. 심신 환원이 불가능함을 깨닫게 된 물리주의자는 이제 심리 상태들을 나타내는 용어들을 자연히 허구로 간주하게 된다. 과학적으로 파악할 수 없는 것들은 순전한 무의미한 소리일 뿐이라는 식으로. 하지만 이러한 제거론에 대해서 반환원론자는 물론 진짜 문제는 환원주의적 접근법이지 명제 태도가 아니라고 대꾸할 수 있다.

(3) 동일론에 대하여 제기된 반론 가운데 가장 많은 지지를 얻은 반론은 퍼트넘의 '다수 실현 가능성' 논제이다. 만일 동일론자가 주장하듯 심리적 상태가 신경적 상태로 환원된다면, 가령 고통 상태에 있는 모든 종의 생명체들은 공통의 신경적 상태를 가져야만 한다. 그러나 파충류나 연체동물은, 어쩌면 어류도, 인간과 다른 신경 구조를 가질지라도 똑같이 고통을 느낄 수도 있지 않을까? 왜 모든 생명체가 외부의 신체적 자극에 대한 회피 체제를 인간과 똑같은 신경 구조 속에서 진화시켰으리라고 가정해야만 하는가? 짐작건대, 고통은 생존에 유리하도록 환경에 적응하는 진화과정의 산물일 것이다. 그렇다면 C-신경 섬유의 작동이 아니라 다른 신경적 상태에서 고통을 느끼는 생명체도 충분히 있을 법하지 않은가? 나아가 우리와 다른 물리적, 생화학적 구조를 지닌 외계인이 우리와 같은 유형의 심리적 상태를 가질 수도 있지 않을까? 어쩌면 고도의 인공지능도 우리와 같은 심리적 상태를 가질 수 있지 않을까? 만일 그와 같이 하나의 심리적 상태가 다수의 물리적 상태에서 똑같이 실현된다면, 동일설의 심신 환원은 불가능하다.

이러한 다수 실현 논변에 대한 동일론자의 전형적 대응 방식은 심리적 속성을 실현하는 다수의 물리적 속성을 선언(disjunction)으로 연결하는 전략이다. 즉, 심리적 속성 M(가령, 고통)을 'P1(가령, 포유류에게서의 C-신경 섬유의 작동) 또는 P2(가령, 연체동물에서의 D-신경 섬유의 작동) 또는 P3(가령, 파충류에게서의 E-신경 섬유의 작동) 또는 … Pn'이라는 식으로 정의하는 것이다. 그러나 물론 한 유형의 심리적 속성을 이렇게 여러 유형의 신경적 속성들의 선언과 동일시하는 것을 과연 심신 환원이라고 여길 수 있는지 의문을 제기할 수 있을 것이다. 신경적 속성들의 선언은 어디까지나 하나의 선언일 뿐이지 그 자체가 하나의 신경적 속성은 아니기 때문이다.

동일론자는 이러한 난점으로 인해 차선의 대응책으로 부분적 환원의 전략을 취할 수도 있을 것이다. 즉, 그는 여전히 고통은 적어도 인간 종에 한정해서 C-신경 섬유의 작동과 동일하다고 주장할 수 있을 것이다. 그러나 이러한 주장은 마음-두뇌 동일론의 핵심인 환원론적 발상이 좌초하였음을 시인하는 것과 다를 바가 없는 듯하다. 만일 고통이 인간 종의 경우에는 C-신경 섬유에 의해서, 연체동물의 경우에는 D-신경 섬유에 의해서 실현된다고 가정하자. 이때 동일론자는 고통이 유기체 종별로 부분적 환원이 이루어졌다고 주장할 것이다. 심리적인 것을 물리적인 것으로 환원한다는 말은 본래 전자를 후자를 통해서 정의하고 설명한다는 뜻이다. 그런데 이른바 부분적 환원 전략은 부분적으로 환원되는 각각의 것들이 어째서 하나의 동일한 유형에 속하는가를 신경과학적으로 설명할 수 없게 된다. 인간 종에서 C-신경 섬유에 의해서 실현되는 심리적 상태와 연체동물에서 D-신경 섬유에 의해서 실현되는 심리적 상태가 어째서 고통이라는 하나의 동일한 유형에 속하는가를 동일론적 환원론자는 자신의 이론에 따라서 설명할 수 없다. 그 설명은 고통에 대한 비신경과학적인, 즉 심리적 개념에 의해서만 제시될 수 있을 뿐이다.

4) 기능주의

1970년대 이래로 컴퓨터 과학이 성장하면서 인간의 지능을 컴퓨터의 기능에 빗대어 이해하려는 관점이 확산하였다. 거기에 퍼트넘이 다수 실현 가능성 논제를 제시하면서 심신동일론은 심리철학계에서 더는 독보적인 자리를 차지하지 못하게 되었다. 퍼트넘을 비롯한 몇몇 철학자들은 이제 마음을 물리적 상태가 아니라 일정한 입력에 대하여 일정한 출력을 일으키는 인과적 기능으로 정의한다. 기능주의는 다수 실현 가능성 논제와 밀접히 연결되어 있다.[3] 인간, 연체동물, 어류, 어쩌면 외계인, 그리고 어쩌면 고도의 인공지능까지 모두가 다른 물리적 기반을 갖추고 있으면서도 동일한 유형의 심리적 상태를 가진다고 말할 수 있는 이유는 물리적으로 다르게 실현되는 각 심리적 상태들이 인과적으로는 동일한 기능을 맡고 있기 때문이다.

심리적 상태를 인과적 기능으로 정의한다는 말이 무슨 뜻인가? 가령, 오토바이, 차량, 비행기 등에 쓰이는 원동기 개념을 떠올려보자. 탈것은 동력을 얻는 다양한 방식을 가질 수 있다. 내부 실린더에 휘발유나 경유 같은 연료를 연소시키는 방식이 차량에서 일반적으로 활용되지만, 증기의 열에너지를 이용하거나, 프로펠러를 이용할 수도 있고, 배터리를 충전한 다음 전기로 모터를 돌릴 수도 있다. 이렇게 물리적으로 실현되는 방식은 다양할지라도 그 모든 것들을 원동기라는 용어로 묶어 부를 수 있는 이유는 그것들이 모두 탈것을 움직이게 하는 동일한 인과적 기능을 수행하기 때문이다. 일반적으로 인간이 제작하는 도구는 이

---

3) 나는 여기서 김재권을 따라서 기능주의를 동일론과 별개의 이론으로 간주하나, 이에 대해 다른 견해가 있음을 또한 밝혀두고자 한다. J. J. C. Smart, "The Mind/Brain Identity Theory", *The Stanford Encyclopedia of Philosophy* (Spring 2017 Edition), Edward N. Zalta (ed.), URL = <https://plato.stanford.edu/archives/spr2017/entries/mind-identity/>, 5번 참조.

처럼 인과적 기능으로 정의될 수 있다.

더 직접적인 비유로 컴퓨터를 생각해보자. 진공관으로 작동하든 반도체로 작동하든, 아니면 심지어 톱니바퀴와 고무벨트로 작동하든, 물리적 실현 메커니즘이 아무리 다양할지라도 일정한 알고리즘에 따라 연산을 수행한다는 기능을 가진다면 모두가 컴퓨터이다. 기능주의는 이러한 비유를 그대로 끌어다가 마음을 설명하려고 한다. 그에 따르면, 가령 고통 개념은 일정한 조건에서 일정한 결과를 일으키는 인과적 기능에 다름 아니다. 그러한 인과적 기능이 어떠한 물리적 메커니즘을 따라서 일어나는가는 전혀 중요한 부분이 아니다. 인과적 기능 자체만이 중요할 따름이다.

그런데 그렇다면 고통이란 결국 생체 조직의 손상이라는 입력에 대하여 움츠리고 신음한다는 출력을 낳는 역할로 정의되지 않을까? 또한, 그럴 경우 기능주의는 심리 상태를 일정한 자극-반응 행동 패턴으로 환원하는 행동주의와 별반 다를 바 없지 않은가? 분명히 기능주의는 무척 세련된 행동주의로 불릴 여지가 있긴 하다. 하지만 명백한 차이점이 있다. 기능주의는 행동주의와 달리 관찰을 통해 확인 가능한 감각적 자극과 반응 행동만으로 심리 상태를 정의하지 않는다. 기능주의는 입력과 출력에서 다른 심리 상태들을 함께 고려한다. 기능주의는 하나의 심리 상태가 감각적 자극 및 반응 행동이라는 관찰 가능한 요소 외에도 다른 많은 심리 상태와 복잡한 인과적 네트워크를 형성한다고 본다. 기능주의에 따르면, 하나의 심리 상태란 다른 많은 심리 상태와의 인과적 관계 속에서 일정한 입력에 대하여 일정한 출력을 내놓도록 하는 기능적 상태로 정의된다.

심리 상태가 인과적 기능이고 그것을 실현하는 물리적 기반의 차이는 중요하지 않다. 그렇다면 마음은 고도로 복잡한 튜링 기계(Turing machine)로 이해될 수 있다고 퍼트넘은 주장한다. 기능주의는 다시 몇 가지 이론으로 세분되지만, 그 대표적 이론은 이처럼 마음을 튜링 기계로 이해하는 기계 기능주의이다. 튜링 기계는 '이러이러한 내적 상태에 있는 기계가 이러한 입력을 받을 경우, 저러저러한 내적 상태로 이동하고 저러한 결과를 출력하라'라는, 기계 상태(machine state)의 변동을 지시하는 명령들의 집합에 따라 작동한다. 오늘날 컴퓨터는 기본적으로 이러한 튜링 기계를 바탕에 두고 있다. 컴퓨터의 소프트웨어는 일정한 알고리즘에 따라, 즉 입출력과 관계하여 계산 상태(computational state)들의 변동을 지시하는 명령들의 집합 체계로 이루어진다. 그러한 각 계산 상태들의 변동과 입출력은 물론 물리적으로, 즉 하드웨어상에서 실현된다.

그렇다면, 인간의 마음이란 전자회로 대신 뇌라는 하드웨어에서 실현되는 소프트웨어로, 각각의 심리 상태는 특정한 인과적 기능을 가지는 계산 상태로 이해된다. 1950년 앨런 튜링은 이러한 기계 기능주의적 발상 하에 튜링 기계와 문자로 소통하는 사람이 자신의 소통 대상이 기계인지 사람인지 구별할 수 없다면 그것은 '생각한다'라고 주장하였다. 이른바 튜링 테스트를 통과하는 컴퓨터는 사람과 마찬가지로 지능 혹은 심리적 지위를 가진다고 간주해야 한다는 것이다. 심리 상태가 복잡한 계산 상태에 다름 아니라면, 컴퓨터야말로 마음을 가진다고 여겨져야 할 것이다.

이상으로 기능주의의 요점을 간략히 살펴보았다. 물론 기능주의에 대해서도 많은 반론이 제기되었다. 그 가운데 대표적인 반대 논증 두 가지만 확인해보자. 기능주의에 대한 가장 널리 알려진 반대 논증은 미국의 철학자 존 설(John Searle)이 제시한 중국인 방 논증이다. 중국어를 전혀 모르는 한 미국인이 어떤 방에 들어가 있다고 하자. 그 방에는 중국어 표현들을 다른 중국어 표현들로 체계적으로 대치하는 규칙들이 적힌 완벽한 편람이 있다. 그 편람은 한자들의 형태들과 한문의 통사적 규칙들을 반영하고 있으나 중국어 표현의 의미를 이해시켜주는 어떠한 내용도 담고 있지 않다. 이제 그 방에 누군가 중국어 표현을 넣으면 그 미국인은 너무나도 훌륭하게 다른 중국어 표현을 방 밖으로 내놓는다. 밖에서 보면 그 미국인이 중국어를 완벽히 이해하는 것처럼 보일 것이 분명하다. 하지만 과연 그가 중국어를 이해한다고 말할 수 있겠는가? 설의 사고실험은 입출력 절차에 개입하는 인과적 기능의 수행이 명제 태도에 전제된 의미론적 이해와 전혀 다를 수 있음을 보여준다. 따라서 튜링 테스트를 통과한 기계는 지능을 가진다는 튜링 논제는 참이 아니다. 또한, 심리 상태를 순전히 알고리즘에 따라 기계적으로 작동하는 기능적 상태와 동일시할 수 없다.

기능주의의 또 다른 문제는 믿음-욕구 체계의 전체론적 성격과 관련된다. 기능주의는 행동주의와 달리 인과적 기능에서 다른 심리 상태를 고려한다. 그러나 다른 심리 상태를 엄격하게 고려하려면, 믿음-욕구 체계의 전체론적 성격에 따라 결국 다른 **모든** (또는 한정할 수 없이 수많은) 심리 상태를 고려해야만 한다. 행동주의에 제기된 난점, 즉 아무리 정교하게 심리 상태를 행동적으로 정의하여도 그 정의를 깨뜨리는 다른 심리 상태가 존재할 수 있다는 사실을 상기하면, 결국 다른 모든 믿음과 욕구들을 함께 고려하여 하나의 심리 상태를 기능적 상태로 간주할 때만 행동주의의 난점을 극복할 수 있다. 그러나 다른 모든 믿음과 욕구들을 함께 고려한다는 것이 대체 어떻게 가능할 수 있겠는가? 또한, 설사 그것이 가능하다고 하더라도 심리 주체마다 믿음과 욕구들의 전체론적 체계는 조금씩이라도 다를 수밖에 없지 않겠는가? 그렇다면 두 개별 심리 주체가 엄격하게 똑같은 심리 상태를 가지는 것은 불가능하다는 결론이 도출된다. 또한, 그렇다면 심리 상태의 유형을 논한다는 것은 존재론적으로 아무런 의미가 있지 못할 것이다.

5) 감각질 문제

동일론이나 기능주의 모두에 대하여 제기되는 또 다른 중요한 반대 논증이 있다. 그 이론들로는 감각질이 설명되지 않는다는 것이다. 동일론에 따르면, 명제 태도와 마찬가지로 감각질도 일종의 신경적 상태여야 한다. 또 기능주의에 따르면, 일종의 기능적 상태여야 한다. 하지만 이제 소개할 **감각질 전도나 부재**의 가능성 그리고 이른바 **지식 논증**은 감각질이 그렇게 파악될 수 없음을 보여주는 것 같다.

로크 이래로 감각질 전도로 알려진 문제에 따르면 사람마다 질적 경험이 체계적으로 다를 수도 있다. 나는 사과를 보며 빨갛다고 말하고 또 귤을 보며 노랗다고 말한다. 철수도 마찬가지로 말한다. 하지만 빨강과 노랑에 대한 나와 철수의 질적 경험이 완전히 다르다고 하여도 철수의 색상 스펙트럼이 나의 것과 반대가 되도록 체계적으로 전도되어 있다면, 우리는 똑같이 사과라든가 정지신호를 보면서 빨갛다고 표현할 것이고 귤이나 병아리를 보면서 노랗다고 표현할 것이다. 색상의 이름은 공적인 학습 결과로 사용될 뿐, 사적인 질적 경험의 표출 결과가 아니기 때문이다.

또한, 고차적 인공지능이 탑재된 로봇이 인간과 식별 불가능할 정도로 인간처럼 말하고 행동한다고 치자. 그러나 그렇다고 해도 그것은 아무런 감각질을 갖추고 있지 않을 것 같다. 꼭 로봇이 아니더라도 아무런 감각질을 갖추고 있지 않으면서 인간처럼 말하고 행동하는 좀비를 상상해볼 수도 있을 것이다. 그러한 로봇이나 좀비는 인간과 인과적으로 완전히 똑같이 작동하면서도 감각질은 전혀 없는 것이다.

이러한 감각질 전도나 부재의 가능성이 기능주의에 대한 반대 논증이 된다는 것은 이해하기 어렵지 않다. 감각질의 특성은 그 자체로 기능주의에 이론적 난점을 일으킨다. 감각질이 공적으로 관찰 불가능하고 오로지 사적으로만 접근될 수 있다는 사실은 그것이 인과적으로 아무런 효력을 가질 수 없음을 뜻하기 때문이다. 누구나 사과가 빨간색이라고 말하고 또 그것은 열정을 나타내는 색깔이라고 말하지만, 사과를 보면서 갖게 되는 질적인 느낌이 어떠한지는 오로지 각자 자신에게만 알려질 따름이다. 그것은 입출력과 관련하여 인과적으로 어떠한 효과도 일으킬 수 없다. 나아가 감각질 전도나 부재 가능성은 감각질이 체계적으로 전도되어 있거나 아예 없는 개체라고 하더라도 정상적으로 감각질을 갖춘 개체와 동등하게 인과적 기능을 수행할 수 있음을 말해준다. 심리 상태를 특정한 인과적 기능으로 환원하려는 기능주의의 시도는 심리 상태의 한 유형, 즉 명제 태도에 대해서 설령 성공적일지라도 다른 유형, 즉 감각질에 대해서 성공적이지 못한 것으로 보인다.

감각질 전도나 부재 가능성은 동일론에 대해서도 마찬가지로 반론으로 작용한다. 감각질이 전도되어 있거나 없는 주체가 정상적으로 감각질을 갖춘 주체와 신경적 상태에서는 같을 수 있을 가능성을 배제해야 할 필연적 근거는 없기 때문이다. 가령, 저 철수나 저 좀비가 신경적 상태에서는 감각질을 정상적으로 갖춘 나와 완벽히 똑같을 수도 있다. 가령, 저들이 고통을 전혀 느끼지 않으면서도 고통을 느낄 때 내가 갖는 신경적 상태를 똑같이 가질 수도 있다. 물론 그렇게 상상하기는 어렵고 무언가 이상하지만, 그 이유는 단지 우리가 이미 동일론적 가정을 암묵적으로 따라서 어떤 신경적 상태가 발화된다면 그것에 상응하는 심리적 상태가 또한 일어나야만 한다고 은연중에 전제하기 때문이다.

고통이라는 심리적 상태를 신경적 상태로 환원하기 위해서 동일론자는 우선 고통을 행동주의자처럼 파악한다. 이를테면 고통은 생체 조직의 손상에 대하여 움츠림과 신음을 일으키는 내적 상태이다. 고통 개념을 이렇게 파악하고 나서 그 내적 상태의 인과적 역할이 C-신경 섬유의 작동으로 수행됨을 경험적으로 확인하면, 이제 동일론자는 고통을

C-신경 섬유의 작동으로 정의한다. 그런데 전술한 감각질 전도나 부재 논증은 '조직 손상–움츠림'이라는 공적으로 확인 가능한 행동들이 같다고 하더라도 그때의 내면적인 질적 경험이 전도되어 있거나 아예 없을 수 있음을 보여준다. 따라서 그것들은 감각질이라는 심리 상태가 신경 상태와 동일시될 수 없음을 보여준다.

한편, 호주의 철학자 프랭크 잭슨(Frank Jackson)이 제시한 지식 논증은 같은 결론을 끌어낸다. 그는 심신 환원에 반대하는 다음과 같은 사고실험을 전개한다. 천재 소녀 영희는 태어날 때부터 온통 흑백인 방에서 자랐다. 영희는 흑백인 책을 통해 인간의 시각에 관한 모든 신경생리학적 사실들을 완벽하게 배웠다. 시각의 신경생리학적 작동 기제에 대한 완벽한 지식을 갖췄다. 그런데 이제 영희가 흑백 방에서 풀려나 바깥세상에서 형용하기조차 어려운 온갖 화려하고 다채로운 색상들을 두 눈으로 난생처음 직접 바라본다고 하자. 그렇다면 영희는 아마도 놀라서 입을 벌린 채로 인간의 시각에 관한 새로운 사실을 깨닫게 될 것이다. 즉, 시각에 관한 **모든** 신경생리학적 사실을 알고 있는 영희가 색채 감각의 직접적 경험을 통해서 시각에 관한 **새로운 사실**을 알게 되는 것이다. 이는 곧 인간의 시각에 관한 **비신경생리학적인 사실**이 있음을 뜻한다. 그런데 이는 다시 다채로운 색상에 대한 질적인 느낌은 신경생리학에 따라 전달될 수 없음을 뜻한다. 즉, 그 질적 느낌은 신경생리학적 용어로 정의될 수 없다. 따라서 감각질을 포함한 모든 심리 상태가 신경적 상태에 다름 아니라고 주장하는 동일론은 틀렸다.

6) 반물리주의

나아가 지식 논증이나 감각질 전도 또는 부재 논증은 단지 동일론이나 기능주의에 대해서만이 아니라 물리주의 일반에 대한 반대 논증으로도 이해될 수 있다. 동일론은 한 종류의 감각질을 실현하는 신경적 (물리적) 상태가 한 종류라고 말하고, 기능주의는 다수 실현 가능성 논제에 따라 여러 종류일 수 있다고 말한다. 이에 대해서 위의 논증들은 감각질이 아예 물리적으로 실현되는 것이 아닐 수 있음을 말해준다. 이는 물리주의의 기본 주장을 부정하는 것과 같다. 물리주의의 신조에 따르면, 물리적인 속성에 의존하지 않는 심리적인 속성이란 존재할 수 없기 때문이다. 반면에 이상의 논증은 감각질이라는 심리적 속성은 물리적인 속성에 독립적으로 존재할 수 있음을 보여준다.

그렇다면 감각질 전도나 부재 논증 그리고 지식 논증처럼 감각질에 호소하여 물리주의에 이론적 난점을 제기하는 전략에 대하여, 물리주의자는 어떻게 대응할 수 있는가? 물리주의자가 취하는 전형적 반응 하나는 대니얼 데닛(Daniel Dennett)과 같은 제거주의자가 그러하듯 감각질의 존재를 아예 부인하는 것이다. 비트겐슈타인은 각자의 마음속에 딱정벌레가 있다고 해도 서로의 딱정벌레가 어떻게 생겼는지, 아니 도대체 정말 있기나 한지 확인할 수 없다는 비유를 통해서 사적인 체험이나 심상이 언어의 의미를 결정할 수 없음을 환기한 바 있다. 비록 비트겐슈타인이 사적인 체험의 존재를 부정하려고 했던 것은 아니지만, 그의 비유를 끌어와 다음과 같이 말할 수 있을 것 같다. 내 마음 안에 아무도 확인할 수 없는 질적 경험이 존재한다고 말하는 것이 과연 어떤 의미가 있을 수 있는가? 감각질 전도나 부재가 가능하다는 주장은 오히려 감각질이 아무것도 아님을 말해주는 결과를 초래하는 것 아닐까?

3. 심신 인과의 문제

1) 심신이원론

마음의 존재를 설명하는 각각의 이론은 심신 인과의 문제를 다루는 방식에서도 서로 차이가 난다. 데카르트의 심신이원론을 떠올려보자. 그에 따르면, 심리적인 사건이 신체적인 사건을 일으키는 것은 심리적 실체와 물리적 실체, 즉 영혼과 신체가 두뇌의 송과선(pineal gland)이라는 특별한 곳에서 상호작용할 수 있기 때문이다. 영혼은 송과선을 통해서 신체에 영향을 미칠 수 있고 또 그로부터 영향을 받기도 한다. 그러나 이질적이고 상호 독립적이라고 정의되었던 두 실체가 어떻게 서로에게 인과 작용을 일으킬 수 있는지 납득하기 어렵다. 또한, 물리계가 인과적으로 폐쇄되어 있다는 논제는 물리학의 근본 전제에 속한다. 비물리적인 사건이 물리적인 사건을 일으키는 원인이라는 주장은 물리학의 근본을 해친다.

2) 부수현상론

서두에서 언급했던 영희의 사례를 다시 떠올려보자. 영희는 허기를 느껴서 손으로 냉장고 문을 열었다. 허기를 느낀다는 심리적 사건(M1)은 손으로 냉장고 문을 연다는 신체적 사건(B1)을 일으켰다. 이러한 과정을 설명하는 한 가지 방식은 허기를 느낀다는 심리적 사건의 원인을 신경생리학적으로 규명한 다음, 그렇게 원인으로 규명된 신경생리학적 사건을 다시 손으로 냉장고 문을 여는 신체 움직임의 원인으로 간주하는 것이다. 두뇌의 특정 부위에서 전기적 자극이 발생(N1)한 결과, 허기를 느낀다는 심리적 사건(M1)이 일어난다. 또한, N1은 팔의 운동 신경계로 전기적 신호를 전달하여 정교한 근육 운동(N2)을 일으킨다. 팔의 근육 운동(N2)이 다시 냉장고 문을 여는 행위(B1)의 원인이다. 따라서 두뇌의 전기적 자극 사건(N1)이 허기를 느낌(M1)과 신체적 행위(B1)라는 두 사건 모두의 원인이다. 허기를 느낌 자체는 사실 아무런 인과적 효력을 가지지 않는다. 심리적 사건은 스스로는 아무런 인과적 힘을 가지지 않는다. 그것은 신경적 사건에 단지 **부수적인** 현상으로 밝혀진다.

허기를 느낌 (M1)		냉장고 문 엶 (B1)
↑		↑
두뇌 전기 자극 (N1)	→	팔 근육 운동 (N2)

[표 2. 부수현상론의 심신 인과 설명]

심신 인과를 이렇게 설명하는 부수현상론(epiphenomenalism)은 19세기 후반 영국의 생물학자 토머스 헉슬리(Thomas Huxley)에게까지 거슬러 올라가지만, 오늘날 신경생리학자들에게서도 흔히 나타난다. 그러나 부수현상론에 대해 여러 반대 논증이나 난점이 제기된다.

첫째, 부수현상론은 심리적 사건에 아무런 인과적 효력도 인정하지 않는다. 하지만 이는 자유의지를 부정하는 것과 다름없지 않겠는가? 부수현상론은 우리가 이러이러하게 하겠다고 마음을 먹더라도 그러한 결심이 실제로 어떠한 행위를 일으키는 힘을 전혀 가질 수 없다고 말하는 것과 같다. 그러나 이처럼 자유의지를 부정하는 것은 도덕적, 법적 책임을 부정하는 것과 같지 않은가? 이러한 결과를 부수현상론자는 과연 감당할 수 있는가? 또 우리가 받아들일 수 있을까?

둘째, 부수현상은 진화론적으로도 납득하기 무척 어렵다. 심리적 사건들이 모두 독자적으로 아무런 인과력을 가지지 않은 부수현상에 불과하다면, 도대체 그것들은 자연계에서 왜 존재하는가? 심리적 사건 없이도 물리적 사건을 똑같이 발생시킬 수 있다면, 무엇하러 자연은 애써 마음을 진화시켰는가?

셋째, 부수현상론자는 신경적 사건이 심리적 사건의 원인이라고 말한다. 그들은 제거론자나 동일론자와 달리 심리적 사건이 신경적 사건과 별개로 존재함을 인정한다. 즉, 실체이원론은 아니더라도 최소한 속성이원론을 지지한다. 그러나 송과선에서 물리적 사건과 심리적 사건이 서로 작용한다는 데카르트의 주장을 우리는 왜 거부했던가? 그것이 단순히 실체 개념에 모순되기 때문은 아니다. 이질적 유형의 두 속성의 존재를 일단 인정하고 나면, 어느 쪽으로든 그 둘 간에서 인과 작용이 일어난다는 발상이 불가해하게 여겨지기 때문 아닐까? 다시 말해서 **물리적** 사건의 일종인 신경적 사건이 어떻게 **비물리적** 사건인 심리적 사건을 일으킬 수 있다는 말인가? 이 역시 물리계의 인과적 폐쇄성이라는 물리학의 근본 전제를 침해하는 것 아닌가?

3) 수반적 인과 모델

기능주의자는 수반적 인과 모델을 따른다. 그들이 심리적 상태가 신경적 상태로 환원된다는 주장을 거부하는 이유는 다수 실현 가능성 논제 때문이다. 하지만 기능주의자도 심리적 상태가 곧 계산적 상태이고 이 계산적 상태는 물리적으로, 인간의 경우 신경생리학적으로 실현됨을 인정한다. (기능주의 또한 물리주의의 한 유형임을 고려하면 이는 자명한 것이다.) 즉, 심리적 상태는 신경적 상태에 수반한다. 따라서 심리적 상태의 인과력도 신경적 상태에 수반해야만 한다. 다음은 김재권이 제시한 수반적 인과 모델의 도식에서 예시만 살짝 수정한 것이다.[4)]

허기를 느낌 (M1)	⇒	냉장고 문 엶 (B1)	→ 원인이 됨
↑	⇘	↑	⇢ 수반함
두뇌 전기 자극 (N1)	→	팔 근육 운동 (N2)	⇒ 수반적 원인이 됨

[표 3-1. 수반적 인과 모델]

부수현상론적 설명에서와 달리 M1은 N1에 수반하여 인과력을 가진다. M1은 수반적 인과력을 B1에 행사한다. 이는 물에 열을 가하면 물이 끓는 현상을 미시적으로 설명하는 절차와 유사하다. 우리는 흔히 수온 상승은 물 분자가 대기로 방출되도록 하는 원인이라고 말한다. 하지만 정확히는 수반적 원인이라고 말해야 옳다. 수온 상승은 분자들의 운동에너지 상승에 수반하여 물 분자가 대기로 방출되도록 하기 때문이다. 마찬가지로 허기를 느낌(M1)은 신경 상태(N1)에 수반하지만, 또한 팔 근육 운동(N2)과 냉장고 문을 여는 신체적 사건(B1)의 수반적 원인이기도 하다.

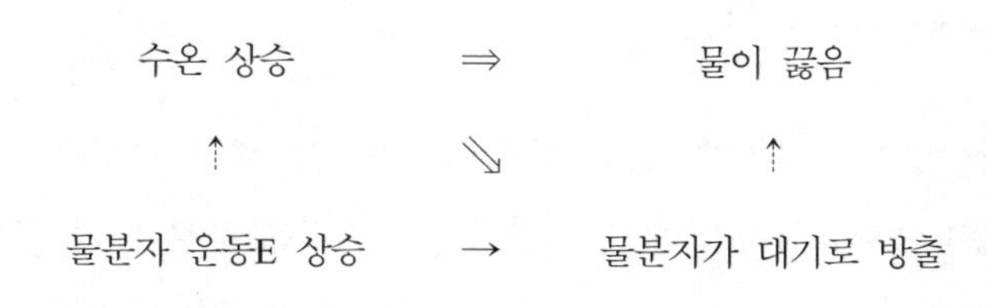

[표 3-2. 수온 상승에 대한 수반적 인과 모델]

4) 김재권, 『심리철학』, 하종호, 김선희 옮김, 철학과현실사, 1996, 261쪽 참조.

4) 환원주의적 모델

동일론자는 심신 인과에 대하여 기능주의의 수반적 인과 모델보다 훨씬 더 간단하고 명료한 도식을 제시한다. 그들에게는 심신 사건과 신경적 사건은 하나이자 동일하다. 허기를 느낌이라는 심리적 사건(M1)은 두뇌 일정 부위에서 진행되는 신경적 사건(N1)과 같다. 따라서 N1이 B1의 원인임은 곧 M1이 B1의 원인임과 같다. 이로써 허기를 느끼는 심리적 사건(M1)이 원인이 되어 팔로 냉장고 문을 열었음(B1)이 설명된다.

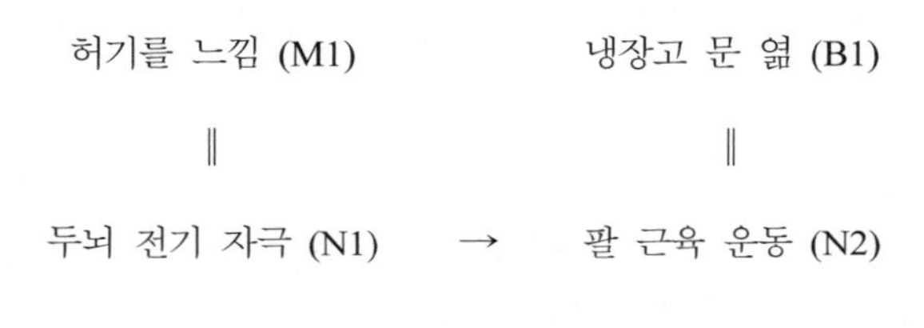

[표 4. 환원주의적 모델][5]

4. 자유의지의 문제

오늘날 몇몇 신경과학자들은 자유의지가 환상에 불과하다고 과감하게 선언한다. 자유의지가 환상일 뿐이라는 주장은 충분히 자극적이어서 대중의 관심과 이목을 끌기에 무척 좋다. 이제는 그런 주장도 여기저기에서 워낙 많이 들려서 어느덧 식상한 감마저 드는 지경이다. 어쨌든 내가 보기에 그런 주장은 지극히 문제가 있다. 그런 주장이 대중 저서나 언론을 통해서 계속해서 유포되는 현상 자체에도 윤리적 문제가 있

5) 김재권, 같은 책, 264쪽 참조.

다. 몇몇 심리학 연구는 자유의지가 존재하지 않는다는 믿음을 갖게 된 사람들이 그런 믿음을 지니기 이전보다 덜 도덕적으로 행동한다고 보고한다.[6] 당연히 그럴 법하다. '자유의지가 어차피 내게 없다면 고민하지 말고 그냥 내키는 대로 해도 되지 않을까?'라는 식의 발상은 그 논리적 타당성 여부를 떠나서 자연스럽게 진행되는 사고방식이라고 볼 수 있다. 그러니 자유의지가 환상이라는 식의 믿음은 실천적으로 무척이나 해롭다. 그런 점에서 신경과학자의 그런 주장이나 그에 대한 언론의 재생산 및 재유포는 결과론적으로 보건대 나쁜 행위, 최소한 경솔한 행위라고 지적할 수 있겠다.

물론 실천적으로 나쁜 견해라는 이유만으로 그런 주장을 이론적으로 틀렸다고 단정할 수는 없다. 하지만 우리에게는 그런 주장을 거부하는 편에 서는 것이 좋을 확고한 이론적 동기 또한 있다. 자유의지가 존재하지 않는다고 믿는 것은 행위 주체로서 우리에게 대단히 비일관적일 수밖에 없기 때문이다. 우리가 실제로 이 세계에서 어떤 행동을 하면서 살아갈 때 자유의지를 부정하기란 사실상 불가능하다. 앞서 중국인 방 논증의 제안자로 거론했던 철학자 존 설은 자유의지의 경험을 부정할 수 없다는 사실을 다음과 같이 인상적으로 묘사한다.

> 자유의지에 대한 경험을 착각이라고 생각하는 사람조차도 이를 착각으로 치부하고서는 행동을 실제로 행하기가 불가능하다는 것을 안다. 행동을 위해서는 자유가 전제되어야 한다. 레스토랑에서 송아지 요리를 주문할지 돼지고기 요리를 주문할지 선택해야 하는 상황을 떠올려보자. 이

6) 줄리언 바지니, 『자유의지』, 서민아 옮김, 스윙밴드, 2017, 56, 215쪽 참고. 바지니의 책은 번역본을 포함하여 국내에 출간된 단행본 가운데 자유의지라는 문제를 가장 쉽고도 명쾌하게 다루고 있다. 특히 제1-3장은 일독할 가치가 있다. 그렇지만 곳곳에서 개념과 논증을 두루뭉술하게 처리하는 대중 철학적 면모를 보이기도 한다.

때 자유의지가 발휘되는 것을 당신은 거부할 수 없는데, 왜냐하면 거부라는 행위 자체도 당신이 그것을 당신 자유의지에 의한 것이라고 받아들이는 경우에 한해서만 거부라고 인식될 수 있기 때문이다. 당신이 웨이터에게 "저기요, 나는 결정론자입니다. 그러니 될 대로 되라지요. 나는 내가 무엇을 주문하는지 그냥 지켜보겠습니다"라고 말하는 경우에서처럼, 자유의지의 발휘를 거부하는 것이 당신에게 하나의 행위로 인식될 수 있는 것은 당신이 이를, 당신의 자유의지가 적용된 것으로서 받아들이고 있기 때문이다.7)

이처럼 자유의지는 행위자로서의 우리 자신에게 막강한 사실로서 나타난다. 그런데도 앞서 살펴본 심신 인과에 대한 여러 설명은 인간의 자유의지를 의문스럽게 만드는 것으로 보인다. 특히, 심신 인과에 대한 부수현상론적 설명은 사실상 자유의지를 부정한다. 심리적 상태는 아무런 인과적 효력도 가질 수 없고 신경적 상태만이 인과적 효력을 가진다. 영희는 허기를 느껴서 스스로 냉장고 문을 열었다고 믿지만, 그러한 믿음은 부수현상론에 따르면 환상에 불과하다.

물론 수반적 인과 모델은 심리적 상태가 신경적 상태에 수반한다고 봄으로써 그 인과적 효력을 인정한다. 또한, 환원주의적 모델도 심리적 상태가 신경적 상태와 동일하다고 봄으로써 그 인과적 효력을 인정한다. 그렇지만 두 모델에서도 자유의지의 위상은 불확실해 보인다. 왜냐하면, 심리적 상태가 신경적 상태에 수반하거나 이와 동일함으로 인해서 인과적 효력을 가질 수 있을 따름이라고 할 때, 대체 인간의 자유란 무슨 의미인지에 대해 여전히 의문이 제기될 수 있어 보이기 때문이다. 무엇보다도 심리적인 것의 자율성과 독자성이 인정되지 않는다면 자유의 의미도 불분명해지지 않을까?

---

7) 존 설, 『신경생물학과 인간의 자유』, 강신욱 옮김, 궁리, 2010, 64-65쪽.

우리는 조금 뒤에 다시 자유의지 문제와 관련한 수반적 인과 모델과 환원주의적 모델의 문제점을 더 자세히 고찰할 것이다. 하지만 그에 앞서 우선 자유의지를 노골적으로 환상으로 치부하는 부수현상론을 검토할 필요가 있다. 이를 위해서 흔히 부수현상론에 대한 강력한 증거로 거론되는 이른바 리벳 실험을 비판적으로 고찰해보자.

1) 리벳 실험

미국의 생리학자 벤자민 리벳(Benjamin Libet)은 1980년대 자유의지의 실재성을 검증하겠다는 목적으로 신경생리학적 실험을 진행하였다. 실험 내용은 대략 다음과 같다. 피험자들은 본인이 원할 때 자신의 손가락을 움직이도록 지시받는데, 손가락을 움직이겠다는 즉흥적 결심이 이루어진 시점, 즉 '이제 손가락을 움직여야지'라고 마음먹은 시점(t2)을 눈앞에 놓인 시계의 초침을 보면서 보고해야 한다. 이 실험이 진행되는 동안, 피험자들의 대뇌 특정 피질에서 전기적 신호들이 일어나는 시점(t1)과 손의 근육 운동이 일어나는 시점(t3)이 측정된다. 그 시점들을 측정한 결과, 우선 손가락의 근육 운동(B)이 일어나기 약 0.2초 전에 결심(M_I)이 이루어졌다고 한다. 결심한 결과로서의 행동보다 결심이 시간상으로 더 앞서는 것은 물론 누구나 예측했던 바로 당연하다. 흥미로운 것은 그다음부터다. 그 결심 시점보다 신체적 행동의 촉발을 담당한다고 알려진 두뇌 부위의 활동이 약 0.3초 더 빨랐다고 한다. 다시 말해서, 손의 근육 운동 시점 대비 약 0.5초 더 이른 시점에 '보조 운동 영역'이라 불리는 두뇌 부위에서 '준비 전위(readiness potential, RP)'라고 불리는 음전위가 발생(C1)하였다고 보고되었다.

−0.5초 (t1)	−0.2초 (t2)	0.0초 (t3)
C1 (RP 발생)	M_I (결심)	B (손 근육 운동)

[표 5. 리벳 실험에서 시점별 사건]

몇몇 신경과학자들은 이 실험으로 자유의지가 환상임이 입증되었다고 주장한다. 신체적 행동이 발생하기 0.5초 전에 이미 두뇌는 행동을 결정하고 0.3초 뒤늦게 의식은 뇌에서 이미 결정된 바대로 손가락 운동을 결심한다. 의식적 결심이 일어나기 이전에 두뇌는 이미 행동을 결정했다! 그러니 자유의지란 실은 존재하지 않는다! 실험에 대한 이러한 해석은 부수현상론적 심신 인과의 설명 방식과 무척 잘 어울린다. 부수현상론에 따르면, C1이 결심 M_I와 손가락 운동 B의 원인이므로 이것들보다 시간상으로 선행해야 한다.

하지만 리벳 실험에 대해 이제껏 많은 문제가 제기되었다. 심리학자 박주용은 다음과 같이 문제를 정리한다.[8] 첫째, 단순한 실험실의 상황에서 손가락을 까딱하는 실험이 과연 인간이 실제로 자유의지를 행사하는 복잡한 현실 사회를 얼마나 반영하는지 의문스럽다. 둘째, 신체 운동에 대한 즉흥적 의도를 숙고와 계획을 동반하는 의지와 구별하지 않은 채 자유의지를 단순히 전자와 동일시한다. 셋째, RP가 발생하고도 신체 운동이 일어나지 않거나 신체 운동이 일어나고도 RP가 발생하지 않았던 사례들이 여러 후속 실험에서 보고되었다. 그러므로 RP는 신체 운동이 일어나기 위한 필요조건도 충분조건도 아님을 알 수 있고, 따라서 또한 신체 운동을 결정하는 원인일 수도 없다. 넷째, 시계의 초침을

8) 박주용, 「자유의지에 대한 리벳의 연구와 후속 연구들」, 홍성욱 외 편, 『뇌과학, 경계를 넘다』 제12장, 바다, 2012 참조.

스스로 읽고 보고한다는 내성적 방법이 실험적 정확도를 크게 떨어뜨린다는 사실이 또한 여러 후속 실험에서 확인되었다.

이 가운데 세 번째와 네 번째로 거론한 문제는 철학적으로가 아니라 경험과학적으로 검증되어야 할 사안이다. 그 두 문제 제기는 모두 무척 중요하고 결정적인 것으로서 그러한 후속 실험의 보고가 충분히 신뢰할 만하다면 리벳 실험의 결론을 받아들이지 않을 이유도 충분해 보인다. 다만 그 후속 실험의 신뢰성 검토는 경험과학자가 판단할 사안이지 철학자의 소관은 아니다. 반면에 첫째와 둘째 문제는 실험에서 전제되고 있는 자유 개념이 과연 적절한 것인가를 의심하는 것이니 철학적으로도 상당히 의미심장하다. 두 문제 제기의 중요성은 이후의 논의에서도 확인될 것이다.

다음으로 리벳 실험에 대하여 철학자들이 제기한 문제를 고찰하도록 하자. 이들은 리벳 실험 자체의 신뢰성을 문제로 삼지 않는다. 그것은 경험과학자가 제기할 문제이기 때문이다. 대신에 그 실험의 결과가 말해주는 의미를 리벳이나 그의 추종자와 다르게 해석함으로써 그 실험이 자유의지의 부재를 입증하지 못한다고 주장한다. 그러한 철학적 재해석 가운데 두 가지를 특히 살펴볼 필요가 있다.

첫 번째 재해석은 결심 시점과 결심의 확인 시점 간에 격차가 있으리라고 가정하면서 리벳 실험에서 피험자들이 시계 초침을 읽어낸 시점 t2는 결심 시점이 아니라 스스로 결심을 했음을 확인한 시점이라고 지적한다.[9] 리벳은 의식적인 결정 M_I가 이루어지는 시점을 피험자들이 시계 초침을 보고 읽어낸 시점(t2)으로 간주했지만, 이 재해석에 따르면 두 시점 간에는 격차가 있다. t2는 스스로 결심을 하였음에 대한 재인의 시점이다. 자신이 언제 결심을 하였는가를 보고해야만 하는 피험자

9) 최훈, 「신경과학은 자유의지에 위협이 되는가?」, 홍성욱 외 편, 『뇌과학, 경계를 넘다』 제13장, 바다, 2012 참조.

들은 자신의 결심 시점보다 뒤늦게 결심 완료를 확인할 수밖에 없다. 초침을 읽은 시점(t2)은 결심의 확인(M_R)이 이루어지는 시점이다. 아마도 결심 시점은 C1이 이루어진 시점 t1과 동시적일 것이다. 결심 시점과 C1 시점이 일치한다고 가정한다면 수반적 인과 모델이나 환원주의적 모델에 따라 심신 인과를 재해석할 수 있게 된다. 또한, t2 시점에서의 결심 확인(M_R)과 상관관계에 있을 신경적 상태 C2가 리벳 실험에서 발견되지 않은 채로 남았다고 볼 것이다.

두 번째로 가능한 재해석은 첫 번째 재해석과 달리 t2가 지금 손가락을 움직이겠다는 즉흥적 결심이 이루어진 시점이라는 리벳의 가정에 개의치 않는다. 두 번째 재해석은 RP가 일어난 시점인 t1에 리벳이 고려하지 않은 하나의 심리 상태가 숨어 있으리라고 지적한다. 즉, t1에 곧 손가락을 움직이겠다는 행동 대비 계획 M_P가 숨어 있었다는 것이다.[10] 손가락을 움직이라는 지시를 받은 피험자들은 즉흥적 결심을 내리기 이전에 먼저 손가락을 움직이려는 대비 태세를 마음속으로 품었을 것이다. 즉, t1에 '조금 뒤에 움직여야지'라고 행동을 마음속으로 대비(M_P)하고, 이윽고 t2에 '이제 움직인다!'라고 결심(M_I)한 뒤, t3에 비로소 행동이 이루어진다. 리벳은 행동이 이루어지기 이전의 심리 상태를 한 단계로 가정했으나 두 번째 재해석에 따르면 두 단계로, 즉 결심 단계 외에 그에 앞선 행동 대비 단계까지를 가정해야 옳다. 그리고 자유의지는 ① 행동 대비 계획, ② 결심, ③ 실행에 이르는 t1에서 t3까지의 시간 전체에 걸쳐서 성립한다. 그렇다면 역시 수반적 인과 모델이나 환원주의적 모델에 따라 심신 인과를 재해석할 수 있다. M_P는 RP 발생, 즉 신경적 상태 C1에 수반하거나 그것과 동일하고 C1이 (리벳 실

10) Jürgen Habermas, "Freiheit und Determinismus", *Deutsche Zeitschrift für Philosophie* 52.6, 2004; 이기홍, 「리벳실험의 대안적 해석: 리벳 이후의 뇌과학적 발견들과 자유의지」, 『대한철학』 49집, 2009 참조.

험에서는 발견되지 않은) 후속 신경적 상태 C2를 일으킨다. 다시 즉흥적 결심 M_I는 C2에 수반하거나 그것과 동일함으로써 손가락을 움직이는 행동 B의 수반적 원인 또는 원인이 된다.

<table>
<tr><td></td><td>－0.5초 (t1)
C1 (RP 발생 시점)</td><td>－0.2초 (t2)
(초침 보고 시점)</td><td>0.0초 (t3)</td></tr>
<tr><td>원 해석</td><td>·</td><td>M_I (결심)</td><td rowspan="3">B
(손가락
근육 운동)</td></tr>
<tr><td>재해석 I</td><td>C1 = M_I (결심)</td><td>C2 = M_R (결심 확인)</td></tr>
<tr><td>재해석 II</td><td>C1 = M_P (행동 대비 계획)</td><td>C2 = M_I (결심)</td></tr>
</table>

[표 6. 리벳 실험에 대한 두 가지 (동일론적) 재해석]

2) 결정론의 위협

이상 살펴본 두 유형의 철학적 재해석은 각각 리벳 실험만으로 자유의지의 부재가 입증될 수 없음을 설득력 있게 논증하는 것 같다. 그러나 그 논증이 성공적이라고 하여도 그것만으로 벌써 자유의지가 존재한다는 증명이 이루어진 것은 아니다. 자유의지의 존재를 지지하는 입장은 리벳 실험의 통상적 해석이나 심신 인과에 대한 부수현상론적 설명 모델을 논박해야 할 뿐만 아니라 무엇보다도 결정론의 위협에 대해서 맞서야 하기 때문이다.

물리적 결정론은 다음과 같이 말한다. 물리적 세계는 결정되어 있다. 시점 t1에서 우주에 성립하는 모든 물리적 상태들을 알고 또한 모든 자연법칙을 알면, 시점 t2에서 우주에서 어떠한 결과가 발생할지도 정확하게 예측할 수 있다. 선행하는 모든 조건과 모든 자연법칙에 의해서 미래의 모든 물리적 사건이 결정된다. 인간의 신체에서 일어나는 모든 변화도 물리적 사건에 속하므로 마찬가지로 결정되어 있다. 그렇다면 가령 내가 시점 t2에서 중대한 시험에서 부정행위를 저지를까 말까를 고민하고 있을 때 실은 그에 앞선 시점 t1의 물리적 상태와 자연법칙에 따라서 t2에 내 눈동자가 옆 시험지의 답안을 들여다볼지 그렇지 않을지는 이미 결정되어 있다.

우리가 물리학을 진지하게 탐구하려면, 물리 세계의 모든 사건이 이처럼 미리 결정되어 있다는 결정론을 가정해야만 하는 것으로 보인다. 그렇지 않으면, 자연법칙으로 그 원인을 설명할 수 없는 온갖 초자연적 사건을, 신비와 기적을, 용인해야만 할 것이기 때문이다.

물론 현대 물리학에 친숙한 독자는 오히려 물리학, 곧 현대의 양자역학이 그러한 결정론이 틀렸음을 입증하지 않았느냐고 의문을 제기할 수도 있겠다.[11] 하이젠베르크의 불확정성 원리는 입자의 물리량을 정확하게 예측할 수 없음을 알려준다. 가령, 어느 위치의 한 전자가 어떠한 운동량을 가지는가는 확률적으로 예측할 수밖에 없다. 그런데 이것이 결정론을 논박하는가? 그렇지 않은 것 같다. 첫째, 양자는 에너지 다발로서 파동과 같은 속성을 지닌다. 그런데 슈뢰딩거의 파동함수는 파동이 시간에 따라 어떻게 변화하는지를 완벽하게 결정론적으로 보여준다. 우리가 우주를 구성하는 기초 물질을 파동으로 이해한다면 여전히 결정론을 받아들여도 무방한 것 같다.[12] 둘째, 신경과학 이론은 양자역

11) 영국의 철학자 로저 스크루턴(Roger Scruton)도 그런 견해를 피력하는 것으로 보인다. 그는 『현대 철학 강의』(주대중 옮김, 바다출판사, 2017, 349쪽)에서 다음과 같이 말한다. "이런 이유에서 가이거 계수기에 관한 앤스콤의 논변은 타당하다. 모든 사건에는 원인이 있다고 말하는 것과 모든 사건은 그 원인에 의해 결정된다고 말하는 것은 상당히 다른 말이며, 후자는 물리학이 논박한 것이다."

12) Carl Hoefer, "Causal Determinism", *The Stanford Encyclopedia of Philosophy* (Spring 2016 Edition), Edward N. Zalta (ed.), URL = <https://plato.stanford.edu/archives/spr2016/entries/determinism-causal/>, 4.4 Quan-

학과 같이 미시적 수준으로 내려가지 않는다. 신경적 사건들 간에 벌어지는 인과 과정을 지배하는 법칙은 양자역학에 비하여 상대적으로 거시적 수준의 사건들을 다룬다. 따라서 양자역학이 우주를 비결정론적으로 기술한다고 하더라도 신경적 사건들을 결정적으로 기술하는 데에는 아무런 문제가 없다. 실제로 대다수 신경과학자들은 물리학자들이 논하는 미시적 세계의 불확정성이 신경적 사건들의 인과와 무관하다고 본다. 이상의 두 근거에서 현대 물리학에 의해 결정론이 위협받는다는 주장을 무시하고 논의를 전개하는 편이 오히려 자유의지와 결정론의 문제를 다루는 데 더 나은 선택일 것 같다.[13]

그러니 다시 원래의 논점으로 돌아가자. 우리가 물리학을 진지한 학문으로 인정하려면, 우리는 물리적 결정론을 받아들여야만 하는 것으로 보인다. 더욱이 우리가 세계를 합리적으로 이해할 수 있고 설명할 수 있는 것으로 간주하려면, 역시 우리는 형이상학적 결정론을 받아들여야만 하는 것으로 보인다. 세계에서 일어난 어떤 사건에 대해서든 그것이 왜 일어났는가를 합리적으로 설명할 수 있으려면, 우리는 사건 직전 시점 세계의 조건이 어떠한지, 그리고 그런 조건에서 일반적으로 어떤 결과가 발생하는지를 말해주는 규칙 내지 법칙을 알아야만 한다. 이 둘(세계의 선행 조건 및 법칙)에 대한 지식을 토대로 우리는 그 사건이 발생한 원인을 합리적으로 제시할 수 있다. 왜 그 사건이 일어났느냐는 물음에 대해 이성에 호소하여 답변할 수 있다. 우리가 세계에서 일어나는 모든 사건을 그저 신비가 아니라 합리적으로 설명 가능한 대상으로

---

tum mechanics 항목 참조. 여기서 물리철학자인 회퍼는 양자역학이 비결정론적이라는 널리 퍼진 견해가 부분적으로 잘못되었다고 지적한다.

13) 덧붙이건대, 양자 세계의 불확정성이 설령 결정론을 물리친다고 해도 그것은 필연성 대신 우연성을 확보할 뿐이지 자유의지의 실재성을 입증하는 것일 수 없다.

간주하기를 원하는 이상, 우리는 모든 사건에는 그것을 일으키는 제반 원인이 있고 그 제반 원인이 모두 함께 작동할 때 실제로 일어난 결과 외의 다른 사건은 일어날 수 없었다고 말하는 결정론을 받아들일 수밖에 없는 것으로 보인다.

문제는 이러한 결정론이 우리가 일상적으로 의식하는 자유의 사실과 심히 모순되는 듯하다는 것이다. 가령, 한국의 평범한 청년 철수는 극심한 가난에 시달리고 있다. 이제까지 늘 열심히 살아왔음에도 곤궁함에서 벗어날 수 없는 자신의 처지가 지극히 부당하다고 생각한다. 이런 생각을 곱씹으며 사회의 구조적 부조리를 비난하던 가운데 이런 사회에서 자신이 현행법을 위반한다고 하더라도 자신의 행위는 정당화될 수 있으리라 믿는 지경에 이른다. 그리고 그는 은행 강도가 되기로 마음먹는다. 집에서 적당히 멀리 떨어져 있는 은행을 하나 물색하고 사전에 꼼꼼히 준비해서 모월 모일 몇 시에 침투하기로 계획한다. 오늘은 바로 그 전날 밤이다. 철수는 다시 고민에 휩싸인다. 정말 은행 강도질을 저질러도 될까, 만일 사람을 해쳐야만 하는 상황에 부딪히면 어떻게 해야 할까, 계획이 틀어져 붙잡힐 수도 있지 않을까, 그냥 가난하더라도 견디며 살아가야 하는 것 아닐까 등등 무수한 생각에 빠져든다. 그러한 숙고의 과정 끝에 그는 결국 계획을 실행하기로 마음먹고 흉기를 옷 속에 숨긴 채 은행 문을 열어젖힌다.

이렇게 할까, 저렇게 할까를 고민하면서 더 낫거나 더 옳은 행위 가능성을 탐색하는 능력, 즉 실천적 숙고의 능력을 지닌 유기체는 스스로 자유로운 의지를 갖추고 있다고 믿지 않을 수 없다. 숙고라는 개념 자체가 자유의지에의 믿음을 함축한다. 즉, 숙고 능력을 지닌 주체에게 자유란 현전하는 사실로 보인다.

칸트에게서 두드러지게 확인되듯이, 자유와 이성은 서로를 함축하는 관계에 있다. 자유란 내가 원하는 바를 행할 수 있음을 뜻한다. 그런데 내가 정말로 어느 것을 원하는지는 오로지 이성(reason)의 검토에 의해서만 확인된다. 즉, 이렇게 하는 게 더 나은지 혹은 저렇게 하는 게 더 나은지에 대한 이유(reason)를 식별해냄으로써 그 이유에 따라 행동하려 할 때 나의 의지는 참으로 자유로운 것이다. 우리에게 자유란 리벳 실험에서 가정되는 순전히 임의적이고 즉흥적인 자유가 아니다. 자유는 '왜 그렇게 했느냐?'라는 물음에 대해서 그 행위가 더 낫거나 더 옳은 이유를 제시할 수 있을 때 성립한다. 달리 말해 자유란 자신의 이성적 판단에의 구속, 스스로 이성적으로 최선이라 생각하는 판단에 자신을 구속하는 것이다. 반대로 부자유란 자신의 의지가 이성에 의해서 구속되지 않을 때 성립한다. 가령, 분노가 치밀어 누군가를 해친다거나, 누군가에게 세뇌당해 무얼 저지르는지조차 제대로 모르고 행한다거나, 협박당하는 상황에서 이성적으로는 따르지 않을 행위를 부득이 할 수밖에 없을 때, 우리는 통상 자유롭지 못하다고 말한다. 그런 경우에 행위자는 추후에 '달리 어쩔 수가 없었다'라고 변명조로 토로하게 된다. 우리가 일반적으로 누군가의 행위에 대하여 도덕적, 법적 책임을 추궁할 수 있다고 믿는 이유는 그 행위가 이성적 숙고에 뒤따르는 자유로운 의지로부터 결과하였다고 여기기 때문이다.

문제는 자유의지에 대한 믿음과 더불어 물리적 (및 형이상학적) 결정론에 대한 믿음도 과학적 탐구와 합리적 사고의 방법론적 원칙상 필수적으로 보인다는 점이다. 물리적 세계에서 일어나는 모든 변화는 원칙적으로 자연법칙에 의해서 설명될 수 있어야만 한다. 물리적 사건을 일으키는 원인은 다른 물리적 사건이어야만 하고, 인과관계는 자연법칙을 따른 것이어야만 한다. 그렇다면 철수가 흉기를 옷 속에 숨기고 은행 정문을 열어젖히는 일련의 신체적 운동도 이전의 물리적 사건과 자연법칙에 의해서 결정되어 있던 것 아닌가? 그렇게 보면, 실은 자유의지란 허구 아닌가?

3) 양립론, 강한 결정론, 자유지상론

자유의지와 결정론의 문제에 대한 철학적 답변은 대표적으로 세 유형으로 나뉜다. 홉스나 흄, 칸트와 고전적 철학자들, 그리고 해리 프랭크퍼트(Harry Frankfurt), 데닛, 데이비슨, 비에리와 같은 현대 철학자들은 자유의지와 결정론이 양립 가능하다는 입장(compatibilism)을 보인다. 반면 양립 불가능론은 자유의지를 포기하고 결정론만을 취하는 강한 결정론(hard determinism)과 반대로 후자를 포기하고 자유의지만을 살리는 자유지상론(libertarianism)으로 갈린다.

부수현상론은 이 가운데 강한 결정론에 해당한다. 반면, 수반적 인과 모델이나 환원주의적 모델은 양립론에 해당한다. 수반론자나 환원론자는 결정론과 자유의지를 함께 주장한다. 그러나 심리적 사건이 신경적 사건에 수반하거나 그것과 동일하다면, 그리고 결정론에 따라 신경적 사건이 일종의 물리적 사건으로서 과거의 물리적 사건들과 자연법칙에 의해서 결정되어 있다면, 심리적 사건 또한 결정되어 있을 수밖에 없지 않은가? 그들은 어떻게 자유의지를 주장할 수 있단 말인가?

수반론자나 환원론자는 자유의지를 스스로가 원인이 되어 행위를 일으키는 능력으로 이해한다. 그들은 부수현상론자와 달리 심리적 사건 M이 (신경적 사건에 수반하든, 그것과의 동일성에 의해서든) 신체적 사건 B의 원인이 된다고 설명한다. 행위 주체 S가 심리적 사건 M을 이유로 행동 B를 취하고, M과 B가 주체 S에 속하므로 S는 자기 원인(causa sui)이라는 의미에서의 자유의지를 가진다. 요컨대 수반론이나 환원론에서는 심리적 사건의 인과력이 수반적으로든 동일성에 의해서든 인정되기 때문에 행위 주체의 자유도 확보된다고 말한다.

하지만 문제는 그렇게 간단하지 않아 보인다. 결정론에 따르면, 선행하는 신경적 사건들과 이것들을 지배하는 자연법칙을 알면 후속하는 신경적 사건들을 정확하게 예측할 수 있다. 수반론자나 환원론자에 따르면, 특히 마음-두뇌 동일론자에 따르면, 특정한 신경적 사건 유형은 특정한 심리적 사건 유형과 동일하다. 그렇다면 선행하는 신경적 사건들과 신경생리학적 법칙들을 알면, 심리적 사건들도 정확하게 예측할 수 있다. 가령, t1에서의 신경적 사건 C1, C2, C3가 신경생리학적 법칙 L1, L2에 따라서 t2에서 신경적 사건 C4를 일으키고, C4는 심리적 사건 M1과 같음을 안다고 가정하자. 그렇다면, t1 시점에서 C1, C2, C3를 가지는 어떤 생명체 S가 있다면, 그는 t2 시점에 M1을 가지리라고 정확하게 예측할 수 있다. 우리가 신경적 사건과 심리적 사건의 유형간 동일성 관계를 완벽히 파악하고 또한 신경생리학적 법칙들을 완벽히 파악한다면, 한 인간 두뇌의 전기적 신호들을 읽어냄으로써 그가 미래에 어떻게 느끼고 생각할지 또한 무얼 하겠다고 결심할지를 원칙적으로 완벽히 예측할 수 있다. 그 모든 과학적 지식을 가진 초천재 신경과학자가 누군가의 두뇌를 들여다보면서 그가 어떠한 의지를 갖출지를 완벽하고 정확하게 예측할 수 있다면, 도대체 자유의지가 있다고 말할 수 있겠는가? 환원론자는 과학적 지식에 따른 예측에서 벗어날 자유를 인정할 수 없다. 꼭 신학적 배경에서 이루어진 자유의지 논쟁에서 신의 예지로부터 어떤 피조물도 자유로울 수 없었듯이 말이다.

4) 무법칙적 일원론

(1) 데이비슨의 심리철학

미국의 철학자 도널드 데이비슨(Donald Davidson)은 1970년대 무법칙적 일원론을 주창함으로써 동일론보다 세련된 형태의 양립론을 선보인다.[14] 무법칙적 일원론은 비환원적 물리주의의 일종이다. 독립적으로 존재하는 것은 물리적인 것뿐이고 심리적인 것은 물리적인 것에 의존적이다. 이렇게 주장한다는 점에서 데이비슨의 입장은 일원론적이다. 하지만 심리적인 것이 물리적인 것으로 환원되지 않는다. 심리적인 것과 물리적인 것을 체계적으로 연결하는 엄격한 법칙이 없기 때문이다. 달리 말해서, 심리적인 사건 유형을 신경생리학적, 곧 물리학적 기술로 가리킬 수 없기 때문이다. 이 점에서 그의 입장은 무법칙적이라고 불린다. 무법칙적 일원론은 다음의 세 원칙으로 지탱된다.

(1) 인과적 상호작용: 적어도 일부 심리적 사건은 물리적 사건과 인과적으로 상호작용한다.
(2) 인과의 법칙성: 원인과 결과로 연결되는 사건은 모두 엄격한 결정론적 법칙 아래 놓인다.
(3) 심리적인 것의 무법칙주의: 심리적 사건을 예측하고 설명할 수 있게끔 해주는 어떤 엄격한 결정론적 법칙도 없다.

첫째와 둘째 원칙은 이제까지의 논의에 없던 어떤 새로운 내용을 전하는 것이 아니다. 첫째, 가령 철수가 이번 기말고사에서 좋은 평가를 받겠다는 목표의식에 따라 책상 앞에 앉는다는 사례에서 하나의 심리적 사건(목표의식)이 하나의 물리적 사건(책상 앞에 앉는 신체 동작)을 일으킨다. 이것이 인과적 상호작용 원칙의 한 사례이다. 둘째 원칙과 관련하여, 인과성은 시간상 전후의 두 사건이 어떤 법칙으로 필연적으로 결합하는 관계이다. "까마귀 날자 배 떨어진다"라는 속담은 시간상의 두 사건이 우연히 결합한 것이므로 인과적 법칙을 나타내지 않지만, "물질에 열을 가하면 온도가 증가한다"라는 과학적 진술은 인과적 법

14) 1980년에 출간된 그의 논문집 『행위와 사건』(배식한 옮김, 한길사, 2012)에 무법칙적 일원론을 다룬 핵심 논문 세 편이 실려 있다. 「정신적 사건」(1970), 「철학의 일종인 심리학」(1974), 「물질로 이루어진 마음」(1973) 참조.

칙을 나타낸다.

문제는 셋째 원칙이다. 첫째와 둘째 원칙을 인정한다면, 동일론에서 확연하게 드러나듯이, 심리적 사건은 선행하는 물리적 사건과 자연법칙에 따라서 정확하게 예측될 수밖에 없을 것 같다. 그리고 그 결과 앞서 논한, 자유의지에 대한 결정론의 위협이 나타날 것이다. 그런데 데이비슨은 심리적인 것의 무법칙주의를 주장한다. 즉, 그는 둘째 원칙을 통해서 결정론을 지지하면서도 셋째 원칙을 통해서 자유의지의 여지를 남김으로써 결정론의 위협을 물리친다. 하지만 어떻게 심신 인과와 인과의 법칙성을 인정하면서 동시에 심리적인 것의 무법칙주의를 주장할 수 있는가?

무법칙적 일원론은 심신 인과를 다음과 같이 설명한다. 가령, 철수에게서 t1 시점에 심리적 사건 M1이 발생하였다고 하자. 이때 논의의 단순화를 위해 t0 시점에서의 물리적 상태와 t1 시점에서의 물리적 상태 간의 유일한 변화는 물리적 사건 P1이라고 하자. 또한, 한 유기체의 물리적 상태의 변화를 읽어내는 기술이 완벽하다고 가정하자. 그렇다면 심신 의존 논제에 따라 M1은 P1에 의존한다고 말할 수 있다. 심지어 데이비슨은 t1 시점 철수의 심리적 사건 M1과 t1 시점 철수의 물리적 사건 P1은 동일하다고 시인한다. 또한, 그는 인과의 법칙성에 따라서 t1 시점에서의 물리적 사건 P1을 일으키는 원인인 물리적 사건 P0가 t0 시점에 발생했음을 받아들일 뿐만 아니라, 두 물리적 사건의 인과를 결정론적 법칙 L1이 지배한다는 것도 받아들인다. 그러나 그에 따르면 결정론적 법칙은 오로지 물리계에서만 성립한다. 선행하는 물리적 사건 P0와 후행하는 심리적 사건 M1을 연결하는 결정론적 법칙은 존재하지 않는다고 한다. 이로부터 데이비슨은 심리적인 것의 자율성을 확보하려고 한다.

하지만 언뜻 이해가 어려운 점은 이것이다. t0 시점의 물리적 사건

P0가 결정론적 법칙에 따라서 t1 시점의 물리적 사건 P1을 일으키고, t1 시점의 심리적 사건 M1과 같은 시점의 물리적 사건 P1이 동일하다면, P0가 결정론적 법칙에 따라서 P1뿐만 아니라 M1을 일으켰다고도 말할 수 있어야 하는 것 아닌가? 왜 그렇게 말할 수 없다는 것인가? M1과 P1이 정녕 동일하다면, 어째서 P0와 M1을 연결하는 결정론적 법칙이 없다는 것인가?

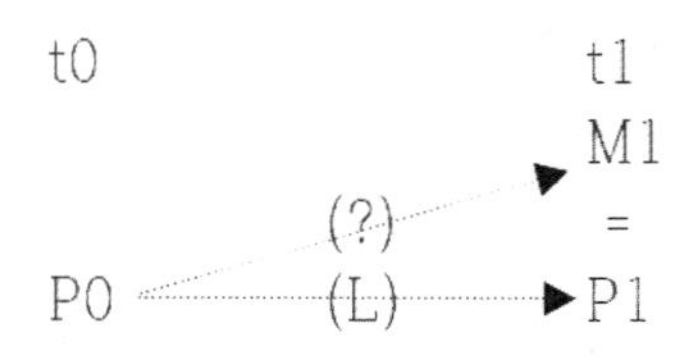

[표 7. 무법칙적 일원론의 심신 인과 설명]

(2) 데이비슨의 해석이론

심리적인 것의 무법칙주의를 이해하려면 약간의 우회가 필요하다. 먼저 데이비슨의 해석이론을 이해할 필요가 있다. 내가 이제껏 다른 문명과 완전히 격리되었던 어느 원주민 부족을 발견했다고 생각해보자. 나는 당연히 원주민들의 언어를 모른다. 이때 나는 원주민의 말을 어떻게 해석할 수 있을까? 최고의 방법은, 데이비슨이 자비의 원리(principle of charity)라고 부르는 바대로, 그들이 대체로 나와 같은 생각과 욕구 그리고 나와 같은 합리성을 가지리라고 전제하고서 그들의 말을 그들의 다른 말이나 행동과 결부하여 해석하는 것이다. 가령, 숲속에서 한 원주민이 갑자기 튀어나온 토끼를 발견하고는 '가바가이'라고 외쳤다면, 그 표현은 토끼를 의미할 확률이 상당히 높을 것이다. 아니면 그것은 사냥감 혹은 먹을 것 혹은 "배고파!"를 의미할 수도 있다. 어느 것을 의미하는지를 가려내기 위해서는 그가 또한 다른 상황들에서 어떤 행동을 하면서 어떤 말을 내뱉는가를 전체론적으로(holistically) 고려해야만 한다. 그런데 이 모든 고려와 추측은 각각의 상황에서 원주민도 나와 유사한 생각과 욕구를 가지리라고 전제하고 또한 여러 상황에서 한 말과 행동에 숨겨진 생각과 욕구가 상당한 수준에서 정합적이고 일관적이리라고 전제할 때에만 가능하다. 그런 전제가 없다면 나는 원주민의 발화를 결코 해석할 수 없다. 우리가 어느 생명체를 언어적 주체로 간주하고 그것의 발성을 유의미한 언어로 해석하려면, 우리는 그것이 대체로 나와 유사한 생각과 욕구 그리고 합리성을 가지리라고 전제하고 그들의 말과 행동 그리고 생각과 욕구를 합리성의 기준에 따라 전체적으로 고려해야만 가능하다.

이러한 해석이론의 타당성은 비단 낯선 생명체의 발화에 대한 해석으로 한정되지 않는다. 모국어를 공유하는 언어적 주체들이 서로의 말과 행동을 해석할 때에도 실은 이미 저러한 전체론적 고려가 개입한다. 내가 철수의 한국어 발화를 대부분 잘 해석하는 것은 한국어 표현들을, 그리고 그것들이 발화되는 상황에서 발화 주체가 어떠한 생각을 갖고 또 어떻게 행동하는가를 전체적으로 잘 이해하기 때문이다. 이따금 발화된 문장의 의미가 모호하여 해석이 불분명한 경우 나는 추가로 발화된 문장들을 함께 정합적으로 고려하면서 내 생각에 비추어 철수의 발화 문장의 의미를 그리고 동시에 그때 그의 믿음을 해석한다. 데이비슨의 해석이론은 결국 한 발언의 의미가 다른 여러 발언 및 믿음과의 전체적인 관계 속에서 합리성의 기준에 따라서 해석될 수밖에 없음을 알려준다. 나아가 어떠한 발언의 의미도 결정할 수 없음을, 즉 유한한 문장들의 집합에 의해 확정적으로 기술할 수 없음을 알려준다. 그 의미는 원칙적으로 다른 무수한 믿음과의 정합적이고 전체적인 관계 속에 함축되어 있기 때문이다. 낱말의 의미에 대한 사전적 정의는 물론 유한한 문장들로 기술되지만, 그러한 정의는 오로지 우리가 암묵적으로 언어의 전체적 배경을 참조함으로써만 통용될 수 있다.

데이비슨의 해석이론에 따르면, 우리는 한 언어적 주체의 발언이 어떤 의미인가를 그의 다른 여러 발언과 행동 전반을 고려함으로써만 해석할 수 있다. 그런데 이는 그의 발언만이 아니라 행동의 경우에도 마찬가지다. 어떤 사람이 단순히 발을 떨거나 재채기를 하는 자연적 사건이 아니라 의미와 의도가 담긴 행위로 보이는 행동을 한다고 하자. 그것이 단순한 신체적 움직임이 아니라 행위라고 판단하려면, 또 어떠한 의미와 의도가 담긴 행위인가를 판단하려면, 우리는 전체론적 배경을 고려하여 합리성에 따라 그 행동을 해석해야만 한다. 가령, 한국과 영국의 국가대표 축구 경기에서 반칙을 범한 영국 선수가 한국 선수를 향해서 양손의 검지를 양 눈가에 대고 옆으로 당겨 실눈이 되도록 만드는 행동을 했다. 이 행동이 어떤 의미이고 거기에 어떤 의도가 담겼는가를 우리는 아마도 거의 확실히 맞힐 수 있겠지만, 이는 그 영국 선수의 생각과 욕구 전반에 대한 고려 속에서의 해석에 기초한다. 만일 예상을 깨고 우리가 그 영국 선수에게 귀속하는 생각과 욕구가 그에게서 실은 전혀 없었다는 증거가 그의 다른 많은 발언과 행동을 꼼꼼히 살펴봄으로써 확인된다면, 우리는 그 행동을 인종차별적 모욕이 아니라 어쩌면 눈의 피로를 풀기 위한 그의 독특한 행위 습관으로 재해석해야 할지도 모른다. 요컨대, 어떤 해석이 옳은가를 우리는 일관성과 정합성 그리고 합리성에 따라서 그의 마음을 전체적으로 따져봄으로써만 판단할 수 있다.

나아가 타인의 말과 행동뿐만 아니라 그의 마음도 그런 해석에 달렸다. 한 언어적 주체의 발언과 행동을 다른 발언과 행동을 포함하여 마음의 전체론적 배경을 고려해서만 해석할 수 있다면, 그의 마음속에서 지금 어떤 일이 벌어지고 있는가도 역시 그런 전체론적 고려에 따라서만 해석할 수 있다는 것은 거의 자명해 보인다. 저 원주민이나 저 영국 선수가 마음속에 어떤 생각이나 욕구를 품고 있는가를 우리는 그의 여러 발언과 행동을 통해서 그리고 우리 자신의 생각과 욕구에 비추어 그에게 여러 다른 생각과 욕구를 귀속하는 가운데 짐작할 수 있다.

타인에게서 비롯하는 하나의 발언, 행동, 또는 생각이나 욕구는 그의 다른 여러 발언과 행동 그리고 그의 생각과 욕구라고 여겨지는 바에 비추어 가급적 정합성과 일관성이 깨지지 않도록 해석하는 가운데 이해될 수 있다. 같은 문화권에 사는 사람들이나 친밀한 관계의 사람들은 서로 대체로 유사한 생각과 욕구 그리고 유사한 수준의 합리성을 가지기 때문에 이렇게 실은 대단히 까다로운 해석이 작동하고 있다는 사실이 전연 주목받지 않는다. 하지만 이들 사이에서도 실은 인류학자가 처음 마주하는 낯선 문화권의 타인과 마찬가지로 해석이 이루어지고 있다는 사실이 데이비슨의 해석이론이 말해주는 바다.

(3) 심리적인 것의 무법칙주의

자, 이제 본론으로 돌아오자. 데이비슨은 심신 동일성을 받아들이면서도 심신 법칙을 거부한다. 어떻게 이런 입장이 일관될 수 있을까?

우선 사례와 종의 구별에 유의하자. 사례는 개별적이지만, 종은 일반적이다. 특정한 시점이 박힌 사건은 개별적이지만, 종은 그런 개별적인 것들을 사례로 가지는 집합적 유형으로서 일반적 용어로 기술된다. 가령, 어젯밤 11시에 철수가 보름달을 보고 있다고 믿었다. 이러한 믿음은 하나의 개별적인 심리적 사건이지만, 'x가 보름달을 보고 있다고 믿는다'는 여러 사람에게서 여러 시점에 반복 가능한 사건 유형이다. 데이비슨이 심신 동일성을 받아들이면서도 심신 상응 법칙을 거부할 수 있는 한 가지 배경은 그가 동일성은 개별 사건 간에 성립하는 반면, 심신 상응 법칙은 유형 간에 성립한다고 보기 때문이다. 심신 상응 법칙은 마음의 특정한 사건 유형을 신체의 특정한 사건 유형과 짝짓는다. 심신 상응 법칙이란 어떤 심리적 사건 유형이 다름 아니라 어떤 물리적 사건 유형과 똑같다고 알려주는 법칙이다. 이러한 법칙은 심리적 사건 종에 관한 기술을 물리적 사건 종에 관한 기술로 남김없이 대치할 수 있을 때, 즉 환원할 수 있을 때 확보된다. 여기서 심리적 사건 종이란 생각과 바람, 의도 등 심리적 용어로 기술되는 사건의 일반적 유형이고, 또 물리적 사건 종이란 물리학의 용어로 기술되는 사건의 일반적 유형이다. 어젯밤 11시에 철수의 마음에서 일어난 사건을 'x가 보름달을 보고 있다고 믿는다'와 같이 심리적 용어로 일반화한다면, 그 개별적 사건을 하나의 사례로 포함하는 심리적 사건 종을 기술하는 것이다. 또한, 이렇게 기술된 사건 종을 물리학의 용어로 정확히 포착할 수 있다면, 즉 정교하게 그것만을 지시할 수 있다면, 환원에까지 성공하는 것이다.

그러나 앞서 본 데이비슨의 해석이론은 심리적 사건 종을 물리학의 용어로 포착하는 것이 불가능하다고 말해준다. 우리는 전지적 관점에서 타인의 마음을 포착할 수 없다. 해석이론이 말해주듯이 우리는 그것을 발언과 행동 그리고 생각과 욕구를 전체적으로 고려하면서 해석해야만 한다. 이러한 사실이 결국 환원을 불가능하게 만든다. 어째서 그러하다는 건지 찬찬히 살펴보자.

심신 상응 법칙이란 심리적 사건 유형을 나타내는 기술과 물리적 사건 유형을 나타내는 기술을 등호로 엮는 규칙이다. 따라서 그런 법칙을 제시하려면 우선, 앞선 예시를 계속 끌고 가자면, 어젯밤 11시 철수의 심리적 사건을 해석하여 그것이 어떠한 것인지를, 즉 어떤 종류의 것인지를 알아내야 한다. 이는 그 개별 사건을 'x가 보름달을 본다고 믿는다'와 같은 일반적 기술에 해당하는 집합의 한 사례로 간주함으로써 이루어진다. 다음으로, 그때 철수의 두뇌에서 일어난 물리적 사건을 역시 어떤 종류의 것인지 파악해야 한다. 철수가 보름달을 본다는 믿음을 보고하는 (또는 아무튼 그러한 믿음이 일어났다고 해석되는) 바로 그 시점에 정확히 두뇌에서 일어나는 어떤 사건이 틀림없이 있다. 그리고 이 사건은 물리적 용어들로 이루어진 무척 복잡한 기술 P로 정확히 골라내질 수 있다고 하자. 데이비슨에 따르면, 저 개별 심리 사건은 P로 가리켜질 수 있는 개별 물리적 사건과 전적으로 동일하다. 모든 심리적 사건은 또한 물리적 사건이기도 함을 데이비슨은 인정한다. 하지만 무한정으로 많은 사람에게서 "보름달을 본다는 믿음"이라는 기술로 지시할 수 있는 심리적 사건들의 열린 집합은 P에 의해 지시되는 물리적 사건들의 집합과 일치할 수 없다. 두 집합의 원소가 대체로 겹친다고 하더라도 모두가 완벽히 똑같을 수 없다. "보름달을 본다는 믿음"으로 지시할 수 있는 개별 심리적 사건 중 일부는 P로 지시할 수 없고, 또 P에 의해 지시되는 개별 물리적 사건 중 일부는 "보름달을 본다는 믿음"에 해당하지 않는다. 이것이 데이비슨이 주장하는 바다.

따라서 데이비슨은 또한 심신 사이의 결정론적 인과 법칙도 인정하지 않는다. 결국, 다소 중복되는 논의이지만 다시 위의 표 7을 따라 설명해보자. 그는 철수의 두뇌에서 t0와 t1 시점에 각각 일어난 물리적 사건 P0와 P1을 물리적 용어로 완벽하게 기술할 수 있으리라고 가정한다. 물리적 사건은 그것이 두뇌 속에서 일어나는 아무리 복잡한 것일지라도 물리적 용어로 완벽하고도 정밀하게 기술할 수 있다. 적어도 이론상 그러하다. P0와 P1은 두뇌의 복잡한 전기화학적 변화 과정으로 각각 물리학적으로 기술할 수 있다. 또한, 결정론에 따르건대, 그 두 물리적 사건의 인과관계를 지배하는 물리법칙 L1이 있을 수밖에 없다. 즉, 현재의 물리적 상태가 P0임을 알고 또 물리법칙 L1을 아는 사람은 그로부터 P1이라는 물리적 사건이 반드시 일어나리라는 것을 예측할 수 있다. 더욱이 데이비슨은 같은 시점에 일어난 M1과 P1의 동일성도 인정한다. 그에 따르면, 하나의 동일한 사건은 심리적 용어로 기술될 수도 있고 물리적 용어로 기술될 수도 있다. 그것이 심리적 용어로 기술되면 심리적 사건이고, 물리적 용어로 기술되면 물리적 사건일 뿐이다. 하지만 심리적 사건은 물리적 사건과 독립적으로 존재할 수 없다. 그러니 하나의 개별 사건이 심리적 사건이라면, 그것은 또한 물리적 사건이기도 할 수밖에 없다. 그런데도 현재의 물리적 상태가 P0임을 알고 또 물리법칙 L1을 아는 사람이 그로부터 P1을 예측할 수 있을 뿐 M1을 예측할 수 없다. 이것이 데이비슨의 무법칙적 일원론이 주장하는 바다. 어떤 근거로 그렇게 주장하는가?

현재의 물리적 상태가 P0임을 알고 또 P0와 P1의 인과적 결합을 말해주는 물리법칙 L1을 아는 사람이 t0 시점에 M1의 발생을 예측할 수 있으려면, 추가로 무엇을 더 알아야 할까? 물론 M1과 P1이 동일함을 알면 된다. 하지만 M1과 P1이 각각 특정 시점이 박힌 개별 사건임에 유의해야 한다. 둘의 동일성을 사후적으로, 즉 t1 시점에 확인하는 데는 이론상 아무런 어려움이 없다. 일단 M1이 발생했을 때, 그때 두뇌에서 벌어지는 전기화학적 사건을 식별하고 물리학적으로 기술함으로써 그것이 바로 M1과 동일하다고 판단할 수 있다. 하지만 문제는 t1에 앞선 시점에서 어떻게 M1을 예측할 수 있느냐는 것이다. t0 시점에서는 아직 양자의 동일성을 확인할 수 없으니 말이다.

하지만 일단 이처럼 철수의 사례에서 M1과 P1의 동일성을 확인하고 난 다음 이와 유사한 사례를 여럿 모으고 그로부터 일반화하여 어떤 심신 인과 법칙을 제시할 수는 있지 않을까? 동일론자가 주장하는 '고통 = C 신경 섬유'라는 식의 법칙과 같은 것 말이다. 데이비슨은 그런 식으로 법칙 비스름한 것을 발견할 수 있음을 인정한다. 하지만 그때 발견하는 것은 엄격한 의미에서의 법칙, 곧 예외를 절대 허용하지 않는 규칙이 아니라 느슨한 규칙, 곧 많은 경우 잘 들어맞지만, 간혹 예외를 허용하는 규칙일 따름이라고 지적한다. 그래서 그러한 심신 인과 규칙에 의존할 경우 결정론적으로 예측하는 것은 불가능하고 단지 제법 들어맞을 확률이 높은 추측 정도만을 할 수 있을 뿐이다. 즉, 일말의 의혹도 없이 절대적으로 신뢰할 수만은 없는 개연적 성질의 인과 규칙이라는 것이다.

어째서 예측을 보증하는 엄격한 심신 인과 법칙은 발견할 수 없고 단지 개연적 추측만을 허용하는 심신 인과 규칙만을 발견할 수 있을 뿐이라는 것인지를 자세히 예를 들어서 해명해보자. 법칙이든 규칙이든 어떻게 해야 그것을 발견할 수 있을지를 생각해보자. 논의의 편의상 그러한 법칙 또는 규칙 발견에 대단히 유리한 조건을 거의 공상적 수준으로 허용하겠다. 한 초천재 물리학자가 모든 물리법칙에 관한 지식을 습득하고 타임머신을 타고서 현시점으로 왔다고 가정하자. 그는 수백 명의 두뇌에 초정밀 물리 작용 인식 장치를 부착해서 그것을 실시간으로 관찰하면서 두뇌의 전기화학적 변화 과정을 모두 물리학의 용어로 정밀하게 기술하고 있다.[15)]

어제 오후 3시에 피험자 중 한 명인 철수가 아무도 없는 길거리에서 바닥에 떨어진 돈 봉투를 발견하고서 씩 웃다가 가만히 주변을 두리번거렸다고 하자. 그때 초천재 물리학자는 철수에게 어떤 마음을 품고 있냐고 묻는다. 철수는 "남의 돈을 몰래 주우려는 의도를 품고 있어요." 라고 답한다. 정황상 철수의 대답이 거짓일 것 같지 않다. 그렇다면 우리는 그때 철수의 심리적 사건 M1을 심리적 용어를 동원하여 기술할 수 있다. 즉, '남의 돈을 몰래 주우려는 의도' 정도로 기술할 수 있을 것이다. 이러한 기술에는 특정한 시점이 박혀 있지 않다. 즉, 그 기술이 가리키는 대상은 개별 심리적 사건이 아니라 여러 사람에게서 여러 시

15) 데이비슨은 "양자 물리학의 불확정성은 고려하지 않아도 되게끔 체계가 구성되어 있다는 것을 우리가 알고 있다고 가정하자."라고 덧붙인다. 데이비슨, 같은 책, 399쪽.

점에서 반복적으로 일어날 수 있는 특정한 심리적 사건 유형이다. 그리고 물리학자는 같은 시점에 철수의 두뇌에서 일어나는 전기화학적 작용 P1을 물리학의 용어로 완벽하게 기술한다.

다음으로 어제 오후 4시에 역시 피험자 중 한 명인 영희가 우연히도 철수와 유사한 상황에서 철수와 유사한 행동 양상을 보인다고 하자. 그리고 무슨 생각 중이냐는 물음에 역시 마찬가지로 답한다고 하자. 그렇다면 실험자는 어제 오후 4시에 영희의 마음에서 일어난 심리적 사건도 '남의 돈을 몰래 주우려는 의도'라고 기술할 것이다. 그리고 그때 영희의 두뇌에서 일어나는 전기화학적 작용을 관찰하고 그것을 물리학적 용어로 완벽하게 기술한다. 정확히 같은 일을 영수, 철희 등등 추가로 십여 명의 마음과 두뇌에서 반복한다. 이들에게서도 '남의 돈을 몰래 주우려는 의도'라고 기술되는 심리적 사건을 발견하고 그 시점의 전기화학적 작용을 관찰하여 물리학적 용어로 완벽하게 기술한다.

다음으로 철수, 영희, 영수, 철희를 비롯한 십여 명의 두뇌에서 일어난 물리적 사건에 대한 십여 개의 기술을 비교한다. 실험이 정교하게 진행되고 운도 좋았다면, 아마 일치하는 부분이 제법 발견될 것이다. 아니 논의의 편의상 아예 모두 똑같았다고 가정하자. 그 각각의 물리적 사건에 관한 기술이 모두 일치했다고 가정하자. 그것은 대단히 복잡한 전기화학적 작용을 가리키는 물리학적 기술일 텐데 이를 간단히 Pd2라고 불러보자. 그리고 이제 '남의 돈을 몰래 주우려는 의도 = Pd2'라는 심신 상응 법칙을 발견했노라고 문제의 초천재 물리학자가 선언한다. 만일 그 심신 상응 법칙이 순수한 물리학의 법칙처럼 예외를 허용하지 않는 엄격한 의미의 법칙이라면, 이제 이 심신 상응 법칙과 기존에 알려진 물리법칙을 활용해 마음에 대한 결정론적 수준의 예측도 할 수 있게 된다. 'Pd1 → Pd2'(만일 x에서 Pd1이 일어나면, 뒤이어 x에서 Pd2가 일어난다)라고 기술되는 물리 인과 법칙과 저 추정상의 심신 상응 법칙을 연합하면, 누군가의 두뇌에서 Pd1에 해당하는 물리적 사건이 발견될 때 뒤이어 그가 '남의 돈을 몰래 주우려는 의도'를 품으리라고 결정론적으로 예측할 수 있다.

하지만 그런 식으로 심신 유형 간 상응 관계를 말해주는 규칙은 엄격한 법칙일 수 없다는 것이 데이비슨의 핵심 주장이다. 그리고 그 주장의 근거가 그의 해석이론이다. 우리가 그의 해석이론을 검토하면서 확인했던 마음의 전체론적 성격과 그에 따른 명제 태도의 의미론적 불확정성은 심신 유형 간 상응 규칙이 엄격한 법칙일 수 없다고 말해준다. '남의 돈을 몰래 주우려는 의도 = Pd2'라는 등식이 엄격한 동일성 명제가 되려면 무엇보다도 우선 '남의 돈을 몰래 주우려는 의도'라는 표현의 의미를 전체론적 이해의 배경을 암묵적으로 참조함 없이 유한한 수의 명제로 명시적으로 확정할 수 있어야 한다. 그러나 데이비슨의 전체론적 의미론에 따르면 바로 그것이 불가능하다. 따라서 또한 '남의 돈을 몰래 주우려는 의도'라는 기술이 가리킬 수 있는 개별 사례의 범위, 곧 집합을 미리 확정할 수 없다.

초천재 물리학자는 '남의 돈을 몰래 주우려는 의도'라는 기술이 가리킬 수 있는 사례의 범위를 암묵적으로 미리부터 염두에 둔 채로 실험을 설계한다. 그때 그는 자신의 언어 사용 관습과 상식에 기초해 그렇게 한다. 즉, 그는 '남의 돈을 몰래 주우려는 의도'라는 기술의 표준적 의미를 암묵적으로 가정한다. 가령, '남의 돈을 몰래 주우려는 의도'의 의미에는 남의 돈을 자신의 이익을 위해서 활용하겠다는 욕구, 남들에게 자신의 행동을 들키고 싶지 않다는 욕구, 자신의 행동이 남들에게 떳떳하지 못하다는 자각 등등이 포함된다고 가정한다. 십여 명의 사례에서 두뇌의 물리적 사건에 관한 기술이 (거의) 완벽히 일치했다면, 이는 실제로 실험 시점에서 이들의 마음속에서 일어났던 사건(과 상태)에 저러한 욕구와 자각이 똑같이 있었음을 뜻한다. 데이비슨처럼 심신 수반과 물리적 일원론을 인정하는 이상 그렇게 인정해야만 한다. 그러므로 이들의 사례 집합에 한해서 '남의 돈을 몰래 주우려는 의도 = Pd2'라는 심신 상응 규칙이 아주 엄격하게 성립함이 확인되었다고도 말할 수 있다. 하지만 어떤 심신 상응 규칙이 한정된 집합에서 100퍼센트의 적중률을 보인다고 해서 무한히 열린 집합에서도 그러하리라고 기대할 수는 없다. '남의 돈을 몰래 주우려는 의도'의 표준적 의미라고 가정된 범주에서 벗어나면서도 여전히 '남의 돈을 몰래 주우려는 의도'라고 기술될 수 있는 심리적 사건이 발견될 수 있고 그런 사건은 Pd2라고 기술될 수 있는 물리적 사건과 동일시될 수 없기 때문이다. 즉, 저 심신 상응 규칙의 예외 사례가 발생할 가능성을 미연에 방지할 수 없다. 아래의 두 사례를 생각해보자.

[사례 1] 평소에도 칠칠치 못한 민준이가 한 가게 앞에서 돈을 흘렸고 이를 모른 채 집으로 돌아왔다. 집에서 돈을 잃어버렸음을 뒤늦게 깨닫고는 동생 민상이한테 돈을 찾아오게 시켰다. 민상이는 형이 말해준 가게 앞으로 가 돈을 발견했다. 그런데 주변에 사람들이 제법 있어서 눈에 띄게 그 돈을 주우면 괜한 의심을 받을 것만 같았다. 그래서 민상이는 의심스러운 눈초리를 받지 않으려고 일부러 아무도 모르게 돈을 주우려고 한다.

[사례 2] 세 살짜리 꼬마 희동이가 길거리에서 백 원짜리 동전 하나를 발견하고서 해맑게 웃는다. 그리고 데굴데굴 굴리면서 갖고 놀기에 좋을 그 물건을 향해 다가가다가 아빠를 잠시 돌아보고 슬쩍 주우려고 한다. 아마도 아빠는 이전에 희동이가 땅바닥에 놓인 지저분한 물건을 집어 올렸을 때 혼낸 적이 있을 것이다.

민상이나 희동이의 심리를 '남의 돈을 몰래 주우려는 의도'라고 얼마든지 기술할 수 있을 것이다. 하지만 그의 마음에는 저 심신 상응 규칙을 발견할 때 피험자들의 마음에서 일어났던 것(또는 그 일부)이 들어있지 않다. 민상이나 희동이의 심리를 '남의 돈을 몰래 주우려는 의도'라고 기술하면서 의미하는 바는 철수, 영희, 영수, 철희 등등의 심리를 기술하면서 의미했던 바와 다르다. 저 표준적 의미로 추정되었던 바에 포함되었던 것의 상당 부분이 민상이나 희동이의 심리에는 없다. 특히, 희동이의 심리에는 동전을 갖고 놀고 싶다는 욕구와 아빠에게 혼나기 싫다는 욕구 정도만이 함축되어 있을 것이다.

이렇게 민상이와 희동이의 심리가 철수, 영희 등등의 심리와 다르다면, 그들의 두뇌에서 일어났던 물리적 사건을 Pd2라고 추정할 근거도 없게 된다. 민상이와 희동이의 사례는 철수, 영희, 영수, 철희 등등의 한정된 사례 집합을 통해서 얻었던 심신 상응 규칙('남의 돈을 몰래 주우려는 의도 = Pd2')을 적용할 수 없는 경우에 해당한다. 결국 '남의 돈을 몰래 주우려는 의도'라고 기술되면서도 Pd2에 해당하는 물리적 사건과 동일시될 수 없는 심리적 사건이 있을 수 있다는 뜻이다. 즉, 심신 간 유형 동일성을 보장하는 법칙이 성립할 수 없게 된다.

물론 우리가 이상의 사례를 미리 염두에 두고서 그것이 반례가 되지 않도록 '남의 돈을 몰래 주우려는 의도'보다 더 정교한 기술을 담아서 심신 상응 규칙을 수립할 수도 있을 것이다. 하지만 데이비슨의 해석이론이 제기하는 문제의 핵심은 그러한 예외 사례의 발생을 원천봉쇄하도록 심리적 용어를 포함하는 기술의 표준적 의미를 확정할 수 없다는 것이다. 아무리 심신 상응 규칙에 포함될 기술을 심사숙고하여 정교하게, '남의 돈을 몰래 주우려는 의도'보다 훨씬 더 길고 상세하게 마련할지라도 언제나 예상하지 못했던, 즉 추정상의 표준적 의미로 포섭되지 않는 어떤 사례가 그러한 기술로 지시될 수 있을 가능성이 남게 된다.

한 명제 태도의 의미는 개별적 상황에의 구체적 적용 이전에 결정될 수 없다. 그것은 그 명제 태도가 귀속되는 언어적 주체의 여러 다른 생각과 욕구, 그리고 그의 발언과 행동의 전체적 고려에 따라서만 결정될 수 있다. 따라서 한 명제 태도의 의미라고 이전에 가정되었던 바를 새로운 개별적 상황에 있는 언어적 주체의 명제 태도에 귀속할 수 없는 경우가 언제든 발생할 수 있다.

심신 상응 법칙 발견의 불가능성을 합리성의 문제와 관련하여 다르게 설명할 수도 있다. 어떤 행위를 하려는 의도가 어떠한 믿음과 욕구로 이루어지는가를 해명하려면 '합리성'이라는 용어를 동원해야만 한다. 일정한 믿음과 욕구가 내게서 합리화될 때 그러한 믿음과 욕구는 내게 일정한 행위를 일으키려는 의도로 작용한다. 그러나 어떤 종류의 믿음과 어떤 종류의 욕구가 어떤 식으로 결합할 때 합리화가 이루어지는가에 관한 일반적인 규칙 같은 것은 없다. 나아가 합리성은 심리적 용어를 포괄하는 우리의 언어와 개념 체계의 근간에 전체적으로 깔려 있다. 합리성이 심리적 개념을 포괄하는 개념 체계에 전체적으로 관계하는 이상 그것을 물리적인 용어로 적절히 번역할 수 없다. 그렇기 때문에도 (특히 '의도'와 관련한) 심리적 개념에 정확히 상응하는 물리적 기술을 제시하는 것은 불가능하다.

신경과학자들이 제시하는 심신 상응 규칙은 '정상적 조건 아래서'와 같은 관대한 면제 조항과 더불어서만 받아들일 만하다. 이때의 '정상적 조건'은 명제 태도에 대한 추정상의 표준적 의미와 우리의 상식에 녹아 있는 합리성에 대응한다. 실험자가 자신의 언어와 개념 체계에 따라 어떠한 심리적 용어를 담은 기술(또는 명제 태도)의 표준적 의미라고 가정하는 바가 심신 상응 규칙에서 '정상적 조건 아래서'와 같은 용어로 표출된다. 그 용어는 실은 반례로 제시되어야 할 사례를 언제든 반례가 아닌 것으로 보이도록 하는 신통한 효과를 낳아 즐겨 사용된다. 문제는 그 '정상적 조건'이 연구자가 속한 문화권의 대다수 사람에게 통용되는 상식적인 심리 체계에 암묵적으로 의존한다는 사실, 따라서 그러한 표현을 심신 상응 규칙에 넣자마자 엄격한 환원은 포기된다는 사실이다.

(4) 신경과학적 탐구의 의미

심리적 용어를 포함하는 기술의 해석은 그것을 둘러싼 배경인 생각과 욕구 체계의 전체론적 이해와 합리성에 암묵적으로 의존한다. 심리적 사건에 관한 기술이 합리성을 경유하는 전체론적 배경 이해에 의존하므로 그 기술을 아무리 섬세하게 분석하고 그것의 숨겨진 의미를 명시한다고 하더라도 순수한 물리학적 언어로 남김없이 깔끔하게 옮길 수 없다. 단순히 그것이 따져봐야 할 경우의 수가 너무나 복잡해서가 아니다. 단지 복잡성의 양적 문제라면 차근차근 하나씩 물리학적 언어로 번역하는 시도를 지루하겠지만 계속해주기만 하면 해결할 수 있다. 그러나 여기에는 말하자면 복잡성의 질적 문제가 개입한다.

우리는 일상적인 대화와 상호작용에서 전체론적 배경 이해를 대체로 공유하기 때문에 굳이 그런 분석과 명시화 작업을 끝없이 할 필요가 없다. 하지만 그런 전체론적 배경 이해에는 물론 수많은 심리적 개념이 함축되어 있다. 그리고 환원 수준의 심신 법칙을 제시하기 위해서는 그런 심리적 개념의 완전한 제거가 요구된다. 하나의 개별적 심리 사건을 한 종류의 심리 사건으로 기술한다면, 그러한 기술에는 전체론적 이해가 배경으로 깔려 있다. 하지만 그렇게 기술된 심리적 사건 종은 물리학적 언어로 기술된 사건 종으로 대치될 수 없다. 저 암묵적 배경을 물리학의 언어가 번역할 수 없기 때문이다.

그렇다면 이제까지 신경과학자는 무얼 했던 것인가? 신경과학은 일상의 심리적 용어를 느슨하게 대치할 수 있다. 신경과학이 비약적으로 발달한 미래의 신경과학자라면 '남의 돈을 몰래 주우려는 의도'로 기술되는 심리적 사건 종이 신경과학의 언어로 기술되는 어떤 물리적 사건 종과 "대충의 상관관계"로 결합함까지 밝혀낼 수 있을지도 모른다.[16] 그렇다면 (요새 가끔 황색언론의 기사가 요란하게 선전하는 바처럼) 두뇌의 상태를 관찰함으로써 그 두뇌의 소유자가 어떤 종류의 생각을 하는지를 대략 맞힐 수도 있을 것이다. 두뇌 상태의 신경과학적 관찰을 통한 마음 읽기의 확률을 상당한 수준으로 끌어올릴 수도 있을 것이다. 특히, 명제 태도가 아닌 비교적 단순한 감정 상태와 관련해서라면 더더욱 그러할 것이다. 어쩌면 열 명의 피험자를 대상으로 100회에 걸친 실험에서 심지어 100퍼센트의 확률로 마음 읽기에 성공했다는 기사가 언젠가 등장할 수도 있다. 물론 그 이후의 실험에서 계속해서 100퍼센트의 적중률을 보이리라고는 절대 기대할 수 없지만 말이다. 두말할 것도 없이 신경과학의 발전에 박수갈채를 보내면서 격려할 필요가 있다. 무엇보다 그러한 발전은 의학적으로 여러모로 공헌하는 바가 있을 것이다. 하지만 그렇다고 그런 성공에 고무되어 마음은 두뇌 상태일 뿐이라는 환원주의적 결론을 선언하는 것은 지나치게 경솔하다.

이제까지의 논의가 말해주는 바는, 첫째로, 그런 모든 신경과학적 실험과 연구가 실은 심리적 개념을 함축한 저 전체론적 배경 이해 없이 진행되는 것이 아니라 오히려 반대로 그것을 전제로 하고 있다는 점, 둘째로, 바로 그래서 신경과학이 발견하는 심신의 규칙은 엄격한 동일성의 법칙이 아니라 많은 사례에서 단지 높은 확률로 들어맞는 실용적인 규칙이라는 점이다. 만일 신경과학적 실험과 연구가 저 전체론적 배경 이해에 의존하지 않고서 순수하게 신경과학의 언어에만 의존해서 진행될 수 있다면, 물리학의 실험이 그러하듯 법칙에 따른 예측과 설명에서 항상 100퍼센트의 정확도를 기대할 수 있다. 그럴 경우 실험은 결

---

16) 데이비슨, 같은 책, 380쪽.

정론적 법칙에 따라 진행될 것이기 때문이다. 하지만 실제로는 암묵적인 전체론적 배경 이해에 의존하기 때문에 특정한 사례에서 기존의 심신 규칙이 들어맞지 않을 가능성이 아무리 낮더라도 항상 남는다.

5) 달리할 수 있었음으로서의 자유?

(1) 행위의 예측 불가능성

우리는 처음에 부수현상론을 물리치면서 스스로 인과적 효력을 발휘하는 행위 주체가 된다는 의미에서의 자유의지를 확보하였다. 부수현상론에서와 달리, 무법칙적 일원론에서든 수반적 인과 모델에서든 환원론적 모델에서든, 심리적 상태가 신체적 행동의 원인이 됨으로써 심리적 상태를 가지는 행위 주체에게 자기 원인으로서의 자유의지가 인정된다. 하지만 수반적 인과 모델이나 환원론적 모델에 따르자면, 어떤 사람이 어떤 의도를 가질지가 엄격하게 예측 가능하다. 과학적 지식에 따라서 그의 의지를 결정론적으로 예언할 수 있다. 그런 모델에서 심리적인 것의 자율성은 인정되지 못한다. 반면에, 무법칙적 일원론에 따르자면, 심신 법칙의 발견이 불가능하고 따라서 어떤 사람이 어떤 결심과 의지를 마음속에 품고 있는가를 엄격하게 예측할 수 없다. 이런 점에서 무법칙적 일원론은 자유의지를 구원할 가능성에 한층 더 가까이 다가가는 듯하다.

무법칙적 일원론에 따르면, 물리계는 결정론적 법칙이 지배한다. 그리고 시간이 특정된 개별 심리적 상태 각각은 개별 물리적 상태 각각과 같다. 그런데도 심리적인 것은 무법칙적이다. 개별 심리적 상태는 그것에 선행하는 모든 물리적 조건을 인식하더라도 그로부터 예측할 수 없다. 인간 인식의 한계를 무시하고 마치 신과 같이 그 심리 상태가 일어나기 직전 시점의 물리적 조건의 상태를 전부 완벽히 인식해낸다고 하더라도 그로부터 어느 심리적 상태가 결과할지 엄격하게 예측하는 것은 불가능하다. 물론 데이비슨에 따르면 물리적 상태와 심리적 상태를 연결하는 대략의 규칙은 성립하고 또 이를 인식해낼 수도 있다. 그러한 규칙을 통해서 어느 피험자의 심리 상태를 선행하는 물리적 상태를 식별함으로써 일반적으로 예측하는 것까지도 가능하다. 그러나 그렇다고 해도 그는 그 예측으로부터 자유로이 벗어날 수 있다. 아무리 통계적 확률을 높이 끌어올린 일반적 규칙을 발견해냈다고 하더라도 그 피험자에게는 그런 예측에서 벗어나는 마음을 품을 가능성이 여전히 있다. 이 점에서 무법칙적 일원론은 수반적 인과 모델이나 환원주의적 모델과 달리 신경과학적 법칙에 따라 심리적 상태의 엄격한 예측이 가능하다는 위협을 물리친다. 무법칙적 일원론은 초천재 과학자의 예측에서 벗어나는 결심을 내릴 수 있는 자유가 인간에게 있음을 보여준다.

하지만 어쨌든 인간이 그의 신체로 어떤 행동을 할지는 결정되어 있고 예측할 수 있지 않은가? 그렇다. 환원론자만이 아니라 무법칙적 일원론자도 신체적 운동을 포함하여 모든 물리적 사건에 대하여 선(先)결정성과 엄격한 예측 가능성을 인정한다. 두뇌의 사건이 신체적 운동을 일으키는 인과 작용은 물리적 세계에서의 한 변화 과정이다. 이러한 변화는 엄격한 결정론적 법칙에 따라 예측할 수도 있고 설명할 수도 있다. 선행하는 물리적 조건에다가 자연법칙을 적용하면 후행하는 물리적 조건이 어떠하리라는 것을 예측할 수 있다. 또한, 선행하는 물리적 조건에다가 자연법칙을 적용함으로써 어째서 후행하는 물리적 조건이 산출될 수밖에 없었는가를 설명할 수 있다. 여기서 자연법칙은 저 변화를 예측하거나 설명하는 근거의 역할을 한다. 우리가 물리학을 신뢰하는 이상 이러한 법칙의 발견을 물리학에 기대하지 않을 수 없다. 물리적 사건의 하나로서 신체적 움직임도 완벽하게 예측할 수 있고 미리부터 결정되어 있다. 그런데 그렇다면 무법칙적 일원론에도 불구하고 적어도 행위의 자유는 부정되어야 하는 것 아닌가?

서두에 꺼냈던 예시를 다시 가져와보자. 모든 물리적 사건은 선행하는 물리적 상태와 물리법칙에 따라 결정되므로 은행 강도질을 저지르는 철수의 모든 신체적인 움직임도 예전의 물리적 상태들과 자연법칙으로부터 결정되어 있던 것이고 또한 엄격하게 예측할 수 있는 것 아닌가? 철수가 은행에서 권총을 뽑아 드는 행동은 미리부터, 인과연쇄의 계열을 거스르다 보면 결국 우주의 탄생 시점에서부터, 결정되어 있었고 과학적 지식에 따라서 이론상 예측할 수 있는 것 아닌가?

철수의 모든 신체적 움직임은 그것이 순수하게 물리적 용어로 기술되는 한에서 하나의 물리적 사건이고 따라서 결정론적인 물리법칙의 지배를 받음이 틀림없다. 그것은 철수가 태어나기 전부터 결정되어 있었을 뿐만 아니라 이론상 속속들이 예측될 수 있다. 하지만 중요한 것은 이것이다. 신체적 움직임은 아직 행위가 아니다. 이를 놓치면 안 된다. 데이비슨의 무법칙적 일원론이 옳다면, 순수하게 물리적 용어로 기술되는 신체적 움직임과 달리 '은행 강도질'이라고 기술되는 행위는 결코 예측할 수 없다. 행위 개념은 의도를 함축한다. '은행 강도질'이라고 기술되는 종류의 행위는 의도라는 심리적 개념을 함축하고 있으므로 그 행위는 심리적인 것의 무법칙주의에 따라서 신체적 움직임이나 신경계의 물리화학적 작용과 동일시될 수 없다. 그런 종류의 행위와 물리적 사건 종을 연결하는 엄격한 심신 상응 법칙은 존재하지 않는다. 따라서 행위에 대한 결정론적 예측이나 설명도 불가능하다.

신체적 움직임이 모두 세밀하게 예측된다면, 결국 행위도 예측될 수밖에 없지 않을까 하는 의구심이 자꾸만 들 수도 있을 것이다. 그러나 그렇지 않다. 완벽하게 같은 신체적 움직임이 어떤 의도와 의미를 갖춘 행위일 수도 있지만, 의도나 의미를 결여한 단순한 행동일 수도 있다. 또한, 완벽하게 같은 신체적 움직임이 이때는 이런 의도와 의미를 갖춘 행위이지만, 접때는 저런 의도와 의미를 갖춘 행위일 수도 있다. 하나의 신체적 움직임이 의도를 갖춘 행위인지 아니면 단순한 행동인지, 또 이런 의미와 의도의 행위인지 아니면 저런 의미와 의도의 행위인지를 판단하려면, 결국 데이비슨의 해석이론에 따라서 행위자의 발언과 행동 그리고 그의 심리를 정합성과 일관성에 따라서 전체론적으로 해석할 수밖에 없다. 그리고 이러한 전체론적 해석이 물리적인 용어로 환원될 수 없다는 사실을 우리는 앞에서 확인하였다. 그러니 신체적 움직임은 결정론적으로 예측되지만, 행위는 그럴 수 없다. 수백 년 미래의 과학적 지식을 동원하여도 철수가 은행 강도질을 하리라고 예측할 수 없다. 철수는 그러한 과학적 '예측'이 틀렸음을 보이면서 자신의 자유를 행사할 수 있다.

(2) 아무튼 행위도 결정되어 있다

그러나 심신 의존 논제를 다시 떠올려보자. 그에 따르면, 물리적인 것에서 모조리 똑같다면, 심리적인 것에서도 모조리 똑같아야만 한다. 따라서 신체적 움직임을 포함한 물리적 조건이 모조리 똑같다면 행위도 똑같아야만 한다. 비록 단 하나의 심리적인 사건이나 행위도 예측할 수 없다고 해도, 인간의 모든 심리적 사건과 행위가 결정되어 있다는 사실에는 변함이 없다. 최소한의 물리주의자로서, 모든 심리적 사건과 행위가 또한 동시에 물리적 사건이기도 하다는 점을 데이비슨처럼 인정하는 이상 더더욱 그렇다. 이제까지 이루어진 우리의 긴 논의는 여전히 이러한 냉혹한 선결정성의 사실을 조금도 부정하지 못했다. 예측은 못한다고 해도 결정된 건 결정된 거다. 무법칙적 일원론의 공헌은 심리적인 것의 예측 불가능성까지만이다.

물리계에서의 모든 사건은 선행하는 물리적 조건과 물리법칙에 따라서 남김없이 결정된다고 말하는 결정론에 따르면, 물리계에서 신체적 움직임으로 나타나는 행위도 역시 이미 결정되어 있을 수밖에 없다. 행위자가 태어나기 이전에 이미 선행하는 물리적 조건과 물리법칙에 따라서 그가 언제 어디서 무엇을 할지가 결정되어 있다. 이러한 선결정의 사실은 결국 자유의 존재를 용인할 수 없는 것처럼 보인다. 왜냐하면 내게는 그 선결정된 사실과 다르게 행위를 할 수 있는 여지가 남아나지 않기 때문이다. 철수가 모월 모일 모 은행을 턴다는 사실은 철수가 이미 태어나기 이전부터 결정되었던 것으로 철수는 조금도 달리할 수 없었다. 무법칙적 일원론이 말해주는 대로, 그 누구도 그것을 예측할 수 없고 또 그런 예측 가능성이 아예 원리적으로 성립할 수 없다고 할지라도 말이다.

양립론의 비판자들은 자유의지 개념에는 자기 결정 외에도 '달리할 수 있었음'이라는 의미가 있다고 주장한다. 이렇게도 저렇게도 할 수 있으므로 숙고와 이유의 탐색이 자유에 있어서 그리 중요했던 것 아닌가. 결정론을 받아들이는 사람은 철수가 은행에서 권총을 뽑아 드는 행동 그리고 은행 강도질이라는 그의 행위도 미리부터, 인과연쇄의 계열을 거스르다 보면 결국 우주의 탄생 시점에서부터, 결정되어 있었다고 인정해야만 한다. 철수는 사실상 은행에서 권총을 뽑아 은행원을 위협하며 은행을 터는 행위 외에 달리할 수 없었다. 데이비슨의 무법칙적 일원론은 아무튼 그런 행위를 결코 예측할 수 없음을 보여주지만, 그러므로 과학적 지식에 대한 심리적인 것의 자율성을 보여주지만, 그 행위가 결정되어 있지 않음을 보여준 것은 아니다. 철수는 여전히 달리 행위를 할 자유가 없다.

더욱이 선결정의 사실은 비단 물리계에서만 성립하는 것이 아닌 듯하다. 우리가 숙고에 따라서 어떻게 행동할지를 결심하는 데에도 선결정의 논리가 작동한다고 여러 철학자가 지적한다. 극심한 곤경에 처해 있던 철수가 결국 은행 강도질을 하겠다고 마음먹는 데에는 수많은 내적, 외적 조건이 개입한다. 그의 삶을 현미경으로 들여다보듯이 세밀하고 섬세하게 하나하나 살펴보면 그가 은행 강도질을 하도록 만드는 모든 조건이 완벽히 갖춰져 있음을 알 수 있다. 그는 결코 아무 생각 없이 임의대로 강도질을 저지른 것이 아니었다. 그는 자신의 주어진 조건과 환경에서 은행 강도질이 아닌 어떤 다른 행위를 선택할 여지가 없었다. 그는 어렸을 적부터 대범하고 다혈질적인 성격으로 키워졌고 양심이나 죄의식이 거의 발달하지 않았으며 도덕적 사려 분별에 취약했고 준법정신도 미약했다. 그리고 그는 현재 극심한 경제적 곤경 상태에 처해 있고 취업을 비롯하여 그 곤경에서 벗어나고자 온갖 시도를 했지만 모두 수포가 되었다. 이런 그의 성격과 환경의 영향 아래에서 철수는 이러저러한 생각과 이러저러한 욕구를 품게 된다. 그리고 그런 생각과 욕구를 전체적으로 고려하는 최종의 판단이 은행 강도질의 결심으로 이어진다. 즉, 현재의 삶이 대단히 곤궁하다는 생각, 은행 강도질 외에 도저히 이 곤궁에서 벗어날 방도가 없다는 생각, 은행 강도질을 하고도 붙잡히지 않고서 잘 살아갈 수 있으리라는 생각, 설령 붙잡힌다고 해도 지금 처지보다 못하지 않으리라는 생각 등등, 그리고 곤궁 상태에 계속 머무느니 차라리 비도덕적이고 불법적인 행동을 자행하겠다는 욕구, 곤궁을 못 이기고 스스로 생을 마감하고 싶지 않다는 욕구, 은행에서 훔친 돈으로 인생 처음으로 행복을 한번 제대로 만끽하고 싶다는 욕구 등등이 결국 은행 강도질이야말로 현재 철수 자신이 취할 수 있는 최선의 선택지라는 판단으로 수렴된다. 우리는 결심 시점에 철수에게 주어졌던 조건이 어떤 것들인가를 완벽하게 하나하나 나열할 수 없다. 하지만 그 조건이 완벽히 갖추어진 상태에서 철수는 그가 내렸던 바로 그 결심이 아닌 다른 어떤 것을 결코 의도할 수 없었음이 분명하다.

물론 철수의 저 모든 생각과 욕구에는 우리가 잘못되었다고 평가할 수 있는 것들이 여럿 포함되어 있을 것이다. 우선 은행 강도질 외에 저 곤궁에서 벗어날 방도가 아예 없다는 생각이 틀렸을 것 같고, 또한 곤궁 상태에 머무느니 불법을 자행하겠다는 욕구에도 무언가 비뚤어진 데가 있다고 지적할 수도 있을 것이다. 그러나 여기서 요점은 그런 잘못된 생각과 비뚤어진 욕구를 철수가 그의 내적 조건과 외적 조건에 따라서, 곧 무엇보다도 그가 처한 환경과 그의 성격으로 인해서 가질 수밖에 없었다는 것이다. 그의 환경과 성격은 또한 다시금 과거의 여러 사건에 의해서 만들어졌음이 분명하다. 그리고 그러한 과거사는 더 먼 과거의 원인으로 계속해서 소급될 수 있다. 가령, 그의 저열한 도덕의식에는 유전적 소인과 더불어 열악했던 양육 조건이 크게 작용했을 것이고, 이러한 유전적 소인과 양육 조건도 다시금 더 과거의 원인에 따라서 설명될 수 있다. 이렇게 따지고 보면, 은행 강도질에 대한 철수의 결심은 결국 그가 태어나기 이전까지로 소급되는 아주 복잡다단한 인과 사슬의 필연적 귀착점이다.

이상의 논의에 따르건대, 물리계에서의 결정론을 고려하기 이전에 이미 행위 결심이라는 심리적 사건이 일어나는 과정을 인생사적 관점에서 고찰하는 것만으로도 결정론은 피할 수 없는 것으로 보인다. 즉, 결정론은 물리적 용어로 기술되는 대상들의 세계에서만 성립하는 것이 아니라 심리적 용어로 기술되는 대상들의 세계에서도 성립하는 것으로 보인다. 그렇다면, 물리적 결정론을 문제로 삼기 이전에 이미 심리적 결정론이 달리 의도할 자유를 용인하지 못하는 셈 아닌가.

(3) 조건적 자유와 무조건적 자유

심리적 사건이나 행위가 미리 결정되어 있다면 인간의 자유란 어떻게 되는가? 여전히 인간이 자유롭다고 말할 수 있는가? 어떤 의미에서 그렇게 말할 수 있는가? 이제 논쟁은 물리계에서의 결정론적 위협을 논파하는 문제가 아니라 자유라는 개념을 어떻게 이해할 것인가의 문제로 넘어간다. 나는 여기서 스위스의 현대 철학자 페터 비에리(Peter Bieri)의 흥미로운 저작 『자유의 기술』(2001)을 따라서 인간의 의지와 행위가 선행하는 조건에 따라서 결정된다고 할지라도 여전히 의지의 자유와 행위의 자유를 긍정할 수 있다는 견해를 최대한 옹호하고자 한다.17)

어떤 이가 자신이 정말로 원하는 바를 자신의 숙고를 통해서 찾아내서 그것을 하겠다고 스스로 결심할 수 있다면, 그의 의지는 자유롭다. 또한, 그런 결심을 스스로 이행할 수 있다면, 그의 행위는 자유롭다. 우리는 열린 가능성의 미래를 앞에 두고서 지금 어떻게 하는 것이 좋을지를 고민하고 숙고할 수 있는 존재다. 우리는 여러 가능성을 내 행위의 후보로 상정하고 이리저리 재어보며 하나를 결국 선택한다. 그러한 심사숙고에서 나의 여러 생각이 올바른지, 그리고 나의 여러 욕구를 비교해보면서 과연 어느 욕구가 가장 적합한지를 따져본다. 그런 숙고의 결과로 우리는 결국 '아무튼 그래도 지금 이렇게 하는 것이 제일 낫겠다'라는 식의 판단을 (대개는 암묵적으로) 내린다. 그 판단을 내 의지가 따름으로써 나는 자유로울 수 있다.

따라서 우리는 여전히 철수가 은행 강도질을 결심하던 때 그가 자유로웠다고 말할 수 있다. 그는 자신의 숙고와 자신의 판단에 자신의 의지를 일치시킴으로써 은행 강도질을 결심했기 때문이다. 반면에 숙고와 판단에 **외적 강제성**이 개입한다면, 그의 의지는 자유롭지 못하다. 만일 내가 누군가에게 세뇌되어 남의 숙고와 남의 판단에 종속되어 있다면 그런 판단을 내 의지가 따르더라도 (곧, 그렇게 판단된 바를 내가 원하더라도) 내 의지는 자유롭지 못하다. 또한, 만일 내가 누군가에게 자신의 말을 듣지 않으면 가족을 몰살시키겠다는 둥 협박에 못 이겨 평소라

17) 페터 비에리, 『자유의 기술』, 문항심 옮김, 은행나무, 2016 참조.

면 내가 절대 원하지 않을 은행 강도질과 같은 행위를 꼭 성공적으로 해내겠다는 의지를 품게 된다면, 이때 내 의지도 역시 온전히 자유로웠다고 보기 어렵다. 그때의 결심이 온전히 내 소산이 아니기 때문이다.

외적 강제성이 부자유를 낳는 요인의 전부는 아니다. 외적 강제성 없이 오로지 자신의 숙고에 따라서 어떤 행위를 절대 하지 말아야 한다고 판단했다고 하더라도, 심리적 강박이나 중독과 같은 **내적 강제성**으로 인해서 내 의지가 그 판단을 따르지 못하고 결국 그 행위를 하고야 말 때도 역시 우리는 자유롭지 못하다고 말한다. 가령, 내가 도벽이 있어서 그런 행동을 해서는 안 된다고 판단하지만 어느덧 자기도 모르게 물건을 슬쩍 훔치는 자신을 발견한다면 나는 내적 강제성에 따라 부자유한 상태에 있는 것이다. 그때 내 의지는 내 마음대로 움직이지 않는다. 그런 점에서 나는 자유롭지 못하다.

정리하건대, 의지의 형성에 강제성이 개입하면 자유롭지 못하다. 더 상세히 말해서, 숙고와 판단의 과정에 외적 강제성이 개입하거나, 아니면 자신의 숙고에 따라 판단한다고 해도 그 판단을 따르려는 의지의 작동을 내적 강제성의 요인이 방해한다면, 그 의지는 자유롭지 못하다.

이상의 논의가 부자유에 대한 논의의 전부는 아니다. 아예 숙고와 판단의 과정이 생략된 채로 행동이 일어나는 경우도 있을 수 있기 때문이다. 아무런 강제성이 없다고 해도 숙고와 판단이 부재하는 의지와 행동에 대해서도 역시 부자유하다고 말해야 한다. 이는 다소간 세간의 통념에 반하는 구석이 있다. 우리는 아무런 구속 없는 완전한 자유의 이미지를 상상할 때, 오히려 아무 생각 없이 내키는 대로 하는 상태를 종종 떠올리기 때문이다. 가령, 아무것도 선택하거나 결정하지 않으면서 마음 가는 대로 발길 닿는 대로 떠나는 여행 같은 것이야말로 진정한 자유라고 말이다. 하지만 비에리에 따르면 그것은 실은 부자유의 표본이다. 스스로 사고하고 판단하면서 의지를 형성하는 장본인이자 주체로서의 내 지위를 포기하는 상태, 곧 무아지경으로 이런저런 상황이 이끄는 대로 따라가는 상태에는 아무런 자유도 없다.

달리 말해서, 숙고와 판단 그리고 의지의 주체적 형성이야말로 자유의 핵심이다. 특히, 숙고는 이런저런 소망과 욕구에 일정하게 거리를 두는 능력을 포함한다. 또한, 그런 거리 두기 능력은 자아정체성이라는 것을 필요로 한다. 나는 어떠어떠한 사람이고 또 어떠어떠한 사람이 되고 싶어서 나는 저런 소망과 욕구에 거리를 두고 반대로 이런 소망과 욕구를 따르고자 한다. 그런 점에서 숙고의 부재는 무아지경의 상태로 몰아감이고 이는 곧 자신의 정체성을 무시하는 것이자 자신의 자유를 행사하기를 중단하는 것이다. 반면에 자신의 정체성에 따라서 숙고하고 판단하는 식으로 의지를 주체적으로 형성하는 것은 자신의 자유의지를 행사하고 자신이 누구인가를 표출하는 것이다.

그렇다면 인간의 자유란 내가 어떤 사람인지, 내가 어떤 소망과 욕구를 추구하는지, 내가 어떤 식으로 숙고하고 판단하는지 등의 많은 선행하는 조건에 의존적일 수밖에 없다. 그런 모든 선행 조건에서 벗어나는 의지를 두고서 나의 자유로운 의지라고 부를 수 없다. 그래서 비에리는 우리의 자유를 "조건적 자유"의 개념에 따라 이해해야 한다고 본다. 그리고 우리가 무조건적 자유 개념에 따라서 자유라는 용어를 이해하고 사용하려 할 때 결정론과 자유가 양립할 수 없다는 착각에 빠지게 된다고 본다.

결정론이 옳다면, 어떠한 선행하는 조건과 원인으로부터도 벗어나는 의지란 있을 수 없다. 무조건적 의지를 자유로 간주하는 사람에게 결정론은 곧 자유의 불가능성을 의미하게 된다. 하지만 비에리는 진짜 문제는 결정론이 아니라 무조건적 자유라는 개념이라고 지적한다. 무조건적 자유 개념은 순전히 환상 속의 개념에 불과하다. 즉, 자유에 대한 잘못된 개념이다. 자유의 개념을 올바르게, 즉 자유를 조건적 자유 개념에 따라 파악한다면, 곧 자신의 소망과 욕구라는 조건에서 자라나오는 자신의 숙고에 따른 판단에 자신의 의지가 합치하는 것으로 파악한다면, 우리는 결정론에도 불구하고 여전히 인간에게 자유의 능력을 인정할 수 있다. 자신의 숙고에 따른 판단에 자신의 의지를 구속할 때, 오로지 그때에만, 나는 자유롭다.

자유란 모든 조건으로부터 의지가 해방되는 것이 아니다. 더욱이 자유로운 의지를 형성하는 조건에 내적 조건만 있는 것도 아니다. 외적 조건 또한 있다. 내가 처한 상황의 특수성은 언제나 나의 의지를 외적으로 제한하는 조건이다. 나는 그런 외적 조건의 제한을 받지 않고서 특정한 무언가를 행하기를 원할 수 없다. 그런 것은 그저 뜬구름 잡는 상상이나 환상적인 소망일 뿐이다. 가령, 달나라에서 낮잠 자기라는 소망처럼. 오히려 나의 의지는 그런 외적 조건의 제한을 받음으로써만 어떤 개별적인 특정 의지일 수 있다. 내가 지금 학교 연구실에 있다는 외적 조건의 제한 덕분에 나는 점심을 교직원 식당에서 하겠다는 구체적인 의지를 품을 수 있다.

외적 조건과 더불어 내적 조건이 내 의지를 형성한다. 감정, 기질, 성향, 성격, 인생 배경, 과거사, 지식, 가치관, 세계관, 인생관과 같이 정체성을 구성하는 개인의 내적 조건이 나의 숙고와 판단 그리고 의지에 영향을 미친다. 그러한 내적 조건의 제한에서 송두리째 벗어나는 의지란 환상 속에서나 떠올릴 법한 의지이다. 그리고 그런 의지란 나라는 한 고유한 개인의 의지일 수도 없다. 오히려 의지가 내적 조건의 제한을 받기 때문에만 그 의지가 다른 누구의 의지도 아닌 바로 나의 의지일 수 있다. 나의 욕구와 생각, 그리고 나의 숙고와 판단, 그리고 나의 결심이 바로 내 것인 이유는 그것이 바로 나의 특수한 감정과 기질, 성격, 그리고 내 특수한 인생 배경에서 나오기 때문이다. 한 개인의 정체성을 이루는 조건은 그런 내적 조건에서만 발견될 수 있다.

개인의 내적 조건과 외적 환경으로부터 완전히 독립한 의지가 있다면 그것은 그 개인의 의지라고도 할 수 없다. 인간의 자유, 인간이 자기 자신에게서 경험하는 자유란, 언제나 이러한 조건적 자유이다.

중요한 것은 이런 조건적 자유는 결정론과 양립할 수 있다는 점이다. 자유는 개인의 내적 조건과 그가 처한 외적 조건의 제약 속에서 숙고를 통해서 스스로 자신의 의지를 형성해나감에서 성립한다. 그러한 조건은 숙고와 의지 형성에 물론 인과적 영향을 미친다. 나는 지금 점심을 먹으러 나갈지, 아니면 이 글을 계속 쓸지 고민하고 있다. 지금 나는 자유로이 나의 의사를 결정하려고 한다. 글쓰기를 중단하고 밖에 나가서 밥을 먹을 수도 있고, 아니면 식사를 거르고 계속 글을 쓸 수도 있다. 내게 미래의 두 선택지는 열려 있다. 그리고 나는 어떤 쪽이 나을까를 숙고를 통해서 결정할 수 있다. 그 결정은 나라는 인물의 소산이다. 따라서 자유롭다. 하지만 어느 쪽을 선택하든 그것은 내적 및 외적 조건의 결과이다. 나는 식사를 거르지 않는 것이 체력과 건강을 위해서 좋고 장기적으로 체력과 건강이 내 인생에서 대단히 중요하다고 믿는다. 장기적 관점에서의 고려를 선호하는 나의 성향에 따라 나는 체력과 건강에 대한 나의 욕구가 당장 쓰던 글을 일단 마무리 짓고 싶다는 욕구보다 더 우선적이라고 판단하고서 결국 밥을 먹으러 나가기로 결심한다. 물론 그런 모든 욕구와 성향을 내가 갖게 되었던 데에는 더 과거로 소급되는 원인이 항상 있다. 그런 원인과 조건의 수많은 연쇄 사슬이 지금의 나에게로 모여서 흘러들면서 나의 의지가 형성된다. 내게 지금 장기적 관점에서의 고려를 선호하는 성향이 없었더라면, 나는 글쓰기를 중단하고 밥을 먹으러 가겠다고도 결심하지 않았을 것이다. 하지만 바로 그 성향은 이미 과거에 만들어졌던 것으로 내가 숙고하고 판단하던 시점에서 내가 영향 받지 않기를 선택할 수 있었던 조건이 아니다. 그 조건은 나의 결심 시점에 이미 주어진 채로 영향을 미쳤다.

내가 어떤 생각을 하고 어떤 욕구를 품는가, 그리고 결국 어떤 판단을 내리는가, 또한 그런 판단에 의지가 순응할 것인가 말 것인가는 결국 모두 나의 과거사로부터 결정되는 셈이다. 거기에 아무런 원인이나 이유가 없는 임의적인 것이란 없다. 나의 생각, 욕구, 숙고, 판단, 의지 모두가 나의 내적 조건과 외적 조건에 따라 제약된다. 만일 철수가 조금만 더 자신의 상황을 둘러볼 수 있는 여지가 있었더라면, 철수는 자신이 곤경에서 벗어날 방법이 은행 강도질 외에는 없다는 잘못된 생각을 갖지 않았을 수도 있다. 또한, 만일 철수가 성격이 그토록 대범하지 않았더라면, 은행 강도질을 향한 욕구를 품지 않았을 수도 있다. 하지만 실제의 철수는 이 가정문 속의 가상 철수와 달리 자신의 상황을 둘러볼 여유도 없었고 또 무척 대범했다. 이러한 실제 철수의 사정과 성격은 결심 시점에 고정된 조건으로 작용하여 철수가 그 잘못된 생각과 그 비뚤어진 욕구를 갖지 않을 수 없게끔 했다. 그리고 그런 사정과 성격을 낳은 더 과거의 원인이 존재했음이 틀림없다.

물론 이처럼 한 개인의 행위 의도와 결심이 과거에서부터 만들어져 온 조건에 따라 결정된다고 해서 그것을 심리적 법칙에 따라서 예측하거나 설명할 수 있다는 뜻일 필요는 없다. 우리는 데이비슨이 말하는 심리적인 것의 무법칙주의가 여전히 유효하다고 받아들일 수 있다. 대범한 성격에 곤궁한 처지라고 해서 모두가 은행 강도질을 벌이는 것은 아니다. 가령, 만일 철수와 달리 또한 양심과 죄의식이 발달해 있는 사람이라면 두 조건을 똑같이 가짐에도 불구하고 은행 강도질을 하지 않을 것이다. 두 조건만이 아니라 내적, 외적 조건이 철수와 모두 정확히 일치하는 그런 사람만이 은행 강도질을 벌인다. 하지만 그런 사람은 세상에 바로 철수 한 사람뿐이다. 내적, 외적 조건의 전체가 한 개인을 다른 개인과 구별해주는 정체성을 구성하기 때문이다. 따라서 어떤 종류의 내적 조건과 어떤 종류의 외적 조건이 갖추어질 때 어떤 행위를 하게 된다는 식의 일반적 법칙이란 존재할 수 없다.

개인의 내적, 외적 조건 전체가 행위 의도와 결심을 결정한다는 결정론은 자유와 양립 불가능한 것이 아니라 오히려 바로 그 자유의 개념을 설명해주는 이론이다. 철수가 자유로이 은행 강도질을 했다면, 즉, 그의 의지가 숙고에 따른 판단을 좇아서 은행 강도질을 결심하고 또 그것을 이행했다면, 그에게는 그렇게 결심할 수밖에 없었던 이유와 원인이 전부 갖추어져 있었다. 그가 임의성에 따라서가 아니라 자신의 숙고와 판단 그리고 의지에 따라서 행위를 했던 이상 그가 그 행위를 행하기 위한 충분한 조건이 갖춰져 있었다. 경제적 상황, 물질적 환경, 문화적 배경과 같은 외적 조건만이 아니라 성격, 성품, 성향, 사고 습관, 양심, 가치관, 세계관, 도덕적 견해, 정치적 관점, 지식과 같은 내적 조건의 전체가 내가 지금 어떤 생각을 하고 내가 어떤 욕구를 가지며 또 어떤 식으로 숙고하고 어떤 결심을 할지를 좌우한다. 그리고 그런 모든 내적, 외적 조건은 더 과거로 거슬러 올라가는 인과연쇄의 사슬을 가진다. 이런 선결정의 사실에도 불구하고, 자유란 바로 일련의 내적 조건의 연쇄가 최종의 결심을 형성하는 과정이 누구도 아닌 바로 내게서 일어난다는 사실, 그 마지막 과정을 내가 주도한다는 사실에서 성립한다. 내가 어떠한 생각과 욕구를 가지는지가 과거로부터 물려받은 조건에 의존하더라도 그 생각과 욕구는 여전히 나의 것이라는 점, 내가 어떤 식으로 심사숙고하는지가 과거로부터 물려받은 조건에 의존하더라도 그런 생각이 바른지와 그런 욕구가 옳은지를 다른 누군가가 아닌 내가 검토한다는 점, 내가 어떤 식으로 최종 판단하고 어떤 식으로 의지를 갖는지가 과거로부터 물려받은 조건에 의존하더라도 다른 누구도 아닌 내가 그렇게 판단해서 내 의지가 그 판단에 순응하도록 한다는 점, 이런 모든 사실에서 나의 자유가 성립한다.

내 생각과 욕구를 숙고하고 검토한 뒤 내가 가령 프로 축구선수가 되겠다고 결심할 때, 내 의지는 내 내면에서 형성된 조건에 따른다. 그 조건은 내 의지의 이유와 근거로 작용한다. 나는 프로 축구선수가 되는 일에 내 시간과 노력을 쏟아 붓는 것이 어떤 다른 일을 하는 것보다 바람직하다고 여긴다. 이를 이유로 나는 프로 축구선수가 되겠다는 의지를 품는다. 나의 생각과 판단이 나의 의지를 형성하는 조건일 때 나의 의지는 자유롭다. 그러나 그 조건, 곧 프로 축구선수가 되는 일이 어떤 다른 일보다 낫다는 내 판단은 물론 또 다른 많은 선행하는 조건으로부터 형성된다. 그 많은 조건이 모두 다시 과거로부터 결정되므로 결국 내 판단도 과거로부터 미리 결정되어 있다고까지 말할 수 있다. 내가 다른 일보다 프로 축구선수라는 직업에서 의미와 가치를 느끼는 데에는 어떤 원인이 있을 것이고, 그 원인은 다시 더 먼 과거의 어떤 원인으로 소급될 것이다. 그것을 하나하나 파악하기란 현실적으로 거의 불가능하겠지만 말이다. 어쨌든, 내 의지는 자유로우면서도 동시에 내가 어떤 의지를 가지는가는 선행하는 조건과 원인에 의해서 미리 결정되어 있다.

이 모두에 대해서 양립 불가능론자는 무어라 대꾸하겠는가? 그는 그렇게 조건 지어진 의지에 강제성이 없고 또 그 의지가 내적인 숙고와 판단에 따른다고 해도 그렇다고 해서 곧장 자유라고 인정하는 것은 섣부르다고 주장한다. "그런 의지는 진짜 자유가 아니다. 왜냐하면 그것은 그런 모든 조건에 의존하고 또 그런 조건은 결국 그 행위자 바깥으로까지 소급되는 원인의 필연적 결과이기 때문이다. 그 모든 조건이 갖추어졌을 때 그 행위자가 바로 그 행위가 아닌 다른 행위를 하겠다고 결심할 수 없었다는 사실이 곧 그에게 자유가 없음을 뜻한다." 그러나 이때 양립 불가능론자가 말하는 자유란, 비에리에 따르면, "무조건적 자유"이다.

선결정의 사실이 자유를 부정한다고 믿는 사람은 선결정의 사실이 우리가 실제로 갖는 의도가 아닌 다른 의도를 가질 수 없도록 만들기 때문에 자유롭지 못하다고 주장한다. 철수는 바로 그 시점에 은행 강도질을 향한 의도 외에 다른 의도를 실제로 품을 수 없었음이 분명하다. 철수의 결심 시점에서 작용한 모든 내적, 외적 조건을 완벽하게 고려하건대, 그는 결코 달리 의도할 수 없었다. 은행 강도질이 별 것 아니라 여기는 대범함, 그에 따른 도덕적 가책을 느낄 수 없는 썩은 양심, 지독한 경제적 곤궁, 그리고 그 곤궁에서 벗어날 방도는 오로지 은행 강도질 외에 없다는 믿음 등등 철수의 결심을 이끌었던 모든 조건은 (단지 그런 결심의 이유이자 근거일 뿐만 아니라 또한) 그렇게 결심할 수밖에 없도록 만든 원인이기도 하다. 그러니 그는 자유롭지 못하다고 양립 불가능론자는 말한다.

하지만 그렇게 본다면 만일 그가 정말 자유로울 수 있으려면 어떠해야 할까? 양립 불가능론자는 대체 자유를 어떻게 이해하기에 철수의 결심이 철수 자신이 판단한 이유와 근거를 철저히 따르고 있음에도 자유롭지 못하다고 말하는가?

양립 불가능론자의 자유 개념에 따르면, 철수의 모든 내적, 외적 조건에도 불구하고 철수가 달리 의도할 수 있어야만 자유롭다. 그런데 그 모든 조건이 동일하다고 하여도 철수가 은행 강도질이 아닌 다른 것을 의도할 수 있으려면, 그때 철수의 의지는 무조건적 의지여야만 한다. 자신이 처한 모든 조건을 고려하여 은행 강도질을 하겠다고 스스로 결심했으면서도 그런 결심을 아무런 이유 없이 따르지 않겠다고 거부하는 의지가 바로 그런 의지일 것이다. 무조건적 의지는 자기 생각과 판단을 비롯한 어떠한 선행 조건도 따르지 않는 의지이다. 자기 생각과 판단을 따르는 의지란 곧 이유를 동반하는 합리적 의지이기도 하다. 반면에 어떤 조건도 행위의 이유로 삼지 않는 의지, 결국 순전히 임의대로 움직이는 의지란 무차별적이고 제멋대로인 의지에 불과하다.

무조건적 의지는 무차별적인 것으로서 숙고나 합리성과 관련이 없고 한 개인의 고유한 의지일 수도 없다. 그런 의지를 두고서 어떻게 자유로운 의지라고 말할 수 있을까? 실천적 합리성은 자기 생각과 판단을 비롯한 선행 조건을 행위의 이유로 삼을 수 있는 능력이다. 그런 능력은 무조건적 의지에 없다. 또한, 철수의 의지를 형성하는 내적 조건에서만 우리는 철수의 정체성을 식별할 수 있다. 그런 조건과 무관한 임의적인 의지는 철수의 정체성과도 무관하다. 철수의 성격, 기질, 소질, 성향, 태도, 과거사, 가치관, 지식 등과 모두 무관한 의지는 철수의 의지가 아니다. 만일 인간이 순전히 임의대로 자신과 무관한 의지에 따라서 행동할 수 있다면, 철수는 그때 그 시점에 은행 강도질이 아닌 전혀 다른 것 아무거나 의도할 수 있었을 것이다. 하지만 그때의 철수를 자유롭다고 말할 수 있을까? 오히려 자신과 무관한 의지를 따르니 부자유하다고 말해야 하지 않을까?

무조건적 의지는 또한 기존의 인과연쇄와 무관히 전적으로 새로운 인과 계열을 스스로 창조하는 능력이기도 하다. 비에리는 이를 아리스토텔레스가 신적인 실체를 가리켜 사용했던 용어를 따라서 “부동의 동자”라고 일컫는다. 그런 무조건적 의지는 우리의 자유 경험에서 확인할 수 없는 개념, 곧 자유에 관한 잘못된 개념이다. 모든 조건이 동일하다고 하더라도 다른 것을 의도할 수 있었을 능력이란 만일 가능하다면 신에게나 가능할 그런 능력이다. 우리가 스스로 경험하는 자유는 그런 능력을 의미하지 않는다. 우리가 의미하는 것은 조건적 자유일 따름이다.

하지만 우리는 왜 그토록 무조건적 자유라는 환상 속으로 빠져들면서 자유의지와 결정론이라는 문제에 걸려드는가? 비에리는 거기에도 다 이유가 있다고 본다. 우리는 부자유를 경험할 때 흔히 ‘달리할 수 없었다’라고 말한다. 나로서는 도저히 달리할 수 없었다는 토로에서 부자유가 표출된다. 이로부터 우리는 달리할 수 있을 때만 자유가 성립한다고 굳게 믿게 된다. 물론 이러한 추론 자체는 어떤 의미에서 잘못이 없다. 우리는 숙고와 결심의 순간에 미래의 여러 행위 대안을 후보로 검토할 수 있고, 그때 우리는 열린 미래를 경험한다. 우리의 의지가 자유로웠던 그 시점을 회고하면서 우리는 '달리할 수도 있었을 텐데'라고 아쉬워하거나 때로 후회하기도 한다. 즉, '달리할 수 있었다'라는 회고적 판단에서 자유가 표출된다. 하지만 이때의 '달리할 수 있었다'는 만일 행위자가 처한 조건이 실제 상황과 달랐다면 달리할 수도 있었다는 의미이다. 만일 철수가 은행 강도질 외에도 극심한 곤궁을 벗어날 방도가 있다고 믿었다면 은행 강도질을 저지르지 않았을 것이다. 만일 철수가 그토록 대범하지 않았다면 은행 강도질을 저지르지 않았을 것이다. 만일 철수가 준법정신이 투철했다면 은행 강도질을 저지르지 않았을 것이다 등등. 하지만 그 모든 조건이 실제와 같았다면 달리할 수 없었다.

자유가 '달리할 수 있었다'라는 회고적 판단에서 곧잘 표현된다는 사실로부터 자유란 실제 상황과 동일한 조건 아래서도 달리할 수 있을 가능성을 가질 때만 성립한다고 추론할 때 우리는 무조건적 자유 개념에 이른다. 그러나 이제까지 논한 바가 옳다면, 그것은 자유에 관한 잘못된 개념이다. 그것은 도무지 개인의 자유가 아니기 때문이다. 아무런 이유도 근거도 없이 임의대로 무얼 할지 선택할 수 있는 의지만이 무조건적이다. 하지만 그런 의지는 한 개인의 의지일 수도 없고 숙고와 합리적 판단을 통해서 형성된 의지도 아니다. 그런 의지를 두고서 우리는 자유롭다고 말할 수 없다.

예시를 하나 더 들어보자. 당신 곁에 당신이 죽도록 사랑하는 사람이 있다. 물론 그 연인과 헤어지고 싶은 마음은 털끝만큼도 없다. 그 사람과 헤어져야 할 이유는 하나도 없고 그 사람과 함께 살아야 할 이유만 가득하다. 이때 당신은 실제로 연인과 헤어지기로 결코 선택할 수 없다.

그런데도 양립 불가능론자는 그 모든 이유에도 불구하고 당신이 연인과 실제로 헤어지기로 선택할 수 있어야만 당신은 자유로운 것이라고 말하는 셈이다. 하지만 이는 괴상한 자유 개념이 아닐까? 왜냐하면 분명히 당신은 오히려 연인과 계속 함께 지내겠다는 마음에서, 그리고 그런 마음에서 연인을 대하는 행동에서 진정으로 자유로운 자신을 발견할 것이기 때문이다. 사랑하는 사람과 계속해서 함께 지낼 수 있다는 데서 그리고 그 사랑이 다른 무엇에 의해서도 방해받지 않는다는 데서 당신은 자유로움을 만끽한다. 이와 같은 예시는 자유 개념에서 결정적인 것은 실제로 달리 선택할 수 있느냐가 아니라 그 선택이 자기 자신의 진정한 표현이냐임을 말해주는 것 같다.

(4) 책임의 문제

우주의 모든 사건이 결정되어 있다는 사실은 우리의 자유를 위협하지 않는다. 오히려 그렇게 앞선 원인이 뒤따르는 사건을 결정한다는 사실이야말로 우리가 자유로울 수 있는 근거이다. 우리의 사고와 믿음이 숙고를 통해서 하나의 판단으로 귀결되고 그 판단을 이유로 삼아 우리의 행위를 일으킬 때 우리는 자유롭다. 행위의 이유인 판단은 동시에 행위의 원인으로 작용한다. 반대로 의지가 무조건적으로 작동할 수 있다면 우리는 의지의 주인일 수 없다. 의지를 바로 나의 의지이도록 해주는 것이 바로 그 조건 가운데 있기 때문이다. 나의 성격, 성향, 기질, 가치관, 도덕성, 양심, 목표의식과 같은 조건과 송두리째 무관한 의지는 나의 의지가 아니다. 내가 나의 의지를 발휘하지 않는다면 나는 도저히 자유로울 수도 없다. 내가 내 의지의 장본인일 때, 그리고 오직 그때에만 나는 자유롭다.

그런데 그렇다면 책임은 어떻게 되는가? 결국, 결정론을 받아들인다는 것은 우리가 어떤 행위를 자유로이 했을 때도 그 행위가 아닌 다른 행위를 실제로 한다는 것은 불가능했음을 시인한다는 것이다. 철수가 은행 강도질을 한다는 것은 미리 결정되어 있었다. 하지만 그렇다면, 어떻게 철수에게 책임을 물을 수 있다는 말인가? 결심 시점에서 실제로 달리할 도리가 없었던 철수를 처벌하는 것은 잘못 아닌가? 철수의 은행 강도질은 기실 철수가 태어나기 이전부터 결정되었던 바가 아니던가?

양립 불가능론자는 달리할 가능성으로부터만 책임 추궁의 정당성이 성립하므로 만일 결정론이 참이라면 우리는 철수의 행위에 대해서 책임을 따질 수 없을 것이라고 양립론자를 공격한다. 그는 오로지 결정론을 물리치는 자유에서 나오는 행위에 대해서만 책임을 정당하게 추궁할 수 있다고 말한다. 하지만 양립 불가능론자가 말하는 "자유"란 실은 무조건적 의지이고 따라서 적절한 자유 개념이 아니다. 오히려 비에리는 만일 어떤 행위가 정말로 무조건적 의지에서 나온다면, 그 행위에 대해서 우리는 오히려 책임을 묻기 어려울 것이라고 지적한다. 그 행위는 행위자 자신의 생각과 욕구에 따라서 일어난 것이 아니다. 그 행위는 행위자 스스로 숙고한 끝에 내린 판단과 의지의 산물이 아니다. 그것은 행위자의 인격과 완전히 무관한 임의성의 즉흥적인 표출일 따름이다. 그것은 사실 행위로 보이지도 않는다. 순전히 임의적인 결정이란, 비에리의 표현을 따르자면, "신기루"이며 설령 그것이 가능하다고 해도 그것은 특정한 인격의 소산이 아닌 이상 그에게 책임을 물을 수도 없다.

오히려 책임은 의지가 특정한 인격에서 비롯한다는 사실에서 나오는 것 같다. 철수가 은행 강도질을 하겠다는 의지가 그 자신의 생각과 욕구 그리고 그의 숙고와 판단이라는 조건에 따르기 때문에만 그는 그 의지의 주인이다. 그리고 철수의 행위가 바로 그런 철수의 의지에서 나온 것이기 때문에만, 철수에게 그 행위에 대한 책임을 물을 수 있다. 물론 그 모든 결심과 행위가 미리 결정되어 있었다. 하지만 그렇게 결정되었던 바가 그의 숙고와 판단에 따른 의지 형성을 통해서만 실현될 수 있었다는 사실에, 바로 그 사실에 철수의 책임이 놓인다.

그렇다면 이제 모든 문제가 말끔히 해결된 걸까? 글쎄, 애석하게도 그렇지 간단하지 않은 것 같다. 여전히 책임 문제가 다 해결된 것은 아니다. 은행 강도질을 저지른 철수는 아직 항변할 말이 더 있을 것이다. 철수는 태어나기도 전부터 악인이 되기로 결정되어 있었다. 그렇다면 철수는 그저 운이 없었다고, 불운을 타고났다고 여겨야 할 것이다. 또한, 반대로 누군가가 도덕적으로 고결하게 살아간다면 이 역시 태어나기도 전부터 미리 결정되었던 사실이다. 곧, 그는 행운을 타고났다. 불운과 행운에 의해 결정된 사실에 대해서 우리는 칭찬도 비난도 할 수 없어 보인다. 우리가 만일 그런 운에 좌우되는 사실에 대해서 책임을 가정하고 잘잘못을 따진다면, 이는 공정하지 못한 것 아닐까? 철수는 "나는 그저 운이 없어 은행 강도가 된 것인데, 어째서 나에게 책임을 추궁하고 도덕적으로 비난하며 심지어 법적으로 처벌한단 말인가?"라고 항변할 것이다. 아마도 이것이 결정론을 받아들인 대가인 듯하다.

책임 추궁은 단지 운에 달려서는 안 되고 정당성을 토대로 이루어져야 한다고 가정한다면, 철수의 항변은 분명 설득력이 있다. 저런 행운이나 불운의 결과에 대해서 누군가에게 책임 추궁을 한다는 것은 도무지 부적절해 보인다. 그런데 비에리는 바로 저 가정을 거부하는 것으로 보인다.[18] 그는 책임은 본래 공정성이나 정당성과 아무 관련이 없다고 본다. 더욱이 부도덕한 행동을 저지른 사람은 애당초 공정성을 요구할 자격도 없다고 본다. 하지만 정말로 그런가? 어쨌거나 행위가 (비록 그것이 인과연쇄의 최종적 고리에서 자기 의지 형성의 산물일지라도) 행

---

18) 비에리, 같은 책, 380-396쪽 참조.

운이나 불운의 결과라면, 그에 대해서 책임을 묻고 잘잘못을 따지며 심지어는 가혹한 처벌을 내리는 관행과 제도는 비에리의 견해와 달리 부당한 것 아닌가? 정말로 행위가 결정론에 따라서 결국 운으로 소급되는 문제라면, 행위에 대한 책임 추궁의 관행을 포기해야 하는 것 아닌가? 결국, 비에리를 통해서 자유의지를 구출하려는 시도가 성공한다고 해도 결정론 수용의 대가로 책임 추궁이라는 현실 제도를 부정해야만 한다면, 우리는 그 시도에 만족할 수 없을 것이다. 우리는 여기서 비에리와 달리 결정론을 수용하면서도 책임의 문제를 적절히 해결할 다른 새로운 길을 모색할 필요성에 부딪치는 듯하다.

5. 대상적 마음 관념의 현상학적 해체

1) 분석철학적 마음이론 비판

지금까지 우리는 마음에 관한 다양한 이론들을 살펴보았다. 분석철학계에서 주로 발전한 제거론, 마음-두뇌 동일론, 기능주의, 무법칙적 일원론 외에도 부수현상론, 창발론 등 일부 신경과학자들이 주장하는 이론까지도 살펴보았다. 이상의 모든 마음이론은 명시적으로 데카르트적인 실체이원론을 거부한다. 즉, 마음은 몸과 독립적으로 존재하는 실체가 아니라고 말한다. 그런데도 제거론을 제외한 나머지 이론들은 모두 심리적 속성이 아무튼 존재하기는 한다고 본다. 마음-두뇌 동일론은 심리적 속성이 물리적 속성에 다름 아니라고 말하고, 기능주의는 계산적 상태에 다름 아니라고 말한다. 한편 무법칙적 일원론은 개별 심리적 사건은 개별 물리적 사건에 다름 아니지만 심리적 사건 유형은 물리적 사건 유형과 동일시될 수 없다고 말한다. 부수현상론은 심리적 속성이 물리적 속성에 의해 야기된 결과, 즉 물리적 속성에 부대하는 현상이라고 설명하고, 창발론은 심리적 속성이 물리적 속성에 의존하여 발생하는 것이면서도 그로부터 설명될 수 없는 독특한 현상을 이룬다고 주장한다.

그런데 과연 이상의 이론에서 심리적 속성이 아무튼 존재한다는 주장이 납득할 만하게 설명된 것인가? 무엇보다도 마음이라는 실체가 존재하지 않으면서 마음의 속성이나 상태, 사건은 존재한다는 말이 대체 무슨 뜻인가?

분석철학적 마음이론은 근본적으로, 상식적 존재론에 널리 퍼져 있는 아리스토텔레스주의적 실체-속성 존재론에서 출발하는 것으로 보인다. 즉, 그 자체로 존재하는 것은 실체이다. 실체 외에 존재하는 것이 만일 있다면, 그것은 실체에 의존적이어야만 한다. 그와 같이 실체에 의존적으로 존재하는 것이 속성이다. 실체-속성 존재론은 주어와 술어로 이루어지는 명제의 구조에 상응한다. 'S는 P이다'라는 주술 명제 구조에서 주어(S)는 실체를, 술어(P)는 속성을 나타낸다. 가령 '철수는 키가 180센티미터이다'라는 명제에서 철수는 그 자체로 존재하는 것, 곧 실체지만, 키가 180센티미터임은 철수든 어느 대상이든 그 실체에 의존해서만 존재하는 것, 곧 속성이다. 우리의 언어에 실체-속성 존재론이 내재하기 때문에 그것은 상식적 견해에도 깊이 뿌리내리고 있다. 그리고 분석철학적 마음이론도 거기에서 출발한다.

분석철학적 마음이론은 공통으로 마음이라는 실체를 부정한다. 그러면서도 제거론을 제외한 다른 여러 이론은 마음의 속성이 존재함을 어떤 의미에서든 인정한다고 말하는 것처럼 보인다. 그런데 이때 '존재'의 의미는 무엇인가? 물리주의에 따르면, 마음의 속성이 존재한다는 것은 그것이 물리적 실체에 의존하여 존재함을 뜻한다. 그런데 마음의 속성이나 상태, 사건이 어떻게 물리적 실체에 의존할 수 있다는 건가? 실체-속성 존재론에서 속성은 실체에 의존하지만, 그 의존관계는 그 속성이 그 실체에 속하기 때문에 가능하다. 180센티미터임이라는 속성은 철수라는 실체의 일부이다. 하지만 마음의 속성이 물리적 실체에 어떻게 속할 수 있단 말인가? 마음이라는 실체는 물론이거니와 마음의 속성이라도 그것이 물리적 실체에 속한다는 주장은 대단히 기이한 주장 아닌가? 가령, 고통을 느낌이나 러시아가 세계에서 제일 큰 나라라는 믿음이 뇌라는 물질 덩어리 혹은 일정한 배열과 종류의 원자 집합에 '속한다'는 것이 정말 가능한가?

어떤 물리주의자는 고통, 감정, 생각, 욕구 등의 의식적 성질이 진짜로 물질의 속성이라고 주장한다. 인간의 뇌라는 기묘한 물질은 그것이 전기화학적 반응을 일으킨다거나 무겁다와 같은 물리적 성질을 가지는 것과 마찬가지로 고통, 생각 등의 의식적 성질을 가진다는 것이다. 그러나 이는 갤런 스트로슨(Galen Strawson) 같은 이가 스스로 시인하듯이 일종의 범심론(汎心論, panpsychism)이다. 물질에 정신이 정말로 내재한다는 것이다. 하지만 데카르트의 말마따나 정신적인 것은 본성상 비연장적인 데 반하여 물질적인 것은 연장적인 본성을 갖지 않는가? 어떻게 의식적 성질이 문자 그대로 물질의 속성일 수 있다는 말인가? 이는 참으로 이해하기 힘든 기묘하고 신비한 주장이 아닐 수 없다. 이는 결국 뇌-신비주의에 다름 아닌 것으로 보인다.

그러니 대다수 물리주의자는 의식적 성질이 문자 그대로 물리적 실체에 속한다고 주장하지 않는다. 그 주장의 곤란함을 익히 알기 때문에 가령 동일론자는 의식적 성질은 일정한 신경적 상태와 동일하고 신경적 상태가 물리적 실체에 속한다고 주장한다. 그러나 의식적 성질이 신경적 상태와 하나이자 동일한 것이라면, 어째서 믿음이 물리적 실체에 속한다는 주장은 말이 안 되고 신경적 상태가 물리적 실체에 속한다는 주장만 말이 되는가?

어떤 물리주의자는 마음의 상태와 물리적 상태의 이질성이라는 반론에 대하여 스피노자주의에서 어떤 답변을 얻으려고 할지도 모른다. 즉, 마음의 상태와 물리적 상태는 하나이자 동일한 것의 서로 다른 두 측면이라는 것이다. 그러나 그 하나이자 동일한 것은 다시 마음인가, 물리적 실체인가? 또, 둘 다 아니라면, 제삼자인가? 마음이나 제삼자라고 답한다면, 그 입장은 더는 물리주의가 아닐 것이다. 더욱이 제삼자라고 답할 경우, 다시 그 제삼자의 본성은 무엇인지를 물어야만 할 것이다. 또한, 그 하나이자 동일한 것을 물리적 실체라고 답한다면, 문제는 다시 돌아오게 될 따름이다. 어떻게 마음의 상태가 물리적 실체에 속할 수 있느냐고.

스피노자주의적 답변보다 물리주의자가 취할 수 있는 훨씬 일관되어 보이는 대안은 동일론에서와 같이 마음의 상태와 신경적 상태가 이질적 본성을 지닌 두 대상이라는 관념을 철저히 거부하는 것이다. 즉, 마음은 신경적 상태의 연합이고 그 이상 아무것도 아니라는 환원의 지침만을 일관되게 고수하는 것이다. 그런데 그런 환원이 (데이비슨에게서 확인했다시피 성공할지도 의문이지만) 성공한다고 해도, 환원의 결과, 곧 존재론적 축소는 동일론자가 원했던 것보다도 더 심각한 것 같다.

마음의 상태와 신경적 상태는 환원 이전에 이질적인 것처럼 보이지만 환원이 성공하고 난 후에는 전자가 후자임이 밝혀지게 된다. 즉, 양자의 이질성은 가상일 뿐이다. 실제로 존재하는 것은 오로지 신경적 상태이고 이것이 특정한 의미 질서에서는 마음의 상태로 **보이지만**, 그것은 실은 신경적 상태의 가상에 불과하다. 그런데 이러한 결론은 과연 제거론과 존재론적으로 차이가 있는가?

존 설(John Searle)은 유사한 견해를 이렇게 피력한다. “환원주의는 정신적 상태의 존재를 인정한다고 주장하면서 제거주의와는 다른 것인 양한다. 하지만 종국에는 제거주의라고 볼 수밖에 없는 것이, 환원주의가 제안하는 방식으로 환원을 하다 보면 의식이나 지향성이 갖는 주관적인 일인칭적 속성은 예외 없이 제거되고 객관적인 삼인칭적 속성만 남게 되기 때문이다."[19] 동일론을 위시한 환원론적 물리주의는 존재론적으로 제거론과 아무런 차이가 없음이 드러나는 듯하다. 실제로 존재하는 것은 오로지 신경적 상태이고, 마음의 상태로 보이는 것은 그저 신경적 상태의 가상일 따름이다.

동일론과 제거론의 차이는 단지 심리 상태의 인식론적 지위에서만 생긴다. 동일론은 마음의 상태가 존립하는 의미의 질서가 비록 가상적일지라도 합리적인 설명이 가능하다고 보지만, 제거론은 그러한 설명이 불가능하다고 여길 따름이다. 제거론은 마음이 존립하는 의미의 '질서'를 실생활의 유용성을 위해서 만들어냈으나 궁극적으로 무의미하고 무질서한 것으로 간주하지만, 동일론은 그 질서를 단지 유용할 뿐만 아니라 문학작품이 그러하듯 허구일지언정 일관되고 정합적이라고 볼 따름이다.

하지만 왜 마음이 존립하는 의미의 질서를 허구로 간주하는 물리주의를 받아들여야 할까? 마음이 존재론적으로 허구임을 받아들인다면, 우리가 도덕적 회의주의와 실존적 회의주의에서 정녕 벗어날 수 있을까? 즉, 자신을 자유로이 행위를 할 수 있는 도덕적으로 책임 있는 주체로 믿고 또 자신의 삶을 의미 있는 것으로 받아들일 수 있을까? (그리고 아마도 나아가 인식론적 회의주의에서도 벗어날 수 없을 것이다. 인식 자체가 마음의 작용 방식의 하나이니 말이다.) 이런 파국적 결과를 초래하는 이론을 믿어야 할 이유가 대체 무엇인가? 제거론의 옳음이 철학적으로 입증된 것도 아니고, 동일론의 옳음이, 곧 심신 환원의 가능성이 철학적으로 입증된 것도 아닐진대, 왜 오늘날을 살아가는 우리에게는 물리주의라는 신념으로 이끌리는 강력한 성향이 있는가? 그

---

19) 존 설, 같은 책, 36쪽. 하지만 존 설은 여전히 자연주의 노선을 고집한다.

이유는 아마 간단히 말해서 오늘날 과학이 종교의 자리를 대신하고 있기 때문일 것이다. 과학적 세계상의 지배 아래에서 과학이 그 실재성을 확인하고 검증할 수 없는 대상은 모조리 가상으로 내몰리기 쉽다. 그러나 우리가 그런 과학주의를 꼭 수용해야만 하는 것은 아니다.

2) 마음의 비대상성: 지향적 관계의 전체로서 마음

동일론을 비롯한 분석철학적 마음이론들은 데카르트주의적 이원론을 모종의 방식으로 암암리에 전제하고 있다. 겉보기에는 데카르트주의를 탈피한 것처럼 보인다. 무엇보다도 마음이라는 실체의 존재를 인정하지 않는다는 점에서 말이다. 하지만 심리철학적 문제 제기의 출발점에는 마음이 만일 존재한다면 그것은 몸과 근본적으로 다른 사물(res)이라는 전제가 숨어 있다. 분석철학적 마음이론들이 마음의 존재를 부정할 수 있는 이유는 실은 바로 이 데카르트적 근본 가정 덕분이다. 분석철학계 심리철학에서 마음의 존재 가능성은 데카르트적 이원론에 틀 지어져 있다. 물리주의자는 데카르트와 정확히 마찬가지로 마음이 몸과 나란히 존재하는 대상이라는 개념을 일단 받아들인다. 단지 데카르트와 달리 그 개념이 지시하는 대상의 실재를 받아들이지 않을 뿐이다. 달리 말해서 그들은 데카르트적 마음 **개념**을 마음에 대해 가능한 유일한 개념으로 수용한 상태에서 그와 같은 개념에 상응하는 대상이 존재하지 않기 때문에 마음은 존재하지 않는다고 주장하는 것이다. 그러나 바로 그 데카르트적 마음 개념이 틀린 것이라면 어떻게 될까?

몸과 마음은 물론 다르다. 그러나 그것들의 다름은 마치 지우개와 연필이, 혹은 지우개와 돌멩이가 다르다는 의미와 같지 않다. 그것들의 다름은 차라리 지우개와 그것이 사용되는 공간이 다르다는 의미와 비슷할 것 같다. 다름을 말할 때 우리는 일반적으로 비교 가능한 범주 내에서 말한다. 가령, 지우개와 국가는 다르다고 말하지 않는다. 다름을 말할 때 우리는 일반적으로 양자가 비교 가능한 동종성을 지님을 가정한다. 물리주의의 마음이론도 여전히 몸과 마음을 그와 같이 동종적인 토대를 공유하는 어떤 것으로, 즉 서로 대립적으로 나란히 늘어놓을 수 있는 **대상**으로 암암리에 가정하는 듯하다.

마음은 지우개나 연필과 같이, 그리고 몸과 같이 내 앞에 놓일 수 있는 대상이 아니다. 또한, 마음은 물리학적이나 신경과학적 용어로 기술될 수 있는 것조차 아니다. 마음은 환원 불가능하다는 의미에서 대상일 수 없다. 마음을 차라리 모든 대상의 출현 조건으로 이해해보자. 마음은 어떤 대상이 시간적으로, 공간적으로, 의미를 갖고서 출현하기 위한 근본 조건이다. 우리는 마음의 대상화 불가능성을 다른 어떤 추상적 이론에 의존하지 않고서 그저 자신의 마음을 살펴봄으로써 확인할 수 있다.

앞서 믿음이나 욕구, 의도와 같이 명제 태도라고 부른 것을 현상학은 지향적 관계로 파악한다. 어떤 대상과의 지향적 관계 속에서 그 대상은 시공간상에서 의미를 지니고서 나타난다. 가령, 하나의 명제 태도, 이 책상이 편하다는 믿음은 마음이 그 책상과 맺는 하나의 지향적 관계 방식이다. 그런데 그 지향적 관계의 유의미성은 무수히 많은 다른 지향적 관계 방식과 얽혀 있다. 이를테면 책상이 무엇인지에 대한 이해, 책상 높이나 크기의 적절함, 필기라는 목적에의 유용성 등등이 책상이 편하다는 믿음을 이루는 지향적 관계에 함께 속한다. 그렇게 하나의 지향적 관계에 부속하는 여러 지향적 관계들 각각에는 또다시 무수한 지향적 관계가 부속한다. 따라서 마음에서 일어나는 하나의 지향적 관계에는 무수히 다양한 지향적 관계들이 다단계적으로 부속하면서 거미줄처럼 뻗어 나가게 된다.

그런데 심지어 마음에는 항상 하나가 아니라 여러 지향적 관계가 함께 일어난다. 가령, 이 책상이 편하다는 믿음 하나만을 내가 자각적으로 의식할 때에도, 나의 마음에는 동시에 다른 책상에 대한 지향적 관계, 나의 신체가 위치한 공간에 대한 지향적 관계, 다른 학생에 대한 지향적 관계, 가족에 대한 지향적 관계, 학교에 대한 지향적 관계, 사회생활에 대한 지향적 관계 등등 무수한 지향적 관계가 암묵적으로 속한다. 내가 그런 모든 것들을 항상 '마음속에' 떠올리지는 않지만, 그 모든 것들이 곧 나의 마음을 항상 함께 이루고 있다.

마음이란 그와 같이 무수한 지향적 관계들의 전체이다. 이때의 '전체'란 개개의 지향적 관계의 총합이 아니다. 총합은 각 지향적 관계 하나하나를 대상으로서 열거하여 하나의 집합으로 묶어낼 수 있을 때나 가능하다. 그러나 매 순간의 마음에 속하는 지향적 관계를 완전히 열거하고 파악하는 것은 원칙적으로 불가능하다. 마음에 속하는 지향적 관계가 원칙적으로 무한정하기 때문이다.

지향적 관계의 전체는 특정한 지향적 관계의 유의미성을 위한 배경을 이룬다. 데이비슨의 해석이론에서 이미 확인하였듯이, 타인의 발언이나 행동의 의미에 대한 이해는 그 타인과 내가 전체적인 배경적 이해를 공유하기 때문에 가능하다. 나아가 현상학에서는 모든 특정한 지향적 관계의 의미는 지향적 관계 전체의 배경적 이해를 기반으로 가능하다고 말한다. 데이비슨의 해석이론과 연결하자면, 각자의 마음, 곧 각자의 지향적 관계의 전체가 서로 간에 큰 틀에서 대략 일치하기 때문에 우리 각자는 자신의 그리고 서로의 발언과 행동을 이해할 수 있는 셈이다.

마음은 어떤 의미에서 초월적이다. 전체로서의 마음은 대상화 불가능하다는 의미에서, 즉 대상성을 넘어선다는 의미에서 그렇다. 하지만 마음을 제한적으로 대상화하는 것은 가능하다. 마음 그 자체, 즉 마음 전체가 아니라 마음을 이루는 특정한 지향적 관계를 제한적인 방식으로 대상화할 수 있다. 데이비슨이 심리적인 것은 무법칙적이더라도 느슨한 심신 상응 규칙을 발견할 수 있다고 인정한 것처럼, '정상 조건 하에서'와 같은 단서 조항으로 마음 전체를 암묵적인 배경 하에 전제하는 한에서, 특정한 지향적 관계의 의미를 유한한 수의 명제로 확정할 수 있다. 그리고 이렇게 확정한 이후에는 그 지향적 관계에 상응하는 두뇌 상태를 발견할 수도 있을 것이다. 그러나 동일론에서와 같이 그 지향적 관계를 그 두뇌 상태에 다름 아니라고 말할 수 없다. 그렇게 말할 수 있으려면 그 지향적 관계를 무제한적으로 대상화할 수 있어야 하는데, 달리 말해서 그 지향적 관계를 지탱하는 배경적 이해를 이루는 지향적 관계의 전체를 대상화할 수 있어야 하는데, 그것은 불가능하기 때문이다.

3) 존재 의미의 현상학적 재해석

끝으로 질문을 던져보자. 마음은 존재하는가? 존재의 의미를 감각적 지각 가능성이나 검증 가능한 인과적 효력으로 이해하는 경우, 마음은 제거론이 노골적으로 말하듯 존재하지 않거나 환원론에서 부득이하게 결과하듯 가상적으로 존재한다는 결론에서 벗어나기 어렵다. 여기서 가상적으로 존재한다는 것은 진짜로는 존재하지 않는다는 말과 다를 바 없다. 따라서 제거론이나 환원론과 다른 결론을 원한다면, 존재의 의미를 새롭게 해석해낼 수 있어야만 한다.

'존재(being)'라는 말은 통상 어떤 대상에 대하여 쓰인다. 마음이 어떤 대상과 지향적 관계를 맺을 때, 그 대상은 시공간상에서 일정한 의미를 지니고서 출현한다. 이렇게 지향적으로 관계 맺어진 대상이 시공간적으로 일정하게 의미를 지니고서 출현할 때, 우리는 그것이 어떠어떠하게 '존재한다'라고 혹은 — '존재(existence)'라는 표현을 숨긴 채로

— 단순히 무엇'이다(is)'라고 말한다. 책상과의 지향적 관계에서 표현된 '책상이 갈색이다'라는 발언은 책상이 갈색인 채로 있다는 뜻이다. '존재(being)'에 관한 일상 어법의 현상학적 분석에 따르자면, 지향적으로 관계 맺을 수 있는 대상은 무엇이든지 최소한의 의미에서 존재하는 셈이다.

이처럼 존재의 의미를 '지향적 관계 속에서 대상이 유의미하게 출현함'이라고 해석할 경우, 마음은 어떻게 되는 것인가? 마음은 대상이 아니다. 따라서 마음 그 자체는 지향적 관계 속에서 출현할 수 없다. 그렇다면 마음은 존재할 수도 없다. 마음은 존재하는 어떤 것이 아니라 모든 가능한 대상의 존재를 위한 존재론적 조건이다. 어쩌면 이것이 분석철학적 마음이론에서 마음이 존재하지 않는다거나 가상적으로 존재할 따름이라고 여겨졌던 숨겨진 이유인지도 모른다. 그러나 현상학에서 마음이 존재하지 않는다고 말하는 의미와 제거론에서 그렇게 말하는 의미는 물론 판이하다. 현상학에서 마음이 존재하지 않는다는 것은 그것이 원칙적으로 대상화 불가능하다는 뜻이지 가상이나 허상 또는 아무것도 아니라는 뜻이 아니기 때문이다. 우리가 통상 사용하는 '존재'라는 낱말의 용법에 따르자면, 마음은 '존재하지 않는다'라고 말해야 할 것이다. 하지만 이렇게 말할 때조차 마음이 모든 대상의 존재 가능성의 조건으로 남아 있다면, 마음은 평범하지 않은 의미에서 '존재한다'라고 말해져야만 하지 않을까?

지향적 관계 속에서 대상이 유의미하게 출현함이 곧 존재함이라면, 대상이 출현할 수 있는 의미 질서의 차이에 따라 존재 방식도 달라질 수밖에 없다.[20] 이를테면 책상과 같은 도구나 자연물이 출현할 수 있는

---

20) 나는 여기서 독일의 현대 철학자 마르쿠스 가브리엘(Markus Gabriel)의 논의를 부분적으로 따르고 있음을 밝혀둔다. 마르쿠스 가브리엘, 『왜 세계는 존재하지 않는가?』, 김희상 옮김, 열린책들, 2017 참조.

의미 질서, 신과 같은 초월적 대상이 출현할 수 있는 의미 질서, 햄릿과 같은 허구적 대상이 출현할 수 있는 의미 질서, 논리적 대상이 출현할 수 있는 의미 질서, 수나 삼각형과 같은 수학적 대상이 출현할 수 있는 의미 질서, 그리고 물리적 대상이 출현할 수 있는 의미 질서 각각에 대하여 그때마다 다른 존재 방식이 성립할 것이다. 따라서 존재의 기본적 의미가 동일하다고 하더라도, 각 의미 질서에 따라서 존재의 의미 양상이 달라진다고 말할 수 있을 것이다. 책상이 존재한다는 말에서의 '존재'와 신이 존재한다는 말에서의 '존재', 그리고 햄릿이 존재한다는 말에서의 '존재', 수가 존재한다는 말에서의 '존재', 원자나 두뇌의 전기화학적 상태가 '존재'한다는 말에서의 존재의 의미 양상이 각각 다르다. 그 모두가 지향적 관계 속에서 대상이 출현함이라는 공통의 기본 의미를 공유하더라도 말이다.

그처럼 존재 방식이 다양하다면, 과연 어떤 존재 방식이 가장 참다운 존재 방식이냐라는 물음이 제기될 수 있다. 말하자면 존재 방식 가운데 가상과 실재를 나눌 수 있지 않겠느냔 말이다. 그런데 어떤 기준으로 가상과 실재를 나눌 수 있을까? 철학사적으로 보건대 그 기준의 수립은 대개 플라톤주의로 돌아갔다. 즉, 이데아와 같이 누가, 언제, 어디서, 어떻게 파악하더라도 항상 똑같은 것이 실재의 영광을 차지했다. 오늘날 통용되는 표현으로는 이른바 가장 객관적인 존재 방식에 실재라는 이름이 부여된다. 이러한 배경에서 과학적 세계상의 주도권 아래에서 과학적으로 증명되지 않는 대상을 가상으로 축출하려는 물리주의가 대두한다는 현실도 어렵지 않게 이해할 수 있다. 하지만 엄격히 플라톤주의적 기준으로 따져본다면, 논리학에 따라 기술되는 대상, 그다음으로 산수와 기하학에 따라 기술되는 대상, 그리고 아마도 그다음 차례 정도에야 물리학에 따라 기술되는 대상, 그리고 그다음으로 물리학 외의 자연과학에 의해 기술되는 대상의 순서로 실재성의 등급이 결정될 것이다. 그러나 물론 더 근본적으로 왜 플라톤주의를 따라야 하느냐는 이의를 제기할 수도 있을 것이다.

가상과 실재의 기준을 세울 때 플라톤주의에 의존할지, 아니면 감각적 지각 가능성에 의존할지, 또 아니면 인과적 효력에 의존할지, 또 아니면 다른 무엇에 의존할지 결정할 수 있는 유일한 잣대가 있다면 아마 그것은 합리성일 것이다. 즉, 어느 기준이 모든 것을 종합적으로 고려했을 때 가장 합리적일지를 판단하는 것이다. 물론 그러한 판단은 극히 어려운 과제가 될 것이 틀림없다. 하지만 실재성의 판단 규준을 찾으려는 시도에서 다시 합리성, 곧 마음의 핵심적 기능에 최종적으로 의존할 수밖에 없다는 사실은 시사하는 바가 큰 것 같다. 그것은 최소한 합리성, 곧 마음을 가상으로 간주하는 태도가 어떤 근본적 오류임을 강력하게 말해주는 것 같다.

더욱이 마음의 비대상성과 초월성을 고려하건대, 가상과 실재의 기준을 어느 것으로 잡더라도 그 기준에 비추어서 마음의 존재가 가상으로 밝혀지는 일은 있을 수 없어 보인다. 마음은 대상이 아니고 대상의 모든 다양한 존재 방식이 가능하기 위한 조건이기 때문이다. 논리적 대상이든, 수나 도형이든, 그리고 원자나 신경적 상태든, 모두 하나의 대상으로서 일정한 의미 질서 속에서 지향적으로 관계 맺어진다. 객관성을 추구하는 학문의 의미 질서에서 특유한 점은 마음의 일인칭적 관점을 익명화하도록 요구한다는 사실이다. 그러나 이러한 사실이 마음의 '제거'를 허용하는 것은 아니다. 단지 그러한 학문에서 마음이 주관적으로 작동하지 않아야 한다는 인식론적 요청을 의미할 뿐이다. 이러한 인식론적 요청으로부터 마음의 존재론적 제거로 잘못 나아가서는 안 될 것이다.

제 5 장

'나도 맞고 너도 맞다'의 함정: 윤리적 상대주의의 이해와 비판

1. 상호존중의 문화와 상대주의

강의하다 보면 종종 학생들에게 토론을 시키기도 한다. 학생들이 가령 사형제를 주제로 모둠별 찬반 토론을 한다고 생각해보자. 어떤 학생들은 어떠어떠한 이유로 사형제가 옳다고 주장한다. 또 다른 학생들은 저러저러한 이유로 사형제가 그르다고 주장한다. 어떤 모둠은 치열하게 토론을 진행한다. 그런데 종종 어떤 모둠은 논의에 더는 진전이 없어 보일 때, "그래, 네 생각도 맞고, 내 생각도 맞아"라는 식으로 토론을 접는다. 그렇게 토론을 마무리하는 것에 대하여 "이런 종류의 주제에 대해서는 원래 맞고 틀림을 객관적으로 단정할 수 없잖아"라는 그럴듯한 사유를 덧붙이기도 한다. 여기서 이런 종류의 주제란 과학과 같이 객관적인 사실관계를 다루는 것이 아니라 우리가 어떻게 행동해야 하는가, 어떤 행위가 옳은가 등의 질문을 다루는 윤리적 주제를 말하는 것이 분명하다.

윤리적 주제에 대한 견해의 맞고 틀림을 객관적으로 단정할 수 없고 단지 상대적으로만 결정할 수 있다고 보는 이론적 입장을 **윤리적 상대주의**라고 부른다. 윤리적 상대주의의 역사는 서양 철학의 역사만큼이나 오래되었다. 고대 그리스 시대의 소피스트들은 윤리적 상대주의의 원조이다. 이들은 지식 소매상들로서 여러 도시를 여행 다니면서 각 도시국가별로 도덕적 관습, 습속, 제도 등이 현저히 다르다는 사실을 목격했다. 이러한 차이로부터 자연히 그들은 윤리적으로 맞고 틀림이란 객관적인 것이 아니라 사회와 문화에 따라 상대적으로 결정된다는 **사회적 윤리 상대주의**를 끌어냈다.

여러 소피스트 가운데서도 특히 탁월했던 프로타고라스는 "인간은 만물의 척도이다"라는 명언을 남겼다. 여기서 인간은 각각의 개인을 의미한다. 즉, 프로타고라스는 모든 사물의 존재가 개개인의 주관에 달려 있다고 주장했다. 이러한 프로타고라스의 주장은 사물의 상태에 관한 참과 거짓이 각자의 주관에 달려 있다는 인식론적 상대주의와 인간의 당위나 가치에 관한 참과 거짓이 각자의 주관에 달려 있다는 윤리적 상대주의를 포괄하는 것으로 흔히 해석된다. 요컨대, 프로타고라스는 사회적 윤리 상대주의보다 더 과격한 **주관적 윤리 상대주의**를 제시한 것이다.

우리가 속한 사회에는 사회적 형태이든 주관적 형태이든 윤리적 상대주의로 향하도록 이끄는 하나의 강력한 동기가 깊게 스며들어 있다. 그것은 상호존중의 문화이다. 개인주의와 다원주의가 현대 민주주의 사회를 지탱하는 정치적, 법적 기초로 자리 잡아가면서, 어떤 행위나 규범이 옳고 그른가에 대하여 각 개인은 각자 독립적인 권위를 가진 것처럼 생각되곤 한다. 또한, 자신과 다른 견해를 가진 상대방에 대하여 자신의 견해를 강요해서는 안 된다는 규범도 우리의 문화적 생활양식에 깊숙이 뿌리내렸다. 각자가 독립적인 인격체로서 스스로 옳고 그름을 판단할 수 있는 주체이므로 상대방에게 자신의 견해를 강요해서도 안 되거니와 상대방으로부터 자유로운 판단의 권리를 침해받아서도 안 된다. 이러한 사고방식은 상호존중의 태도로 이어진다.

상호존중의 태도는 명백히 그 자체로는 바람직하다. 그것은 토론의 중요한 원칙이기도 하다. 그러나 그것은 쉽게 윤리적 상대주의로 변모해나간다. 서로의 견해를 존중해야 한다는 생각으로부터 나의 견해도 맞지만 그것과 상반되는 상대의 견해도 맞는다는 생각으로 나아간다. 이 후자의 생각은 윤리적 상대주의에 해당한다. 그리고 이러한 입장은 문제가 있다.

2. 윤리적 상대주의 주장의 모순

"나의 견해는 맞다." "하지만 그것과 상반되는 상대의 견해도 맞다." 이 두 주장은 그 자체로 모순적 관계이다. 철수는 사형제가 옳다고 생각한다. 반대로 영희는 사형제가 그르다고 생각한다. 만일 상반되는 철수와 영희의 견해가 모두 맞는다면, 사형제는 옳으면서 동시에 그른 것이다. '그르다'는 옳지 않다는 뜻이다. 따라서 상반되는 두 견해가 모두 참이라면, 사형제는 옳으면서 옳지 않다는 모순적 명제로 귀착한다. 모순을 피해야 한다는 모순율이 사고의 기본 원칙임은 구태여 덧붙여 말할 필요도 없을 것이다. 상대주의에 대한 이상의 논박은 프로타고라스에 대하여 소크라테스가 행했던 비판이기도 하다.

혹자는 '사형제가 옳으면서 옳지 않다'라는 견해가 꼭 모순적인 것은 아니라고 지적할 수도 있다. 누군가가 사형제가 **어떤 면에서는** 옳지만, 어떤 다른 면에서는 옳지 않다는 의미로 '사형제가 옳으면서 옳지 않다'라고 주장한다면 이는 모순적이지 않다. 그와 같은 주장을 "사형제가 조금은 옳지만, 또 조금은 옳지 않다"라고 표현할 수도 있을 것이다. 그러나 사형제에 대하여 상반된 견해를 가진 철수와 영희의 대립은 이러한 상황에 해당하지 않는다. 사형제의 이러이러한 면과 저러저러한 면을 모두 두루두루 검토한 끝에 철수는 사형제가 전체적으로 보아 옳다고, 또 영희는 **전체적으로 보아** 옳지 않다고 주장하는 것이다. 달리 말해서 사형제가 어떤 면에서 옳지만 어떤 다른 면에서 옳지 않다는 주장은 모순적이지 않지만, 그 주장은 또한 나의 견해가 참이라고 보면서 동시에 그와 상반된 상대방의 견해도 참이라고 보는 윤리적 상대주의와도 무관한 것이다.

또한, 종종 나의 견해는 맞고 그것과 대립한 상대방 견해는 틀리다고 주장하는 사람에 대하여 흑백사고에 빠져 있다는 비난이 가해지기도 한다. 그러나 이는 **흑백사고의 오류**에 대한 잘못된 적용이다. 흑백사고의 오류는 선언지가 둘이 넘는 어떤 사안에 대하여 선언지가 둘만 있다고 가정함으로써 발생하는 오류이다. 즉, 반대 관계를 모순 관계로 여길 때 흑백사고의 오류가 발생한다. 가령, 누군가가 "나는 부유하지 않다"라고 말할 때 상대방이 "너 가난하구나?"라고 반응한다면, 상대방은 흑백사고의 오류를 저지르는 것이다. 부유하지도 가난하지도 않은 제삼의 선언지가 얼마든지 가능하기 때문이다. 그러나 '맞다', '틀리다'와 같은 술어는 두 가지의 선언지만 허용한다. 맞지 않는다면 틀린 것이고, 틀리지 않는다면 맞는 것이다. 이에 대해서는 흑백사고의 오류가 적용되지 않는다.

요컨대, 윤리적 상대주의는 서로 모순적 관계에 놓여 있는 두 명제를 함께 수용함으로써 모순율을 위반한다는 비판을 받는다. 그런데 이러한 논리적 모순 외에도 우리 문화에서 등장하는 윤리적 상대주의 주장은 많은 경우 **수행적 자기모순**을 범한다. 윤리적 상대주의를 주장하는 행위는 많은 경우 어떤 특수한 신념을 토대로 이루어진다. 그리고 그러한 신념의 가정은 주장된 내용, 즉 윤리적 상대주의와 모순된다. 즉, 윤리적 상대주의를 주장하는 자는 바로 그 주장 행위로 스스로 모순을 빚게 된다. 어떤 가정이 윤리적 상대주의와 모순된다는 것인가? 그것은 앞서 언급한 상호존중의 문화와 관련된다. 오늘날 윤리적 상대주의에 이끌리는 사람 대다수는 실제로 각 개인의 견해는 존중되어야 한다고 믿기 때문에 윤리적 상대주의로 빠져든다. 그는 누구나 마땅히 상호존중과 관용의 태도를 취해야 한다고 믿는다. 상대주의를 이끄는 이러한 지적 동기에서 그는 암암리에 상호존중과 관용의 태도가 모두에게 타당하다고 가정한다. 그의 암묵적 가정에 따르면 상호존중과 관용의 태도는 보편타당한 의무이다. 가령, 철수는 다른 사람들의 견해를 존중해야 하지만 영희는 다른 사람들의 견해를 존중하지 않아도 된다가 아니라, 누구든지 간에 상관없이 다른 사람들의 견해를 존중해야 한다고 가정한다. 그리고 그러한 가정으로부터 윤리적 상대주의로 나아간다. 문제는 그 가정이 바로 (윤리적 상대주의를 부정하는) 윤리적 보편주의의 명제라는 점이다. 상호존중의 문화로 인하여 윤리적 상대주의를 주장하는 사람은 실은 자신의 동기에 깔린 가정에 어긋나는 주장을 펼치는 셈이다. 즉, 그는 수행적 자기모순을 저지른다.

우리는 조금 뒤 철저히 일관되게 사유하는 윤리적 상대주의자라면 논리적 모순이나 수행적 자기모순을 범한다는 비판을 어떻게든 벗어날 수 있음을 확인할 것이다. 그러나 이상의 모순 지적은 적어도 별다른 숙고 없이 '나도 맞고 너도 맞다'라는 신조에 매혹되어 상대주의의 수렁으로 빠져드는 사람들에게 이러한 입장에 무언가 비이성적인 구석이 있다는 경계의 메시지를 던져주기에 충분할 것이다.

3. 사회적 윤리 상대주의와 그 논박

1) 문화 상대주의와 사회적 윤리 상대주의

윤리 상대주의는 윤리의 상대성이 어떤 것에 달려 있는가에 따라서 사회적 윤리 상대주의와 주관적 윤리 상대주의로 나뉠 수 있다. 우리는 우선 사회적 윤리 상대주의를 비판적으로 다룰 것이다.

사회적 윤리 상대주의를 주장하는 배경에도 상호존중의 태도가 깔려 있다. 다만 이때 존중되는 대상은 다른 사람이 아니라 다른 문화이다. 사회적 윤리 상대주의는 주로 문화적 다원성의 현실을 목격하면서 등장한다. 인류학자들은 다양한 인류 문화권의 도덕적 관습과 제도를 관찰한다. 그리고 이러한 관찰을 통해 수집한 개별 사실들로부터 일반화한 어떤 결론을 귀납적으로 도출한다. 즉, 각각의 문화마다 사람들은 서로 다른 도덕적 판단을 내린다는 것이다. 어떤 문화는 가령 일부다처제를 도덕적으로 옳다고 여기지만, 다른 문화는 그것이 그르다고 여긴다는 식이다. 인류학자들이 보고한 문화적 다원성의 증거는 차고도 넘친다. 인류학자들은 이러한 관찰 결과로부터 낯선 문화를 탐구할 때 어떤 자세를 취해야 하는가에 관한 지침을 끌어내기도 한다. 낯선 문화의 관습이나 도덕적 판단을 자신이 속한 문화의 가치 기준에 따라서 함부로 재단해서는 안 된다고 말이다. 왜냐하면 한 문화권에서 옳은 것이 다른 문화권에서 그를 수 있기 때문이다.

식민주의 시대 인류학자들은 서구 유럽의 도덕적 가치 체계를 유일한 척도로 받아들였다. 그들은 자기 스스로 계몽된 인류로 참칭하면서 식민지 원주민들의 낯선 문화를 기괴하고 야만적인 것으로 깎아내렸다. 다른 문화권을 간단하게 식인종 문화쯤으로 재단하면서 평가 절하했던 과거 인류학자들의 관행에는 명백히 백인 남성을 중심으로 한 도덕률을 절대적 기준으로 받아들이는 잘못된 사고방식이 한몫했다.

이른바 탈식민주의 사상가들을 비롯하여 20세기 중반 들어 많은 인류학자와 사회학자들은 자기 선배들의 잘못을 비판하면서 다른 문화권에 대하여 함부로 자신들의, 즉 서구 백인 남성 중심의 잣대를 들이대어서는 안 된다고 강력하게 경고하였다. 이러한 경고는 분명히 진지하게 들을 만한 가치가 있다. 이러한 경고 자체에는 아무런 잘못이 없다. 서구 중심의 문화 제국주의는 경계해야 마땅하다. 그러나 문제는 그다음 단계이다. 근대 서구인들의 도덕률을 절대적으로 옳다고 가정한 다음에 그것을 척도로 다른 문화권을 재단하는 행태를 비난하는 관점은 지극히 정당하고 바람직하지만, 그로부터 서로 다른 문화권은 제각각 다른 문화에 속한 사람에 의해서 평가될 수 없는 독립적으로 참인 도덕적 원리를 가진다고 추론하는 것은 지나치게 성급하다.

'사회마다 사람들이 도덕적 판단을 다르게 내린다'라는 주장은 '한 사회의 도덕적 원리가 다른 사회의 도덕적 원리와 마찬가지로 **동등하게 참**이다'라는 훨씬 더 강한 주장으로 곧잘 번진다. 비록 '문화 상대주의'라는 용어가 종종 혼란스럽게 사용되기도 하지만, 나는 전자의 주장에 한하여 그 용어를 사용하겠다.[1] 반면에 후자의 강한 주장을 '사회적 윤리 상대주의'라고 부를 것이다. 문화 상대주의가 단지 사람들의 행태에 대해서 관찰한 사실을 일반화하는 **기술적** 명제로 그치는 반면에, 윤리 상대주의는 도덕적 판단의 참과 거짓의 본성에 관한 하나의 **규범적** 명제를 제시한다. 그런 점에서 전자를 기술적 상대주의, 후자를 규범적 상대주의라고 부를 수도 있다.[2]

---

1) 이를테면, 레이첼즈(James Rachels)는 내가 사회적 윤리 상대주의라고 부르는 것에 대해서 '문화 상대주의'라는 용어를 사용한다. J. 레이첼즈, 『도덕철학』, 김기순 옮김, 서광사, 1989, 31-52쪽 참조.

2) 이는 테일러(Paul Taylor)의 용법이다. P. 테일러, 『윤리학의 기본원리』, 김

문화 상대주의: 사회나 문화마다 사람들이 수용하는 도덕적 규범이 다르다.

사회적 윤리 상대주의: 사회나 문화마다 도덕적 옳고 그름이 실제로 다르다.

문화 상대주의는 문화마다 도덕적 원리가 다르게 수용되고 모든 문화권에 공통적인 도덕원리가 발견되지 않는다는 관찰 보고이다. 반면에 사회적 윤리 상대주의는, 도덕적 원리의 타당성은 문화마다 실제로 다르다고 주장한다. 문화 상대주의는 관찰 사실을 일반화하여 기술하는 진술의 일종이다. 다양한 문화를 자세히 관찰하였더니 사람들이 수용하는 도덕적 습속, 관행 및 견해가 문화마다 다르다고 문화 상대주의자는 보고한다. 만일 단지 이 주장에 그친다면, 그것은 많은 관찰을 일반화하여 어떤 문화적 다원성에 관한 기술적(descriptive)이고 경험적(empirical)인 진술을 제시하는 것일 뿐이다. 문화 상대주의자가 문화마다 사람들이 도덕적이라고 간주하는 것이 다르다고 주장하는 반면에, 사회적 윤리 상대주의자는 훨씬 더 과격한 주장, 즉 문화마다 도덕적 참과 거짓 자체가 실제로 다르다고 주장한다. 윤리 상대주의는 도덕에 대한 사람들의 행동과 태도 그리고 생각이 어떠한가를 묘사하는 것이 아니라 도덕적 원리의 타당성에 관한 규범적(normative) 진술을 제시한다.[3)]

사회적 윤리 상대주의는 문화 상대주의로부터 상당한 영향을 받아 등장했다. 실제로 많은 인류학자에게서 두 주장은 거의 구별되지 않는다. 하지만 문화 상대주의로부터 윤리적 상대주의가 논리적으로 반드시

영진 옮김, 서광사, 1985, 제2장 참조.

3) 도덕에 관한 기술적 주장과 규범적 주장의 차이에 관하여 테일러, 같은 책, 35쪽 참조.

도출되어야만 하는 것은 아니다. 한 사회의 사람들이 어떠한 도덕률이 옳다고 믿는지는 실제로 어떤 도덕률이 옳은지의 여부와 논리적으로 아무런 관련이 없다. 한때 사람들은 지구가 평평하며 움직이지 않는다고 믿었다. 하지만 그로부터 그 당시에 지구가 실제로 평평하며 움직이지 않았다는 사실이 도출되지 않는다. 마찬가지로 서구에서 한때 노예제도는 거의 모든 사람이 옳다고 믿었다. 그러나 이러한 사실로부터 무고한 사람을 아프리카에서 강제로 끌고 와 채찍질을 하면서 고된 일을 시켰던 행위가 옳았다는 결론이 도출되지 않는다. 요점은 어떤 사회에서 어떤 도덕규범이 널리 수용된다는 사실로부터 그 사회에서 그 도덕규범이 참으로 옳다는 결론이 자동으로 뒤따라 나오는 것은 결코 아니라는 것이다.

기술적 주장과 규범적 주장 사이에 커다란 격차가 있다. 문화 상대주의가 참이라고 할지라도, 윤리 상대주의는 거짓일 수 있다. 즉, 각 문화에 통용되는 도덕규범이 서로 다르다고 해서 그것들이 전부 옳아야만 하는 것은 아니다. 문화 상대주의가 참이면서 윤리적 상대주의는 거짓일 수 있는 두 가지 논리적 가능성이 있다. 첫째로, 문화마다 다르게 수용되는 도덕규범 가운데 어느 하나가 객관적으로 맞고 다른 하나가 객관적으로 틀린 것일 수 있다. 또한, 둘째로, 아예 모두가 틀린 것일 수도 있다. 첫째 가능성의 경우, 즉 어느 한 문화의 도덕규범이 객관적으로 맞고 그와 상충하는 다른 문화의 도덕규범은 객관적으로 틀리다는 식의 발상이 다소간 문화제국주의적으로 비칠지도 모르겠다. 그런 우려로 인하여 그런 발상을 상호존중의 문화에서 기꺼이 수용하기 어려울지도 모른다. 하지만 그렇다고 해서 그런 발상이 이론적으로 틀렸다는 결론을 도출할 수는 결코 없다. 더군다나 실제로 홉스가 묘사하는 자연상태에 가까운 지독하게 잔혹하고 패륜적인 관행으로 점철된 문화가 있을 수 있고, 그런 문화의 제도와 습속은 도덕적으로 옳지 못하다고 객관적으로 지적할 수 있어야 마땅하다. 둘째 가능성의 경우, 즉 문화 간에 서로 다른 도덕규범들이 모두 틀렸다는 식의 발상은 인류의 도덕적 사고에 근본적 오류 가능성을 함의하는 것처럼 보인다. 그러니 그만큼 도덕 허무주의적으로 비칠 수도 있겠다. 하지만 그렇다고 해서 역시 그런 발상이 이론적으로 틀렸다는 결론이 나오지는 않는다. 따라서 어떤 경우든 우리가 문화 상대주의로부터 윤리 상대주의를 꼭 도출해야만 하는 것은 아니다.

이제까지 우리는 문화 상대주의가 참이라고 해도 윤리 상대주의가 반드시 참이어야 하는 것이 아님을 논증하였다. 그런데 사실 상대주의가 참인지부터도 의문을 제기할 수 있다. 문화 상대주의에 잘 들어맞는 것으로 보이는 사례들이 명백히 있다. 하지만 우선 단순한 습속과 도덕을 혼동하면 안 된다. 문화권마다 인사하는 방식이나 식사 방식이 다르지만 그런 것은 도덕과 거의 아무런 상관이 없다. 물론 문화마다 다른 관습을 모두 도덕과 무관한 것으로 치부할 수는 없을 것이다. 몇몇 도덕적 판단이 문화마다 다르다는 것은 부정할 수 없는 사실이다. 가령, 일부 모슬렘 문화에서는 여성들이 부르카를 착용하는 관습이 도덕적으로 옳다고 말한다. 반면에 다른 문화에서는 그것이 여성에 대한 차별이므로 도덕적으로 잘못된 것이라고 말한다. 하지만 결정적으로 중요한 도덕적 판단에 대해서는 동서고금을 막론하고 유사한 것이 오히려 사실인 듯하다. 어느 문화에서도 기분 내키는 대로 살인해도 좋다는 규범은 통용되지 않는다. 따라서 적어도 모든 도덕규범이 문화마다 다르게 수용된다는 주장은 결코 사실이 아니다. 문화권마다 도덕률이 근본적으로 다르다는 몇몇 인류학자들의 주장은 분명히 과장된 측면이 있다.[4)]

---

4) 제임스 피저, 루이스 포이만, 『윤리학: 옳고 그름의 발견』(개정판), 류지한, 조현아, 김상돈 옮김, 울력, 2019, 54쪽 참조.

2) 사회적 윤리 상대주의에 대한 논박 1: 증거에 대한 이론적 논박

많은 인류학자가 서로 다른 문화권의 도덕규범이 동등하게 정당하다는 윤리 상대주의적 주장을 피력하기 위해 문화 상대주의에 호소하곤 했다. 하지만 이론적으로 더 무장된 윤리 상대주의자라면 문화 상대주의가 아니라 좀 더 순수하게 철학적인 증거를 끌어들일 수 있을 것이다. 윤리 상대주의자가 끌어들일 수 있는 철학적 증거에는 두 가지가 있다. 그 두 증거란 우리가 이미 인식론적 상대주의에 관한 논의에서 다루었던 개념 상대성과 합리성 상대성이다.[5] 그 둘 가운데 어느 하나라도 참이라면, 윤리 상대주의도 참이다. 문화 상대주의는 윤리 상대주의를 논리적으로 함축하지 않지만, 그 두 증거는 윤리 상대주의를 논리적으로 함축하기 때문이다.

개념 상대성에 따르면, 사회마다 옳다, 그르다, 좋다, 나쁘다, 도덕적이다, 부도덕하다 등 도덕적 판단을 형성하는 기초 개념이 근본적으로 달라서 서로 다른 사회에 속한 사람들이 서로의 도덕적 판단을 이해할 수조차 없다. 또한, 자유, 평등, 정의, 인격, 인권과 같이 우리 사회에서 익숙한 도덕적 관념이 다른 사회에 아예 없거나 그 용어들이 전혀 다른 의미로 이해된다. 도덕적 용어와 개념이 사회 사이에서 '통약 불가능하다.' 따라서 특정 사회와 무관히 보편타당한 도덕적 판단이란 있을 수가 없고 사회 사이에 도덕적 우열도 따질 수가 없으며 한 사회는 다른 사회에 대해 도덕적 비판을 가할 수도 없다.

또한, **합리성 상대성**에 따르면, 사회마다 도덕적 합리성이 다르다. 도덕적 판단은 어떤 근거 제시를 통해서 정당화된다. 그런데 합리성 상

5) 테일러는 윤리 상대주의와 관련하여 이 두 상대성을 개념적 상대주의와 방법론적 상대주의라는 명칭으로 소개하고 있다. 테일러, 같은 책, 42-45쪽 참조.

대성에 따르면, 하나의 도덕적 판단에 대하여 어떤 근거 제시 절차가 합리적인가에 관한 기준이 사회마다 다르다. 또, 도덕적 판단에 관여하는 추론 규칙이 사회마다 다르다. 그렇다면 한 사회에서 도덕적이라고 정당화되는 견해나 행위가 다른 사회에서 전혀 도덕적으로 정당하지 못하고 반대로 부도덕한 견해나 행위라고 간주할 수 있다. 따라서 한 사회에 속하는 사람들은 자신들과 전혀 다른 도덕적 합리성을 가진 사회의 사람들이 저지른, 자기들이 보기에 반인륜적인 행위에 대해서도 그것이 옳지 못하다고 정당하게 지적할 자격을 갖출 수 없다.

이처럼 개념 상대성이나 합리성 상대성은 그 하나만으로도 윤리 상대주의를 도출할 수 있다. 하지만 우리는 이미 제2장의 논의를 통해서 그 두 논제 모두 신뢰하기 어려움을 확인한 바 있다. 거기서 우리는 일반적으로 개념 상대성이나 합리성 상대성이 어째서 타당하지 않은가, 그리고 어째서 수용하기 어려운가를 보여주는 여러 논증을 살펴봤다. 도덕의 문제에 적용해서도 그때의 논증은 (약간의 변경을 가하여) 본질적으로 똑같이 성립할 수 있다. 즉, 일반적으로 개념 상대성이나 합리성 상대성이 타당하지 않다면, 도덕에 관한 개념이나 합리성이 상대적이라는 견해도 마찬가지로 타당할 수 없다.

3) 사회적 윤리 상대주의에 대한 논박 2: 실천적 관점에서의 논박

문화 상대주의로부터 윤리 상대주의를 도출할 수 없음이 밝혀졌다. 또한, 개념 상대성이나 합리성 상대성은 그릇된 견해이다. 이렇게 윤리 상대주의가 호소할 수 있는 모든 근거는 사실상 이론적으로 논파되었다. 그런데 어쩌면 혹자는 우리가 처음에 지적한 모순의 문제만으로도 벌써 윤리 상대주의가 이론적으로 무너지는 것 아니냐고, 무엇 하러 이렇게 복잡한 논의를 거치느냐고 물을지도 모르겠다. 하지만 그렇게 간단하지는 않다. 예리한 상대주의자는 저 모순의 문제를 피할 수 있다. 우리는 여기서 우선 상대주의가 모순의 문제를 어떻게 피할 수 있는지 확인할 것이다. 하지만 바로 그 논의 절차를 통해 상대주의가 결국 심각한 실천적 난점에 봉착함을 효과적으로 드러낼 수 있게 될 것이다. 결과적으로 우리는 이론적 문제를 차치하더라도 윤리 상대주의가 실로 얼마나 난감하고 수용하기 어려운 견해인가를 여실히 알아보게 될 것이다.

윤리 상대주의는 사회나 문화마다 도덕적 옳고 그름이 다르고 따라서 한 사회의 도덕적 타당성의 기준으로 다른 사회의 관행을 재단해서는 안 된다고 주장한다. 나아가 윤리 상대주의는 두 문화의 도덕규범이 상충할 경우조차도 각각의 도덕적 원리가 참이라고 주장한다. 거짓말하지 말라, 도둑질하지 말라, 어려움에 부닥친 사람을 도우라, 무고한 사람을 죽이지 말라 등 어떠한 도덕규범도 객관적으로 참이거나 보편타당하지 않다. 그것들은 단지 각각의 사회에 따라 상대적으로 참일 수 있을 뿐이다. 이렇게 두 상반된 주장을 함께 받아들이는 상대주의에 대하여 일단 앞에서 제기한 모순을 지적할 수 있다. 서로 모순되는 두 명제를 함께 참이라고 말하는 것은 모순율에 어긋난다고 말이다. 하지만 이런 지적을 윤리 상대주의자는 가볍게 피할 수 있다. 그는 자신이 주장하는 바는, 가령 사형제가 옳으면서 옳지 않다가 아니라 A 나라에서는 사형제가 옳지만 B 나라에서는 사형제가 옳지 않다는 뜻이라고 대꾸할 수 있을 것이다. 그리고 이러한 주장은 모순율을 위배하지 않는다.

또한, 윤리 상대주의자가 상호존중과 관용 의무의 절대성에 대한 신념으로 인해서 자신의 주장을 펼치는 것이 아니라면 수행적 모순 지적도 역시 타당할 수 없다. 수행적 모순은 상호존중의 의무가 범문화적으로 옳다는 신념과 어떠한 도덕적 원리도 특정한 문화에 한정해서만 옳다는 주장 사이에서 발생하기 때문이다. 철저한 상대주의자라면 존중과 관용도 단지 하나의 도덕원리이므로 이 역시 다른 도덕원리처럼 상대적으로 참일 뿐이라고 인정해야 한다. 철두철미한 상대주의자는 상호존중과 관용의 원리가 통용되지 않는 문화권에 속한 사람(갑)이 자신의 사회에서 타당한 도덕적 원리를 기준으로 다른 사회에 속한 사람(을)의 행위를 재단하여 도덕적으로 평가하고, 나아가 그(을)의 행위를 자신(갑)의 기준에 맞도록 교정하려고 간섭하는 태도에 대해서 오만하다는 식으로 실천적 비난을 가할 수 없다.[6] 왜냐하면 그런 규범적 주장을 펼치는 순간 상대주의자는 존중과 관용의 원리를 비롯한 어떠한 도덕적 원리도 상대적이라는 자신의 견해를 포기해야만 하기 때문이다. 오히려 철저히 일관된 상대주의자는 무관용과 간섭이 도덕적 원리로서 정당화되는 사회에 속한 사람들(갑)이 자기들과 다른 도덕적 견해를 가진 사람들(을)에 대해서 조금의 관용도 없이 그들(을)의 견해를 자기들(갑)의 잣대에 따라 교정하려고 드는 태도조차도 (물론 상대주의적 의미에서) 도덕적으로 올바르다고 인정해야 한다. 철두철미한 상대주의에 따르면, 자신과 다른 도덕적 견해를 가진 사람에 대해서도 존중하고 관용적 태도를 지켜야 하는 의무를 진 사람은 오로지 존중과 관용의 원리를 수용하는 문화권의 사람들일 뿐이다. 나아가 존중과 관용의 원리가 옳은 것으로 통용되는 문화권과 그렇지 않은 문화권 사이에 어떠한 도덕적 우열도 따질 수 없다. 상대주의자는 이렇게 주장함으로써만 수행적 모순을 피할 수 있다.

이처럼 철저히 일관되게 사유하는 윤리적 상대주의자는 앞 절에서

---

6) 그래도 상대주의자는 그런 태도를 순수하게 논리적으로 잘못이라고 지적할 수는 있다. 즉, 순전히 이론적 관점에서 '당신은 문화적 상대성을 지닌 도덕적 참의 본성을 오인하고서 다른 문화를 평가할 자격과 권한을 가졌다고 착각하고 있다'라고 지적할 수는 있다. 그러나 이러한 지적은 존중과 관용의 원리를 무시했다는 도덕적 비난을 함축할 수 없고 무관용적 태도는 바람직하지 않다는 규범적 주장일 수도 없다.

지적한 논리적 모순과 수행적 모순을 피해갈 수 있음은 사실이다. 하지만 상대주의에 따르면, 존중과 관용의 원리 또한 상대적일 수밖에 없다. 이것이 무엇을 의미하는가를 깊이 이해하면 할수록 상대주의가 얼마나 당혹스러운 견해인가를 깨달을 수 있다. 과연 상대주의에 처음 매력을 느꼈던 사람이 존중과 관용의 규범도 하나의 상대적인 도덕에 불과하다고 곧이곧대로 인정할 수 있을지 대단히 의문스럽다. 그는 존중과 관용의 원리를 수용하지 않는 문화권의 구성원이 남들에게 아무런 존중의 태도를 보이지 않더라도, 심지어 자신에게 까닭 없이 욕설하고 침을 뱉는다고 하더라도, 그의 행동에 도덕적으로 잘못된 점이 하나도 없다고 순순히 인정해야 한다.

이로부터 벌써 윤리 상대주의가 실천적으로 심각한 해로운 결과를 함축한다는 사실이 여실히 드러난다. 문화마다 각각 도덕적 참과 거짓이 달라진다면, 상대방의 문화에 대하여 시시비비의 문제 제기가 불가능해진다. 어떤 문화권의 사람이 자신이 보기에 윤리적으로 도저히 묵과할 수 없는 어떤 행위가 다른 문화권에서 옳은 것으로 통용되고 있음을 확인할지라도, 그는 그런 행위를 잘못이라고 비난하면서 시정을 요구할 수 없다. 그 행위가 단순히 다른 문화권에서 일어났기 때문이다. 윤리 상대주의에 따르면, 비난이나 시정의 요구는 자신이 속하지 않은 문화권의 행위에 대하여 정당하게 제기될 수 없다.

윤리 상대주의의 해로운 결과를 확연히 드러내는 사례를 들어보자. 히틀러와 나치를 신봉한 독일인들의 경우를 생각해보자. 당시 독일 사회에서 나치식 인종차별적 정책은 옳은 것으로 간주되었다. 윤리적 상대주의를 철저히 따른다면, 우리는, 즉 당시의 독일 사회에 속하지 않는 우리는, 나치의 인종차별적 정책에 대해서 비난할 수 없다. 우리는 유대인 학살까지도 포함한 인종차별적 정책을 두고서 그것이 잘못되었다고 지적할 자격을 가지고 있지 않다. 이것이 도덕적 옳고 그름의 범문화적 기준을 거부하는 윤리 상대주의에 함축된 바다.

또 다른 예시로서 범죄조직이라는 소규모 집단에서만 타당한 도덕률에 대해서도 생각해볼 수 있다. 범죄조직은 나름의 가치판단을 내린다. 가령, 어떤 범죄조직의 조직원들은 인간의 생명은 별것 아니지만 의리는 목숨보다 소중하다고 믿는다. 그래서 그들은 조직의 단결에 방해된다는 이유로 무고한 사람을 살해하기도 한다. 그 조직 바깥에 있는 우리는 분명히 이러한 가치판단과 그에 따른 행위가 극히 그릇되었다고 본다. 그런데도 윤리 상대주의자에 따르면, 우리는 그들에게 그것이 도덕적으로 잘못되었다고 지적할 권리가 없다. 우리는 단순히 그 범죄조직과는 다른 사회에 속해 있기 때문이다.

이처럼 윤리 상대주의는 서로 다른 인간 사회 사이에서 상대 사회의 관행이나 습속에 대하여 옳고 그름을 따질 수 없게 하여 우리가 중대한 도덕적 원리라고 믿지 않을 수 없는 가치를 결국 훼손하고 만다.

4) 사회적 윤리 상대주의에 대한 논박 3: 내재적 관점에서의 논박

더욱이 이제까지의 논증 전략과 달리 윤리 상대주의 자체의 이론적 결함을 지적할 수도 있다. 윤리 상대주의의 출발점(문화 상대주의)에 대한 논박도, 윤리 상대주의를 추론하는 논거(개념 상대성 및 합리성 상대성)의 타당성에 대한 논박도, 윤리 상대주의가 함축하는 실천적 난점에 대한 제시도 모두 논외로 하고서, 순전히 윤리 상대주의가 내재적으로 하나의 정합적이고 설득력 있는 이론일 수 있는가만을 따지더라도 우리는 문제를 수두룩하게 발견하게 된다.[7)]

첫째로, 윤리 상대주의가 도덕적 타당성의 기준이 사회 내부에 놓인

7) 아래 여러 논점은 부분적으로 프레드 A. 웨스트팔, 『어떻게 철학을 할 것인가』, 양문흠, 기종석 옮김, 까치, 1981, 191쪽에 빚지고 있다.

다고 주장할 때, 정확히 사회의 어느 집단에 놓인다는 것인지 불분명하거니와 또한 어느 집단에 놓인다고 설명하든 간에 그 설명은 불만족스러울 수밖에 없다. 어느 문화도 단일한 집단으로 이루어져 있지 않다. 우리는 대체로 여러 집단에 동시에 속해 있다. 그리고 그 집단마다 일종의 하위문화를 가져서 도덕적 타당성의 기준이 각기 다를 수 있다. 그렇다면 나는 동시에 여러 집단의 서로 다른 도덕적 타당성의 기준에 직면할 가능성을 배제할 수 없다. 그때 윤리 상대주의자는 내가 어느 집단이 수용하는 도덕적 참의 기준을 따라야 한다고 답할 것인가? 만일 그가 가장 권력이 강한 집단이 수용하는 기준을 따라야 한다고 답한다고 가정하자. 당연히 나는 그에 대하여 합리적 사고의 주체로서 의문을 품을 수 있다. 누군가 내게 권력 집단의 견해를 무작정 따라야 한다고 주문한다면, 나는 그에 대하여 내 사상의 자유와 양심의 자유를 침해하지 말라고 반발하며 나는 도덕적 타당성의 기준을 스스로 심사할 수 있다고 정당하게 주장할 것이다. 또한, 상대주의자가 이상의 권위주의적 답변 대신에 가장 많은 사람이 속한 집단이 수용하는 도덕성의 기준을 따라야 한다고 답한다고 가정하자. 이 답변이 사회적 윤리 상대주의의 주장으로서 훨씬 제격으로 보인다. 하지만 그렇다고 하더라도 문제는 탈바꿈하여 되돌아온다. 내가 왜 내가 스스로 옳다고 판단하는 도덕적 기준 대신에 다수의 견해를 무작정 따라야 하는가? 내게 그것은 권위주의적 폭력만큼이나 문제가 있는 중우적 폭력으로 비칠 따름일 것이다.

둘째로, 사회적 윤리 상대주의는 주관적 윤리 상대주의로 미끄러진다. 비단 한 사회가 여러 집단으로 구성될 뿐만 아니라 심지어 한 집단 내에서도 어느 행동이 도덕적으로 옳은가에 관한 이견이 얼마든지 발생할 수 있다. 역사를 돌이켜 보건대 어느 사회의 어떤 집단에서든, 그것이 완벽하게 동질적인 집단이 아닌 이상, 실제로 늘 그런 의견 충돌을 겪어왔다. 이처럼 한 집단 구성원들 사이에서 의견 충돌이 발생할 경우, 윤리 상대주의자는 어떤 의견이 도덕적으로 참인지를 어떤 근거로 결정할 수 있는가? 앞에서 언급한 문제가 여기에서도 똑같이 돌아온다. 권력자의 견해이든 집단 내 주류의 견해이든, 그것이 도덕적 참을 결정한다는 주장은 어느 견해가 도덕적으로 맞는지 틀리는지를 사고하는 나의 합리성을 무시하는 것이다. 집단 내 의견 충돌 상황에서 내가 내 의견을 고수하면서 다른 사람들의 견해를 거부할 때, 나는 내가 실은 그들과 다른 소규모 집단, 곧 하위 집단에 속한다고 선언할 수 있다. 사회적 윤리 상대주의의 견지에서 나는 다른 집단과 동등한 나름의 합리성 기준을 가진 새로운 집단의 창시자를 자처할 수 있다. 비록 그 집단의 현 구성원이 나 혼자라고 할지라도 말이다. 이처럼 한 집단 내부에서의 의견 충돌 가능성은 사회적 윤리 상대주의를 결국 주관적 윤리 상대주의로까지 변질시키고 만다. 이런 변질을 막을 내적 장치가 사회적 윤리 상대주의에 부재하는 것으로 보인다.

셋째로, 윤리 상대주의자는 한 사회의 도덕규범이 바뀌는 현상을 적절히 설명할 수 없다. 내가 속한 어느 사회가 어떤 행동이 옳다고 간주하다가 언젠가부터는 그 행동이 옳지 않다고 간주한다고 하자. 상대주의자가 이러한 변화를 설명하려면 그 사회의 대다수가 수용하는 도덕규범이 바뀌었다는 사실에 호소해야 할 것이다. 그에게 다시 그렇다면 대다수의 도덕적 견해가 왜 바뀌었는가를 물을 수 있을 것이다. 그때 그는 우연에 호소하거나 정치적 이해관계나 경제적 생산 관계의 변화 등에 호소하는 수밖에 없다. 그는 신분제 폐지, 인종차별 폐지, 성차별 폐지 등을 인류 문명이 도덕적으로 진보하였음을 보여주는 사례라고 여길 수가 없다. 상대주의자에게 그러한 변화는 단지 이전의 사회에서 옳았던 도덕규범(가령, 백인 우대 정책)이 지금의 사회에서는 옳지 않음을 단순하게 의미할 따름이다. 그는 도덕 판단을 위한 범문화적 기준을 인정하지 않으므로 이러한 변화의 합리적 정당성을 인정할 수 없다. 동시대의 서로 다른 사회가 도덕적 기준의 차이를 가지지만 각각 참인 것처럼, 서로 다른 시대의 두 사회도 기준의 차이를 가질 뿐 각각 참이기 때문이다. 달리 말해서, 신분제나 인종차별, 성차별이 도덕적으로 허용되었던 사회나 그렇지 않고 단죄하는 사회나 도덕적으로 마찬가지가 된다. 그에 대해 도덕적 우열을 가릴 수 없게 된다.

넷째로, 도덕적 개혁가의 주장은 항상 틀린 것이 되고 만다. 도덕적 개혁가란 사회 주류의 도덕적 관행과 견해가 잘못되었다고 주장하면서 사회의 도덕적 개혁을 촉구하는 사람이다. 그러나 윤리적 상대주의에 따르면 사회에 현재 통용되는 도덕규범은 어느 것이든지 간에 항상 옳다. 따라서 그것이 그르다고 말하는 개혁가의 주장은 틀린 것이 된다. 하지만 도덕적 개혁가의 주장은 필연적으로 틀렸다는 주장은 무척 받아들이기 어려워 보인다.

사회적 윤리 상대주의는 이처럼 이론 내재적 관점에서 평가하더라도 많은 난점에 부딪친다. 그것은 하나의 윤리 이론으로서 설명해야 할 많은 주제(도덕적 타당성의 기준, 주관적 윤리 상대주의와의 차별점, 도덕규범의 변천 현상, 도덕적 개혁가의 존재 등)를 적절히 설명하지 못한다.

또한, 위의 네 논점은 공통으로 윤리적 문제에 관한 개인의 합리적 사고능력이라는 것을 받아들이는 순간 사회적 윤리 상대주의를 수용하는 것은 불가능함을 시사한다. 도덕적 습속이나 관행, 판단이 변화하거나 서로 충돌할 때, 나는 어느 판단이 정말로 타당한지를 심사할 수 있다. 우리가 윤리 상대주의와 관련하여 다루는 사례들을 삼인칭적 관점이 아니라 일인칭적 관점으로 바라보자마자, 상대주의란 참으로 수용하기 곤란한 견해임을 깨닫게 된다. 제삼자의 사회를 관찰자의 눈으로 바라볼 때는, 사회마다 도덕적으로 옳고 그름에 관한 판단을 서로 다르게 내릴 뿐만 아니라 실제로 도덕적 타당성의 기준이 다르다는 주장, 나아가 도덕적 판단의 변화나 충돌이란 실은 지배계층이나 주류에 정치 경제적 변동이 발생한 결과에 불과하다는 설명이 그럴듯하게 보일지도 모른다. 그러나 내가 속한 사회를 참여자적 관점에서 바라보면서 상대주의를 검토하자마자 그런 모든 그럴듯함은 사라지고 만다. 나는 어느 견해가 도덕적으로 참인지를 판단하는 합리적 능력을 나 자신에게서 부정할 수 없기 때문이다.

사회적 윤리 상대주의는 사회 개혁의 정당성을 해명하지 못하고 한 사회 내에서의 도덕적 판단의 충돌이라는 현상조차 적절히 설명하지 못한다. 여성에게 투표권을 불허하고 가사와 양육의 부담을 전가하는 관행이 내가 속한 사회의 대다수에게서 옳은 것으로 받아들여지고 있다고 가정하자. 그런데 대다수와 반대로 나는 그것이 성차별이며 옳지 않다고 확신한다고 가정하자. 이런 종류의 일은 얼마든지 있을 수 있고 또 역사적으로 실제로 있었다. 윤리 상대주의자는 나의 도덕적 판단이 대다수의 도덕적 판단과 충돌하는 이러한 현상을 제대로 설명할 수 없다. 윤리 상대주의에서 도덕적 참과 거짓은 단순히 한 사회의 대다수 사람이 어떤 견해를 가지는가에 의해서 결정된다. 어떤 태도나 행위가 도덕적으로 옳지 않다는 것은 어떤 사회에서 그것이 부정된다는 단순한 사실을 가리킨다. 곧, 어떤 사회에서 대다수 사람이 그것을 옳지 않다고 간주한다는 사실을 의미한다. 우리가 오늘날 성차별이라고 부르는 관행이 만연한 사회에서 내가 그 관행이 부당하다고 믿는다면, 윤리 상대주의를 일관되게 따르자면, 나는 단순히 사실에 관한 오류를 저지르는 셈이다. 나는 대다수 사람이 남녀차별의 금지를 그른 것으로 간주하는 사회에서 그 사회의 대다수 사람이 남녀차별의 금지를 옳은 것으로 간주하고 있다고 믿고 있을 뿐이다. 하지만 내가 성차별의 관행을 철폐하기 위해서 사력을 다할 때 내가 단순히 사실관계를 오해하고 있는 것이 아님은 명백하다. 나는 그릇되었다고 확신하는 관행을 고침으로써 미래의 더 나은 인간 사회를 기도하고 있는 것이다. 윤리 상대주의에 따르면, 잘못된 관행을 변화시키려는 도덕적 개혁가의 노력은 필연적으로 오류를 범하게 된다. 달리 말해서, 윤리 상대주의는 윤리적 판단의 참과 거짓 여부는 단순히 **여론조사**로 결정될 수 있다는 터무니없는 결론을 함축하고 있다.[8] 윤리 상대주의자에 따르면, 다른 문화권의 관습과 제도에 대해서 비판할 수 없을 뿐만 아니라 심지어 자기가 속한 문화권의 관습과 제도에 대해서도 비판할 수 없다.

사회적 윤리 상대주의는 개인의 합리적 사고능력은 한 사회의 관행이나 주류 견해를 넘어서서 도덕적 참과 거짓을 판단할 수 있다는 사실, 나아가 한 사회의 도덕적 개선과 진보는 바로 그와 같은 합리성에 따라 실현된다는 사실을 외면한다. 또한, 그것은 대다수 사람이 참이라고 간주하는 것과 정말로 참인 것 간의 구별을 폐기한다. 사회적 윤리 상대주의에서는 대다수 사람이 어떤 관습을 잘못하여 참이라고 간주하는 것이 불가능하다. 한 사회의 대다수 사람이 도덕적 판단을 잘못 내릴 수 있다는 사실이 부정된다. 한 사회의 다수 견해는 늘 진리이다. 바로 그렇게 여기기 때문에, 윤리 상대주의는 윤리적 문제에 관한 견해의 충돌이나 변화를 적절히 설명하지 못한다. 견해의 충돌이나 변화는 실은 대다수 사람이 어떻게 믿고 있는가와 무관하게 객관적으로 타당한 것이 있다는 가정에 기초하고 있기 때문이다.

5) 문화 상대주의를 지지하는 사례는?

사회적 윤리 상대주의를 충분히 논박했다고 하더라도 여전히 더 설명해야 할 무언가가 남았다고 느낄 수 있다. 무엇보다도, 윤리 상대주

---

8) 피터 싱어, 『실천 윤리학』, 황경식, 김성동 옮김, 철학과현실사, 1997, 25쪽 참조.

의의 배경에 본래 문화 상대주의가 있었음을 상기해보건대 문화 상대주의를 지지하는 것으로 보였던 사례를 어떻게 설명해야 할 것이냐는 과제가 남는다. 이를테면, 에스키모인이 나이 든 부모를 불모지에서 죽어가도록 놔둔다거나 과거 아프리카 동부의 한 부족이 기형아를 하마에게 던졌다는 관행 등을 우리는 어떤 태도로 바라보아야 할 것인가?

우리는 낯선 문화권의 이해하기 힘든 관행을 접할 때 각 사례에 따라서 두 가지 태도 가운데 하나를 취할 수 있다. 하나는 우리의 도덕적 관념이 객관적으로 옳다고 간주하고 그들의 도덕적 관념이 객관적으로 잘못이라고 간주하는 것이다. 정말로 용납하기 어려운 관행에 대해서 우리는 이런 태도를 취할 수 있을 것이다. 가령, 나로서는 아프리카 일부 부족에서 행해지는 여성 할례에 대해서 그것이 반인륜적인 잘못이라고 지적하고 비난하는 태도가 객관적으로 정당하다고 본다.

이와 달리 훨씬 더 섬세하게 접근할 수도 있다. 그들의 관행을 객관적으로 잘못이라고 단정하는 대신 그들을 이해할 수 있을 방법을 어떻게든 찾아내는 것이다. 우리는 상대주의를 지지하는 것처럼 보이는 여러 사례에 대해서 그것들이 단지 표면적인 상이성을 나타낼 뿐 그 아래에 모두가 공유하는 근본적인 도덕원리가 숨어 있음을 발견할 수 있다. 사람들이 처한 특수한 환경의 차이가 표면적인 도덕적 판단의 차이를 불러오지만 실은 그 수면 아래에서 작동하는 도덕적 원리가 일치할 수 있다. 그러한 환경에는 종교적 신념, 형이상학적 신념, 과학적 신념, 지리적 조건, 경제적 여건, 정치적 상황 등 다양한 요소가 포함된다. 그리고 이러한 차이를 이해하면 할수록 그들이 왜 그토록 표면적으로 다른 관행을 지니는가를 이해할 수 있다. 가령, 나이 든 부모를 불모지에 내버려 죽게 한다는 에스키모인의 습속은 특수한 지리적 조건과 경제적 여건에서 기인한 것일 수 있다. 식량이 절대적으로 부족한 상황에서는 식량을 구할 수 있는 건강한 노동력이나 적은 식량으로도 생명을 유지하여 앞으로 창창한 삶을 살아나갈 수 있을 유아와 아동에게 우선으로 식량이 공급되어야 한다는 도덕적 판단이 정당화될 수 있다. 그러한 판단의 근저에는 '생명을 소중히 여겨라'와 '긴박한 상황에서 불가피한 우선순위를 따라야 한다' 내지 '최선의 선택이 불가능하다면 차선의 선택을 내려라'라는 일반적인 도덕적 원리가 깔려 있다. 이러한 원리는 에스키모 문화에서만이 아니라 우리 문화를 비롯한 다른 어떤 문화에서도 얼마든지 받아들여질 만한 것이다.[9]

나아가 우리는 윤리적 상황주의와 상대주의를 구별할 수 있어야 한다.[10] 윤리적 상황주의란 도덕원리가 행위자가 처한 상황이나 조건에 따라서 그때마다 달리 적용되어야 한다고 보는 입장이다. 상황주의는 도덕원리의 객관성을 부정하지 않는다. 그 객관성을 인정한 상태에서 그 적용 조건의 다양성을 십분 고려할 따름이다. 따라서 윤리적 상황주의는 윤리적 상대주의와 얼핏 보기에 비슷할지 몰라도 전혀 다른 이론적 입장이다. 이 둘 간의 혼동은 아마도 많은 사람을 암암리에 상대주의로 이끈 동력 가운데 하나였을 것이다.

4. 주관적 윤리 상대주의와 그 논박

사회적 윤리 상대주의가 틀렸다고 해서 곧장 주관적 윤리 상대주의도 틀렸다고 결론지을 수 없다. 비록 논박 논증의 상당 부분이 중복되긴 할지라도 주관적 윤리 상대주의에 대한 별도의 비판적 고찰이 필요하다.

---

9) 우리에게 괴이해 보이는 다른 문화의 많은 사례에 대해서 이처럼 우리도 납득할 수 있는 설명을 제시할 수 있음을 폴 테일러는 설득력 있게 보여주고 있다. 나의 에스키모인 사례 설명이 부족했다고 느끼는 독자는 꼭 다음을 참조하길 바란다. 테일러, 같은 책, 42-45쪽 참조.

10) 윤리적 상황주의와 상대주의의 구별. 피저, 포이만, 같은 책, 56, 88쪽 참조.

사형제를 둘러싼 철수와 영희의 대립 사례로 돌아가보자. 주관적 윤리 상대주의자는 사형제가 존치되어야 한다는 철수의 견해도, 사형제가 폐지되어야 한다는 영희의 견해도 참이라고 말한다. 예리한 주관적 상대주의자는 철저하게 일관된 사회적 상대주의자와 마찬가지로 논리적 모순과 수행적 모순을 피할 수 있다고 주장할 것이다. 논리적 모순에 대하여, 그는 자신의 주장이 사형제가 옳으면서 옳지 않다가 아니라 사형제가 철수에게는 옳지만, 영희에게는 옳지 않다는 것임을 지적할 것이다. 이것이 프로타고라스의 주장이기도 했다.[11] 또한, 어떤 주관적 윤리 상대주의자가 상호존중의 의무가 보편적으로 옳다는 암묵적 가정을 자신의 주장 동기로 삼고 있지 않다면, 수행적 모순이라는 지적도 피할 수 있다.

그렇지만 사회적 윤리 상대주의에 대하여 제기된 해로운 결과는 주관적 윤리 상대주의의 경우에 훨씬 더 심각하게 나타난다. 주관적 상대주의가 옳다면, 철수와 영희는 사형제에 대하여 갑론을박할 필요가 없어진다. 윤리적 논쟁은 무의미한 짓거리에 불과하다. 각자에게 각자의 견해가 참이라는데, 무슨 논쟁이 벌어질 수 있겠는가? 그것은 마치 내 입맛에는 커피가 맛있게 느껴지는데도 그런 내 입맛이 틀렸다고 지적하는 것만큼이나 어처구니없는 일일 것이다. 나에게 명백히 비도덕적이라고 보이는 행태에 대해서도 상대방이 그것을 옳다고 믿는 이상 나는 그를 비판할 자격을 갖지 못한다. 누군가가 길거리에서 우연히 마주친 사람을 잔학무도하게 살해하고서도 자신에게는 자신의 행위가 옳다고 말한다면, 주관적 상대주의자는 그저 고개를 끄떡이는 수밖에 없다. 그

11) 물론 우리의 일상적 언어 사용법은 “사형제는 옳다”는 철수의 발언을 사형제가 철수에게 옳다가 아니라 사형제가 단적으로, 누구에게든 옳다고 해석하도록 지시한다. 따라서 주관적 윤리 상대주의자는 일상적 언어 사용법을 부정함으로써만 논리적 모순을 피할 수 있다고 평가해야 정확할 것이다.

에 따르면, 다른 어떤 사람도, 심지어 그 피해자조차도, 그의 견해를 잘못된 판단이라고 비판할 정당한 자격이 없고 그의 행동을 부도덕하고 반인륜적이라고 정당하게 비난할 수도 없다.[12] 피해자는 물론 가해자의 행위를 비난할 것이다. 하지만 그런 비난은 그 개인의 넋두리 같은 주관적 반응에 불과하다. 그 피해자는 그저 나에게는 너의 행동이 잘못되어 보인다고 말하는 것일 뿐이다. 이러한 결과는 아마도 정상적인 사고를 하는 사람이라면 도저히 받아들일 수 없는 것일 테다. 주관적 상대주의는 결국 너는 너대로 나는 나대로, 각자 하고 싶은 대로 하면 된다는 윤리적 무정부주의를 초래한다.

주관적 윤리 상대주의는 사회적 윤리 상대주의와 달리 도덕적 판단의 옳고 그름을 여론조사의 문제로 만들지 않는다. 주관적 상대주의에서는 대다수 견해가 중요하지 않고 각자의 견해가 도덕적 참과 거짓의 기준이기 때문이다. 그러나 바로 그 이유로 인해서 주관적 상대주의는 윤리의 문제를 **취향**의 문제로 바꾸어버린다. 철수는 짬뽕을 좋아하고, 영희는 짜장면을 좋아할 수 있다. 그때 철수는 짬뽕을 먹으면 되고, 영희는 짜장면을 먹으면 된다. 짬뽕이 더 좋은지, 짜장면이 더 좋은지에 대해서 굳이 논쟁할 필요가 없다. 취향의 문제에서는 근거 제시와 비판의 과정이 불필요하다. 더 정확히 말해서 그때의 '좋음'이 영양가의 문제가 아니라 순전히 맛의 문제라고 할 때, 논쟁은 무의미하다. 각자의 입맛에 따라 원하는 대로 선택하면 그만이다. 그것이 취향의 문제이다. 반면에 윤리적 문제는 각자의 주관에 따라서 결정되는 사안이 아니라고 우리의 상식과 직관, 그리고 우리의 모든 법적, 정치적 제도와 절차

12) 실제로 미국의 연쇄 살인범 테드 번디(Ted Bundy)는 모든 도덕 판단은 주관적이므로 자신의 행동도 비난받을 수 없다고 생각했다고 한다. 그의 인상적인 발언을 직접 확인하고 싶다면, 피저, 포이만, 같은 책, 39-40쪽을 참조하라.

는 모두 말하고 있다. 윤리적 문제에 대해서는 실제로 근거 제시와 비판의 과정이 수반된다. 사형제, 임신중절, 안락사, 동물 복제, 육식, 혐오 표현 등에 관한 모든 논쟁은, 적어도 그것이 제대로 진행된 것이라면, 실제로 어째서 가령 안락사가 옳은가 혹은 그른가에 대한 근거를 제시하면서 이루어져야만 한다. 이 점에서 윤리의 문제와 취향의 문제 간의 구별이 성립한다. 이에 반하여 주관적 상대주의자는 그 모든 사안에 관한 토론이 실은 허망한 것이라고 주장해야 한다. 그는 그런 토론과 논쟁에 대하여 각자가 좋을 대로 선택하면 될 문제를 마치 공통으로 결정해야 할 문제인 것처럼 착각하고 있다고 지적해야 한다. 이는 주관적 상대주의를 받아들인다면 현실의 많은 부분을 부정해야 한다는 뜻이다. 어쩌면 철두철미한 상대주의자는 그렇게 부정할지도 모른다. 그러나 그의 삶에는 더는 윤리적 선택이 남지 않을 것이다. 그에게 '어떻게 행동해야 하는가', 나아가 '어떻게 살아야 하는가'라는 질문은 더는 시간과 노력을 들여 숙고할 가치를 가질 수 없게 된다. 숙고와 판단은 일견 내게 그렇게 보이는 것과 달리 객관적으로 옳은 것이 있다고 가정하는 데서 출발할 수 있기 때문이다.

5. 논박의 의미와 상호존중의 문화

다원주의가 폭넓게 받아들여지는 오늘날 우리 사회에서 곧잘 들을 수 있는 표현 가운데 하나는 "틀린 게 아니라 다른 것"이다. 이러한 표현을 정당하게 사용할 수 있을 때가 있고, 그렇지 못할 때가 있다. 흑인이나 아시아인 또는 중국인이나 조선족은 틀린 것이 아니라 다른 것이고, 동성애도 틀린 것이 아니라 다른 것이다. 이러한 표현에서 틀림이 아닌 다름의 강조는 상호존중과 관용의 문화에서 비롯하는 정당한 용법이다. 반면에 조선족 차별이나 동성애 차별은 다른 것이 아니라 틀린 것이다. 누군가가 조선족 차별이나 동성애 차별적 견해를 가지고 있을 때, 그의 견해에 대해서조차 “틀린 게 아니라 다른 것”이라면서 ‘존중’한다면, 그런 태도는 잘못이다. 그것은 다원주의적 존중 원리의 잘못된 적용이다.

마찬가지로 사형제에 관한 토론에서 철수가 사형제가 옳다고 주장하고, 영희가 사형제가 그르다고 주장한다면, 둘 중 하나는 틀린 것이다. 이때 “틀린 게 아니라 다른 것”이라는 표현은 적절하지 못하다. 나의 주장이 맞고 상대방의 주장이 틀리다는 믿음이 정상적인 토론의 출발점이다. 토론의 전제에 그러한 믿음이 가정되어 있다.

하지만 이러한 지적을 오해해서는 안 된다. 그러한 가정에도 불구하고 상대방의 인격을 존중하는 태도는 얼마든지 취할 수 있다. 상대방의 견해가 틀리다는 나의 믿음과 그의 인격을 존중하는 나의 태도는 얼마든지 양립할 수 있다.

덧붙여 나의 주장이 옳다는 믿음은 나의 주장이 그른 것으로 밝혀질 수 있다는 믿음과도 양립할 수 있다. 나의 주장이 옳다는 믿음은 어디까지나 이제까지 내게 알려진 사실관계들과 나의 도덕 합리적 추론을 조건으로 삼고 있다. 이러한 조건에 오류가 포함된 것으로 밝혀질 때, 나의 주장이 틀린 것으로 밝혀질 수 있다. 따라서 상대방의 주장이 틀리다는 믿음이 토론의 출발점이지만 상대방이 나의 판단 조건을 뒤흔들 수 있는 사실관계나 추론을 제공할 여지를 항상 그 믿음과 더불어 열어두어야 한다.

요컨대, 나의 주장이 맞고 상대방의 주장이 틀리다는 믿음에도 불구하고 상대방의 인격을 존중하며 그로부터 무언가를 배울 수 있다는 개방적 태도를 취해야 한다. 그것이 어려울 수 있지만 불가능하지 않다. 그리고 그것이야말로 윤리적 삶을 해치지 않으면서 다원주의적 상호존중의 문화를 견지하는 길이다.

제 6 장
우리는 왜 착하게 살아야 하는가?

1. 도덕 회의론의 문제

당신 옆에 철저한 도덕 회의론자가 있다고 생각해보자. 그는 도대체 왜 착하게 행동해야 하는지를 납득할 수가 없다고 토로한다. 지금까지는 어렸을 적부터 부모님으로부터, 선생님으로부터, 사회로부터 교육받은 대로 나쁜 행동들을 삼가려고 했고 또 되도록 착한 행동을 하려고 했다. 하지만 대체 왜 그렇게 살아야 한다는 것인지 솔직히 잘 이해가 안 간다. 더욱이 소위 착한 행동을 하려고 애를 쓸수록 나의 이익 추구에는 방해가 되는 것만 같다. 착한 행동들이 나의 이기적 욕구 충족과 일치한다면야 기꺼이 착하게 살아줄 수도 있겠다. 하지만 양자가 일치하지 않을 때가 많다. 착한 행동들이 이기적 욕구 충족에 반할 때, 대체 나는 왜 그런데도 착하게 행동해야 한다는 건가? 정말로 그에 대한 합리적 근거가 있는가?

이렇게 말하는 도덕 회의론자를 당신은 어떻게 설득할 수 있을까? 물론 당신도 마음 깊은 곳에서는 이 도덕 회의론자와 비슷한 생각이 설핏설핏 들기도 한다. 솔직히 고백하면 정말로 왜 착하게 행동해야만 하는지 잘 모르겠다. 도대체 그런 이유가 정말로 존재하는지 의구심이 들기도 한다. 그래도 당신은 철저한 도덕 회의론자와 달리, 그리고 대다수 사람처럼 착하게 살아야 한다고 믿는다. 적어도 그렇게 믿으려고 애쓴다. 나아가 이 믿음 덕분에 도덕 회의론자와 달리 항상 도덕적으로 행동하지는 않는다고 하여도, 설사 내 이해관계의 관점에서 손해를 조금 본다고 하여도 도덕적으로 행동하려고 애쓴다. 반면 저 도덕 회의론자, 이제부터 철수라고 부르자, 철수는 자신의 회의에 입각하여 더는 착하게 살려고 애쓰지 않겠다고 다짐한다. 이제 자신의 행동도 도덕적 회의의 정신에 맞추려고 한다. 철수는 자신의 이기적 욕구 충족을 위해서라면 악행도 불사하려 한다.

도덕 회의론은 외부세계 회의론과 근본적으로 성격이 다르다. 외부세계가 정말로 실재하는가에 대한 의구심은 진작 데카르트가 지적하였듯이 실천적 삶에 거의 아무런 영향을 미치지 못한다. 그러한 의구심은 현실적 필요 앞에서 너무나도 쉽게 사라져버린다. 외부세계에 대하여 아무리 철저한 회의론자일지라도 자신의 먹거리와 일거리에 직면해서는 충실한 실재론자로 살아간다. 외부세계 회의론자는 아마도 자살을 통해서만 자신의 믿음을 실행으로 옮길 수 있을 것이다. 그에 반해서 도덕 회의론자의 회의는 단순히 인식적 수준으로만 머물지 않는다. 그의 회의는 실천적 삶에 직접 영향을 미친다. 도덕적 회의의 철저한 일관성은 도덕적 의무를 훨씬 더 쉽게 저버리고 이기적 충동에 훨씬 더 쉽게 굴복하도록 만들 것이다.

이제 당신은 철저한 도덕 회의론자 철수를 설득하려고 한다. 어떤 방법을 동원할 수 있을까? 당장 떠오르는 방법은 **종교에 호소**하는 것이다. 도덕이 기댈 수 있는 가장 확고한 토대는 종교적 믿음으로 보인다. 신이 이 세계를 창조했고 도덕이란 신적 질서에 불과하며 영혼이 육체의 사후에도 살아남아서 현 세계에서의 행동들에 대한 신의 심판을 받게 된다고 믿는다면, 아마도 도덕적 회의는 사라질 것이다. 신이 인과응보의 체계를 완벽하게 구현한다는 확신이 있다면, 이해타산이라는 의미에서의 합리적 근거에 따라서 철수는 나쁜 행동을 저지르려 하지 않을 것이다.

그러나 이런 종교적 믿음을 철수에게 합리적으로 설득시키려면 무엇보다도 신 존재 증명과 영혼 불멸 증명이라는 과제가 요구된다. 하지만 이 지난한 형이상학적 과제들은 현대 철학에서 사실상 포기된 것 아닌가? 그 과제들을 다시 떠맡느니 차라리 도덕적 의무를 합리적으로 정당화하는 다른 방법을 찾는 쪽이 쉬울 것 같다. 더욱이 천벌을 받지 않고 천국에 가고 싶다는 이해타산이 동기가 되어 타인의 이익을 배려하는 행동이 과연 진정으로 도덕적으로 옳고 가치가 있는지도 의심스럽다.

다음으로 **도덕감에 호소**하는 것도 한 가지 방법이 될 수 있을 것처럼 보인다. 우리 대다수는 위험에 처한 사람들을 보면 도와주고 싶은 마음이 저절로 생긴다. 고통 받는 사람을 보면 마치 내가 고통 받는 것처럼 마음이 아프고 그를 도와주고 싶게 된다. 또한, 기쁨을 만끽하는 사람을 마주하게 되면 나 또한 절로 기뻐하게 된다. 따라서 타인의 고통을 덜어주고 타인의 기쁨을 고양하는 것은 동시에 나 자신의 고통을 덜어주고 나 자신의 기쁨을 고양하는 일이 된다. 이와 같은 공감 능력은 우리의 도덕감을 형성하고 도덕적 행동을 촉구한다. 따라서 철수에게 이처럼 공감 능력을 갖추도록 오랜 시간 훈육한다면, 도덕적 회의의 마음이 자연히 극복될 것이다. 만일 정말로 당신의 지인 혹은 심지어 자녀가 철수와 같은 도덕 회의론자라면, 그와 같은 훈육이 실질적으로 크게 도움이 될지도 모른다.

하지만 문제는 공감은 단지 주관적이라는 점이다. 사람마다 공감 능력에는 상당히 큰 차이가 있다. 실제로 신경 범죄학은 타인의 고통에 대한 공감 능력을 관장하는 대뇌피질의 특정 부위에 이상이 있을 때 여느 사람들처럼 공감할 수가 없음을 방대한 경험적 자료를 통해서 설득력 있게 보여준다. 안타깝게도 철수가 그와 같이 두뇌에 이상이 있다고 치자. 그렇다면 도덕감에 호소함으로써 도덕 회의론을 극복하고 철수의 마음을 되돌리려는 전략은 실패할 수밖에 없다. 더욱이 도덕감을 도덕적 행동에 대한 원인이라고 설명할 수 있다고 하더라도, 그것이 도덕적 행위를 해야 할 이유로서 정당한가는 별개의 물음이다. 그러니 도덕감이 있는 사람이라고 하더라도 왜 내가 도덕적으로 행동해야 하는가라는 물음을 계속해서 던질 수 있다. 그렇지 않고 도덕감이 곧 도덕적 행위를 해야 할 이유라고 간주해버린다면, 이는 도덕감이 강할수록 더 도덕적으로 행동해야 하고 또 도덕감이 아예 없다면 도덕적으로 행동할 이유도 없다고 말하는 셈이다. 물론 이는 직관적으로 무척 받아들이기 어려운 결론이다.

또 다른 방법은, 도덕이란 사회를 이루는 성원들의 암묵적 **계약**이고 이 계약에 지시된 질서에 어긋나는 행동을 하게 될 때는 경중에 따라서 비난이나 법적 제재를 받게 됨을 알려주는 것이다. 이는 앞선 두 방법에 비해서 훨씬 합리적인 듯이 보인다. 도덕이란 사회적 관습을 통해서 재생산되는 계약이다. 물론 철수는 명시적으로 그런 계약을 맺은 바 없다. 하지만 철수가 사회의 한 성원이기를 거부할 수 없고, 또 이 사회에는 이러이러하게 행동을 할 때 저러저러한 비난 혹은 법적 제재가 뒤따른다는 관습적 및 법적 규약이 이미 통용된다면, 철수도 사회 구성원으로서 이 규약을 따를 수밖에 없을 것이다. 달리 말해서 비도덕적인 행동을 저지르면 그에 상응하는 비난이나 법적 규제로 인해서 스스로 손해 보게 될 것을 철수가 깨닫도록 하는 방법이다.

그러나 일견 그럴듯해 보이는 이 전략도 한계가 명백하다. 만일 도덕이 단지 계약의 산물에 불과하다면, 그리고 도덕적 의무가 단지 계약 불이행 때의 제재 회피를 위해 준수되어야 할 따름이라면, 제재 회피가 가능한 한도 내에서는 얼마든지 도덕적 의무를 외면하여도 무방하다는 결론이 도출된다. 더욱이 만일 제재로 인한 손해보다도 비도덕적 행동으로 얻을 수 있는 이익이 더 클 것으로 예상한다면, 철수는 제재를 불사하고 비도덕적 행동을 저지르는 것이 더 합리적일 것이다.

도덕을 계약의 산물로 간주하면서 도덕 회의론을 극복하려는 또 다른 방법이 있을 수 있다. 이에 따르면 도덕은 **보편적 관점에서의 계약** 산물이다. 다시 말해서 도덕은 만일 그것이 보편적으로 준수되지 않을 때는 결국 모든 개개인을 파멸로 몰아넣기 때문에 준수되어야 한다. 홉스가 말한 "만인의 만인에 대한 투쟁"이라는 자연 상태로 되돌아가서 무질서하고 불안한 적대 상황에 부닥치기를 원하지 않는다면, 계약을 준수해야 한다. "네가 계약을 준수하지 않는다면 다른 사람들도 계약을 준수하지 않을 것이다, 장기적 관점에서 결국 그렇게 계약 불이행이 만연하게 된다면 그 폐해가 부메랑처럼 당신 자신에게도 돌아올 수밖에 없다."라고 철수를 설득하려고 시도해볼 수 있을 것이다.

그러나 이러한 시도의 한계도 명백하다. 첫째, 만일 철수가 타고난 자원이 뛰어나다면, 즉 육체적으로 타인을 제압할 힘, 지적으로 상대방을 교묘하게 이용하는 영리함, 게다가 부와 권력까지 물려받았다면, 오히려 자연 상태에서 도래할 트라시마코스식의 강자에 의한 지배를 적극적으로 환영하고 약자를 위한 도덕 계약을 파기하길 원할 것이다. 둘째, 또한 그러한 자원을 가지지 않는다고 하더라도 계약 불이행의 보편화는 결코 단기적으로 완성될 수 없음을 고려하여 계약의 파기가 가시화되기 직전까지 최대한 영악하게 자신의 이익 극대화를 위해서만 행동해도 무방할 것이다.

2. 기술적 윤리학의 규범적 한계

오늘날 도덕에 대한 지식은 전통적인 방식과 다른 방법으로 얻어지기도 한다. 실증적 윤리학이 대표적이다. 여타의 실증 과학들이 제각각 특정 분야의 주제에 관한 사실관계를 다루듯이, 도덕이라는 주제에 관한 사실관계를 다루는 실증 과학을 실증적 윤리학이라고 부를 수 있다. 그것은 도덕에 관한 사실을 기술하는 윤리학이므로 보통 기술적 윤리학(descriptive ethics)이라고 불린다. 기술적 윤리학 가운데 가장 잘 알려진 유형이 도덕 심리학이다. 도덕 심리학은 가령 유아 단계에서 성인 단계에 이르기까지 도덕적 신념, 판단, 추론, 감정 등이 어떻게 발전하는가를 탐구한다. 그러한 탐구는 무엇이 도덕적인가, 어떤 것이 도덕적으로 정녕 가치가 있는가를 사유하는 것이 아니라, 사람들이 발달과정에서 타인의 이익을 고려하는 태도를 어떤 식으로 습득하는가를 관찰하는 것이다. 하지만 도덕 심리학을 포함한 기술적 윤리학은 그것이 아무리 새로운 사실을 인상적으로 보여준다고 해도 우리가 지금 다루는 도덕 회의론의 문제를 해결하는 데 도움을 줄 수 없다.

1) 사회과학적 방법론을 따르는 기술적 윤리학

기술적 윤리학은 사회과학적 방법론을 취할 수도 있고 자연과학적 방법론을 취할 수도 있다. 사회과학적 방법론을 따를 때, 기술적 윤리학은 앞서 언급한 심리학 외에도 인류학, 사회학, 역사학 등으로 나타날 수 있다. 우선, 인류학자는 세계 각지 다양한 종족과 문명의 도덕률, 도덕감, 습속, 규약, 금기 등을 객관적 시선으로 관찰하여 기술한다. 이때의 '객관적' 시선이란 그때 관찰된 대상의 행동이나 규범에 대해서 옳고 그르다는 가치판단을 내리지 않고 중립적인 태도를 취한다는 뜻이다. 그렇게 인류학자는 다양한 문화와 문명의 도덕적 관습과 행태를 관찰하고 서로 얼마나 다른 양상을 보이는가, 공통되는 도덕원리에는 어떤 것이 있는가 등을 탐구할 수 있다.

사회학적 도덕 탐구나 역사학적 도덕 탐구도 유사하게 전개된다. 사회 각 계층이나 계급별로 도덕적 신념이나 행동 양상이 어떤 식으로 달리 나타나는지를 역시 객관적 시선으로 고찰할 수 있다. 가령, 자본가 계급의 도덕적 신념은 이러한데 노동자 계급의 도덕적 신념은 저러하다는 식으로 말이다. 물론 지역별로, 이를테면 도시와 농촌에서 각각 도덕적 신념이나 행동 양상에 차이가 있는가도 탐구할 수 있다. 역사학적 도덕 탐구는 시대별로 도덕관념이 어떻게 변천해왔는가를 다룬다. 오늘날 비도덕적이라고 흔히 여겨지는 관습이 한때는 얼마나 폭넓게 받아들여졌는지, 아니면 또 그 반대의 경우를 탐구하는 것도 역사학적 도덕 탐구의 소관이다.

그렇다면 어째서 기술적 윤리학이 도덕 회의론의 문제를 비롯하여 규범적 문제에 도움이 될 수 없는지를 인류학적으로 탐구되는 윤리학을 표본으로 삼아서 설명해보자. 인류학적으로 탐구되는 윤리학은 세계 각지의 종족과 부족들의 윤리적 습속들을 조사하여 도덕에 관한 일반적 사실을 다음과 같이 둘 중 하나로 알려줄 수 있다.

(1) 인류학은 각지의 윤리적 습속과 관행이 서로 크게 다르다는 결과를 보여줄 수 있다. 하지만 그것이 도덕적 당위와 관련하여 무엇을 말해줄까? 만일 어떤 부족에서 명예 살인이 윤리적으로 허용된다는 사실이 관찰된다면, 이는 일정한 조건에서 명예 살인을 해도 된다는 주장에 모종의 정당성을 부여해주는가? 그렇지 않다. 어떠한 행동의 도덕적 당위에 대한 정당성은 왜 그러한 행동이 도덕적으로 강제되는가 혹은 허용되는가에 대한 근거의 제시를 통해서 마련되는 것이지, 다수의 사람

이 그렇게 행동하더라는 관찰 보고를 통해서 성립하지 않는다. 진리가 그러하듯이 도덕적 옳고 그름도 다수결의 문제가 아니기 때문이다.

(2) 하지만 어쩌면 반대로 인류학적 고찰이 결과적으로 모든 부족과 문화권에서 공통되는 윤리적 규범을 제시할 수도 있을 것이다. 그런 결과는 아마도 그 공통 규범이 도덕적으로 정당하기도 할 것이라는 추측의 개연성을 높여줄 수 있을 것이다. 그것이 도덕적 정당성이 없다면야 어떻게 그토록 범문화적으로 광범위하게 나타날 수가 있겠는가. 하지만 엄격히 말해서 범문화적 공통 현상이 한 규범의 정당성을 입증하는 것일 수는 없다. 어떠한 규범이 지시하는 도덕적 당위에 대한 정당성은 그 규범이 얼마나 실제로 폭넓게 준수되고 있는가에 대한 관찰을 통해서 제시될 수 없다. 가령, 대다수 국가에서 양심적 병역거부를 불허한다는 사실이 관찰된다고 하더라도 양심적 병역거부가 윤리적으로 허용될 수 없다는 결론이 자동으로 나오지 않으며 또 그 반대도 마찬가지다. 즉, 도덕적 정당성의 검토는 사실관계의 폭넓은 확인과 별개이다.

사회과학적 방법론을 충실히 따르는 도덕 탐구는 모두 도덕에 관한 사실을 관찰하고 기록하고 일반화하는 식으로 진행된다. 여기서 서로 다른 행동 양상 가운데 어떤 행동이야말로 바람직하고 또 도덕적으로 정당화될 수 있는가와 같은 물음은 거의 제기되지 않는다. 그 탐구가 사회과학적 방법론에 철저히 따를수록 그런 물음은 제기될 수 없다. 왜냐하면 사회과학적 방법론은 (적어도 그것이 근대 과학의 이상을 따른다면) 자연과학과 같이 가치판단을 개입하지 않는 순전한 사실의 탐구로 머물기를 원하기 때문이다. 심지어 그런 중립성을 사회과학의 정체성으로 이해하기 때문이다. 따라서 인류학, 사회학, 심리학, 역사학 등에 따른 도덕 탐구에서 도덕 회의론을 물리치는 답변을 얻을 수 있으리라고 기대할 수 없음은 자명하다.

2) 진화론적 윤리학

기술적 윤리학이 자연과학적 방법론을 따를 때도 사정은 마찬가지다. 자연과학적 방법론을 따른 윤리학 가운데 오늘날 특히 유행하는 유형은 뇌과학적 윤리학과 진화론적 윤리학이다. 둘 다 도덕에 관한 특정한 종류의 사실을 각기 특정한 관점에서 기술하고 설명하는 종류의 과학이다.

먼저 진화론적 윤리학에 따르면, 인간은 다른 생물과 같이 진화론에 따라서 모든 (혹은 거의 모든) 형질과 기능이 설명될 수 있는 하나의 생명체일 뿐이다. 인간의 도덕성이란 다른 모든 생물학적 형질들과 마찬가지로 진화 도상에서 일어난 적응의 산물이다. 인간은 사회적 존재로 진화하는 어느 시점에서 타인의 이익을 고려하는 능력, 곧 이타성을 획득한다. 진화론자는 이타성을 순전히 자연선택의 결과로 설명하므로 그것을 결국 유전자의 복제 확률을 증대하는 유용한 적응의 산물과 동일시한다.

언뜻 이타성이 자연선택되는 것은 진화론적으로 무척 설명하기 어려워 보인다. 통상 진화 기작은 변이, 적응상의 차이, 경쟁, 유전이라는 네 요소로 설명된다. 첫째로 동일 개체군 내 개체 간 형질상의 변이, 즉 다양성이 존재하고, 둘째로 그 변이에 따라서 환경에 대한 적응 능력상의 차이가 발생하고, 셋째로 적응 능력이 뛰어난 개체는 살아남고 그렇지 못한 개체는 도태되며, 넷째로 생존한 개체가 번식까지 성공하면 바로 그 적응을 유리하게 해주었던 자신의 형질을 후대까지 물려주게 된다. 이러한 과정이 여러 세대에 걸쳐 반복적으로 누적되면서 일정한 형질이나 기능이 계속해서 일정한 방향으로 심화하고 결국 종과 종이 서로 분화하는 단계에 이른다. 그런 과정을 총괄하여 진화라고 부른다. 진화에 관한 이상의 표준적 설명에 따르면, 다른 개체의 생존을 돕는 소위 이타적 형질은 이타적 행동을 위해 투입되는 자원이 그만큼 자기 자신의 생존과 번식을 위해 사용되지 못하기 때문에 생존 경쟁상 불리하게 된다. 따라서 이타적 형질을 지닌 개체는 이기적 형질을 지닌 개체들보다 도태되기 쉬워 보인다.

그렇지만 지난 몇 십 년간 진화생물학자들은 이타성의 진화에 관한 흥미롭고 설득력 있는 설명을 제시하였다. 1980년대 영국의 진화생물학자 리처드 도킨스(Richard Dawkins)에 의해 대중적으로 널리 알려지게 된 유전자적 관점에 따르면, 이타적 행동을 일삼은 개체가 도태되기 쉽다고 하더라도 그 행동이 "유전적 근친도"(곧, 혈통에 의해서 특정 유전자를 공유할 확률)가 적당히 높은 다른 개체들을 구할 수 있다면 이타적 행동을 유발하는 유전자는 도태되지 않는다.

> 이타적 자살 유전자가 성공하는 최소의 요구조건은 그 유전자가 2인 이상의 형제(또는 자식이나 부모)나 4인 이상의 배다른 형제(또는 작은아버지, 작은어머니, 조카, 할아버지, 할머니, 손자) 또는 8인 이상의 사촌 등을 구하고 죽는 것이다.[1)]

도킨스 못지않게 잘 알려진 미국의 동물행동학자 에드워드 윌슨(Edward O. Wilson) 또한 이타성의 출현을 유전학적으로 다음과 같이 설명한다.

> 생물의 복잡한 사회 행동이 유전자들의 자기복제 기술에 첨가되면 이타성은 보다 증가되어 결국 극단적인 형태로 발전하게 될 것이다. 이 점

1) 리처드 도킨스, 『이기적 유전자』, 홍영남 옮김, 을유문화사, 2006, 179쪽.

> 이 바로 정의상 개체의 적합성을 감소시킨다고 하는 이타성이 어떻게 자연선택에 의해 진화할 수 있는가 하는 사회생물학의 중심적 이론문제가 된다. 이에 대한 대답은 바로 혈연상이다. 즉 이러한 이타성을 유도하는 유전자를 같은 혈통의 두 개체가 공유하고 또 그 가운데 한 개체의 이타 행동이 이러한 유전자들의 그 다음 세대에 대한 공동의 공헌을 증대한다면 이타성의 경향은 그 유전자 풀(pool)에 널리 확산될 것이다.[2]

이처럼 진화생물학은 인간이라는 한 생물 종에서 어떻게 이타적 성향이 탄생할 수 있었는가를 설득력 있게 설명하는 것으로 보인다. 하지만 도덕성이나 이타성이 유전자의 자기복제 확률을 높이기 위한 수단으로서 자연선택되었다는 진화론적 윤리학의 설명은 (일단 그 설명을 흔들리지 않는 진리로 받아들인다고 하더라도) 그 자체만으로는 도덕적 당위에 대해서 아무것도 말해주지 않는다. 진화론적 윤리학이 도덕성의 **기원**을 매우 그럴듯하게 설명해준다는 점은 높이 평가해야 하겠지만, 도덕적 당위의 정당화에는 아무런 도움이 되지 않는다. 만일 누군가가 진화윤리학적 설명이 또한 도덕적 당위를 정당화해준다고 주장한다면 그 주장의 의미는 다음과 같다. '인간을 비롯한 모든 생명체는 유전자를 실어 나르는 도구에 불과하고 도덕성이란 유전자가 자기복제 확률을 극대화하려는 진화 기작의 산물이므로 우리 인간들도 이러한 자연의 원리에 따라서 가능한 한 많은 유전자가 자기 복제되도록 행동해야 한다!'

만일 저 주장이 참이라면, 가능한 한 많은 자식을 낳는 행동이야말로 인간이 할 수 있는 가장 도덕적인 행동이 된다. 사회생물학의 창시자이기도 한 윌슨은 한때 어리석게도 그런 주장에 빠져들어 "유전적으로

2) 에드워드 윌슨, 『사회생물학 1. 사회적 진화와 메커니즘』, 이병훈, 박시룡 옮김, 민음사, 1992, 20쪽.

정확하고 공정한 윤리 규범"을 운운하기도 했다.[3] 하지만 이러한 발상의 난점을 직관적으로 이해했던 대다수 생물학자는 다행히도 도덕성의 기원에 대한 진화윤리학적 설명을 도덕적 당위의 정당화로 착각하지 않았다. 그런 착각은 무엇보다도 과학의 가치중립성에도 어긋난다. 그것은 순전히 무목적적인 자연의 원리를 인간의 규범적이고 가치론적인 세계에 잘못 적용하는 것이다.

섬세한 진화론적 윤리학자라면 이타적 행동을 유발하는 유전자 그리고 폭력적 행동을 유발하는 유전자를 각각 인간 유전체로부터 특정해내어 인간 배아 단계의 세포에 '이타적 유전자'를 삽입하고 '폭력적 유전자'를 제거해야 한다는 식의 주장을 내놓을 수도 있다. 이런 섬세한 주장은 물론 윌슨의 초기 주장과 같은 의미에서 어리석다고 할 수 없다.[4] 하지만 그것은 순수한 과학적 주장도 아니다. 그 주장은 인류의 특정한 목적과 가치를 암묵적으로 가정하고 그 목적과 가치를 실현하기 위한 수단으로서 유전자의 조작을 제안하는 것이다. 즉, 이타적 행동은 좋으므로 인류 사회에 더 많아져야 하고 폭력적 행동은 나쁘므로 인류 사회에서 더 없어져야 한다는 선과학적, 도덕적 신념이 저 진화론적 윤리학자의 주장에 전제되어 있다. 이러한 신념은 진화론이라는 과학을 통해서 검증할 수 있는 사안이 아니라 그저 상식적 통념에 따라

3) 그러나 그의 사회생물학 가운데 가장 논쟁적인 부분, 즉 『사회생물학』 제26장은 내가 보기에 그저 사이비 과학이자 사이비 철학의 혼종에 불과하다. 물론 나머지 부분은 생물학자가 아닌 나로서는 평가할 역량이 없으나, 아마도 과학적으로 훌륭할 것이다.

4) 하지만 어쩌면 다른 의미에서 어리석다고 말할 수도 있을 것이다. 그 주장을 실현하려면 전면적인 인간 유전자 공학이 도입되어야 한다. 과연 질병 치료와 무관한 인간 유전자 공학의 포괄적 도입이 인류의 미래에 바람직한지 아니면 오히려 결국 인간성의 포기에 이르도록 만드는지는 결코 간단한 문제가 아니다. 이 문제를 충분히 숙고하지 않은 채로 폭력적 유전자 제거를 운운하는 주장은 그만큼 어리석다고 간주해야 할 것이다.

자명하게 전제된다. 그 점에서 그 신념은 진화론이라는 과학의 일부가 아니다. 그런데 문제의 도덕 회의론자는 바로 그 도덕적 통념에 시비를 걸고 있으므로 진화론적 윤리학이 도덕 회의론을 물리쳐주리라 기대할 수 없음은 자명하다.

3) 신경윤리학

도덕성 또는 이타성의 기원에 관한 생물학적 사실을 탐구하는 과학으로서 진화론적 윤리학은 자연과학적 방법론을 따르는 기술적 윤리학의 한 유형이다. 이와 더불어 오늘날 자연과학적 방법론을 따르는 기술적 윤리학으로서 중요하다고 평가받는 또 다른 유형은 뇌과학 또는 신경과학에 의존한다. 이른바 신경윤리학에 따르면, 인간의 도덕성이란 두뇌의 특정 부위에 있는 신경 세포들 사이에서 시냅스를 통한 신경 자극이 일정 역치를 넘어서면서 나타나는 특수한 현상이다. 진화론적 윤리학에서 도덕성이 유전자 자기복제에의 공헌도로 환원되었다면, 이제 도덕성은 두뇌상의 신경 세포들의 특수한 전기화학적 작용으로 환원된다. 이를테면 도덕적 감정은 타인의 고통에 대한 공감 능력을 관장하는 변연계의 활성화로, 합리성에 따른 도덕적 판단과 추론은 전전두엽 피질의 활성화로, 공격성의 통제 불능은 안와전두 피질 기능 이상으로 설명되는 식이다.

신경윤리학은 도덕성의 신경생리학적 기저를 훌륭하게 보여준다. 아마도 앞으로 더더욱 훌륭하고도 놀라운 성과를 보여줄 것이다. 하지만 진화론적 윤리학과 마찬가지로 신경윤리학이 도덕 회의론을 물리쳐줄 무기를 제공해주리라고 기대할 수 없다. 도덕성과 관련한 모든 정서적, 인지적 변화가 두뇌 어느 부분의 전기화학적 작용과 상관적인지가 낱낱이 규명되었다고 가정하자. (물론 우리가 앞 장에서 데이비슨을 따라 심리적인 것의 무법칙주의를 받아들인다면, 도덕적 감정, 판단, 추론을 두뇌의 일정한 작용과 동일시하는 엄격한 법칙은 존재하지 않는다고 말해야 하겠지만 말이다.) 상당히 높은 확률의 정확도를 보이는 마음과 두뇌의 상관 규칙이 발견되었다고 할 때 그로부터 무엇이 도출되는가? 도덕성의 신경적 기반이 설명될 따름이다. 그것은 물론 매우 흥미로운 사실의 발견이다. 그러나 도덕적 의무의 정당성에 대해서 새롭게 말해주는 바는 조금도 없다.

물론 위에서 언급한 진화윤리학자의 섬세한 주장과 마찬가지로 신경윤리학 역시 어리석은 주장으로 빠져들지 않으면서도 도덕적 당위에 대해서 무언가를 말해줄 수 있다. 일례로 영국의 신경 범죄학자 에이드리언 레인(Adrian Raine)은 범죄 예방을 위해서 모든 아동이 전국적 규모의 두뇌 검사를 의무적으로 받고 '위험한' 두뇌를 가진 아동들은 철저한 관리 하에 격리되거나 두뇌 개선 프로그램을 이수해야 한다는 대담한 주장을 펼친다.[5] 하지만 이 주장 주체는 순전히 사실을 중립적으로 기술하는 과학의 범주에 속하지 않는다. 그러니까 그 주장은 우리가 어떠어떠하게 해야 마땅하다는 당위를 담고 있는 과학 **외적** 주장이다. 레인의 주장은 '범죄는 악이다, 따라서 예방되어야 한다'라는 상식적인 도덕관념에 기대고 있다. 그 도덕관념의 정당성은 사실들을 기술하는 순수 과학만으로는 제기할 수도 논박할 수도 없다.

우리는 이렇게 말할 수도 있겠다. 만일 어느 과학자가 과학의 이름으로 당위 명제를 내세운다면, 이런 일은 무척 빈번하게 우리 현실에서 목격되는데, 그는 실은 스스로 과학의 몰이해를 보여줄 따름이다. 물론 그렇다고 해서 과학자는 당위 명제를 내세우면 안 된다는 뜻이 전혀 아니다. 단지 과학자가 내세우는 당위 명제, 가령 '위험한' 두뇌 격리 주

5) 에이드리언 레인, 『폭력의 해부』, 이윤호 옮김, 흐름출판, 2015, 530쪽 이하.

장이나 '폭력적' 유전자 제거 주장은 순수하게 과학적인 주장이 아니라 과학 외적 도덕관념에 기댄 주장임을 망각해서는 안 된다는 뜻이다.

4) 과학의 가치중립성이라는 이상

인류학적 또는 심리학적 윤리학이든 진화론적 또는 신경과학적 윤리학이든, 기술적 윤리학은 인간의 도덕성에 대해서 여러 가지 관점에서 흥미로운 사실을 알려준다. 기술적 윤리학은 도덕적 행위, 도덕적 감정, 도덕적 판단 등과 관련한 사실을 관찰을 통해서 획득하고 일반화하여 체계적으로 기술하거나 그러한 도덕성이 어떻게 통시적으로(진화론) 또는 공시적으로(신경과학) 발생하는가를 인과적으로 설명한다. 그러나 기술적 윤리학이 과학을 자임하는 이상 그것은 사실의 설명에 머무를 수밖에 없으며 도덕적 가치나 당위, 의무를 정당화하는 작업을 떠맡을 수 없다.

20세기 초 독일의 사회학자 막스 베버(Max Weber)는 오늘날 사회학의 아버지로 평가받는 인물이다. 그가 주창한 과학의 '가치중립성'에 따르면, 과학은 그 방법론적 원리에 따라서 특정한 가치를 선호하지 않는 공평무사한 태도를 수용함으로써 출발한다. 이러한 방법론적 원리에 따라 과학은 가치중립적인 사실을 인식할 수 있다. 유사한 맥락에서 20세기 중반 프랑스의 분자생물학자 자크 모노(Jacques Monod)는 과학의 방법론으로 '객관성의 공리'를 내세운다. 객관적이기를 자처하는 과학은 그 본질상 가치, 당위, 규범, 목적, 이념 따위와 이질적이다. 따라서 객관적 사실을 기술하는 학문으로서 과학은 어느 것이 좋은지, 어느 것을 해야 하는지, 어느 것이 바람직한지 등을 말해줄 수 없다. 과학이 탐구하는 대상 영역은 순전한 무목적적 세계이다.

객관성의 공리를 따르고 가치중립성을 견지하는 과학적 방법론을 준수하는 한, 기술적 윤리학은 도덕적 당위, 즉 나는 왜 내 이기적 충동을 따라서는 안 되고 도덕적 법칙을 따라야만 하는가에 대한 정당화를 제공할 수 없다. 아마도 나는 왜 이제까지 도덕적 관습을 대체로 지켰고 또 이타적 성향을 실제로 지녔는가를 설명할 수는 있을 것이다. 그런 설명에 심리학과 인류학, 진화론과 신경과학 모두 도움이 될 것이다. 그러나 그러한 설명이 아무리 뛰어나더라도 그것은 내가 왜 도덕적으로 살아야 하는가에 대한 이유와 근거를 타당하게 제공하는 것이 아니다. 도덕에 관한 아무리 많은 사실을 기술적 윤리학이 축적한다고 하여도 그것만으로는 결코 철수와 같은 도덕 회의론자를 설복시킬 수 없을 뿐만 아니라 무엇이 좋고 나쁜가 내지 옳고 그른가를 가려줄 수 없다.

3. 공리주의는 도움이 될까?

기술적 윤리학은 도덕 회의론을 물리치고 도덕적 당위를 정당화하는 철학적, 윤리적 과제에 아무런 도움이 되지 않았다. 그렇다면 이제 기술적 윤리학 대신 도덕에 관한 지식을 얻는 전통적 방식에 눈을 돌려보자. 전통적으로 철학은 관찰을 통해서 얻을 수 있는 사실을 기술하는 것이 아니라, 우리가 어떻게 살아야 하는가, 어떻게 행위를 해야 하는가를 지시하고 명령하는 규범을 알아내고자 했다. 그래서 철학적 윤리학은 통상 규범적 윤리학(normative ethics)이라고 불린다.

기술적 윤리학이 도덕에 관한 사실들의 기술, 사람들이 일반적으로 도덕적인 감정, 행위, 판단, 규범이라고 간주하는 것에 관한 사실들의 기술이라면, 규범적 윤리학은 그러한 사실들과 독립적으로 무엇이 진짜로 선한가, 도덕적인가를 해명하고자 한다. 오늘날 서양 철학에서 규범적 윤리학을 대표하는 사조는 공리주의와 칸트주의이다. 먼저 공리주의가 도덕적 당위의 정당화 문제에 대해 과연 무엇을 말해줄 수 있을지를 간단히 비판적으로 검토하고자 한다.

18세기 영국의 법학자이자 철학자였던 벤담은 기존의 윤리학이 정체불명의 형이상학적 가정들을 동반하고 있다고 비난하면서 가장 확실하고도 뚜렷하며 모두가 찬동할 수밖에 없을 윤리학의 제일 명제를 찾고자 하였다. 그리하여 벤담의 공리주의 사상은 잘 알려진 바와 같이 "최대 다수의 최대 행복"이라는 원리로 요약된다. 그에게 쾌락, 행복, 즐거움, 이익, 유용성 등은 모두 동의어이다. 그것들은 불쾌, 불행, 고통, 불이익 등과 반대된다. 모든 인간에게 좋은 것은 행복이고, 모든 인간에게 나쁜 것은 고통이다. 누구나 행복의 양이 증대하고 고통의 양이 감소하는 것을 좋아한다. 따라서 가능한 한 많은 사람에게 가능한 한 많은 행복을 가져오는 선택이 선하다. 어떻게 행동해야 하는가를 말해주는 도덕적 규범은 따라서 최대 다수의 최대 행복의 원리를 따라 제정되어야 한다. 윤리적인 옳고 그름은 그 밖의 다른 어떠한 기준에 의해서도 판정될 수 없다. 이것이 공리주의의 요체이다.

공리주의에 대해 흔히 제기되는 비판은 여럿이 있으나 크게 두 가지만 언급해보자. 첫째로, 쾌락과 고통의 양적 계산은 우리 삶의 많은 경우 불가능하다. 달리 말해서 우리가 누리는 다양한 쾌락은 종류별로 충분히 이질적이어서 단일한 기준과 척도로 측정될 수 없다. 둘째로, 최대 다수의 최대 행복이라는 결과를 산출할 수 있는 수단이라면 그 수단이 어떠한 것이든 허용된다. 쉽게 말해서 목적 달성을 위해서라면 수단과 방법을 가리지 않아도 무방하다. 따라서 다수의 쾌락을 위해 소수를 희생하는 규범도 공리주의적으로 허용되기 쉽다. 물론 이는 대다수 사람의 건전한 도덕적 직관과 상충한다.

이러한 비판들은 공리주의에 관한 논쟁에서 무척 중요하지만 지금 우리에게 핵심적인 것은 아니다. 우리에게 관건은 공리주의가 도덕 회의론을 물리칠 수 있는가이다. 하지만, 내가 보기에, 결론은 전혀 그럴리 없다는 것이다. 이를 이해하기 위해서 별로 대단한 논증이 필요하지 않다. 누구나 쾌락을 원한다. 그러나 정확히는 누구나 자기 자신의 쾌락을 원할 뿐 최대 다수의 쾌락을 원하지 않는다. 적어도 철수와 같은 도덕 회의론자는 그렇게 지적할 것이다. 최대 다수의 최대 행복이라는 도덕 원칙은 이익 계산에서 개인적 관점으로부터 보편적 관점으로의 이행을 요구한다. 그러나 그러한 요구사항을 도덕 회의론자가 받아들여야만 할 아무런 이유가 없다. 다수의 고통을 수단으로 나 자신의 쾌락을 극대화하면서도 내게 아무런 제재도 가해지지 않는 상황에서 이기적 전략을 행동 준칙으로 삼으려는 철수의 마음을 되돌릴 어떠한 합리적 근거도 벤담은 제시할 수 없다.

4. 칸트의 도덕 회의론 논박

18세기 후반의 위대한 독일 철학자 칸트는 내가 보기에 도덕 회의론의 문제를 다루는 데 있어서 이제까지 살펴본 어떤 윤리 이론보다 의미심장한 것 같다. 칸트는 『윤리형이상학 정초』(1785)라는 짤막한 저서에서 도덕적 당위를 정당화하는 무척 복잡하고 난해한 철학적 작업을 선보인다. 나는 그의 논증을 다음과 같이 단순하게 재구성하고자 한다.

(1) 인간을 비롯한 모든 이성적 존재자는 그 본질상 자유롭다.
(2) 자유란 이성이 자신의 의지에 이성의 법칙을 강제하는 것(즉, 자율)이다.
(3) 자기 자신의 행위 원리가 항상 동시에 보편적 법칙이 되도록 하라는 원리, 곧 보편화원리는 순수 실천 이성의 법칙이다.
(4) 그런데 보편화원리는 도덕의 원리에 다름 아니다.
(5) 따라서 인간은 이성적 존재자로서 도덕의 원리에 구속된다.

재구성된 논증의 형식은 대략 타당해 보인다. 그렇다면 전제 (1), (2), (3), (4)가 참일 때, 결론 (5)는 반드시 참이다. 따라서 남은 과제는 전제 (1), (2), (3), (4)가 참인가를 검토하는 일이다. 철수는 지극히 합리적인 도덕 회의론자이다. 철수의 관점에서 하나씩 검토해보자.

1) 이성과 자유

전제 (1)에는 인간이 이성적 존재자라는 견해가 포함되어 있다. 철수는 합리적이기를 자처하므로 그 견해에 기꺼이 동의할 것이다. 그런데 이성적임은 자유로움을 수반하는가? (1)은 그렇게 말하고 있다. 철수는 이 역시 참으로 승인해야 할 것 같다. '이성'에는 다양한 의미가 있지만 숙고 능력이라는 의미를 결여할 수 없다. 실천적 관점에서 이성이란 내게 선택 가능한 여러 행위 가능성 가운데 어느 것이 더 나은가 혹은 더 옳은가를 숙고하는 능력에 다름 아니다. 그런데 숙고 능력은 자유의지를 전제한다. 이성적 주체는 여러 행위 가능성 가운데 하나를 원하는 대로 선택할 수 있다는 전제 하에서 어느 것이 나을지를 고민하고 숙고한다. 역으로 외적인 원인에 의해서 무엇을 할지가 수동적으로 결정된다면 여러 행위 가능성을 숙고한다는 것은 아무런 의미가 없다. 이런 점에서 실천 이성은 자신의 자유에 대한 믿음을 함축한다. 이성이란 모름지기 외부의 영향에 독립적으로 자신의 의지를 스스로 규정할 수 있는 원인이어야 한다는 말이다.

물론 자유의지와 결정론의 이율배반이라는 문제를 고려하면 인간이 이성적이고, 따라서 자유롭기도 하다고 말하는 전제 (1)을 곧장 참으로 승인하는 것은 성급하다고 생각될지도 모르겠다. 그러나 여기서 핵심은 이성적 존재자가 스스로 자신을 자유롭다고 생각하지 않을 수 없다는 점이다. 이성적 행위 주체는 자기와의 관계에서 자유를 부정할 수 없다.

따라서 자유의지의 실재성 증명 여부와 무관하게 도덕 회의론자 철수가 이성적이기를 자처하는 한에서 그는 또한 자신의 자유를 부정할 수 없다.

2) 자유와 자아

이제 '자유'의 의미를 더 깊이 파고 들어가면서 전제 (2)를 검토해보자. 어떠한 유기체가 자유로우려면 우선 여러 행위 가능성에 대하여 열려 있어야만 한다. 여러 행위 가능성에 대하여 열려 있고 그것이 나의 미래에 펼쳐져 있다는 의미에서의 개방성은 자유의 한 가지 조건이다. 또한, 그 가능성 각각에 대하여 일정한 거리를 두고서 옳고 그름이나 좋고 나쁨의 기준에서 이리저리 재보고 비교하는 숙고 능력도 자유의 조건에 속한다. 끝으로 그러한 가능성 가운데 하나를 최종적으로 스스로 선택하는 결정의 능력은 자유의 핵심을 이룬다. 개방성과 숙고 능력이 있으나 자발적 결정의 능력이 없는 유기체에 대해서 결코 자유롭다고 말할 수 없을 것이다.

동물과 같이 자연적 성향만을 가진 존재자에게는 미래의 여러 가능성에 대하여 열린 채로 비판적 거리를 두고 숙고하여 스스로 하나의 가능성을 취하는 결정의 능력이 없어 보인다. 적어도 그런 능력이 있다고 추측할 만한 분명한 근거가 없다. 자연적 성향만을 가진 생명체가 그에게 던져진 여러 가지 선택지 가운데 이것이 아닌 저것을 선택하는 것처럼 보일 때 실은 그 생명체는 그것을 스스로 결정한 것이라기보다는 단지 충동과 욕구에 따라 그것으로 이끌린 것이라고 말해야 옳을 것이다. 이 충동과 저 충동 가운데 더 강렬한 충동으로 이끌린 것이다. 이를테면 앞에 놓인 간식을 집어 먹는 대신 얌전하게 앉아 있기로 '선택'한 강아지는 단지 식욕보다도 더 강렬한 복종에의 욕구에 지배된 셈이다.

그렇다면 다음과 같은 상황에서 영수는 자유로웠을까? 대학생인 영수는 심각한 비만 상태로 최근에 의사로부터 고열량 음식과 주류 섭취, 특히 야식을 금할 것을 권고받았다. 그는 이미 비만으로 인해서 여러 신체적, 정신적 고통을 겪고 있고 적절한 관리가 없다면 장기적으로 건강이 크게 훼손되리라는 것을 인지하고 있다. 그래서 어제 다이어트를 결심했다. 그런데 하루가 지난 오늘 밤 허기를 느끼는 영수는 치킨과 맥주를 먹을지, 아니면 간단히 견과류를 곁들인 건강식 샐러드를 먹을지 고민 중이다. 치킨과 맥주가 너무나도 당기지만, 고작 어제 다이어트를 결심한 터라 결정하기가 여간 어려운 일이 아니다. 이렇게 고민하는 영수는 분명 미래의 여러 가능성에 대하여 열려 있고 또 숙고의 능력도 갖추고 있다. 하지만 그가 마지막 순간에 야식의 유혹에 빠져들어 어느덧 정신을 차리고 보니 이미 치킨 한 마리와 맥주 한 병이 다 사라졌음을 발견하였다. 야식을 즐긴 영수는 자유로웠던 걸까?

또 다른 상황을 함께 고려해보자. 이번에는 영수가 동일한 상황에 부닥쳐 있는데 권위적인 선배가 그에게 함께 치킨과 맥주를 먹자고 강요한다고 치자. 영수는 내키지 않았지만, 선배의 권위적 압박에 눌려 먹기로 했다고 하자. 이때의 영수는 자유로운 걸까?

칸트는 두 상황 모두에서 영수는 자유롭지 못하다고 단언한다. 자유의 핵심으로서 자발적 결정은 소극적 의미와 적극적 의미가 있다. 소극적 의미에서 그것은 외부의 원인에 의해서 결정되지 않음을 뜻한다. 또한, 적극적 의미에서 그것은 내적 원인에 의해서, 즉 자기 스스로 결정함을 뜻한다. 따라서 나의 의지가 자유롭다고 함은 외적 원인에 의해서 결정되지 않고 오히려 그에 대항하여 자아 스스로 하나의 가능성을 취함을 뜻한다. 타인의 명령이나 사회적 법규 및 제도 등에 의해서 의지가 결정되는 경우 자유롭다고 간주할 수 없다. 따라서 선배의 강요에 못 이겨 치킨과 맥주를 먹은 영수는 자유롭지 못한 셈이다. 그런데 왜 자신의 식욕에 충실하게 치킨과 맥주를 먹은 경우에도 자유롭지 못하다는 것인가? 식욕이 자신의 것이니 이 경우는 일견 내적 원인에 의한 결정인 것처럼 보인다.

칸트의 관점에서 이에 대답하기 위해서는 우선 자유의 소극적, 적극적 의미에서 내적 원인과 외적 원인을 구분하는 기준, 곧 **자아의 안과 밖**의 구분 기준이 어디에 있는지, 혹은 진짜 자아, 본래적 자아란 어느 것인지를 따져 물어야 한다. 외적 강요가 없던 첫째 상황에서 치킨과 맥주를 먹은 영수는 자신의 식욕을 따랐다. 그때 영수가 어마어마한 식탐과 충동에 완전히 눈이 어두워져 사리 분별력을 상실하고 치킨을 뜯어 먹고 맥주를 마셔댔다고 해보자. 이런 경우라면 분명 영수가 치킨과 맥주를 선택했다고 말하기 어려울 것이다. 그 이유는 그때의 영수는 여러 행위 가능성 가운데 가장 나은 하나를 숙고 끝에 선택한 것이 아니라 제어 불가능한 충동에 휩싸인 채로 행동한 후에야 자기 행동의 의미를 깨달은 것이기 때문이다. 자연적 본능을 따르는 동물이 자유롭다고 말할 수 없는 것과 마찬가지로 그때의 영수는 자유롭지 못하다.

이번에는 약간 상황을 수정하여보자. 영수는 치킨과 맥주를 향한 강렬한 유혹을 느끼면서도 여전히 분별력을 갖추고 있다. 영수가 치킨과 맥주를 즐길까, 다이어트를 잘 이어 나갈까를 고민하다가 "현재를 즐겨라(Carpe diem)"라는 금언을 떠올리며 치킨과 맥주를 선택했다고 하자. 하지만 이미 건강을 해칠 정도로 비만한 영수에게 그와 같은 선택은 이른바 자기합리화에 불과할 뿐 진정으로 이성적으로 바른 판단으로 간주하기는 어려워 보인다. 그렇다면 칸트는 이때의 영수도 마찬가지로 자유롭지 못했다고 말할 것이다. 오히려 다이어트를 이어 나가 건강을 지키는 것이야말로 참된 의미에서 이성적인 선택이자 자유로운 결정이라고 볼 것이다. 사리 분별과 숙고의 여지가 있었는지는 자유로운 결정인가의 여부에 있어서 칸트에게 최종적 판단 준거가 되지 못한다. 사리 분별력과 숙고의 능력이 작용했다고 하더라도 궁극적으로 순수 이성적 판단 대신에 자연적 충동에 이끌렸다면, 그것은 자유롭지 못한 것이다.

자발적인 결정에서 중요한 것은 스스로 선택했는가, 즉 내적인 원인에 의해서 규정되었는가이다. 이때의 내적 원인이란, 칸트에 따르면, 순수 이성적 판단에 다름 아니다. 반면 자연적 본능이나 욕구, 충동 따위는 영수와 같은 이성적 능력을 지닌 주체에게 외적 원인에 해당한다. 자발적 결정의 내적 원인을 순수 이성적 판단과 동일시하는 칸트의 관점에는 진짜 나, 곧 본래의 자아를 순수 이성적 자아와 동일시하는 그의 특유한 자아관이 깔려 있다. 치킨과 맥주를 즐기고 싶다는 욕구가 흔히 나의 욕구라고 말해진다고 하더라도 그 욕구는 순수 이성적 판단에 반하는 한에서 실은 본래의 자아에 속하는 것이 아니다. 영수는 차후에 이성적으로 바른 판단은 건강식의 선택이었음을 깨달을 수 있고, 치킨과 맥주를 먹는다는 욕구의 실현이 옳지 않았다고 후회하고 자책할 수 있다. 원칙적으로 그러한 후회가 가능하다는 사실은 영수가 본래는 그렇게 후회할 수 있는 능력을 지닌 자아, 곧 순수 이성적 판단 능력을 지닌 자아임을 말해준다. 후회 가능성은 치킨과 맥주에 따른 건강 훼손이 본래의 내가 의지하던 바가 아니었음을 드러낸다. 말하자면, 치킨과 맥주의 유혹에 빠져 있을 때 본래의 자아는 식탐에 빠진 자아에 의해 뒷전으로 물러나 있었던 셈이다.

이상의 논의에 따르건대, 외적인 원인에 의해서 결정되지 않고 내적으로, 즉 본래의 자아가 스스로 결정하는 원인이 될 때, 그때에만 행위 주체는 자유롭다. 본래의 자아란 이성적 판단 주체이므로 순수하게 이성이 의지 결정의 원인이 될 때, 그때에만 자유롭다는 것이다.

그런데 원인이란, 칸트에 따르면, 법칙에 따라서 다른 어떤 것, 곧 결과를 일으키는 것이다. 칸트는 원인 개념이 법칙 개념을 동반한다고 본다. 같은 종류로 묶이는 개별적 사건 모두에 대하여 보편적으로 작용하는 원인이란 곧 법칙 개념을 내재한다.

법칙에는 대표적으로 자연계를 지배하는 법칙, 즉 자연법칙이 있다. 물리학의 법칙들은 물질적 사물들을 지배한다. 어떤 물리적 사물이 원인이 되어 어떤 결과를 초래할 때는 반드시 어떤 물리 법칙이 개입한다. 자연법칙에는 물리 법칙 외에도 심리 생리학적 법칙이 또한 있다. 심리 생리학적 법칙들은 심리적 사물들을 지배한다. 생명체가 자신의 생명 보존을 추구하는 것과 더 많은 쾌락과 행복을 추구하는 것은 자연적 사물의 심리적, 생리적 측면을 지배하는 법칙이다. 충동과 욕구와 같은 자연적 성향은 심리 생리학적 법칙에 지배된다.

칸트에 따르면, 순수 이성적 자아는 물질적 사물도 심리적 사물도 아니다. 따라서 이성적 능력을 지닌 주체가 자유로우려면, 곧 스스로 원인이 될 수 있으려면, 물리 법칙이나 심리 법칙에 지배되어서는 안 된다. 그런 법칙에 지배되는 주체는 타율적이다. 이성적 능력을 지닌 주체는 이성 자신의 법칙에 구속될 때에만 참으로 자유롭다. 이성 자신의 고유한 법칙에 자신의 의지를 강제하는 것, 그것을 칸트는 자율(Autonomie)이라고 부른다. 따라서 이성이 누리는 자유란 곧 자율이 된다. 이로써 전제 (2)가 해명된다.

3) 순수 이성의 법칙

그렇다면 순수 실천 이성의 법칙에는 어떠한 것이 있는가? 우선 이성의 법칙일 수 없는 것부터 확인해보자. 이성의 법칙이 아닌 것에는 물리 법칙과 심리 법칙이 있다. 심리 법칙은 충동과 욕구라는 심리적 본성들을 지배하는 법칙이다. 이것의 적용 범위는 인간의 모든 심리를 아우른다. 앞서 다이어트를 하겠다는 결심이 무너지고 치킨과 맥주를 즐기게 된 영수의 사례를 되살려보자. 만일 그가 충동을 거슬러 치킨과 맥주를 거부했다고 하자. 이러한 사실만으로 영수가 이성의 법칙에 자신의 의지를 강제한 것이라고 말할 수 있을까? 달리 말해 영수는 자율적이었던 것일까? 꼭 그렇다고 단정할 수 없다. 영수가 어떤 이유로 폭식을 하지 않았는가가 중요하다. 가령, 영수가 충동을 이겨내고 치킨과 맥주를 삼갔더라도 그 이유가 가령 다가올 신체검사에서 몸무게가 적게 나오길 원하기 때문에, 그리고 또다시 그 욕구의 이유가 몸무게가 적게 나오면 부모님이 용돈을 올려주기로 했기 때문이라고 치자. 그렇다면 치킨과 맥주를 즐기기로 선택하지 않은 이유는 결국 용돈을 올려받으리라는 기대 및 용돈 인상으로 누릴 수 있을 갖은 쾌락이다. 더 정확히는 치킨과 맥주를 통해서 얻을 수 있는 쾌락보다 용돈 인상을 통해서 얻을 수 있는 쾌락이 더 크리라 예상하기 때문이다. 여기서 치킨과 맥주를 거부하겠다는 의지를 지배하는 법칙은 결국 고통을 피하고 쾌락을 좇되 더 크고 더 장기적인 쾌락을 충족하기를 욕구한다는 심리 생리학적 법칙이다.

이러한 법칙을 따르는 영수는 더 나은 행위 가능성이 어느 쪽인지를 숙고하였다는 점에서 이성적이기는 하였으나 순수하게 이성적이지는 않았다. 어느 쪽이 더 좋은가를 숙고하였으되, 그러한 숙고가 욕구 대상에 의해 인도되었기 때문이다. 자기 바깥에 놓인 욕구 대상에 의해 인도되는 자아는 이성적이 아니라 자연적이고, 자발적이 아니라 수동적이다. 이성이 자신을 원인으로 삼아 내적으로 의지를 규정하지 않고 욕구 대상이라는 객체로부터 자극받기 때문이다. 이때의 이성은 도구적 이성, 즉 욕구 대상이라는 주어진 목적을 성취하기 위해 가장 효율적이라고 예측되는 수단을 선택하는 이성이다. 도구적 이성에 종속된 때는 그 외적 목적이, 즉 용돈 인상에 따른 쾌락이 의지와 행위의 원인이다. 행위를 초래하는 원인, 곧 목적인이 이성의 외부에 놓이므로 그 행위는 순수하게 이성적이지 못하다.

이성 일반을 마비시키는 충동만이 아니라 도구적 이성을 지배하는 욕구도 외적인 원인에 의해서 규정되는 자아에 부속한다. 그러나 본래적 자아는 그와 같은 자연적 자아가 외부로부터 누릴 수 있는 이익이나 쾌락을 계산하지 않는, 따라서 자연적 법칙을 따르지 않는 순수한 이성이다. 순수 이성은 자기 자신이 아닌 다른 대상으로부터 자극받기를 거부한다. 그것은 오로지 자기 자신으로부터만 자신을 규정한다. 순수 이성은 어떤 이익을 결과로 성취하려면 어떠어떠한 행위를 해야 한다고 계산하지 않는다. 그것은 이해관계의 계산으로부터 독립적이다. 따라서 순수 이성이 자신의 의지에 부과하는 법칙은, 소극적으로 말해서, 예견되는 이해관계라는 조건에서 벗어나라는 명령이다.

도구적 이성은 욕구 대상을 원인(곧, 목적인)으로 삼아서 심리 법칙을 따른다. 따라서 그것은 자율적이지 않다. 반면 순수한 이성은 자신만을 의지를 규정하는 원인으로 삼는다. 어떠한 상황에서 내가 이것을 할 수도 저것을 할 수도 있는 여지가 있을 때, 어떻게 해야 하느냐는 물음에서 자율적으로 자유로운 주체는 순수 실천 이성의 법칙을 따른다. 그런데 그 법칙이란 적극적으로 말해서 대체 무엇인가? 그것을 알아야 그에 따를 것 아닌가?

나는 결과할 이익의 계산과 무관하게 순수한 이성이 발견할 법칙을 따라야만 자율적이다. 이성적 판단 주체로서 내가 이제 그 법칙을 탐색하고 있다고 가정하고 다음의 사고 노선을 따라가보자. 모든 이성적 판단 능력을 지닌 주체들은 순수한 이성인 한에서 전적으로 똑같다. 그들은 동시에 자연적 존재자로서 다기 다양한 심리적 성질을 보유하고 있겠지만 그것을 추상한 뒤 남게 될 주체, 즉 순수한 이성적 주체로서는 그들 모두가 서로 똑같다. 곧, 이성은 보편적으로 단일하다. 순수 이성적 주체인 한에서 모든 이성적 판단 능력을 지닌 존재자는 완전히 무차별적이다. 따라서 만일 내가 한 주어진 상황에서 여러 행위 가능성 가운데 자율적으로, 곧 순수 이성의 법칙에 따라서 하나의 가능성을 선택한다면, 다른 모든 이성적 주체들도 자율적인 한에서 같은 상황에서 같은 가능성을 선택하지 않을 수 없다. 달리 말해서, 어떤 상황에서 내가 하려는 어떤 행위가 순수 이성의 법칙에 따른 행위이려면, 그것은 같은 상황에서 모든 이성적 주체가 똑같이 할 수 있는 그런 행위여야만 한다. 반대로, 만일 모든 이성적 주체가 같은 상황에서 똑같이 그 행위를 한다는 것이 실천적으로든 개념적으로든 모순적이어서 불가능하다면, 그 행위는 순수 이성의 법칙이 허용하지 않는 종류의 행위이다.

그래서 칸트는 "내 행위의 주관적 원리가 동시에 보편적 법칙이기를 의지할 수 있는 그런 주관적 원리에 따라 행위하라"라고 말한다. 바로 이것이 우리가 탐색하던 순수 이성의 법칙이다. 인간은 자연적이자 이성적이므로, 도구적 이성이 결탁하는 심리 법칙과 이성의 법칙은 갈등관계에 있기가 십상이다. 그런데 인간은 자연적 경향에 본성적으로 이끌리기 때문에 그러한 경향에 대항하는 순수 이성의 법칙은 명령적일 수밖에 없다. 그 갈등에 바로 인간의 자유가 존립한다.

4) 도덕의 최상 원리

모든 이성적 존재자에 대하여 보편적으로 타당할 원리에 따라서 행위하라고 명하는 실천 법칙은 보편화원리라고도 불린다. 그리고 이러한 보편화원리를 칸트는 도덕의 최상 원리로 여긴다. 칸트에 따르면, 순수 이성의 법칙은 어떤 행위나 규범이 도덕적으로 옳은가 또는 그른가의 판단 준거이다. 그 행위나 규범이 순수 이성의 법칙에 따라서 보편화 가능성을 지니면 도덕적으로 허용되고, 그렇지 않으면 도덕적으로 금지된다.

칸트에 따르면, 어떤 규범이 도덕적으로 허용된다면, 순수 이성의 법칙인 보편화원리에 부합해야 한다. 반면에 어떤 규범이 도덕적으로 타당하지 않다면, 그 규범을 나 혼자만이 아니라 모든 이성적 주체가 같은 상황에서 똑같이 이행할 때 모종의 모순이 발생한다. 실제로 칸트는 『윤리형이상학 정초』 제2절에서 '자살하지 말라, 지키지 못할 줄 알면서 약속하지 말라, 재능을 가지고서 쾌락에만 몰두하지 말라, 어려움을 겪는 타인을 도우라' 등 우리가 상식적으로 도덕적으로 타당하다고 여기는 의무 여럿을 예로 삼아서 자신이 제시한 보편화원리가 곧 도덕의 최상 원리이자 규준임을 보여주고자 했다.

한두 가지 예시를 따라서 칸트의 작업을 되밟아보자. 가령, '돈을 갚지 못할 줄 알더라도 급한 대로 일단 대출 계약을 맺어도 좋다'라는 규범을 누군가가 자신의 행위 원리로 삼고서 그 규범이 보편적 법칙으로 공인받을 수 있을지를 검토해본다고 하자. 그 규범에서 문제 되는 행위, 즉 허위계약은 지금의 금전 취득을 목적으로 삼는다. 그런데 그 규범이 보편적 법칙이 된다는 것은 곧 모든 이성적 주체가 허위계약을 남발한다는 것과 같다. 그러나 누구나 허위계약을 남발하는 세상에서 계약이란 누구에게도 신뢰받지 못할 것이고 따라서 사실상 공허한 말에 불과할 것이다. 즉, 위급 시 허위계약이라는 주관적 행위 원리를 보편화하려고 하면 허위든 진짜든 계약 자체가 더는 불가능해지는 상황, 계약하려고 한다는 것이 도무지 말이 되지 않는 상황에 부닥친다. 이는 그 원리가 실천적 모순에 부닥쳐 보편화원리의 심사를 통과하지 못함을 의미한다. 그러므로 문제의 저 원리는 도덕적으로 타당하지 않다.

예시를 하나 더 들어보자. '내가 갖고 싶은 물건을 언제든 남에게서 훔쳐도 좋다'라는 규범을 누군가가 자신의 행위 원리로 삼고서 그 규범을 보편화할 수 있을지를 검토해본다고 하자. 그 규범에서 문제 되는 행위, 즉 도둑질은 물건의 소유와 향유를 목적으로 삼는다. 만일 그 규범이 보편적 법칙이 된다면 모든 이가 서로에게서 계속해서 물건을 훔치게 될 것이다. 누구나 남의 물건을 수시로 훔치는 세상에서 소유권 자체가 무의미해지므로 도둑질이라는 것 또한 무의미해진다. 더욱이 그런 세상에서 도둑질이라는 행위의 본래 목적, 즉 물건을 소유하고 누린다는 목적을 더는 달성할 수 없다. 도둑질이라는 행위 원리를 보편화하려고 하면, 도무지 말이 되지 않는 상황에 봉착한다. 이는 그 원리가 실천적 모순에 부닥쳐 보편화원리의 심사를 통과하지 못함을 의미한다. 그러므로 그것은 도덕적으로 타당하지 않다.

반대로, 어떤 사람이 '내가 갖고 싶은 물건을 남에게서 훔쳐도 된다'라는 규범이 보편화원리를 통과할 수 없음을 인식하고서 자신이 정말 꼭 갖고 싶은 남의 물건을 몰래 쉽게 훔칠 수 있으면서도 순전히 규범의 객관적 타당성에 대한 존중에서 훔치지 않는다면, 이 행위는 순수 이성의 법칙에 자신의 의지를 강제하는 자율적 행위로서 도덕적이다. 반면에 그가 물건을 훔침으로써 취할 수 있는 이익보다 그 행위가 발각됨으로써 받게 될 법적 제재가 더 크리라는 계산에 따라서 훔치지 않는다면, 그 행위는 비록 적법하다고 하더라도 비자율적인 것으로 도덕적이라고 평가될 수는 없다. 훔치지 않았다는 행위는 표면적으로 똑같을지라도 그 동기가 순수 이성의 법칙을 따르지 않고 결과할 사익의 계산이라는 도구적 셈법을 따르기 때문이다. 또한, 마찬가지 이유로 물건을 훔쳐서 얻을 이익에 매혹됨에도 불구하고 단지 물건을 훔친다는 생각이 너무나 겁나서 결국 훔치지 않는다면, 그 행위도 역시 비자율적인 것으로 도덕적이라고 평가받을 수 없다.

5) 비판적 검토

우리는 이제까지 칸트의 도덕적 당위 정당화 논증을 재구성하고 분석하였다. 칸트의 논증은 인간이 개인의 욕구 충족을 바라는 자연적 성향에도 불구하고 동시에 순수하게 이성적으로 판단하고 실천할 수 있는 능력을 갖춘다는 가정, 그러한 순수 실천 이성의 능력을 갖춘 자아야말로 충동이나 도구적 이성을 갖춘 자아와 대비되는 본래적 자아라는 가정, 순수한 실천 이성은 사적 이익의 관점이 아니라 보편적 관점에서 자신의 행위 원칙을 수립한다는 가정, 따라서 순수 실천 이성의 법칙은 곧 도덕의 원리라는 가정 등에 결정적으로 의존한다. 만일 도덕적 당위를 회의하는 철수가 칸트가 말하는 바와 같은 순수한 이성에의 능력을 갖추고 그에 따라서 자유로움을 스스로 인정한다면, 바로 그 이성 개념으로부터 도출되는 당위 명령의 정당성을 인정할 수밖에 없어 보인다. 칸트의 논증을 거부하려면, 도덕 회의론자는 무엇보다도 자신에게서 이성과 자유를 박탈해야만 할 것으로 보인다. 도덕 회의론자가 도덕적 명령의 정당성을 거부하려면 결국 자신의 이성과 자유를 부정하는 길밖에 없다는 것이 칸트의 논증이 보여주는 바인 듯하다.

하지만 좀 더 꼼꼼히 따져보면, 재구성한 칸트의 논증에 대해서 우리는 몇 가지 의문을 비판적으로 제기할 수 있을 것이다. 첫째로, 전제 (1)과 전제 (2)에서 '자유'의 의미가 같지 않다. 모든 이성적 존재자가 자유롭다고 말하는 전제 (1)에서 '자유'는 도덕 회의론자가 쉽게 인정할 수 있는 의미의 자유이다. 이때의 자유는 도구적 이성의 행위 선택 능력과 전혀 충돌하지 않는다. 하지만 전제 (2)의 자유는 순수 이성 법칙에 자기 의지를 강제하는 자율로서 칸트 특유의 개념이다. 그러한 자유 개념은 또한 순수 이성적 자아라는 칸트 특유의 자아 개념을 전제한다. 그러한 자아는 욕구 대상으로부터 얻어질 이익을 계산하는 도구적 이성의 자아와 대조된다. 두 자유 개념이 다른 만큼, 회의론자는 전제 (1)을 인정하면서도 전제 (2)를 거부할 수 있다. 그렇다면 물론 그는 도덕적 당위 정당화라는 결론도 받아들일 필요가 없게 된다. 같은 논점을 다음과 같이 말할 수도 있겠다. 즉, 재구성한 논증이 '자유'라는 용어와 관련하여 애매어의 오류를 범하므로 형식적으로 타당하지 않다고 말이다.

둘째로, 칸트에 따르면 본래적 자아로서 순수 이성은 보편적인 것으로서 어떠한 개별성도 허용하지 않는다. 하지만 자아란 바로 그 개별성에 의해서 특징지어지지 않는가? 어떻게 나로부터 개별성을 추상하고 남은 것을 본래적 자아라고 간주할 수 있다는 건가? 우리가 개별성을 자아의 본질에 속하는 것으로 이해한다면, 우리는 칸트적 자아관을 수용하기 어렵게 된다. 더불어서 칸트의 자아 개념이 문제적이라면, 칸트의 자유 개념도 문제적일 수밖에 없다. 칸트적 의미에서의 자율로서 자유 개념은 순수 이성적 자아라는 개념으로부터 나오기 때문이다. 더욱이, 순수 이성적 자아가 실은 도무지 '나'라는 개별적 정체성으로 특징지어질 수 없는 개념이라는 사실은 칸트적 자유 개념이 우리가 앞서 자유의지와 결정론의 문제를 다루면서 언급했던 무조건적 자유에 해당함을 말해준다. 그리고 비에리의 자유론에 따르자면 무조건적 자유란 신기루일 뿐이다.

셋째로, 칸트가 제시한 보편화원리가 과연 도덕의 규준으로서 적합한가에 대해서 상당한 논란이 있다. 몇 개의 사례에 대해서 보편화원리가 도덕의 규준으로서 알맞음을 확인했다고 해서 칸트의 보편화원리가 도덕적으로 타당한 모든 행위와 규범을 정당화하면서 동시에 도덕적으로 부당한 모든 행위와 규범을 물리치는 엄격한 규준이라고 선언할 수 없다. 실제로 적잖은 칸트 연구자가 보편화원리가 도덕의 규준으로서 부적격임을 보여주는 반례를 여럿 제시한다.[6]

6) 이에 대한 논쟁과 관련하여 폴 가이어, 『칸트의 도덕형이상학 정초』, 김성호 옮김, 서광사, 2019, 192쪽 이하를 참조하라.

5. 담론 윤리학의 도덕 회의론 논박

도덕적 당위 정당화에 대한 칸트적 시도 이후 2백여 년이 흐르고 독일에서는 칸트의 계몽주의적, 합리주의적 전통을 현대적으로 탈바꿈하려는 기획이 등장했다. 그러한 기획은 이성의 주관적 모델에 갇혀 있던 칸트의 합리주의를 언어철학적이자 상호주관적인 모델로 되살려내고자 하였다. 특히, 1970년대 위르겐 하버마스(Jürgen Habermas)와 칼-오토 아펠(Karl-Otto Apel)의 철학적 화용론(Pragmatik)은 상호주관적으로 열려 있는 논증 상황에의 참여가 언어적 주체가 사유할 수 있기 위한 조건이라고 주장한다. 그리고 그들은 이러한 화용론적 주장에 기초하여 도덕적 당위를 정당화하는 '담론 윤리학'을 제시한다. 두 사람의 담론 윤리학은 기본적인 틀에서 유사하지만, 세부적으로 살펴보면 적잖은 차이도 있다. 먼저 아펠을 통해서 담론 윤리학의 기본적인 틀을 확인하고 그의 이론이 도덕 회의론을 극복할 수 있는가를 검토한 다음, 아펠의 담론 윤리학을 쇄신하려 했던 하버마스의 담론 윤리학을 살펴보도록 하자.

1) 아펠의 도덕 회의론 논박

아펠은 도덕 회의론으로 이어지는 두 가지 논증을 염두에 두고서 윤리학의 최종 정초를 모색한다. 첫째 논증은 사실과 가치의 이분법에서 시작한다. 18세기 영국의 철학자 흄은 어떠어떠하다는 사실을 가리키는 사실 명제로부터 어떠어떠해야 한다는 규범과 가치를 나타내는 당위 명제를 도출할 수 없다고 주장했다. 이러한 주장은 이후에 철학계에서 논리적 법칙으로까지 신봉되었다. 사실과 가치의 이분법은 철학사적으로 흄의 법칙으로 소급되지만, 그 이분법은 비단 철학계에서만 통용되지 않는다. 아펠은 오늘날 학계 전반에 '객관적 과학 아니면 주관적 가치 결단이라는 양자택일의 논리'가 팽배한다고 지적한다. 과학은 가치중립적인 사실을 탐구하고 객관적 지식을 추구한다. 반면, 도덕적 행위는 주관적인 가치 선호와 가치 결단으로 이루어진다. 따라서 사실과 가치의 이분 원칙을 고수할 때 윤리를 과학적으로 정당화하기란 불가능하다. 이에 따라 가치의 문제는 사적인 양심의 문제, 합리적 정당화가 불가능한 비과학적인 문제로 전락한다는 것이다.

도덕 회의론으로 이어지는 다른 한 가지 논증은 윤리학뿐만 아니라 모든 지식에 대해서 정당화란 바로 그 지식의 논리적 속성상 궁극적으로 불가능하다고 주장한다. 이러한 주장은 포퍼의 비판적 합리주의를 계승하는 독일의 현대 철학자 한스 알베르트(Hans Albert)가 제시한 '뮌히하우젠 트릴레마(Münchhausen Trilemma)'로부터 귀결한다. 그에 따르면 지식의 정당화 작업은 (1) 끝없이 근거가 되어줄 다른 지식을 찾아서 후퇴하거나(무한퇴행) (2) 후퇴의 과정에서 자기 자신으로 되돌아오거나(순환) (3) 후퇴의 과정에서 중단해버린다는(독단) 삼중고에 봉착한다. 따라서 지식의 정당화는 어떠한 식으로든 궁극적으로 완수될 수 없다는 것이다. 그러니 윤리학도 최종적으로 정당화할 수 없다는 결론이 자연히 뒤따른다.

아펠은 두 회의적 논증을 '초월론적 화용론'이라는 자신의 철학 이론에 따라 한꺼번에 논박하고자 한다. 그가 보기에 두 논증은 의미론의 층위에 갇혀 있을 뿐 발화 주체의 발화 행위가 청자를 포함하는 발화 상황에 대하여 갖는 화용론적 역할을 무시하고 있다. 우리가 단순히 사실판단과 가치판단으로 이분되는 명제들의 집합 내에서 명제와 명제 간의 의미에 따른 근거 제시라는 연역적 추론 관계만을 고려한다면, 두 회의적 논증은 전적으로 타당하다. 그러나 아펠은 명제를 표명하는 언어 행위가 지니는 특수한 역할에 주목한다. 도덕적 당위의 정당화가 불가능하다고 주장하는 회의론자는 바로 그렇게 주장하는 언어 행위를 통해서 상호주관적으로 개방된 논의에 참여한다. 즉, 회의론자는 논의의 장에 들어서 있다. 그런데 논의의 장에 들어서는 행위의 화용론적 의미란 무엇인가?

아펠은 그 회의론자가 논의에 참여함으로써 이미 논의 규칙을 비롯한 논의 전제를 암묵적으로 인정했을 수밖에 없다고 본다. 이때 논의란 객관적 사실관계이든 가치판단의 문제이든 어떤 쟁점에 대하여 사유자들이 동등한 자격으로 주장을 펼치고 서로 그 타당성 여부를 비판적으로 검토함으로써 궁극적으로 참인 결론에 도달하려는 공적인 이성적 활동으로 이해할 수 있다. 논의 전제를 무시하면서 논의한다는 것은 실은 논의의 흉내나 사이비 논의일 뿐 진짜 논의일 수 없다. 가령, 논의 전제에는 일관성을 지켜야 한다는 기초적인 논리적 요구가 포함된다. 따라서 누군가가 논의의 장에서 일관성을 무시해도 괜찮다고 주장한다면, 그 주장 행위와 더불어 그는 일종의 모순을 범하는 셈이다. 어떤 내용의 명제이든 하나의 명제를 남들 앞에서 주장하는 사람은 이미 논의의 규칙을 따르겠다고 암묵적으로 인정했어야만 한다. 그의 주장 행위는 이러한 암묵적 인정을 스스로 위배한다. 이처럼 논의 전제에 어긋나는 내용을 주장하는 행위를 아펠은 "수행적 모순"이라고 부른다.

논의 전제에는 논의를 진행하는 데 필요한 많은 규칙이 포함된다. 가령, 논의 참여자들은 모두 동등한 논변의 기회를 얻어야 한다는 규칙은 물론, 모두가 억압이나 강제 없이 자신의 견해를 주장할 수 있어야 한다는 규칙, 자신의 견해를 진실하게 주장해야 한다는 규칙 등이 포함된다. 그런데 이러한 논의 규칙으로부터 벌써 '타인을 해치지 말라, 거짓말하지 말라' 등의 도덕규범이 도출된다고 아펠은 주장한다.

실제의 논변 공동체와 더불어 우리 사고의 논리적 정당화는 도덕적 근본규범의 준수 또한 전제한다. 가령, 거짓말은 명백히 논변하는 자들의 대화를 불가능하게 만들 것이다. … 논변 공동체에서는 모든 일원이 서로를 동등한 자격의 논의 상대로 인정하는 것이 전제되어 있다. … 논의 상대로 서로를 인정한다는 근본규범에는 헤겔의 의미에서 모든 인간을 '인격'으로 '인정'한다는 근본규범이 잠재적으로 함축되어 있다.7)

따라서 회의론자가 도덕적 당위의 정당화 불가능성을 논증하는 순간, 그는 바로 그 논변 행위와 더불어 논의의 장에 들어섰고, 또한 논의 규칙을 비롯한 논의 전제를 주장의 수행을 통해서 인정했음에도 불구하고, 주장된 명제의 내용상으로는 논의 전제에 함축된 도덕규범을 부정했던 셈이다. 논증된 명제의 의미가 논증 행위의 수행과 모순된다는 점에서 그는 수행적 모순을 범한다. 아펠의 요지는, 누구든 논변을 함으로써 의사소통 공동체의 논의 속으로 들어오기 때문에 논변 행위와 더불어 논변자는 이미 논의 전제에 함축된 도덕적 당위의 정당성을 인정했을 수밖에 없다는 것이다.

이제까지의 논의에 약간 더 살을 붙여 도덕 회의론을 물리치는 아펠의 도덕적 당위 정당화 논증을 다음과 같이 좀 더 체계적으로 재구성할 수 있겠다.

(1) 도덕 회의론자는 도덕적 당위를 의심한다.
(2) 의심을 비롯한 모든 사유는 논변적 형식을 지닌다. 즉, 사유는 근거를 제시할 수 있어야 하고 비판에 열려 있어야만 한다.
(3) (2)에 따라 사유의 타당성은 오직 상호주관적인 비판과 검증을 통해서만 확보된다.

---

7) Karl-Otto Apel, *Transformation der Philosophie*. Band 2. *Das Apriori der Kommunikationsgemeinschaft*, Frankfurt am Main: Suhrkamp, 1976, 400쪽.

(4) (1), (3)에 따라 도덕 회의론자가 자신의 의심이 타당함을 주장하려면 비판과 검증에 열려 있도록 그 의심을 공개해야 한다. 즉, 논의의 장으로 들어서야 한다.

(5) 사유 주체가 논의에 참여하려면, 논의 규칙을 비롯한 논의 전제를 인정해야만 한다. 논의 전제의 인정은 논의 참여의 필수 조건이다.

(6) 논의 전제에 도덕규범이 함축된다.

(7) (4), (5), (6)에 따라 도덕 회의론자도 도덕규범을 인정해야만 한다.

(8) (1), (7)에 따라 도덕적 당위를 회의한다는 사유의 내용은 논의 전제의 일부인 도덕규범을 인정해야 한다는 논의 참여의 조건과 모순을 빚는다.

(9) (8)에 따라 도덕적 당위의 회의는 필연적으로 거짓이다.

논증을 더 간단히 줄이자면, 도덕 회의론자도 자기 회의의 타당성을 주장하기 위해서 논의에 참여해야만 하는데, 논의에 참여하려면 논의 규칙을 인정해야 하고 또 논의 규칙에 도덕규범이 포함되어 있으므로 그는 결국 도덕규범의 정당성 또한 이미 인정했어야만 한다는 것이다. 이제 오해를 방지하기 위해서 몇 가지 보충이 필요하다.

우선 담론 윤리학은 도덕 회의론자가 실제로 도덕 회의론을 주제로 논의에 참여하게 되면 논박당할 수밖에 없다고 주장하는 것이 아니다. 담론 윤리학은 실제 논의 참여 결과를 예상하는 것이 아니다. 실제로 그런 논의가 어딘가에서 열린다면 철수의 도덕 회의론이 반대로 설득력을 얻을지도 모른다. 논변의 능력을 갖춘 모든 주체는 이미 잠재적으로 하나의 논변 공동체를 형성한다. 그들 가운데 몇이나 실제로 도덕적 당위의 정당화 가능성을 주제로 논의해본 적이 있는가는 전적으로 부차적이다. 중요한 것은 그들이 어떤 주장을 제기하기를 원한다면, 논변 공동체의 일원으로서 논의에 참여할 수밖에 없다는 점, 그리고 논의에 참여하려면, 논의 규칙에 종속되고, 따라서 논변 공동체의 모든 잠재적 논변 주체들에 대하여 도덕 규칙을 준수하라는 요구를 받을 수밖에 없다는 점이다. 따라서 도덕적 당위가 무근거하다는 도덕 회의론적 사고는 그것이 논의에 참여하는 주장인 한에서 자기모순적이다. 이것이 담론 윤리학의 요지이다.

또한, 칸트의 경우와 마찬가지로 담론 윤리학이 목표로 하는 바는 도덕 회의론의 논박이지 실제로 도덕적으로 살아가도록 도덕 회의론자의 의지를 강제하는 것이 결코 아니다. 후자는 실상 그 어떠한 철학도 목표로 삼을 수 없다. 도덕 회의론 논박 논증은 도덕적 당위를 회의한다는 언어 행위가 논리적으로 불가능함을, 정확히는 화용론적으로 모순임을 지적하는 절차이다. 따라서 담론 윤리학의 논증이 회의론자가 비도덕적으로 행위하는 것을 막지 못한다는 비판은 완전히 핵심을 놓친 것이다.

혹자는 현실 제도에서, 특히 순수한 학술 대회가 아니라 개인의 이해관계가 첨예하게 얽혀 있는 논의에서, 아마 대표적으로 정치권의 논의에서, 논의의 규칙이 철저히 준수되지 않으면서도 얼마든지 논의가 진행된다는 현실을 지적하면서 담론 윤리학의 가정이 현실성이 없다고 지적할지도 모른다. 가령, 국회에서 상대방을 위협하거나 발언 기회를 앗아가거나 기만하는 행태는 비일비재하다. 그러나 이는 전제 (5)에 대한 반증이 될 수 없다. 논의의 규칙을 실제로 준수하지 않는다고 할지라도 논변자는 논의 참여자인 이상 논의 규칙들의 타당성을 일단 이미 인정해야만 한다는 것이 담론 윤리학의 요지이다. 만일 그것을 인정하지 않는다면 그는 절대 논의 참여자로 간주할 수조차 없을 것이다. 그에 대한 인정을 거부하는 사람은 실은 논의 참여자를 흉내 내는 사람일 뿐이다. 실제로 논의 규칙이 준수되지 않는 논의들은 단순히 잘못되거나 불충분한 논의일 따름이고, 그 경우에서조차도 논의 규칙을 우선은 암묵적으로 받아들였어야만 논의 참여자의 자격을 얻을 수 있다.

그러나 도덕 회의론자가 자기 생각을 주장하지 않고 단지 홀로 머릿속으로 생각하기만 하면 어떨까? 도덕적 당위를 의심할 수 있다는 생각을 공적으로 주장하게 되면 수행적 자기모순에 처하게 된다고 논했다. 하지만 아무에게도 발설하지 않은 채로 철수가 혼자서만 계속해서 도덕적 당위는 아무런 근거도 가지지 않는다고 속으로 생각할 수야 있지 않겠는가? 철수는 비록 남들에게 자기 생각을 지지하라고 요구할 수 없다고 해도 도덕적 당위의 정당성을 혼자 회의할 수는 있지 않을까? 그렇다면 저 논증으로 도덕적 당위에 대한 철수의 회의가 완전히 논박되었다고 평가하지는 못할 것이다. '나 논의 안 할래, 하지만 속으로는 계속 도덕적 당위를 회의해야지'로 요약되는 이상의 반론은 담론 윤리학에 대하여 가장 빈번히 제기된다.

하지만 이러한 반론에 대해서 아펠은 다음과 같이 답한다.

> 논변이 논리적으로 타당한지를 검증하려면, 상호주관적으로 소통하고 합의를 형성할 수 있는 능력을 지닌 사유자의 공동체를 원칙적으로 전제해야만 한다. 실제로 홀로 있는 사유자조차도 자신의 논변을 설명하고 검증할 수 있으려면 "영혼의 자기 자신과의" 비판적인 "대화"(플라톤) 속에서 잠재적인 논변 공동체의 대화를 내면화할 수 있어야 한다. 그리고 이 점에서 혼자 하는 사유의 타당성이 — 원칙적으로 무제한적인 — 논변 공동체에서 이루어지는 발언의 정당화에 원칙적으로 의존적이라는 사실이 드러난다.[8]

8) Apel, 같은 책, 399쪽.

아펠의 요지는 혼자 하는 사유조차도 그 논변의 타당성을 거론할 수 있으려면 다른 논의 참여자들에 의해 비판될 수 있도록 논의에 열려 있어야만 한다는 것이다. 도덕 회의론자도 자신의 논변이 타당함을 주장하려면 논의 속으로 들어와야만 한다. 그러니 혼자 머릿속으로 진행하는 도덕적 당위의 의심일지라도 그 의심이 타당하다고 혼자서라도 믿으려면 논의의 장을 암묵적으로 가정해야만 한다. 그리고 그때 도덕 회의론자는 공개적으로 도덕 회의론의 주장을 펼칠 때와 꼭 마찬가지로 수행적 모순을 겪게 된다.

이러한 아펠의 응답은 여전히 불충분해 보일지도 모른다. 아무튼, 도덕 회의론자가 자기 논변의 타당성을 타인들에게 내세우지 않은 채 내적으로 반성하는 일만큼은 가능하지 않겠는가? 그러나 아펠은 이러한 의문은 '방법론적 유아론'이라는 이성의 주관적 모델에 내재한 잘못된 전제에 기인한다고 본다. 순전히 머릿속으로만 자신의 사유를 전개한다는 것이 대체 어떤 의미가 있는가? 우리는 물론 많은 생각을 순전히 머릿속으로 펼치기도 한다. 나는 삼각형 내각의 합이 180도인지, 민주주의의 이념에서 삼권분립은 필수적인지 등등을 내적으로 생각하고 또 그 타당성을 나 홀로 검증해볼 수도 있다. 그러나 아펠에 따르면, 그러한 모든 내적인 사유와 검증은 그것이 공적으로 표출됨으로써 실제로 그 논변적 타당성이 비판적으로 검토될 수 있기 때문에만 가능하다. 언어와 사고의 의미 자체가 주관적이지 않고 상호주관적이다. 따라서 공적인 검증 가능성이 원리적으로 차단된 사유에는 아무런 의미가 있을 수 없다. 공적 비판 가능성이 원리적으로 결여된 사유를 누군가가 내적으로 진행한다는 말도 아무런 의미가 있을 수 없다. 내적인 사유는 오로지 그것이 공적으로 표출될 수 있는 가능성을 전제하기 때문에만 유의미하다. 따라서 도덕적 당위에 대한 회의를 순전히 내적으로 진행하면 된다는 식의 반박도 아펠에 따르면 아무런 의미가 없다.

2) 하버마스의 도덕 회의론 논박

이상의 논증에도 불구하고 도덕적 당위의 정당성을 홀로 회의할 수 있음을 어떻게 부정할 수 있겠느냐는 의문이 여전히 들지도 모르겠다. 아펠의 답변이 불충분하다고 비판하는 철학자들이 실제로 여럿이다. 담론 윤리학을 이끄는 또 다른 철학자, 하버마스도 아펠에 대하여 유사한 한계를 느끼는 듯하다. 하버마스는 아펠의 담론 윤리학에 결정적인 영향을 받았으면서도 독자적인 형태의 담론 윤리학을 제안한다. 이제 하버마스의 도덕 회의론 논박이 어떤 식으로 전개되는가를 살펴보자.

하버마스는 아펠의 담론 윤리학에서 두 가지 한계를 발견한다. 첫째, 방금 언급하였듯이 회의론자가 논의를 거부하고 홀로 도덕적 당위의 정당성을 회의하겠다고 다짐하고 말없이 시위할 경우, 아펠은 논의의 장에서 회의를 격퇴하는 데는 성공하지만, 회의 자체를 말소하는 데까지 이르지 못한다. 둘째, 아펠의 담론 윤리학은 논의의 규칙에 어떠한 것들이 있는지, 그리고 또 그로부터 우리가 필요로 하는 도덕규범을 모두 도출할 수 있는지를 체계적으로 제시한 적이 없다. 그는 논의 규칙으로부터 실질적인 도덕규범 몇 가지가 도출 가능함을 주먹구구식으로 보였을 따름이고 도덕의 원칙이 일반적으로 정당화됨을 보이지 못했다.

먼저 두 번째 한계와 관련하여 하버마스는 칸트를 따라 대안을 제시한다. 즉, 도덕규범 몇 가지를 곧장 도출하는 대신에 도덕의 최상 원칙만을 형식적으로 제시하고 모든 실질적 도덕규범이 그 원칙으로부터 도출된다고 주장한다. 이런 주장을 담은 하버마스의 담론 윤리학을 다음과 같은 논증으로 재구성할 수 있다.

(1) (아펠이 잘 보여준 바와 같이) 도덕 회의론자도 자신의 주장을 위해서 논의 전제들을 인정할 수밖에 없다.

(2) 논의 전제가 인정되는 가운데 어떠한 실천적 규범이 타당한가를 따질 때 논의 참여자들은 '보편화원리'가 규범적 타당성의 기준을 제시한다고 답변할 수밖에 없다.
(3) 따라서 도덕 회의론자도 보편화원리를 실천적 규범의 타당성 기준으로서 수용할 수밖에 없다.
(4) 그런데 보편화원리가 곧 도덕원리이다.
(5) 따라서 도덕 회의론자도 도덕원리를 수용할 수밖에 없다.

하버마스는 수행 모순을 범하지 않고는 논의 전제들의 타당성을 거부할 수 없다는 아펠의 통찰을 수용한다. 하지만 아펠과 달리 논의 전제들에서 직접 도덕규범을 도출하지 않는다. 대신 하버마스는 논의 전제들에서 실천적 규범의 타당성 기준을 도출한다. 논의 전제는 모순율과 같은 논리 법칙 외에도, 첫째로 발언 기회가 동등해야 한다, 둘째로 주장의 내용을 스스로 진실하게 믿어야 한다, 셋째로 누구도 자기 견해를 표출할 때 억압받아서는 안 된다, 넷째로 어느 논의 참여자도 진리를 얻겠다는 동기만을 따라야지 어떤 다른 이해관계를 목적으로 논쟁에 가담해서는 안 된다 등의 논의 규칙을 포함한다. 하버마스는 이러한 네 규칙은 어떠한 논의에서도 그 논의가 진짜 논의이려면 최소한 모든 참여자에 의해 인정되어야만 한다고 본다. 실제의 논의에서 물론 그 모든 논의 규칙이 엄격히 준수되지 못한다고 할지라도 말이다.

이제 언급한 논의 규칙을 논의 참여자들이 인정하는 가운데 그들이 어떠한 행위 규범을 따르는 것이 옳겠는가를 논의한다고 가정하자. 누구든지 간에 논의 참여자들은 상황과 조건이 남들과 같음에도 불구하고 자신에게만 손해가 가는 그런 행위 규범은 옳지 못하다고 주장할 것이다. 즉, 어떠한 특정한 사람도 차별적으로 대우받지 않는 그런 행위 규범만이 옳다는 견해에 모든 논의 참여자가 동의할 것이다. 하버마스의 진술을 따르자면, 그들은 "논쟁 중인 규범을 일반적으로 준수할 때 모든 개개인의 이익 충족에 대하여 발생하리라고 예견되는 결과와 부작용이 모두에게 강제 없이 수용될 수 있을 때" 그 규범은 타당하다는 인식에 이른다.[9] 다시 말해서, 논의 규칙을 받아들인 상태에서 어떠한 행위 규범이 타당한가를 논의할 때 논의 참여자들은 불편부당성에 기초한 보편화원리를 그 타당성의 기준으로 받아들인다.

하버마스는 '거짓말하지 말라, 무고한 자를 괴롭히지 말라, 위험에 처한 자를 도우라'와 같은 실질적 도덕규범은 모두 저 보편화원리에 따라 실제의 논의에서 합의될 수 있을 뿐 철학적으로 미리 확정할 수 없다고 본다. 칸트는 이성의 주관적 모델에 따른 보편화원리를 제시하고 이를 도덕의 최상 원리로 간주하고서 모든 도덕규범이 그 최상 원리에 기초한다고 생각했다. 하버마스는 이성의 상호주관적 모델에 따른 보편화원리를 제시한다는 점에서 다르지만, 그 원리를 도덕의 최상 원리로 간주하고 모든 실질적 도덕규범이 거기에 기초한다고 보았던 점에서는 칸트의 원칙주의를 따른다.

한편, 아펠의 논박에도 불구하고 도덕 회의론자는 여전히 홀로 말없이 의심을 진행할 수 있다는 또 다른 문제와 관련하여 하버마스는 다음과 같이 말한다.

> 회의론자가 논변을 거부한다고 해서 그가 사회문화적 삶의 형식을 공유하고 있고 의사소통적 행위의 맥락에서 성장하였고 또 그 안에서 자신의 삶을 재생산하고 있음을 간접적으로도 부인할 수는 없다. … [그가 끝까지 회의론자로 남으려면] 그는 자살하거나 정신병에 걸려야 할 것이다. … 논변의 수단을 지닌 의사소통 행위의 연속에 최소한 암묵적으

9) Jürgen Habermas, *Moralbewusstsein und kommunikatives Handeln*, Frankfurt am Main: Suhrkamp, 1983, 103쪽. 또한 75쪽 참조.

로라도 의존하지 않는 사회문화적 삶의 형식이란 없다.[10]

회의론자가 논변 형식의 논의를 거부한 채로 도덕적 당위는 아무런 근거도 없다고 홀로 생각한다고 가정하자. 하버마스는 그런 회의론자 — 그는 여기서 니체나 푸코를 염두에 둔다 — 가 아펠과 같은 담론 윤리학자를 상대로 논증할 수 없다고 해도 말없이 자기 입장을 시위할 수 있다고 본다. 그렇지만 하버마스는 논의의 전제와 동일한 화용론적 전제들이 우선 엄격한 의미의 논변만이 아닌 모든 의사소통행위에 깔려 있다고 주장한다. 그리고 다음으로 그 전제들이 의사소통행위와 결부된 모든 사회문화적 삶의 형식에까지 깔려 있다고 주장한다. 그런데 적어도 정상적인 인간은 그런 사회문화적 삶의 형식에 따라 살아갈 수밖에 없다. 따라서 회의론자도 미치지 않고서야 논의의 전제들에서 벗어날 수 없고 결국 도덕적 당위의 정당성을 부정할 수 없다는 것이 하버마스의 요지이다.

하버마스의 논증에 따르면, 회의론자가 자신의 주장을 고수하려면 정신적 자살에 이를 정도로 자신의 입지를 축소할 수밖에 없다. 그러한 정신적 활동으로부터의 추방 과정을 다음과 같이 점층적 단계로 재구성할 수 있겠다.

(1) 우선 회의론자는 모든 논변 형식의 논의를 거부해야만 한다. 회의론자가 도덕 회의론을 견지하려면, 단순히 담론 윤리학자와의 논의만을 거부해서는 안 되고 모든 논의를 거부해야만 한다. 왜냐하면 담론 윤리학의 도덕적 당위 정당화는 어떠한 논의이든지 간에 논의에 가담하자마자 잠재적으로 진행되기 때문이다. 논의 참여자는 도덕과 무관한

10) Habermas, 같은 책, 110쪽.

주제로 논의하고 있다고 하더라도 어떠한 실천적 규범이 정당하냐는 물음에 대해서 저 보편화원리에 따른 답변을 언제나 예비해두고 있는 셈이다. 비록 실제의 논의에서 그 물음이 실제로 전혀 제기되지 않더라도 말이다. 결국, 그가 어떤 주제의 논의이든 논의에 가담하여 논의 전제를 인정하는 순간 잠재적으로 보편화원리를 실천적 규범의 타당성 규준으로 수용한다. 따라서 회의론자는 자신의 회의론을 고수하려면 어떠한 논의에도 참여해서는 안 된다. 이로써 그는 모든 논의로부터 추방된다.

(2) 그래도 회의론자는 다른 사람들과의 일상적 대화는 즐길 수 있지 않을까? 하버마스에 따르면 적어도 그가 회의론자이기를 계속해서 자처하는 한, 그런 대화조차 불가능하다. 엄격한 의미의 논변이 수반되는 논의와 거리가 먼 형태의 대화일지라도 언어 행위란 본디 화자와 청자의 의사소통적 합리성을 요구한다. 따라서 언어 행위는 의사소통행위로서 논의 전제들과 똑같은 화용론적 전제들을 공유한다. 언어 행위는 발언의 타당성 요구, 발언의 의미 이해, 발언 내용에 대한 근거 제시, 제시된 근거에 대한 비판 제기, 비판에 따른 교정 및 학습 등과 같은 일련의 능력, 즉 의사소통적 합리성을 조건으로 삼는다. 따라서 그것은 의사소통행위이다. 물론 의사소통행위가 곧장 논의는 아니다. 그러므로 의사소통행위에는 논의의 전제들과 규칙들, 즉 발언 기회의 동등성, 주장의 진실성, 억압으로부터 면제, 진리 추구 외의 동기 개입 중지 등이 논의에서와 같은 수준으로 준수되리라 기대되지도 요구되지도 않는다. 그렇지만 그러한 규칙들이 깡그리 무시된다면 의사소통행위도 성립할 수 없다. 순전히 일방적으로 발언하고, 순전히 거짓만을 주장하고, 순전히 억압에만 구속되며, 옳은 견해를 찾으려는 동기가 완전히 제거된 그런 언어 행위란 도무지 의사소통적일 수 없다. 요컨대, 우리의 대다수

언어 행위는 엄격한 의미의 논의는 아닐지라도 저러한 규칙들이 암묵적으로 느슨하게 전제되는 의사소통행위이다. 결국, 논의 규칙들과 똑같은 규칙들이 의사소통행위에도 전제되므로 의사소통행위에서도 논의에서의 논변 행위에서와 마찬가지로 보편화원리가 행위준칙의 타당성 기준으로 암묵적으로 승인된다. 따라서 회의론자는 논의에 이어서 의사소통행위로부터도 추방된다.

(3) 그래도 회의론자는 어쨌든 도덕적 당위에 대한 내면적 거부와 함께 살아갈 수 있지 않을까? 하지만 하버마스에 따르면 그는 생물학적 의미로 생존할 수 있지만, 사회적 인간으로서 실존할 수 없다. 사회적 인간의 실존을 지탱하는 사회문화적 생활양식들이 모두 의사소통행위를 매개로 삼기 때문이다. 하버마스의 사회이론에 따르면, 사회적 인간으로서 우리의 실존은 "문화적 전통의 재생산", "사회적 통합", "사회화"가 부단히 진행되는 과정이다. 그런데 이 세 가지 과정을 수행하는 기능을 의사소통행위가 떠맡고 있다. 인식적 합리성을 통해서 공동의 문화를 역사적으로 전승하는 과정(곧, 문화적 전통의 재생산), 연대를 통해서 사회집단에 적법하게 귀속하는 과정(곧, 사회적 통합), 개인의 책임 능력을 통해서 사회적 상호작용에 참여하는 과정(곧, 사회화), 이런 모든 과정을 통해서 개인은 자신의 정체성을 사회적으로 형성한다. 그런데 그 모든 과정은 모두 의사소통행위를 매개로 진행된다. 즉, 문화적 지식을 전승하는 생활양식에서 살아가고, 일정한 사회집단에 소속해서 살아가고, 남들 앞에서 자기 행동에 대한 책임을 져야 하는 인격체로서 살아가려면, 의사소통행위를 어떻게든 가정해야만 한다. 문화 전승, 사회집단 소속, 행위 책임은 모두 타인과 말로 소통하는 과정에 직간접적으로 의존함 없이는 성사될 수 없다. 따라서 사회문화적 생활양식들에 따른 실존에서도 의사소통행위에의 참여에서와 동등한 수준

으로 보편화원리가 암묵적으로 승인된다. 즉, 도덕적 당위의 정당화가 성립한다. 따라서 도덕 회의론자로 철저히 머무르려면, 논의와 의사소통행위에 이어서 사회문화적 생활양식들로부터도 추방되어야만 한다.

회의론자가 자신의 사유 속에서 도덕적 당위에 대한 회의를 견지하려면 논의에의 참여는 물론이거니와 의사소통행위에의 참여도 금지된다. 나아가 그에게는 사회적 인간으로 사는 삶을 구성하는 문화적 전통의 재생산, 사회적 통합, 사회화 등이 금지된다. 왜냐하면 이러한 정신적 활동들이 모두 의사소통행위를 매개로 성취되기 때문이다. 논의에의 참여, 의사소통행위에의 참여, 사회문화적 생활양식에서의 실존은 도덕적 당위에 대한 내적인 회의와 수행적 모순을 빚는다. 도덕 회의론이라는 입장을 견지하려는 사람은 결국 그런 모든 정신적 활동으로부터 차례대로 자신을 추방해야만 일관적일 수 있다는 것이 하버마스의 결론이다.

자, 그럼 우리는 도덕 회의론을 물리치려는 하버마스의 논증에 만족해도 좋은가? 물론 그에 대해서 다시 여러 비판을 제기할 수 있을 것이다. 그리고 실제로 여러 철학자가 이런저런 비판을 제기했다. 그런 비판 가운데 이해하기 쉬운 것 단 하나만 언급하도록 하자.

우리는 도덕 회의론을 물리치려는 하버마스의 논증에 대해서도 칸트를 다루면서 언급했던 문제 하나를 똑같이 제기할 수 있다. 즉, 하버마스가 이성의 상호주관적 모델에 따라 제시한 보편화원리가 과연 도덕의 최상 원리로서 적합하냐는 문제이다. 정말로 하버마스식 보편화원리는 도덕적으로 옳은 행위를 모두 수용하고 반대로 도덕적으로 부당한 행위를 모두 물리치는 도덕성의 엄격한 규준일 수 있는가? 하버마스의 도덕 회의론 논박 논증이 성공적이려면, 적어도 이 물음에 만족스러운 답변을 제공할 수 있어야 한다.

참고문헌

마르쿠스 가브리엘, 『나는 뇌가 아니다』, 전대호 옮김, 열린책들, 2018.
마르쿠스 가브리엘, 『왜 세계는 존재하지 않는가?』, 김희상 옮김, 열린책들, 2017.
폴 가이어, 『칸트의 도덕형이상학 정초』, 김성호 옮김, 서광사, 2019.
마이클 가자니가, 『뇌로부터의 자유』, 박인균 옮김, 추수밭, 2012.
김재권, 『심리철학』, 하종호, 김선희 옮김, 철학과현실사, 1996.
알바 노에(Alva Noë), 『뇌 과학의 함정: 인간에 관한 가장 위험한 착각에 대하여』, 김미선 옮김, 갤리온, 2009.
도널드 데이비슨, 『행위와 사건』, 배식한 옮김, 한길사, 2012.
르네 데카르트, 『성찰』, 이현복 옮김, 문예, 1997.
리처드 도킨스, 『이기적 유전자』, 홍영남 옮김, 을유문화사, 2006.
빌라야누르 라마찬드란, 샌드라 블레이크스리, 『라마찬드란 박사의 두뇌 실험실』, 신상규 옮김, 바다출판사, 2007.
J. 레이첼즈, 『도덕철학』, 김기순 옮김, 서광사, 1989.
에이드리언 레인, 『폭력의 해부』, 이윤호 옮김, 흐름출판, 2015.
자크 모노, 『우연과 필연』, 조현수 옮김, 궁리, 2010.
줄리언 바지니, 『자유의지』, 서민아 옮김, 스윙밴드, 2017.
박주용, 「자유의지에 대한 리벳의 연구와 후속 연구들」, 홍성욱 외 편,

『뇌과학, 경계를 넘다』 제12장, 바다, 2012.
리처드 번스타인, 『객관주의와 상대주의를 넘어서. 과학과 해석학 그리고 실천』, 황설중, 이병철, 정창호 옮김, 철학과현실사, 2017(1983).
페터 비에리, 『자유의 기술』, 문항심 옮김, 은행나무, 2016.
존 설, 『신경생물학과 인간의 자유』, 강신욱 옮김, 궁리, 2010.
로저 스크루턴, 『현대 철학 강의』, 주대중 옮김, 바다출판사, 2017.
피터 싱어, 『실천 윤리학』, 황경식, 김성동 옮김, 철학과현실사, 1997.
프레드 A. 웨스트팔, 『어떻게 철학을 할 것인가』, 양문흠, 기종석 옮김, 까치, 1981.
에드워드 윌슨, 『사회생물학 1. 사회적 진화와 메커니즘』, 이병훈, 박시룡 옮김, 민음사, 1992.
이기홍, 「리벳실험의 대안적 해석: 리벳 이후의 뇌 과학적 발견들과 자유의지」, 『대한철학』 49집, 2009.
최훈, 「신경과학은 자유의지에 위협이 되는가?」, 홍성욱 외 편, 『뇌과학, 경계를 넘다』 제13장, 바다, 2012.
토머스 쿤, 『과학 혁명의 구조』, 김명자 옮김, 동아출판사, 1992(1962).
P. 테일러, 『윤리학의 기본원리』, 김영진 옮김, 서광사, 1985.
힐러리 퍼트넘, 『이성, 진리, 역사』, 김효명 옮김, 민음사, 2002(1981).
플라톤, 『테아이테토스』, 정준영 옮김, 이제이북스, 2013.
제임스 피저, 루이스 포이만, 『윤리학: 옳고 그름의 발견』(개정판), 류지한, 조현아, 김상돈 옮김, 울력, 2019.

Apel, Karl-Otto, *Transformation der Philosophie*. Band 2. *Das Apriori der Kommunikationsgemeinschaft*, Frankfurt am Main: Suhrkamp, 1976.
Bieri, Peter, "Unser Wille ist frei", *Spiegel* Online, 2005년 10월 1일.

https://www.spiegel.de/spiegel/a-336006.html.

Boghossian, Paul, *Fear of Knowledge. Against Relativism and Constructivism*, Oxford: Oxford University Press, 2006.

Habermas, Jürgen, "Freiheit und Determinismus", *Deutsche Zeitschrift für Philosophie* 52.6, 2004, 871-890.

Habermas, Jürgen, *Moralbewusstsein und kommunikatives Handeln*, Frankfurt am Main: Suhrkamp, 1983.

Heidegger, Martin, *Vom Wesen der Wahrheit. Zu Platons Höhlengleichnis und Theätet. Gesamtausgabe*. Bd. 34. Frankfurt am Main: Vittorio Klostermann, 1988.

Heidegger, Martin, *Zollikoner Seminare. Gesamtausgabe*. Bd. 89. Frankfurt am Main: Vittorio Klostermann, 2018.

Hoefer, Carl, "Causal Determinism", *The Stanford Encyclopedia of Philosophy* (Spring 2016 Edition), Edward N. Zalta (ed.), URL = <https://plato.stanford.edu/archives/spr2016/entries/determinism-causal/>

Noë, Alva and Evan Thompson, "Introduction", in *Vision and Mind: Selected Readings in the Philosophy of Perception*, eds. Alva Noë and Evan Thompson. Cambridge, MA: MIT Press, 2002.

Prien, Bernd, "Family Resemblances: A Thesis about the Change of Meaning over Time", *Kriterion* 18, 2004, 15-24.

Russel, Bertrand, *The Problems of Philosophy*, New York: Dover, 1999.

Smart, J. J. C., "The Mind/Brain Identity Theory", *The Stanford Encyclopedia of Philosophy* (Spring 2017 Edition), Edward N. Zalta (ed.), URL = <https://plato.stanford.edu/archives/spr2017/entries/mind-identity/>

설민

서울대 영문과를 졸업하고 동 대학교 대학원 철학과에서 석사 학위를, 독일 부퍼탈 대학교에서 철학 박사 학위를 받았다. 세종대 교양학부, 성공회대 교양학부를 거쳐서 현재 부산대 윤리교육과에 재직 중이다. 하이데거와 현상학을 주로 연구했고 윤리학에도 관심이 많다. 주요 논문으로 "How can we live in the common world?", "Ethical lessons from Heidegger's phenomenological reading of Kant's practical philosophy", "Time and the 'truth of Being' in Heidegger" 등이 있고, 저서로 『하이데거와 인간실존의 본래성』, 역서로 하이데거의 『근본개념들』(공역)이 있다.

철학, 이해하다

1판 1쇄 인쇄 2021년 10월 10일
1판 1쇄 발행 2021년 10월 15일

지은이 설 민
발행인 전 춘 호
발행처 철학과현실사
출판등록 1987년 12월 15일 제300-1987-36호

서울시 종로구 대학로 12길 31
전화번호 579-5908
팩시밀리 572-2830

ISBN 978-89-7775-853-7 93130
값 16,000원